早期教育概论

王守常 题签

马思延 主编

哈爾濱工業大學出版社

图书在版编目(CIP)数据

早期教育概论/马思延主编. —哈尔滨：哈尔滨工业大学出版社，2021.11
ISBN 978-7-5603-4401-0

Ⅰ. ①早… Ⅱ. ①马… Ⅲ. ①早期教育- 概论Ⅳ. ①G61

中国版本图书馆CIP数据核字(2021)第156143号

艳文工作室 HITPYWGZS@163.COM 13936171227

早期教育概论

ZAOQI JIAOYU GAILUN

策划编辑 李艳文 范业婷
责任编辑 王晓丹 付中英
装帧设计 屈 佳
出版发行 哈尔滨工业大学出版社
社 址 哈尔滨市南岗区复华四道街10号 邮编150006
传 真 0451-86414749
网 址 http://hitpress. hit. edu. cn
印 刷 哈尔滨市石桥印务有限公司
开 本 787毫米×1 092毫米 1/16 印张16.25 字数366千字
版 次 2021年11月第1版 2021年11月第1次印刷
书 号 ISBN 978-7-5603-4401-0
定 价 58.00元

李振声

遗传学家
中国科学院院士
中国科学技术协会原副主席
中国科学院原副院长

序一

早在20世纪初，清华大学国学大师梁启超先生就呼吁："故今日之责任，不在他人，而全在我少年。少年智则国智，少年富则国富；少年强则国强，少年独立则国独立；少年自由则国自由；少年进步则国进步；少年胜于欧洲，则国胜于欧洲；少年雄于地球，则国雄于地球。"

教育关乎国家、民族的前途和命运，孩子是国家和民族的未来。早期教育是人一生中最基础的教育；关注早期教育就是关注国家和民族的未来。给孩子好的教育，教育好孩子，是教育工作者光荣而神圣的使命。

在探索教育家早期教育思想、借鉴国外新进早期教育理念和方法，及总结十多年早期教育创业实践基础上，马思延先生主编的《早期教育概论》即将出版。我作为中国宋庆龄基金会原党组书记、常务副主席，感到由衷的高兴。感谢马思延先生为我国儿童早期教育事业在理论研究上做出的新贡献。

不同于学科应试教育的教学内容和方法，《早期教育概论》主张素质教育。马先生主张把培养全人格作为早期教育目标，把德、智、体、美、劳、生存生活教育作为内容，以游戏互动作为教学方法，用爱和感动激发孩子的学习兴趣和好奇心，从而提高孩子的专注力、自控力、记忆力、反应力、思维力。

我相信，《早期教育概论》的问世，对素质教育从娃娃开始，会起到良好的推动和促进作用。同时，我也希望马先生在早期教育实践基础上，广泛听取、采纳专家学者和社会各方面的意见和建议，汲取早期教育研究的新成果，不断改进和充实教材，使之更臻于完善。

齐鸣秋

宋庆龄基金会原党组书记、常务副主席

2021年9月于北京

序二

国内外许多心理学家、教育家、科学家和发明家都对早期儿童保育、教育的重要性给予了充分的肯定，对婴幼儿早期潜能的开发以及对未来影响一生命运的性格养成都有过到位的论述。他们的理论常被用作早期儿童保教机构的教育实践，并通过从业人员的实践落实到他们的保育、教育服务之中。

家庭、早期儿童保教机构和社会是我国实施早期儿童保育、教育的三个渠道。在我国，早期儿童保教机构包括幼儿园、婴幼儿托育机构和早期教育机构，幼儿园主要为3~6岁幼儿提供保育和教育，婴幼儿托育机构主要为0~3岁婴幼儿提供托育服务，而早期教育机构的教育对象则是0~6岁的婴幼儿及其家长。

20世纪末，我国在引进了一些国外早期教育品牌的基础上，在社会服务方面形成了一种将社会教育与家庭教育密切结合的新兴教育行业。

在早期保教机构教师和服务人员培养方面，一些师范院校设有本科和专科学前教育专业，大多为3~6岁的儿童教育培养合格的幼儿园教师，许多省市和地区还有独立设置的幼儿高等师范专科学校，大多培养的也是大专层次的幼儿园教师。近些年来，这些院校开始重视0~3岁婴幼儿保教师资和服务人员的培养，设立了有关的专业方向。

但是，对早期教育机构的师资及服务人员的培养尚未引起足够的重视，虽然，这三种机构有着不少的共同之处，但是在幼儿园及婴幼儿托育服务机构以外存在的早期教育机构，在教育对象、理念、目标、形式、内容、方法和环境创设等方面还是有着与幼儿园、托育服务机构诸多不同的地方。例如，在教育内容和方法上，面对每个的婴幼儿，早期教育机构的教育，其侧重点更具针对性，更为明确，更注重个别化教育，更能依据儿童的天赋给予实质性的指导。

随着国家“三孩”政策的出台，为婴幼儿早期教育提供有质量的服务问题已经被提升到了新的高度，婴幼儿早期教育有望将其服务对象从“小众”向“大众”扩展和普及，从以一、二线城市向三、四线城市与县城扩展和普及。因此，为婴幼儿教育输送有质量的从业人员也成为迫在眉睫的事情。

与幼儿园教育、婴幼儿托育服务机构一样，早期教育机构所提供的早期教育服务需要专业性很强的从业人员队伍。因此，当今我国大专院校的学前教育专业从培养目标到课程设置需要适应这一社会需要。

马思延教授和他的团队撰写的《早期教育概论》对婴幼儿早期教育做了有益的探索，也为当前大专院校学前教育专业的部分学生毕业后服务于早期教育机构的教育提供参考教材。我相信，这本教材的出版能为我国早期儿童保育、教育的多样化增添色彩。

朱家雄

华东师范大学教授、博士生导师
环太平洋地区学前教育学会会董
2021年9月于上海

前言

我对教育的兴趣，始于2005年，受日本友人——素有“战略先生”之称、被英国《经济学人》杂志评选为“全球五位管理大师”之一的大前研一先生的影响，并接受他的邀请，作为特邀教授，在大前研一商学院授课。大前研一商学院，是一家做教育的上市公司，致力于将教育视野和企业管理有机地结合。在这种氛围影响下，我开始把目光投向教育。

我关注早期教育是在2007年，当时3岁的儿子进入日本东京“七田真早期教育中心”，开始系统地接受脑力开发的早期教育。经过1年多的脑力开发训练，儿子的专注力、记忆力、反应力、自我控制能力和思维能力都有了显著提高。我一方面惊讶于孩子在婴幼儿阶段大脑超乎想象的潜力；另一方面，也惊讶于七田真早期教育的神奇魅力。

2009年，我辞去了彭博社亚太地区运营总裁的职务，决定回国创业。行业就锁定了早期教育，选择的品牌是当时具有50余年历史、在全球开设500余家中心的日本“七田真早期教育”。

怀揣梦想，在改革开放的最前沿深圳，我注册了一家自己的公司——“思可国际教育”。思可（Think，Possible）意为“只要想到，便能做到”。2010年，思可教育作为七田真在中国唯一授权代理机构，在深圳成立了全国第一家七田真早期教育中心。七田真早期教育中心以全人格为目标，以脑力开发为特色，用科学的方法，通过爱与感动培养孩子才能，为爱心家庭提供先进的教育方式。

科学、严谨、专业是我们做事的态度，在创业的路上，我和我的团队一步一个脚印，努力让每一寸土地都成为孩子才能觉醒的地方。2016年，基于七田真胎教经典课程体系及课程理念，结合众多专家强大的医学背景，我们创立了七田真孕期教育。七田真孕期教育涵盖胎教、孕期健康、孕期运动瑜伽、孕期营养及心理等专业课程内容，旨在打造线上线下深度结合的孕期教育课程体系，为新生代准妈妈提供一种全新的科学、健康、自律、快乐的孕期生活方式。

经过10余年砥砺深耕，截止到2021年上半年，我们已经在深圳、上海、北京、广州等40多个城市开设教学中心120余家。接受七田真早教的孩子和家庭已达80 000余众，集团员工近3 000人。

10余年的创业之路走来，我深感所从事的早期教育不仅仅是一份工作和职业，更是一份利在当代、功在千秋的崇高事业。做好这项事业，要有坚定的信念，要有实践经验的积累，更需要在理论上不断进行探索、研究，并用理论指导实践。

我坚信：每一个孩子都是天才。

神经科学研究成果证明，人的大脑本来就具有极强的可塑性。在心理学上，皮格马利翁效应（Pygmalion Effect）指人们基于对某种情境的知觉而形成的期望或预言，会使该情境产生适应这一期望或预言的效应。人们从皮格马利翁的故事中总结出了“皮格马利翁效应”：期望和赞美能产生奇迹。你期望什么，你就会得到什么。只要充满自信地期待，只要真的相信事情会顺利进行，事情一定会顺利进行；相反，如果你相信事情不断地受到阻力，这些阻力就会产生，成功的人都会培养出充满自信的态度，相信好的事情是一定会发生的。“皮格马利翁效应”留给我们这样一个启示：赞美、信任和期待具有一种能量，它能改变人的行为，当一个人获得另一个人的信任、赞美时，他便感觉获得了社会支持，从而增强了自我价值，变得自信、自尊，获得一种积极向上的动力，并尽力达到对方的期待，以避免对方失望，从而维持这种社会支持的连续性。

我坚信：对孩子的教育要越早越好。

巴甫洛夫说，婴儿降生的第三天开始教育，就迟了两天；蒙台梭利认为，儿童出生后头3年的发展，在其程度和重要性上，超过他一生中的任何阶段，人的功能在0~3岁这一阶段的发展实际上比3岁以后直到死亡的各个阶段的总和还要重要，从这一点上来讲，我们可以把这3年看作是人的一生。

这一信念源于脑科学的发现和研究成果。胎儿大脑在孕期的第3~4周开始发育，于孕期的第6个月基本结构发育完成，孕中期脑细胞迅速分化，体积增大，脑结构间建立联系；孕晚期大脑沟回结构、功能区更加完善。在孕期第6个月至出生后的第一年，是脑结构之间的联系和功能变化的重要时期。按位置划分，大脑分别有后脑、中脑和前脑，各结构的功能已经具备。个体大脑各区成熟的路线为：枕叶→颞叶→顶叶→额叶。到幼儿末期，大脑皮质各区都接近成人的水平，7岁时发育最晚的额叶也基本成熟。

目前脑科学家的研究，已达成一个基本共识：成年人，大脑重量平均为1 400克，0~6岁是大脑发育的关键期，3岁以前，大脑发育最快，是人一生当中智力发展最重要的时期；2岁时，脑重量为900克，是成人脑重量的60%，7岁时，脑重量为1 280克，达到成年人的90%。0~6个月，大脑和身体开始第一层次相互协调的学习，是纯感觉讯息学习的阶段。机体在环境内有效利用自己的感官，以不同的感觉通路，即视觉、听觉、味觉、嗅觉、触觉、前庭觉和本体觉等，从环境中获得信息输入大脑，大脑再对信息进行加工处理，并做出适应性反应。7~18个月，随着时间增加，感觉讯息之间异同比较经验的积累，进一步形成大脑中组成的各种关系架构，使大脑进入第二层次的学习。此时，右脑的语言表达区和运动企划区由雏形逐渐成熟，符号讯息由此发端。19~36个月，幼儿脑思考区成熟。左脑主要负责理解、判断、逻辑和组织等功能，右脑主要负责观察、想象创造、控制注意力等功能。

脑科学的研究表明，大脑功能发育具有不可逆的关键期。1996年，美国科学家在《自然》科学杂志上发表了他们的研究成果，他们利用核磁扫描技术对大脑进行研究，证实了布罗卡氏区的存在，并且发现布罗卡氏区在幼儿时期（1到3周岁）开始发育，10岁左右发育基本成熟。也就是说布罗卡氏区在人的幼年时期非常灵敏，人的母语就贮存在该区域。

但随着年龄的增长，该区域的灵敏性呈下降趋势。

我坚信：在早期教育中，要以爱心为基础，通过感动培养孩子的才能。

马斯洛在其著作《动机与人格》中，把需求按高低与先后次序排成阶梯式层次，由较低层次到较高层次排列为：生理、安全、归属与爱、尊重和自我实现等五大类需求。

爱与归属的需要指的是每个人都期待和他人交往，融入工作或朋友的圈子中，得到关心、照顾，得到爱情、亲情、友情等。即人人渴望与他人建立深情的、亲密的友谊，成为伙伴或同事。“有这种需求的人会开始追求与他人建立友情，即在自己的团体里求得一席之地。他会为达到这个目标不遗余力。他会把这个看得高于一切，他甚至会忘了当初他饥肠辘辘时，曾把爱当作不切实际或不重要的东西而对其嗤之以鼻。”马斯洛认为缺乏爱，人们就会陷入孤独、举目无亲，有被抛弃与被拒绝的失落感。在爱的关系中，“两个人会抛弃恐惧，不再戒备，爱的饥饿是一种缺乏症，就像缺乏盐或缺少维生素一样……我们必须懂得爱，我们必须能教会爱、创造爱、预测爱。否则，整个世界就会陷于敌意和猜忌之中”。“健康成年人身上的许多优秀品质是童年时期爱的需要得到满足后的积极后果。”因此，爱与归属感的满足是人走向健康的必由之路。归属感和爱的需要得不到满足将产生难以忍受的孤独感、异化感和疏离感，产生极其痛苦的体验。相反，如果这种需要得到满足会产生深情、自尊、自信、可靠以及仁慈、慷慨、无私、宽容、沉着、平静、愉快等心理状态和心理素质。

我坚信：基础认知能力的培养是早期教育的必修课。

北京师范大学认知神经科学与学习国家重点实验室薛贵教授领导的研究团队，在总结借鉴国内外脑科学研究成果的基础上，把专注力、记忆力、反应力、控制力、思维力概括为人的基础认知能力。这些基础认知能力都与学习及成才息息相关。

专注力是认知活动的动力功能。认知活动包括听知觉、视知觉、记忆、思维、想象、执行、反馈等活动。认知活动得以顺利开展的推动力正是专注力。它与注意力有所区别：注意力也是人进行活动的心理状态，是先天就有的。专注力不是天生的，需要后天的培养，是一个持续且坚持的状态。注意力是大范围的形态，并没有很明确的指向性和社会功能；专注力是有指向性的，包含了意志品质在里面，同时也具备社会功能性。注意力没有好坏之分，只是强弱程度不同；专注力有好坏之分，相比注意力来说，更多的是一种社会适应能力。

记忆力是人脑智力的集中体现，也是人脑比电脑更聪明的重要原因。个体的生存和发展需要不断掌握新的知识，记忆力能将这些知识经验存储下来并合理运用。人脑包含复杂的记忆系统，其中联系记忆、语义记忆和短时记忆是三个重要的方面 。

学习和记忆如影随形，二者紧密相连。学习是对新消息的掌握习得，记忆则允许该信息存储并在一段时间后对其唤醒提取。对于某些信息，只需呈现一次即可长期存储在记忆中，而大多时候，信息需要重复多次呈现方可形成记忆。

如果把学习作为一个过程，新知识的学习往往是建立在已有知识基础之上，而已有知识往往又是作为被记忆的东西存储在记忆中而随时被唤醒的。

自控力是人们能够根据目标和环境的要求，控制和改变自己的思想和行为，克服冲动并抵制诱惑，让自己的行为符合社会期许和长期目标的能力。自控力主要体现为控制冲动、抵制诱惑以及信息更新三方面的能力。

自控力是一个人成熟度的体现；没有自控力，就没有好的习惯；没有好的习惯，就没有好的人生；最易干成大事的是那些能掌控自己的人；缺乏自控力的人很难取得成功。

反应力是对各种信息、要求和指令等做出快速反应的能力。速度是衡量反应力最重要的指标，它体现了大脑各个系统的协调、整合发展的水平，与整个神经网络的效率有密切关系。反应力可以从反应速度、言语速度和思维速度三个方面来测量。

思维力是人们接收到信息后，对信息进行归纳、概括及推理的过程。生活中，我们往往不满足于耳朵所听到的、眼睛所看到的， 而是要找出事物之间的内在联系和规律，解决问题并创造出新的知识。思维力主要体现为思维的灵活性、深刻性和独创性。

思维力包括理解力、分析力、整合力、比较力、概括力、抽象力、推理力、论证力、判断力、心算力等；它是整个智慧的核心，参与、支配着一切智力活动。每个人的学习、工作和生活都离不开思维力。培养思维力是每个人从小必须做的练习和成才途径。

五大基础认知能力之间的关系，不仅是逻辑层次的关联，更是相互依存、转化的统一。

相信每个孩子都是天才，并相信相信的力量。我认为，早期教育的目标就是培育全人格人才，即为孩子成就最好自我、度过幸福人生，在幼儿时期打下全人格基础。

全人格=身体×人格×智力。成功的早期教育，一定包含身体、人格、智力三方面，三者不是简单地相加，而是乘法关系，即三者需均衡发展，缺一不可，其中任一单项的缺失都会导致早期教育的失败。

好的教育就是要帮助受教育者“成就最好的自己”！

成就最好的自己无外乎做好这三件事：第一，激发兴趣、培养爱好，找到最喜欢的事情；第二，不懈努力，把最喜欢的事情变成最擅长的；第三，在最喜欢、最擅长的领域，寻找（或创造出）属于自己的职业。我认为，教育最终的目的，不只是教知识、技能、素质，而是让每个人最终“成就最好的自己”。

要完成早期教育目标，必须要有科学、系统的教育方法。在实践中，我总结出了一套“3568”教育方法：

3种“神器”

（1）爱——用爱唤醒孩子的才能。

（2）严格——严格培养孩子的习惯。

（3）信赖——建立互相信赖的亲子关系。

5分钟暗示法

在孩子睡觉时，一边抚摸孩子的身体使他睡眠变浅，一边跟孩子用语言暗示，持续5分钟左右。暗示语主要由以下四部分组成：

（1）关键语的暗示——“虽然宝贝在睡觉，但大脑中仍有一处地方是清醒的，妈妈现在说的话宝贝可以听到并记住哦。”

（2）爱的暗示——“宝贝真是一个好孩子，性格既开朗又可爱，妈妈最喜欢你啦。”

（3）一体感的暗示——“妈妈的心永远和宝贝紧紧连在一起，所以宝贝永远不会感觉寂寞。”

（4）具体的暗示——把需要孩子改善的内容，比如上幼儿园跟教师一起玩游戏、不尿床等等，以一个顺利达成结果的方式描述出来，一定要用完成时态进行结尾。

看待孩子的6个要点

（1）不看缺点，只看优点。

（2）把现在的样子看作成长过程中的一个阶段。

（3）不以完美主义要求孩子。

（4）不和其他孩子比较。

（5）不以学习成绩为主。

（6）现在就是100分。

8秒钟拥抱法

所谓“8秒钟拥抱法”就是紧紧拥抱孩子，在孩子耳边耳语“妈妈（爸爸）很爱你，你真的很棒”。通过8秒钟拥抱法，培养亲子间的信赖关系。

8秒钟拥抱法的适用时机：

孩子停止哭泣或克制情绪时

孩子帮忙完成一件事（哪怕是小事）时；

孩子取得进步时。

在早教创业的过程中，我发现：尽管早期教育在发达国家已成为普及教育，近几年在我国也蓬勃发展，但是市面上少有关于早期教育的全面介绍和系统梳理。从事早期教育的教师大都毕业于学前教育专业，而我国目前的学前教育专业的培养体系，按专业划分是面向幼儿园，为幼儿园培养幼师。因此，幼儿园以外的早期教育并不在培养目标的范围之内，也没有专门的针对性课程。但幼儿园以外的早期教育市场很大，据调研，在全国的早教行业中，有四分之一以上的学前教育本、专科毕业生在体制外（幼儿园之外）的早教机构就业，但目前尚未有规范的课程、教材和标准。想要在早教机构就业，必须要经过专门的岗前培训，才能逐渐适应岗位需求。

早在20世纪80年代，我国改革开放的总设计师邓小平就高瞻远瞩地提出：“教育要面向现代化，面向世界，面向未来。”我国幼儿园以外的“早期教育”，是舶来品，其教学环境、教学内容、教学方法，甚至教育对象与传统的幼儿园教育都存在着很大不同。它既是引进国外先进早期教育理念、内容、方法的教育，也是在现代化背景下产生的与时俱进的全新的早期教育。

基于从事早期教育的幼师对早期教育知识和教学方法的需求，以及家长和社会对方兴未艾的早期教育有深入了解的意愿，为帮助他们用先进的教育理念、科学的教育方法教育下一代，我们组织专家对早期教育的理论和实践进行了总结，在研究国内外先进的早期教育理念、教育内容、教学方法和教学环境的基础上，编写了这部《早期教育概论》。

本书一方面作为学前教育专业的教材，其对象为大学学前教育专业在校的本、专科学生；另一方面，受众是具备较高素养的孩子家长。因此，在撰写规范上，基本采取的是教科书体例，更多关注了体系的科学性和系统性。

在本书撰写过程中，遇到的最大难题便是，迄今教育界和学术界对早期教育中心的研究几乎是空白。目前我国对早期教育的研究，基本还局限在大学学前教育专业的领域；有关早期教育中心的教育，只是散落在网络上，或以企业宣传，或以科普介绍的形式出现。

为了解决这一难题，我和我的团队从4个方面展开了收集资料和深入研究：

首先，从研究早期教育家入手，阅读研究早期教育家的代表著作，其中，重点研读了英国教育家约翰·洛克、法国教育家让-雅克·卢梭、瑞士儿童心理学家让·皮亚杰、意大利教育家蒙台梭利和我国儿童教育家陈鹤琴的关于儿童早期教育的代表著作。这些儿童早期教育家的教育思想，为本书的撰写提供了思想指引。

其次，充分吸收了脑科学和认知科学的研究成果。英文版《儿童心理学手册》（第六版）为本书的撰写提供了权威的科学依据。

再次，改革开放以来学前教育专业相关的博士论文和期刊、网络上关于早期教育的文章为本书的撰写提供了有力的参考。

最后，结合理论研究，总结了十多年来从事“七田真”“小王子”早期教育的实践经验。

为此，我们对早期教育的研究者和实践者表示衷心的感谢！

我们的撰写团队，既有大学教授，也有在早期教育中心工作多年的实践者；既有学前教育专业的专家，也有其他专业出身跨行从事早期教育的后来人。这样一个团队，既有我们的优势，也有我们的不足。优势在于学科交叉视角较为开阔；不足在于专业功底不够坚实，恐有不当之处，我们诚恳请求专家学者和广大读者批评指正，多多提出宝贵意见和建议。

本书参编者包括：杨韬，毕业于北京大学，哲学硕士，教育部大学生文化素质教育指导委员会委员，教育部学位与研究生发展中心研究生学位论文评审专家，二级教授；韩雪梅，哈尔滨剑桥学院教育学院院长，教授；张晓涧，内蒙古科技大学包头师范学院学前教育专业教授；王丽敏，南宁职业技术学院学前教育专业副教授；殷思阳，毕业于美国佛罗里达大学生物医学工程专业，博士；曾琪，多年从事教育及出版编辑工作；钟彩珊，深圳大学学前教育专业硕士研究生。

马思延

2021年5月于深圳

目　　录

第一章　绪　　论

导语

早期教育，一般是指人最初期的教育。但由于“早期”在时间量的标准上，是一个较为模糊、不精准的概念，早期的年龄划分，不仅在不同时期、不同国家、不同地区的界定不同，而且即使在同一时期、同一国家，甚至同一地区，也没有统一的标准。在早期教育史上，1828 年，罗伯特·罗素等在美国的波士顿创立了一所招收 1.5 ~4 岁幼儿的学校；德国教育家弗里德里希·威廉·奥古斯特·福禄贝尔于 1837 年创建“发展幼儿活动本能和自发活动的机构”，位于德国凯尔豪附近的勃兰根堡，主要招收 3 ~7 岁的儿童，1840 年改名为幼儿园；罗伯特·欧文于 1876 年，在苏格兰的新拉纳克（New Lanark）创办了幼儿学校，招收 1.5 ~10 岁的孩子，定位于“这个机构是为您的孩子服务的，您的孩子从刚学会走路就可以进入我们的学校，学校将帮助母亲更好地抚养教育孩子，让他们不沾染任何恶习，把他们培养成最优秀的人”。所以，早期教育的时间性问题，在国际上不仅没有达成共识，在国内也没有达成共识。

进入 21 世纪，伴随着家庭结构和婴幼儿保教模式的不断变化，早期教育服务在中国逐渐兴起并迅速发展壮大，业已成为教育服务的重要组成部分和最有活力的领域之一，在全社会范围内受到了广泛关注和高度重视。

《国家中长期教育改革和发展规划纲要（2010—2020 年）》明确提出要“积极发展学前教育”“重视 0 至 3 岁婴幼儿教育”“制定教育质量国家标准，建立健全教育质量保障体系”。在此背景下，全国教育服务标准化技术委员会启动了《早期教育服务规范》国家标准的研制工作。2015 年 6 月 2 日，国家标准《早期教育服务规范》（GB/T 31725—2015）由中华人民共和国国家质量监督检验检疫总局、中国国家标准化管理委员会发布，2016 年 1 月 1 日实施。

在专业划分上，我国教育部把 3 ~6 岁纳入了学前教育专业，分别招收本科生和专科生；把 0 ~3 岁纳入早期教育专业，招收专科生。我国 0 ~3 岁的婴幼儿大都在家庭接受教育，3 ~6岁送到幼儿园接受教育。学前教育专业的学生，在校期间所学的知识、技能，也都是 3 ~6 岁幼儿园孩子所需要的知识、技能。当今社会兴起的早期教育机构所从事的教学工作，尤其是教学方法、技能，基本处于空白状态。

对早期教育的界定，可以分为广义与狭义两个层面。广义的早期教育，是指对 0 ~6 岁婴幼儿的教育，在年龄段上涵盖了 0 ~3 岁；在服务于早期教育的机构上，既有幼儿园、托儿所，也有两者以外的社会机构。狭义的早期教育，一方面指大学专科层次上专设有 0 ~3 岁的早期教育专业，服务于 0 ~3 岁的婴幼儿和其家长，培养早期教育的教师及专门从事这方面的研究；另一方面，指 0 ~6 岁婴幼儿在以上幼儿园和托儿所两种形式以外，由早期教育机构进行的教育。

2016 年实施的国家《早期教育服务规范》，把早期教育服务界定为："在托儿所、幼儿园保育教育活动之外，面向0岁至6岁婴幼儿及其家长，由相应组织提供，旨在促进婴幼儿身心发展的一系列教育活动与过程。"同时，把服务提供者规定为"依法登记注册、提供早期教育的组织"；顾客是"早期教育服务的接受者和购买者"。

这种早期教育不是公益事业的义务教育，而是"依法注册"的商业性活动，教育者和受教育者是企业与客户的关系；是依法注册的早期教育组织，在国家政策法规允许的前提下，以市场化运作方式收取教育服务费。

目前，"早教"已经成了幼儿园、托儿所以外的"早期教育机构"和所从事的早期教育代名词，在社会上已约定俗成。本书所提及的早期教育，主要为狭义的早期教育机构从事的早期教育。

一、早期教育的科学依据

客观规律不以人的意志为转移，它只能被发现，而不能被发明；只能被利用，而不能被改变。在客观规律面前，人们只能适应和遵循。

顺天应人，早期教育适应了大脑发育规律、认知发展规律、语言发展规律；早期教育能充分激发孩子广泛的兴趣和好奇心，培养孩子的基础认知能力，为健全人格奠定良好基础。

（一）早期教育适应孩子大脑发育的规律

胎儿大脑在孕期的第3~4周开始发育，于孕期的第6个月基本结构发育完成，孕中期脑细胞迅速分化体积增大，脑结构间建立联系；孕晚期大脑沟回结构、功能区更加完善。在孕期第6个月至出生后的第一年，是脑结构之间的联系和功能变化的重要时期。

目前脑科学家的研究已达成一个基本共识：成年人大脑重量平均为1 400克；2岁时，脑重量为900克，是成人脑重量的60%；7岁时，脑重量为1 280克，达到成年人的90%。0~6岁是大脑发育的关键期；3岁以前，大脑发育最快，是人一生当中智力发展最重要的时期。

解剖学发现，大科学家爱因斯坦的大脑，就重量而言，并不比普通人重，只有1 230克，低于现代人大脑重量的平均数。爱因斯坦的超强智力，在于他大脑的顶叶比平常人要宽15%左右。研究人员解释说，这些顶叶通常与空间意识、视觉意识以及数学能力有关系。人聪明与否，主要不在重量，而在结构。但是，同样不可否认，人类的大脑与身体的体重比，在所有动物中是最大的。

如前所述，大脑于孕期的第6个月基本结构发育完成。按位置划分，大脑分别有后脑、中脑和前脑，各结构的功能已经具备。个体大脑各区成熟的路线为：枕叶→颞叶→顶叶→额叶。到幼儿末期，大脑皮质各区都接近成人的水平，7岁时发育最晚的额叶也基本成熟。

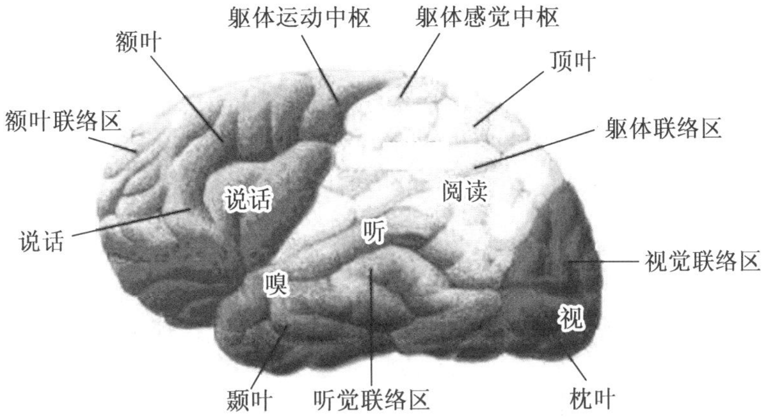

大脑功能分化图

0 ~6 个月，大脑和身体开始第一层次相互协调的学习，是纯感觉讯息学习的阶段。机体在环境内有效利用自己的感官，以不同的感觉通路，即视觉、听觉、味觉、嗅觉、触觉、前庭觉和本体觉等，从环境中获得信息输入大脑，大脑再对其信息进行加工处理，并做出适应性反应。

在这个阶段，婴儿抽象的符号讯息尚未形成，这种纯感觉讯息在大脑中的互动，会因其量和质的不同，产生明显的感觉对比，由此形成异同比较架构。这些早期输入的纯感觉讯息，对日后大脑发展有很大的影响。

7 ~18 个月，大脑随着时间发育，进行感觉讯息之间的异同比较，通过经验的积累，进一步形成大脑中组成的各种关系架构，使大脑进入第二层次的学习。此时，右脑的语言表达区和运动企划区由雏形逐渐成熟，符号讯息由此发端。

了解大脑发育的进程

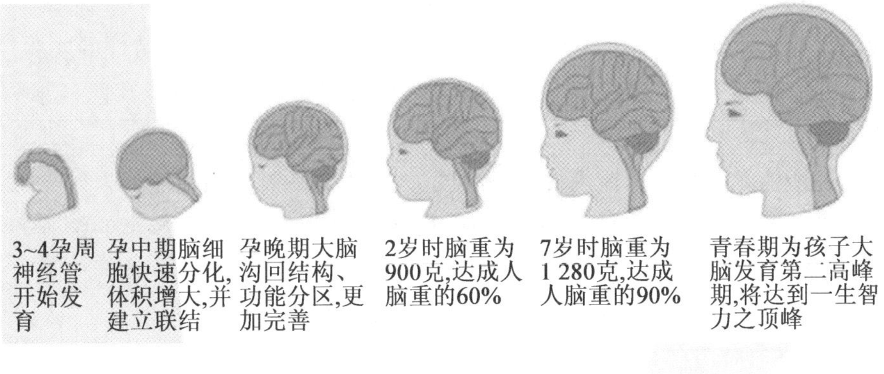

大脑发育关键时期：0~6岁

感觉讯息和身体运作不断地互动和协调，婴儿开始以简单的身体反应去完成一项简单的目标，再逐渐发展成较复杂目标所需要的复杂动作，并形成更成熟的学习能力。

婴幼儿在出生后的第七个月，听觉辨识力趋于成熟，发音也从纯粹的叫声进入语言发音的阶段;而后是词汇的使用,生活讯息的符号进入脑听觉、语言区。

19~36个月,幼儿脑思考区成熟。左脑主要负责理解、判断、逻辑和组织等功能,右脑主要负责观察、想象创造、控制注意力等功能。

随着感觉讯息互动日益增多,关系认知也随之建立,抽象思维随之形成,早期的纯感觉讯息随之被逐渐取代,成为大脑学习力的主流。由此,感觉讯息发展成具体思考和抽象思考的过程——感觉统合功能成熟,人的思考力和学习力最重要的根基得以建立。

早期教育适应大脑发育规律,对脑功能的早期开发起到关键作用。时间是事物运动的轨迹,其特性为客观、一维不可逆性。大脑的功能在过程中生成。如果不及时进行早期教育,将是对大脑功能的荒废,而且大脑的某些功能一旦被荒废往往不可逆,再进行开发往往无法弥补。

早期教育遵循了大脑发育规律,通过设计不同阶段的教学内容,运用不同教学方法,可为塑造健全人格、使人得到全面发展、获得并享受幸福人生奠定基础。

(二)早期教育适应孩子感知觉发展规律

1. 胎儿期

感觉是指对直接作用于感觉器官的事物的个别属性(颜色、声音、气味等)的反应;知觉是在感觉的基础上产生的,对作用于感觉器官的事物的各个部分和属性的整体反应;感知是一个基本的心理过程,通过这一过程,人们获得外界环境、事物的知识。

从主客体关系看,人是认识的主体,客观事物作为认识对象,是认识的客体。人通过感知觉,从外界刺激中获取关于周围事物的信息。在认识过程的主客体互动中,人并不是仅仅被动地接受事物的刺激,而是一个主动、积极、有选择性的过程。感知系统与外界反复接触、反复练习,并通过自身调节和逐渐积累经验,使其感知能力得到增长。

感觉是知觉的基础,相当于各种直接刺激的接收器;而知觉依靠感觉的各种综合和经验进行判断,形成对事物整体属性的反应。鉴于目前早期教育在胎儿期对感知觉概念的使用,需要指出,这里我们仅在较为笼统的意义上使用感知觉的概念。

早期教育应从孕期开始,自20世纪70年代以来,心理学家采用创造性的实验技术和科学方法对胎儿心理进行研究,特别是在胎儿感知觉、记忆等方面的研究已经取得了较大突破。

胎内期是个体诞生前在母体内发展的阶段,大约为280天。胎儿期分为以下三个阶段:

第一阶段:胚种阶段(从受精到两星期)。最初,受精卵还是一个游离的细胞,并不附着母体。它一方面不断分裂增生,一方面沿输卵管向下漂移。第3~4天时到达子宫,形成胚泡。在第6~8天,开始植入子宫内膜,从此依赖母体生存,直到胎儿出生。

第二阶段:胚胎阶段(3~8星期)。在此阶段,胚泡分化出外胚层、中胚层和内胚层,这3个胚层最终分别长成身体的各种器官组织。外胚层逐渐长成皮肤的表皮、毛发、指甲、牙齿、感觉器官和神经系统;中胚层长成皮肤的真皮、肌肉、骨骼、泌尿系统和循环系统;内胚层长成欧氏管、气管、消化系统、呼吸系统,以及甲状腺和胸腺等。

在人类胚胎上还可以发现类似尾巴和鳃的结构,有的研究者据以论证复演学说,认为个体发展过程重演种系发展过程。但一般认为,个体发展是种系发展的缩影,而不是机械地、完全地重演种系发展的过程。

第三阶段:在第 2 个月末,胚胎呈现出人的外表,称为胎儿阶段(两个月末至出生)。生理心理学研究表明,在此阶段,胎儿身体各部分渐次发育,肌肉迅速增长,中枢神经发展极快。4 个月末,母亲可以感到胎动。5 个月的胎儿已出现吸吮、吞咽现象,并开始长指甲和毛发。6 个月,眼睛已发展,眼睑能启闭,已具备视觉反应能力以及相应的生理基础;胎儿听觉感受器在 6 ~7 个月时已基本成熟,感官至脑中枢的神经通路除丘脑皮质外,均在 9 个月以前完成髓鞘化。

华南师范大学陈俊的《胎儿心理研究进展》研究报告指出:"许多事情和研究都说明,胎儿对声音有所反应。伯纳德等发现,很大的噪声可以使 7 个月胎儿的心率发生改变。德卡斯帕等经过研究后认为,婴儿对母亲声音的偏好有其出生前的生物学基础。他们让临产前 6 周的孕妈妈每天读一段特选的文章,并在婴儿出生前一个月的时候,对婴儿进行有关听力的测查。以婴儿吸吮的速度作为其对文章的感知指标。总体的实验结果是,熟悉的段落比非熟悉的段落更易引起婴儿吸吮速度的改变;而且,这种改变与由谁(婴儿母亲或其他人)来朗读文章并没有关系。该研究结果清楚地说明,胎儿不仅已经具有了听力,而且还具有了对声音的分辨力。"

有研究者进行了胎教音乐对胎儿影响的实验研究,对怀孕 7 ~9 个月的孕妈妈施以音乐刺激,控制组无音乐刺激。结果表明,实验组胎儿比控制组胎儿引起的胎动人数多、胎动时间长。为了测试胎儿接受音乐刺激的结果,研究者在胎儿出生后 5 分钟时记录他们对胎教音乐刺激的反应,发现施乐组与控制组在转头、睁眼、四肢活动、吸吮、伸舌等方面有显著差异:施乐组婴儿听到音乐后,四处寻找声源,四肢活动明显,控制组无此反应。以上这些研究结果充分说明,胎儿已经具有了基本的听力和一定程度的声音感知能力。①因此,胎儿的音感教育,应从孕期的第三阶段开始。

一般情况下,7 个月的胎儿如早产,已能存活,因此常把第 28 周看作"生存的年龄"。这也表明 7 个月时,神经、呼吸等系统已发展到可以维持个体生命的水平。8 ~9 个月时,皮下脂肪积聚,胎体丰满。10 个月顺利出生。

胎儿期中,脑发展很快,胚胎发育到第 4 周即出现神经管,它膨大的头端将发育成脑,细小的尾端则发育为脊髓;第 5 周起,头端开始分化,以后发育为各种功能不同的脑;第 7 周出现纹状体;第 10 周,纹状体分出尾状核和豆状核。到 5 个月时,大脑半球形成,但表面还很光滑;6 个月时,大脑半球表面的主要沟回均已形成,大脑的额、顶、枕三叶已能分辨。总的来说,胎儿期中,神经系统的低级部位首先发展,大脑半球虽也很快发展,但功能却远未成熟。胎儿期脑的发展为儿童出生后的心理发展奠定了生理基础。

从孕妈妈营养学、健康学的角度,胎教应从受孕开始,甚至在备孕阶段就应注意饮食营养搭配,注意身体健康状况。母亲的营养、疾病、情绪以及服用某些药物等能够影响胎儿的发展,甚至导致个体出生后生理和心理方面的异常;从教育学角度,胎教应从胎儿期的第三阶段开始。

---

① 李虹. 胎教音乐对胎儿影响的实验研究[J]. 心理学报,1994(01):51 –58.

在心理学方面，胎儿心理的研究对象就是胎儿心理发生、发展的规律。学者们对胎儿心理的研究，除集中在感知觉方面外，在记忆、言语和学习能力方面也做了大胆的探索。

陈俊的《胎儿心理研究进展》分析了国内外相关胎儿记忆力研究："1985 年前后，法、美、英三国科学家分别采用不同的实验方法证实了胎儿末期，即 8 个月左右已产生了听觉记忆。美国北卡罗来纳大学的德卡斯珀对 16 名分娩前一个半月的孕妈妈朗读《帽中的猫》，时间积累达 5 个小时之久。婴儿出生后吸一个奶嘴，同时找一台录音机，当婴儿用一长一短的吸法时，录音机就放《帽中的猫》的录音，结果大部分婴儿采用一长一短的吮吸法。德卡斯珀认为，这是婴儿的'知觉选择'受到出生前'听觉经验'的影响所致，用以证明胎儿已具有记忆能力。又如，1985 年 3 月北医大教授刘斌应邀到法国巴黎健康卫生科学院参观了一次音乐胎教实验，发现当播放原在母体内听惯了的音乐时，婴儿就做出有节律的吸吮动作，双手也随音乐节奏做规则摆动，这个实验证实，胎儿期已有记忆，并在出生后表现了再认能力。"

陈俊的《胎儿心理研究进展》分析了国内外相关胎儿语言感知能力研究："埃利诺·卡普兰和乔治·卡普兰根据大量研究成果曾将婴儿言语知觉能力的发展分为五大阶段，基本揭示了婴儿语言感知、分辨能力发生发展的大致过程。第一阶段发生在妊娠中、后期 5 ~ 8 个月。这个时期胎儿已经有了初步的听觉反应，有了原始的听觉记忆能力，能大致区分出乐音、噪声和语音，并表现出对语言的辨别和记忆能力。如北京有一胎儿，出生前被父亲起名为'杨光'并经常抚摸呼唤，杨光出生第 4 天就能对父亲的唤名做出反应，而对其他人叫他的名字毫无反应。虽然婴儿在最初的几周内就已经听完了人类语言所拥有的绝大部分的语音差别，他们的第一个词语产生于 10 ~ 14 个月，但作为婴儿言语知觉由低向高发展的最初阶段——听觉阶段，它是言语知觉最初发生的时期。上述研究表明，胎儿能对语音进行初步的听觉分析，把输入的言语信号分析为多种声学特征，并储存于听觉记忆中，是言语知觉能力的发生，应该视为言语发生的准备阶段。①"

陈俊的《胎儿心理研究进展》分析了国内外相关胎儿学习可能性研究："学习活动指经验获得的过程，例如，经过模仿和练习的活动和过程，个体获得持久的行为改变。婴儿获得经验的过程，既可以观察到其主动性，而更多的是在环境刺激作用下自然而然地形成的，如通过经典条件作用，婴儿学到多种持久的行为和能力。从前已述及的国内外有关胎儿记忆的研究可以发现，胎儿在妊娠末期可接受言语、音乐等外界刺激并获得经验，且该经验能被保持到出生后并对其行为产生明显的影响。而记忆是学习的条件之一，因此胎儿的记忆发展为学习提供了可能性。"②

到目前为止，胎儿心理研究取得较突出成果的领域仅局限于感知觉、记忆、语言感知、学习等方面，相信随着生理心理学的发展、研究手段的更新、方法的改进，胎儿心理的研究会有更大的突破，人们对胎儿心理世界的探索会更加深入。

2. 1 ~ 3 岁婴幼儿的感知觉

此阶段即认知能力的基础阶段，是婴幼儿探索世界、认识自我过程的第一步，也是最重

---

① 陈俊. 胎儿心理研究进展[J]. 心理学动态，1999(02)：70 - 73，69.

② 同①。

要的阶段。这一时期，人的绝大部分的基本感知觉能力已发展完成。在婴幼儿早期的认识活动中，感知觉占据主导的地位，是以后各种心理活动产生和发展的基础，记忆、思维、想象等心理活动都是直接或间接在感知觉的基础上产生和发展起来的。

(1)视觉。

对婴儿的视觉测试，1 个月内的新生儿动力视网膜镜显示最优焦距为 19 厘米；1 ~2 个月的婴儿，最佳注视距离是 15 ~25 厘米，太远或太近便不能看清楚；2 个月以后婴儿开始按物体的不同距离调节视焦距，颜色视觉有很大发展，2 个月时已能对某些不同的波长做出区分；4 个月时已能对近的和远的目标聚焦，眼的视焦距调节能力已和成人差不多，颜色视觉基本功能已接近成人，偏爱的颜色依次为红、黄、绿、橙、蓝等，这就是我们经常要用红色的玩具来逗引婴幼儿的依据。

(2)听觉。

实验研究证明，新生儿听觉阈限高于成人 10 ~20 分贝，在高频区的听力要比成人好，对声音的频率很敏感，可以分辨 200 ~250 周波/秒之间的差别，能区别语言、非语言和不同的语音，有很强的音乐感知能力，喜欢音乐而讨厌噪声。3 个月时就已能静静地躺在那儿倾听音乐，2 ~3 个月时婴儿已能初步区别音乐的音高，3 ~3 个半月时已能区别音色，6 ~7 个月时已能区别简单的音调。

(3)嗅觉。

胎儿 7 ~8 个月时嗅觉器官已相当成熟，出生后，当嗅到母乳的香味就会将头转向母乳奶垫，3 ~4 个月时就能稳定地区别不同的气味，同时对有特殊刺激性气味的物体表现为受到惊吓的反应，并有目的地回避，表现为翻身或扭头等。

(4)味觉。

实验发现，新生儿的味觉相当敏锐，不仅能辨别不同的味道，而且表现出对甜味的喜欢，对咸、酸、苦的反感。实验证明，把不同的物质放在婴儿的舌尖上，可以看到不同的反应，尝到苦和酸的食物时婴儿会产生皱眉、闭眼等表情，尝到香甜味道的食物，表现出开心、喜悦。值得注意的事实是人类味觉系统在婴儿和儿童期最发达，以后逐渐衰退。

(5)触觉。

人的最基本的能力几乎都是在幼年时期发展形成的。1 ~3 岁是婴幼儿触觉发育的敏感期和黄金期。触觉的感受器遍布于全身皮肤和肌肉中，通过触觉可以感知外部环境及事物的特质，如温度、硬度、质感等，是认识世界的主要手段，在人的认知活动和依恋关系形成的过程中占有非常重要的地位。婴儿 4 ~5 个月后，视觉与触觉能力协调均衡发展，使婴儿可以有意识地够到物体，并通过触觉来探索外在世界。

(6)感觉统合。

感觉统合(Sensory Integration)不是对感觉单一器官的功能性描述。确切地说，感觉统合是一种理论，是对感觉器官协调发展的理论性描述。感觉统合最早是由美国南加州大学爱尔丝博士(Dr. Jean Aryes)在 1969 年提出的一个研究观点，用以矫治儿童学习障碍的行为，并了解其原因，事前提出预防和改善的方法。

如果说感觉是刺激物作用于感觉器官经过神经系统的信息加工所产生对该刺激物个别

属性的反应，那么统合则是将接受的感觉信息进行接收和分类的过程，是人脑将各种感觉器官传来的感觉信息进行多次分析综合处理，并做出正确应答，使个体在外界环境的刺激中和谐有效地运作。感觉统合是一切学习的基础。

0~2 岁为感觉学习期，婴儿具有初级的感觉统合能力，视觉、听觉、嗅觉、味觉、触觉前庭平衡觉及动觉等多种感觉统合初步形成，表现为"翻身""坐""爬""走"等；3~5 岁为运动学习期，是中级感觉统合阶段，此时大脑语言区发育成熟并建立联系，各种感觉信息经过大脑整合，产生注意力和记忆力，形成对事物认知评价、记忆、学习经验和稳定的情绪，使自己的行为具有目的性，并通过语音进行表达，这一时期是语言、智力、个性飞速发展的关键期。

(7)知觉与认知发展。

以感觉为基础，知觉是直接作用于感觉器官的事物的整体在脑中的反映，是人对感觉信息的组织和解释过程。就过程而言，知觉是人对感觉信息的组织、解析过程；就依据而言，知觉的组织功能依靠过去经验；就分类而言，知觉分为空间知觉、时间知觉、运动知觉。

知觉是对感觉的加工过程，婴儿在 4~5 个月时出现明显的知觉活动，手眼协调的动作也是在此时出现的。研究发现，婴儿在 3~4 个月时已出现对形状的知觉，4 个月的婴儿对物体有整体的知觉，能把部分被遮蔽的物体视为同一物。深度知觉实验观察研究，即"视崖"试验表明，当 3~5 个月尚不能爬行的婴儿被放在视崖探测时，心率明显减慢，而 7~8 个月已能爬行的婴儿总是避开看上去像是陡坡或悬崖的一侧。

随着幼儿中枢神经的发育和生活范围的扩展，3~4 岁幼儿已经能够分辨红、黄、蓝、绿等常见颜色；辨认上下前后方位，掌握圆形、方形、三角形；较准确地辨别各种声音；通过手接触更多的物体，从而知道物体的凉热、软硬等特征；分辨物体的大小和远近；区分白天和黑夜。

3~4 岁幼儿，记忆具有无意性、暂时性、情绪性，形象鲜明、具体生动、能满足幼儿个体需要的事物，容易被记住；再认和再现能力弱，记忆内容在其头脑中保留时间较短；自我控制能力比较差，记忆活动很容易受情绪的影响，心情愉快则记忆效果良好，心情沮丧则差；无意想象占主导，想象简单且具有无意性、自发性，想象主题易变，容易从一个主题转到另一个主题，无法把想象的事物与现实事物明显地区分开来；言谈中常常有虚构的部分，对事物的某些特征和情节往往加以夸大，常被误认为是说谎；从想象中获得满足，其想象具有无目的性，仅以想象过程本身为满足，富有幻想的性质；思维的直觉性色彩突出，思维的进行离不开幼儿自身对物体的感知，离不开幼儿自身的动作，思维往往随活动的转移而转移；能对事物做出一定程度的概括，思维的范围较为狭隘，思维的内容较为表面，很难掌握事物的本质和事物之间的复杂关系。

4~5 岁幼儿，感知觉精度提高，认知能力迅速增强，开始具有辨别物体细微区别的能力，能分辨混合色、区分各种颜色的明度和饱和度，时间认知明确，具备对早、晚、昨天、今天、明天的认知能力，对声音差别的感受能力有明显进步，对远距离物体的辨别力亦有所发展；有意记忆发展，抽象记忆萌芽，能有意识地记住成人要他做的事情，记忆保持的时间也比较长，能记住较为抽象的事物；再造想象开始占优势，想象开始具有初步的目的性，内容也比以前丰富，在游戏中往往不再单纯重复成人或年长幼儿提出的话题，而是通过自己的构思来加以补充;思维从具体形象,到逐渐具有一定的概括性和灵活性,具备一定的逻辑思维。

5~6 岁幼儿,认知能力进一步发展,观察能力提升,观察的延续时间也有所增加,会把事物的各个方面联系起来进行系统的观察,开始了解所观察的事物之间的内在联系和本质特征,能进行有顺序的观察,从而获得了对事物各个部分及各部分之间关系的比较完整的系统的印象,能比较顺利地概括出本质特征;记忆的有意性有了明显的发展,能够根据成人的要求有意识地复述故事、回想问题,在语言表述上,能用比较熟悉的词去代替不熟悉的词,表现出一种幼稚的但具有概括性的特点;创造想象开始发展,根据已有的知识、经验,抽象概括能力有所发展,想象活动中开始出现一些创造性因素;抽象逻辑思维萌芽,可以依靠概念、判断和推理等形式进行初步的逻辑思维,能初步理解事物的本质属性和内在规律性的联系。

(三)早期教育适应孩子语言发展规律

0~3 个月,是婴儿简单音节阶段,从反射性发声开始,哭叫是其主要发音,婴儿随着外部环境对感官、自身需求刺激程度不同,哭叫声的音长、音量和音高也随之变化,并能用不同的哭叫声来表达不同的需求意愿,如吃奶、换尿布等不同要求。4~8 个月,是婴儿连续音节阶段,4 个月婴儿的发音,增加了很多重复的、连续的音节,6 个月之后,开始有近似词的发音,对简单的词义有所辨认,经过培训,对如“再见”等单词的意义有了初步认知,当听到“再见”时,知道挥挥小手。9~12 个月,是婴儿学话萌芽阶段,婴儿已可以理解一些简单的单词,如“走”“看”等,所发出的不同的连续音节明显增加,近似词的发音也越来越多,开始理解周围简单环境的人与事物。1 岁~1 岁半,是婴儿的单词句阶段,常用一个单词表达一个句子,如明确“妈妈”“爸爸”“爷爷”“苹果”“球”等的含义;1 岁半~2 岁,是婴儿双词句阶段,这一阶段,婴儿说话的积极性非常高,出现了“词语爆炸现象”,这个阶段是婴幼儿掌握词语的第一个关键期;2 岁~2 岁半,是婴幼儿初步掌握口语阶段,常常能用 3~5 个单词组成的句子来与人交谈;2 岁半~3 岁,是婴幼儿目标口语初步发展阶段,词汇量迅速增加,对新词极感兴趣,开始会用人称代词,喜欢听故事,能理解故事的简单情节,对文学语言非常感兴趣,愿意模仿,能说出完整的句子;4~5 岁时能听懂全部说话的内容,会用较多代词、形容词、副词,能简易地叙说一件事情及讲故事,喜欢提问;6 岁时已说话流利、句法正确。

语言是人类所特有的一种高级神经活动形式,是表达思想、观念的心理过程,是语言交往的一种形式,是人类进化过程中随大脑发育和社会生活发展而发生、发展的,与智能有密切关系;婴幼儿语言的发育除受语言中枢控制外,还需要正常的听觉和发音器官;语言能力分理解与表达两个方面,学语言,先理解而后表达,先会发音,后会应用词法和句法;在词的理解应用上,先是名词而后为动词、形容词、介词等。

(四)早期教育适应孩子情绪发展规律

美国哈佛大学心理学教授丹尼尔·戈尔曼认为:“情绪意指情感及其独特的思想、心理和生理状态,以及一系列行动的倾向。”《牛津英语词典》的解释为:“情绪的字面意思是心理、感受、激情的激动或骚动,任何激烈或兴奋的精神状态。”中国大部分的心理学教科书与

《心理学大辞典》中都认为："情绪与人的自然性需要相联系，具有情景性、暂时性和明显的外部表现。"

情绪表现多种多样，主要有：开心、高兴、兴奋、激动、喜悦、惊喜、惊讶、生气、紧张、焦虑、怨恨、愤怒、忧郁、伤心、难过、恐惧、害怕、害羞、羞耻、惭愧、后悔、内疚、迷恋、平静、急躁、厌烦、痛苦、悲观、沮丧、懒散、悠闲、得意、自在、快乐、安宁、自卑、自满、不平、不满等。

0～1岁的婴幼儿心理活动开始萌芽，情绪情感开始介入生活，出生后不久，对人即有了泛化的认识，任何人逗都会微笑。2～3个月，婴幼儿吃饱就会全身活跃或笑出声；5～6个月，新鲜的东西更能引起婴幼儿注意；6～7个月后开始认生，对亲人有依恋情绪；1岁左右出现对人、物的关系的体验感，如有同情感。

1～2岁是婴幼儿分离焦虑和陌生人焦虑的敏感时期，这个时期婴幼儿对陌生人的态度可以反映出他们是否有依恋安全感，假如在1岁时入托儿所，婴幼儿的分离焦虑就比较明显，长时间地哭闹，情绪不安。这是婴幼儿的依恋安全关系遇到障碍的表现。2岁左右的婴幼儿不愿意再让妈妈领着走，而是自己跑跑跳跳，有时甚至蹲下来捡根树枝当枪使，捡个石头扔着玩。婴幼儿变得顽皮、不听话了。独立性的出现使得婴幼儿的自我意识明显表现出来。知道了"我"与别人的区别，在语言上逐渐能区分"你""我"。在行动上要求"自己来"，如"自己走路""自己拿"等；好奇心、探索精神也开始出现。无论什么事物，他们都喜欢问为什么，不停地问"然后呢""后来怎么样了"，他们的问题常常使许多父母难以回答。他们对放在高处的东西更感兴趣，非要大人抱着他看看。对什么东西都要看看、摸摸并且乐此不疲。

2～3岁婴幼儿具备了成年人的一切心理特点，2岁时已出现快乐、害怕、厌恶、苦恼，甚至妒忌等情绪的表现。这期间，婴幼儿常具有固执性，即使遇到困难和失败，也不肯放弃自以为有效的动作方式。随着独立性的发展，一些婴幼儿出现任性的性格，脾气大，开始有攻击性行为，打人、骂人等。

婴幼儿的情绪特点为：易变性，情感很容易受外界环境的支配，如遇到不高兴的事易哭闹，稍加劝导又破涕为笑，情感不够稳定，易受他人的感染；冲动性，不善于控制和调节自己的情感，易哭、易闹；反应差异性大，同一刺激，有的反应强烈，有的则无反应；反抗行为的逆反心理，常常表现为与成人对着干。

需要指出，对婴幼儿期的逆反心理和行为，要辩证地看待，具有积极与消极的两重性。积极意义在于，是婴幼儿独立性、自主性的表现，反映了婴幼儿的自我意识和好胜心，表现出勇敢、求异、创新意识等积极的心理品质，反抗心理强的婴幼儿，在不顺心的情况下，在愤懑、压抑的时候，敢于发泄，不让不愉快的情绪长期留在心中，于是防止了畏缩、懦怯等消极心理品质的形成；消极意义是如果不进行合理的疏通会影响婴幼儿身心健康发展。

情绪是婴幼儿进行人际交往的重要手段，依恋、探究和逆反行为所表现出的情绪，是婴幼儿时期情绪发展基本特性，并且影响着儿童日后的发展。美国心理学家埃里克森认为，个体心理发展过程中，幼儿在 12 ~36 月龄是其获得自主感而克服羞怯和疑虑，体验意志实现的阶段，此阶段情绪社会性发展顺利与否及社会化经验的获得，对其今后的发展将产生重要影响。

二、早期教育分期

早期教育的时间阶段选择，可分为备孕期；孕期；孕早期、孕中期、孕晚期；0 ~3 岁婴幼儿期；3 ~6 岁幼儿期。

（一）孕期教育

1. 孕早期教育

孕早期指的是怀孕第一周到十三周末期间，此时，胎儿在母体内的生长发育非常快。怀孕后前 8 周，受精卵就由一个单细胞发育成有 2 亿个细胞的成形人体；怀孕 6 周时，胚胎的脊柱和脑部开始形成，心脏开始跳动；7 周后，四肢开始形成，这段时期为胚胎期；怀孕 8 周后为胎儿期，胚胎发育出眼睛的雏形；12 周时，胎儿大约有 7 厘米长，20 克重，可看出人形，头与身体其他部位相比，显得较大。

从孕早期开始，就要关注营养饮食，注意休息。在饮食中最重要的是补充叶酸，孕早期每天服用叶酸，可大大降低胎儿神经管畸形的发生率。补充微量元素很重要，缺锌将导致 DNA（脱氧核糖核酸）和含有金属的酶合成发生障碍，导致胚胎发育受到影响，形成先天畸形；缺铜将造成机体新陈代谢提供能量来源的三磷酸腺苷缺乏，以致不能满足生命的最低能量，影响胎儿某些酶的活性以及铁的吸收和运转，从而造成贫血；缺锰可以造成显著的智力低下，并使胎儿产生多种畸变，尤其是对骨骼的影响最大，常出现关节严重变形，而且死亡率较高；缺铁会出现低血色素性贫血，孕期可适当补充铁元素；缺碘导致甲状腺激素减少，造成胎儿发育期大脑皮质中主管语言、听觉和智力的部分不能得到完全分化和发育，婴儿出生后生长缓慢、反应迟钝、面容愚笨、头大、鼻梁平塌、舌外伸流涎，有的甚至聋哑或精神失常，成年后身高不足 130 厘米，患呆小病。

孕早期，这个时期胎盘正在形成，胎儿的各器官正在分化发育，防止流产的孕激素分泌还不充分，因此最容易发生流产或先兆流产，需要小心谨慎，禁止夫妻生活；在孕早期，准妈妈们都会有或轻或重的早孕反应等特殊情况，准爸爸需要在生活和精神上比平时更多地支持和理解准妈妈。

2. 孕中、晚期教育

在孕中期对胎儿进行科学的教育至关重要，这期间做好胎教，不仅可以影响孩子的情商、智商，还有可能影响孩子之后的行为习惯。

以下是一组怀孕后 22 ~28 周四维彩超图像与出生后婴儿睡姿的对比：

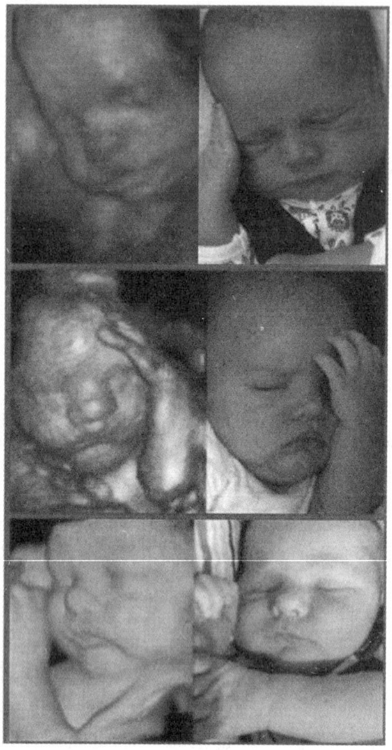

四维彩超图像与出生后婴儿睡姿的对比(图片来源于网络)

孕中期,指的是孕 14 周到孕 27 周末,孕中期胎盘已经形成,胎儿相对进入了比较安全的阶段,28 周至出生为孕晚期。

早期教育家七田真博士把人的基本要素分为两类,即本质性要素和附属性要素。附属性要素是后天学会的要素,如能够学习、熟练掌握技术等,这将成为教育的主流。本质性要素是指性格上的乐观开朗、纯真无邪、温和乖顺,是从胎儿期形成的。

七田真博士认为,胎儿在 3 ~4 个月时开始有心灵活动;在人一生中最有天才能力的阶段是胎儿时期;胎儿拥有成人已经失去的心灵感应力;胎儿期是心灵感应能力最强的时期;胎儿期的母子感应会持续到婴儿期;胎儿会感知母亲的情绪变化;胎儿拥有通过心灵感应接受母亲爱的能力,用爱心培育的胎儿,出生后将成为一个心灵安稳平静、能力很强的孩子。

胎教中最重要的一点就是让胎儿与双亲的心灵相连。

根据《七田真胎教法》,在怀孕的第 5 个月开始进入真正的胎教。如准妈妈要记日记,听优美的音乐;当感受胎动时,要与胎儿温柔地对话,想象美好的事物,向胎儿传递爱;怀孕第 6 个月,早晨醒来,可以轻拍肚子,问问腹中的宝宝:“你醒了吗? 醒了的话,就踢一踢妈妈。”有些宝宝会做出反应,这时便可以与胎儿对话交流;怀孕第 7 个月,胎儿开始有很明显的喜好;怀孕第 8 个月,可以给宝宝取个乳名,经常呼唤,读同一个故事;怀孕第 9 个月,可以和胎儿分享、交流看到的美好事物、听到的优美声音;怀孕第 10 个月,可以复习以前教过的英语、故事等,告诉胎儿:“你即将来到这个充满爱的美好世界,爸爸、妈妈期待你的到来!”

案例:在怀孕第 5 个月时,妈妈每天 16:00 给胎儿播放胎教音乐、弹悠扬的钢琴曲、上"音准课"、讲故事,并把美好的事物传递给胎儿,如看到美丽的花朵,便对胎儿说:"孩子,看到了吗? 这花真好看!"在 7 个月左右时,若忘记了放音乐或弹琴,胎儿便开始有明显比较强的胎动。孩子出生后,当哭闹时,给她放胎教音乐或弹奏胎教的钢琴曲,婴儿会马上安静下来。当会说话、哼唱时,妈妈在钢琴上弹和弦,婴儿的音准极强,最多可以分辨出 7 和弦,甚至能准确地唱出和弦的每一个音来——原来孩子是"固定调"耳朵!

(二)婴儿期(0~3 岁)

德国早期教育家卡尔·威特认为:"现在流行于世的主流思想是:儿童教育从七八岁开始最适宜。人们对这种理论确信不疑。除了这一理论外,还有一种让很多家长感到非常担忧的理念,那就是早期教育会影响孩子的健康成长。这是我跟主流观念冲突的焦点。我的教育经验是,幼儿是成人之母,教育必须从出生那天起就开始进行……从孩子出生到他 3 岁这段时间,是非常重要的时期。孩子的大脑在这一时期接受事物的方式同他长大后截然不同……孩子到 3 岁时,就已经形成了长大之后的一些基本的性格素质,如果我们仔细分析身边的成人,都毫不例外地从他们身上看到他们 3 岁以前的环境,身边的人对他性格形成及素质的影响。所以,模式时期决定了人的一生。"①对孩子来说,最重要的是教育而不是天赋,孩子最终成为天才或庸才,不取决于天赋的大小,关键取决于他或她从生下来到五六岁的教育。诚然,孩子的天赋是有差异的,但这种差异毕竟有限。教育开始得越晚,儿童的能力实现就越少,这就是儿童能力的递减法则。

在婴幼儿早期的不同阶段,其教育内容、教育方法和侧重点应有所不同。美国是实行地方分权管理的联邦制国家,在教育行政与管理上也具有分权的显著特点。伊利诺伊州已经获得全美国学龄前儿童计划的认可,其为 3 岁儿童提供的早期服务位于全美国第一。伊利诺伊州的 0~3 岁早期教育,在发达国家的早期教育中具有代表性,我们可以引以为鉴。

伊利诺伊州的 0~3 岁早期教育,主要关注以下几个方面:

1. 关注自我调节

蒙台梭利认为,人类发展最重要的方面是心理方面的发展,因为人类的活动必须通过精神的指导和控制来进行。婴儿成长的起点不是在身体方面,而是在精神方面,即心理发展,包括思维、认知、情感态度、心理品质等,其中心理品质的发展又是重中之重。心理品质主要关注婴幼儿在注意力、持久力和创造力以及主动性方面的发展。进取心、自信、不屈不挠、充满激情、想象力丰富、敢于质疑等是决定一个人成败的关键因素。

美国心理学家对数百名杰出科学家进行调查分析,发现这些科学家都具有强烈的好奇心、喜欢独立思考,喜欢对事物追根溯源,有良好的文明习惯和坚持的韧性。要想为终身发展奠定良好基础,就需要从婴幼儿阶段起关注心理品质的发展。

0~3 岁的早期教育应重视孩子自我调节能力的培养。自我调节包括生理调节、情绪调

① 威特. 卡尔·威特的教育[M]. 鲁曼俐,译. 哈尔滨:黑龙江科学技术出版社,2010.

节、注意调节和行为调节。孩子的自我调节能力强弱,关乎良好心理品质能否养成。

在培养指标中,要把婴幼儿心理品质发展作为重要内容。如“学习品质”,要求婴幼儿能够坚持做某件事情直到活动顺利完成;一次次地重复做某件有趣的事;对某项活动保持更长时间的注意等。强调婴幼儿的注意力、持久力等方面的重要性,要在教学内容和方法上,提供难度适宜的活动和材料来让儿童更努力尝试做事的不同方法,体验成功。要鼓励儿童持续工作,表扬其付出的努力,关注于付出而不是结果,还要鼓励儿童在一起工作,帮助他们注意到彼此的贡献,允许并鼓励儿童用自己的方式去解决问题等。

2. 关注情感和社会发展

情感与情绪相关,情绪出现较早,多与人的生理性需要相联系;情感出现较晚,多与人的社会性需要相联系。情绪具有情境性和暂时性,情感则具有深刻性和稳定性,情绪具有冲动性和明显的外部表现,情感则比较内隐。情感是在多次情绪体验的基础上形成的,并通过情绪表现出来,反过来,情绪的表现和变化又受已形成的情感的制约。

情感和社会性发展,即婴儿心理健康(Infant Mental Health)发展,旨在促进婴幼儿的精神、情绪和社会性的发展。它具体指婴幼儿的以下能力:体验、控制和表达情绪的能力,形成亲密、安全的个人关系的能力,探索身边环境的能力以及在家庭、社会和文化的期望情境下学习的能力。

婴儿的情绪主要受外部环境和生理需求影响。因此,早期环境和抚育关爱对婴幼儿情绪发展至关重要。婴儿生来就有情绪体验,满足需求、快乐、高兴表现为活泼、欢笑;需求得不到满足、痛苦、消极则表现为哭闹。神经科学研究成果也表明,良好的养护、温暖而又充满爱意的依附关系以及从出生就给予的适合年龄特征的积极刺激,在孩子终身发展中起着重要作用,不仅影响孩子心理和情绪上的发展,同样也影响脑功能的发展。这已经成为婴幼儿学习与发展最重要的研究领域。

0~3岁建立起的亲子关系,尤为重要,是培养孩子与社会、环境、他人和谐相处,形成健康的情感的基础。刚出生的婴儿就有情绪体验,会有少量简单的情绪表达方式。随着年龄的逐渐增长,婴儿的情绪体验变得丰富多样,并逐渐形成自我意识,能够体会自己与他人的关系,能学会管理和表达情绪,逐渐了解自己并以独特个体的身份和健康的情绪融入团体与社会,逐步成为一个独立的社会人。

3. 关注自我意识

自我意识是指婴儿开始意识到自己是一个独特的个体。通过与周围世界的互动,婴幼儿意识到自己的身体、情绪的存在,以及意识到能够影响周围世界的能力。

0~12个月的婴儿开始表达自己的某些情绪,如咕咕叫声表示高兴或激动;能够意识到并学习控制身体的某些部位,开始形成一定程度的自我概念,如对镜中自己的形象感兴趣,对自己的名字有反应,有自己偏好的食物。8~21个月的学步婴儿能够协调地使用手、嘴和眼睛探索自己的身体;自我概念增强,能认出镜中的自己,并能说出自己的名字;开始有自信的感觉,并能够控制自己的某些冲动。18~36个月的幼儿能够认出镜中和照片中的自己,能够表达更丰富的情绪,能够根据实际情况调整自己的行为,在活动中表现出更多的自信,开始学习独立,如尝试在没有他人帮助的情况下照顾自己,意识到自己的所有物,开始表达“这是我的”或把东西放在自己的房间或储藏室等。

4. 关注关系意识

婴儿与外部世界建立第一关系,是母婴依恋关系,然后形成对他人的依恋关系。

健康的情绪与社会性发展,以稳定和有依恋感的关系为基础。婴儿时期是依恋感形成的关键期,而依恋是个体生命早期的情感联结,是婴幼儿与抚育者之间一种积极的充满深情的感情联系。母亲与婴儿的关系尤为重要,需要有灵敏及时的互动。在互动中,婴儿开始发展最初的社会技能,形成了依恋感。

0 ~12 个月的婴幼儿能通过哭、笑或其他方式发出需要注意或帮助的信号,能够与他人进行眼神交流,喜欢被抱着或对着讲话,能够认出熟悉的人,能注意到其他婴儿,会因其他婴儿哭泣而不安。8 ~21 个月的婴幼儿喜欢与同伴玩耍,偶尔模仿他人的动作,开始为他人提供玩具和物品,对他人表达依恋,如拥抱问候家人;开始表现出分离焦虑,如父母离开时会哭泣,通过重复某些行为来得到他人注意,如扔摔玩具,在心情舒畅时,能够忍受与家人或是主要保育员的分离。18 ~36 个月的幼儿经常表示出对父母、保育员的依恋,如拥抱、亲吻父母或保育员,或是在沮丧不安时四处寻找父母、保育员;渐渐能够独立行动,同时听从父母、保育员的指导,与其他儿童互动,如自然地拥抱其他儿童,称他们为“朋友”并一起玩耍;能够与他人合作,对他人表示关心,会提供帮助,如给成人摘花,帮助收拾玩具;能在模仿和扮演游戏中尝试各种角色和关系;开始意识到自己的行为能够影响他人,如知道喊叫会让儿童伤心,分享玩具会让玩伴开心;开始出现反抗行为并能更多地使用语言来表达自己的需要,使用咬、打或其他身体性挑衅行为的频率减少。

马克思把人的本质归结为“一切社会关系的总和”。在婴儿期,其社会关系尽管没有成年人那么复杂,但是萌芽着的社会关系和伴随着的情感发展是基础性的东西,对人的成长影响极大。

5. 关注身体发育与健康

健康的身体,是人类生命存在的基础;灵活、协调、准确而有力量的动作反应能力,是人们生存发展不可缺少的基本能力。健康与身体发展在婴儿整个学习与发展中是第一位的,是在其他领域正常开展活动的基础,必须重点关注婴儿是否有健康的生活方式、是否有安全意识以及是否开展积极的身体活动。关注点包括:“身体健康与成长”“自我照顾”“安全意识”“小肌肉运动”和“大肌肉运动”。

(三)幼儿期(3 ~6 岁)

在幼儿期,个体的生理不断地发展变化,身高、体重在增长,身体各部分的比例逐渐接近于成人,肌肉、骨骼越来越结实有力;更主要的是神经系统特别是大脑皮层的结构和功能不断成熟和发展。幼儿大脑重量在继续增加,3 岁时为 1 000 克左右,到 7 岁时能达到1 280克。

身体生长速度减慢,但仍稳定增长;体重稳定在每年增长 2 千克左右,身高稳定在每年增长5 ~7厘米;食欲不如婴儿时期旺盛,有所下降;从会走、会跳、会跑开始,接触外界环境相对增多;神经心理发展迅速,语言、记忆及思维想象力、精细运动等发展加快,对外界环境产生好奇心，好模仿，向智能发展过渡。

随着年龄的增长与周围交往增多，对客观事物的认识与情感多样化，易产生同情感、荣誉感、信任感，正确引导下，可逐步区别好与坏，喜欢与不喜欢。幼儿的思维具有两大特点：思维的主要特征是具体形象性思维；逻辑思维开始萌芽。幼儿富有想象，其想象又具有不同于其他年龄阶段的独特性：无意想象经常出现，有意想象日益丰富；再造想象占主要地位，创造想象开始发展。

根据3～6岁幼儿生理和心理发育特点，2012年10月9日，我国教育部颁布了《3～6岁儿童学习与发展指南》（以下简称《指南》）。《指南》以法规文件形式，明确规定健康、语言、社会、科学、艺术教育内容为幼儿期的主要教育内容。从健康、语言、社会、科学、艺术等五个领域描述幼儿学习与发展，分别对3至4岁、4至5岁、5至6岁三个年龄段末期幼儿应该知道什么、能做什么，大致可以达到什么发展水平提出了合理期望。同时，针对当前学前教育普遍存在的困惑和误区，为广大家长和幼师提供了具体、可操作的指导、建议。

1. 遵循幼儿的发展规律和学习特点

珍视幼儿生活和游戏的独特价值，充分尊重和保护其好奇心和学习兴趣，创设丰富的教育环境，合理安排一日生活，最大限度地支持和满足幼儿通过直接感知、实际操作和亲身体验获取经验的需要，严禁“拔苗助长”式的超前教育和强化训练。

2. 关注幼儿身心全面和谐发展

要注重学习与发展各领域之间的相互渗透和整合，从不同角度促进幼儿全面协调发展，而不要片面追求某一方面或几方面的发展。

3. 尊重幼儿发展的个体差异

既要准确把握幼儿发展的阶段性特征，又要充分尊重幼儿发展连续性进程上的个别差异，支持和引导每个幼儿从原有水平向更高水平发展，按照自身的速度和方式到达《指南》呈现的发展“阶梯”，切忌用一把“尺子”衡量所有幼儿。

（1）健康方面。

健康包括身体和心理两个方面，是一种在身体上和精神上的完满状态及良好的适应能力。幼儿阶段是儿童身体发育和机能发展极为迅速的时期，也是形成安全感和乐观态度的重要阶段。发育良好的身体、愉快的情绪、强健的体质、协调的动作、良好的生活习惯和基本生活能力是幼儿身心健康的重要标志，也是其他领域学习与发展的基础。

为有效促进幼儿身心健康发展，成人应为幼儿提供合理均衡的营养，保证充足的睡眠和适宜的锻炼，满足幼儿生长发育的需要；创设温馨的人际环境，让幼儿充分感受到亲情和关爱，形成积极稳定的情绪情感；帮助幼儿养成良好的生活与卫生习惯，提高自我保护能力，形成使其终身受益的生活能力和文明生活方式。

幼儿身心发育尚未成熟，需要成人的精心呵护和照顾，但不宜过度保护和包办代替，以免剥夺幼儿自主学习的机会，养成过于依赖的不良习惯，影响其主动性、独立性的发展。

(2)语言方面。

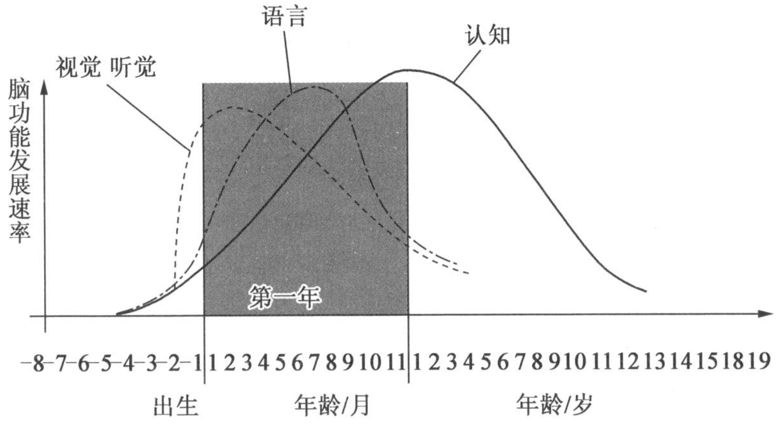

人类大脑发展速率图(哈佛大学儿童发展研究中心)

语言是交流和思维的工具。幼儿期是语言发展,特别是口语发展的重要时期。幼儿语言发展贯穿于身心发展的各个领域,对其他领域的发展有至关重要的影响。幼儿在运用语言进行交流的同时,也在发展着人际交往能力、对交往情境的判断能力、组织自己思想的能力等,并通过语言获取信息,逐步使学习超越个体的直接感知。

幼儿的语言能力是在交流和运用的过程中发展起来的。应为幼儿创设自由、宽松的语言交往环境,鼓励和支持幼儿与成人、同伴交流,让他们想说、敢说、喜欢说,并能得到积极回应。提供丰富、适宜的低幼读物,经常和幼儿一起看图书、讲故事,有利于提高其语言表达能力,培养良好的阅读兴趣和习惯,进一步拓展学习经验。

幼儿的语言学习需要相应的社会经验支持,应在生活情境和阅读活动中培养幼儿对文字的兴趣,通过机械记忆和强化训练过早识字不符合幼儿的学习特点和接受能力。

(3)社会方面。

幼儿社会领域的学习与发展过程是幼儿社会性不断完善并奠定健全人格基础的过程,主要包括人际交往与社会适应。幼儿阶段是社会性发展的关键时期,良好的人际关系和社会适应能力对幼儿身心健康发展以及知识、能力和智慧作用的发挥具有重要影响。幼儿在与成人和同伴交往的过程中,不仅学习如何与人友好相处,也在学习如何看待自己、对待他人,不断发展适应社会生活的能力。

家庭、幼儿园和社会应共同努力,为幼儿创设温暖关爱的家庭和集体生活氛围,建立良好的亲子关系和师生关系,让幼儿在积极健康的人际关系中建立安全感和信任感,发展自信和自尊,在良好的社会环境及文化的熏陶中学会遵守规则,建立基本的认同感和归属感。

幼儿社会性是在日常生活和游戏中通过观察和模仿学习发展起来的,成人应注重自己的言行对幼儿潜移默化的影响。

(4)科学方面。

幼儿的科学学习是幼儿在解决实际问题的过程中发现和理解事物本质与事物间关系的过程,主要包括科学探究和数学认知。幼儿在对自然事物的科学探究和运用数学解决实际生活问题过程中,不仅获得丰富的感性经验,充分发展形象思维,而且在感知具体事物的基础上初步尝试归类、排序、概括、抽象，逐步发展逻辑思维能力，为其他领域的深入学习奠定基础。

幼儿科学学习的核心是激发探究欲望，培养探究能力。成人要善于发现和保护幼儿的好奇心，充分利用自然和实际生活机会，引导幼儿通过观察、比较、操作、实验等方法，学会发现问题、分析问题和解决问题，帮助幼儿不断积累经验，并运用于新的学习活动，形成受益终身的学习方法和能力。

幼儿思维发展以具体形象思维为主，应引导幼儿通过直接感知、亲身体验和实际操作进行科学学习，不应为追求知识的掌握而对幼儿进行灌输和强化训练。

(5)艺术方面。

艺术是人类感受美、表现美和创造美的重要形式，也是表达自己对周围世界的认识和情绪态度的特有方式。

每个幼儿的心里都有一颗美的种子。幼儿艺术领域的学习关键在于充分创造条件和机会，在大自然和社会文化生活中萌发幼儿对美的感受和体验，丰富其想象力和创造力，引导幼儿学会用心灵去感受和发现美，用自己的方式去表现和创造美。

幼儿对事物的感受和理解不同于成人，他们表达自己认识和情感的方式也有别于成人。幼儿稚嫩的笔触、动作和语言往往蕴含着丰富的想象和情感，成人应对幼儿独特的艺术表现给予充分的理解和尊重，不能用自己的审美标准去评判幼儿，更不能为追求结果的“完美”而对幼儿进行千篇一律的训练，以免扼杀其想象与创造的萌芽。

三、家长与早期教育

遵循婴幼儿身心成长发育规律，掌握早期教育的科学依据，是做好早期教育的根本保障。早期教育的对象不仅是孩子，而且还包括家长。在一定意义上，早期教育的任务主要是教育家长、训练孩子。或者说，在早期教育中，要更多注重对家长进行早期教育的科学内容、科学方法的教育，而教对孩子则要更多注重实际“训练”。

(一)对不同家长教育的侧重点

父母是孩子的主要教养人和第一法定监护人，是孩子行为的主要引导者和形成行为习惯氛围的营造者。人在婴幼儿时期，是否能接受早期教育，接受什么样的早期教育，不取决于孩子，而取决于家长。家长是否具有接受早期教育的意识理念和什么样的早期教育理念，决定了孩子是否能够接受早期教育或接受什么样的早期教育。因此，在这个意义上，早期教育的对象首先是家长。

如果说，作为早期教育对象的婴幼儿是一张白纸，那么其家长之间却存在着很大的差异。在诸多影响家长早期教育观念和行为的因素中，家长的受教育程度、经济收入情况、职业生涯和生活环境因素起着重要作用。因此，对家长的教育，要分层次、有侧重。

1. 家长教育

20 世纪 60 年代以来，早期教育已引起了越来越多国家的关注。美国推出了著名的早期教育《开端计划》；澳大利亚政府颁发了《国家早期教育发展战略——投资在早期》；德国则以刚性要求制定并颁布了《日托扩展法》；巴西制定了《国家学前教育政策》；英国颁布了《儿童保育法》；日本制定了《幼儿保育大纲》；新加坡推出了《学前课程六大指导大纲》；法国在《教育法典》中明确规定了学前教育阶段的具体教学内容和职责；印度制定了《国家儿童政策》；我国近年也非常重视早期教育，2001 年国务院颁布了《中国儿童发展纲要（2010—2020）》，并在《国家中长期教育改革和发展纲要（2010—2020 年）》中明确提出应“重视 0 至 3 岁婴幼儿教育”。国内外成功的早期教育离不开国家和地方政府的政策支持和资金投入。我国欠发达区域的早期教育更离不开国家和地方政府的投入，更需要特殊的政策支持，做出顶层整体设计，引进先进成功的教育理念、教学内容和教学方法，集方方面面力量，形成合力。

早期教育实践证明，在发达的一、二线城市可行，在欠发达的农村依然可行，要让这部分家长充分认识到这一点。有些早教机构也开始关注农村、欠发达地区孩子的早期教育，如“七田真”，为实现“让祖国的每一寸土地都成为孩子才能觉醒的地方”的愿景，选择了两所地处西部的农村幼儿园作为智力扶贫试点，免费为农村幼儿园的孩子进行早期教育，取得了与城市中心接受教育的孩子同样的效果。通过一段时间的早期教育，这些孩子的专注力、记忆力、反应力、思维力、自控力都有了显著的提高。

要让这部分家长认识到早期教育是切断贫困的源头，是阻断贫困代际的根本途径。习近平总书记始终把扶贫工作作为党和国家的主要任务，作为实现小康社会的基本目标，常抓不懈。在扶贫工作中，习近平总书记强调：“治贫先治愚。要把下一代的教育工作做好，特别是要注重山区贫困地区下一代的成长。下一代要过上好生活，首先要有文化，这样将来他们的发展就完全不同。义务教育一定要搞好，让孩子们受到好的教育，不要让孩子们输在起跑线上。古人有‘家贫子读书’的传统。把贫困地区孩子培养出来，这才是根本的扶贫之策。”①他还说：“摆脱贫困首要并不是摆脱物质的贫困，而是摆脱意识和思路的贫困。扶贫必扶智，治贫先治愚。贫穷并不可怕，怕的是智力不足、头脑空空，怕的是知识匮乏、精神委顿。脱贫致富不仅要注意富口袋，更要注意富脑袋。”②

与动物不同，人不仅能适应环境，而且能改变环境、创造环境，并在环境中改变自身；教育不仅可以从根本上改变人的外部环境，同时也改变人自身。

家长对子女的早期教育不仅要有爱心，更要有耐心和恒心，要坚持终身教育的理念。孩子的早期教育能否坚持下去，不取决于孩子，关键在家长，取决于家长恒久的爱心和耐心。

教育是长线投资，不仅要投入财力，更要投入精力。作为婴幼儿，尚不能自理，更离不开家长、大人的陪护。早期教育结构，有别于幼儿园，只负责教育，不负责托管。上课期间通常由家长或监护人全程陪护和配合。在训练孩子的同时，也是在教育家长，家长要学会课堂所教的内容和方法，课后按教师的要求，继续对孩子进行训练，否则便无法达到教育的效果。

2. 隔代教育

隔代教育是指由爷爷、奶奶、外公、外婆所担负对孙辈的教育。造成隔代教育有很多因

---

① 习近平. 在河北省阜平县考察扶贫开发工作时的讲话[M]//中央文献研究室. 做焦裕禄式的县委书记. 北京：中央文献出版社，2015.

② 习近平. 习近平在东西部扶贫协作座谈会上的讲话[EB/OL]. [2016－07－21]. http://www.xinhuanet.com/politics/2016－07/21/c_1119259129.htm.

素，其中主要原因，是一些年轻家长因为自己的工作繁忙，或因为婚姻问题等其他原因而把孩子的教育、生活等责任全部交给了自己的父辈，或祖父母退休后精力依然旺盛，主动自愿承担照看孙辈的任务。

隔代教育在我国具有普遍性，目前已经成为值得关注和认真研究的社会问题。由于社会阶层不同，隔代教育的教育者文化程度、育儿经验、生活方式和习惯等不同，因而早期教育的效果有着质的差异。

本节所探讨的隔代教育，着重于早期教育的共性问题，隔代教育有利有弊，不能予以简单的肯定和否定。

有利的方面在于，祖辈往往有充裕的时间和足够的耐心来陪伴孩子，保育结合，在陪伴中完成了对孩子的教育；由于祖孙的血缘关系，多数祖辈家长常有一种儿童心理，特别喜欢和小孩玩乐，极易形成融洽的关系，老人会本能地对孙辈产生慈爱之心，这就有了隔代育儿获得成功的心理基础；祖辈家长有较多的育儿经验，他们丰富的生活知识和深厚的人生阅历是教育孩子的宝贵财富。此外，随着社会文化的进步，全民教育成果的不断提高，隔代家长文化水平的提高，通常会以一种较为民主、温和以及理解式的教育方式进行教育，加之隔代家长的疼爱性更强，对孩子的教育也会有很好的效果。

然而，由于祖辈家长受历史条件和自身年龄特点的局限，不可避免地存在一些不利因素，对此我们应该有清醒的认识。

负面的影响在于，对孩子过分关注，孩子本来能自己做的，祖辈家长呵护备至，代为其劳，孩子本来在正常环境下能锻炼自己的能力，结果让祖辈家长们取消了；对孩子过分监督，什么事情都要督促孩子，经常检查孩子的行为，如此造成了孩子的依赖性和惰性，以及对自己的不信任感；对孩子过分严厉，这种教育方法因循了中国传统的教育理念，对孩子的批评多于鼓励，责罚多于奖励，使孩子产生了严重的自卑、自闭或叛逆心理；思想观念陈旧，许多祖辈家长不顾时代变化，仍用老观点要求孩子，教给孩子过多的老经验，缺乏开创性精神和发散性思维的培养，还有一些祖辈家长因文化低、思想旧，无意识地给孩子传授一些缺乏科学性的东西，无形中增加了孩子接受新思想、新知识的难度。

隔代教育的教育者，是早期教育对象的特殊群体。对隔代教育者的教育，要把握好以下几点：

第一，祖辈家长和父母对孩子教育的思想认识应统一。两代人往往对教育孩子存在认识上的差异，如年轻一代比较注重孩子的智力培养和个性发展，而祖辈家长们则看重做人的道德和艰苦奋斗精神的教育，这就需要两代人相互沟通、统一认识、择善施教。还应注意不要在孩子面前暴露教育方面的分歧，要维护孩子父母的威信。

第二，祖辈家长要注意接受新思想，学习新知识，尽量用现代科学知识抚养教育孩子，用心学习早期教育的理念、内容和方法。

第三，祖辈家长两代人协商建立必要可行的家规，同时也要给孩子一定的自由度和独立性。

第四，祖辈家长以理智控制感情，分清爱和溺爱的界限，爱得适度，正确的爱才会有利于孩子的健康成长。应积极创造机会让孩子和父母多接触，沟通感情，两代人共同努力营造一个有利于家庭教育的和谐温馨氛围。

在教育祖辈家长的同时，也要教育年轻的父母。首先要端正态度，不管多么忙，都要抽时间与孩子在一起，不要把对孩子的抚养、教育完全交给祖辈家长，这是对孩子不负责任的做法。其次，作为孩子的父母，同时作为祖辈家长的子女，要经常与祖辈家长沟通，只有两代人统一认识、明确目标、步调一致，孩子的教育才会通向成功，孩子也会从幸福的家庭中走向五彩缤纷的大千世界。

（二）家长在早期教育中遵循的原则

作为家长，对孩子进行早期教育，要掌握如下几条原则：

平等原则：心理学研究证明，孩子与父母平等的争辩，不仅是互爱的一种体现，而且能够帮助孩子树立信心，明辨是非，丰富想象力和创造力。要把孩子放在与自己平等的角度上看待。

尊重原则：尊重是相互的；家长尊重孩子，孩子才会尊重家长。

交流原则：孩子的成长不仅仅需要物质基础，也有精神、情感的需要。家长忽略孩子的精神、情感需求，孩子和家长就没话说。长期下去，儿女和家长相处会变得越来越尴尬。

自由原则：很多家长把孩子管得很严，却往往吃力不讨好，甚至引起悲剧。应相信孩子的能力，给孩子一个自由发展的空间。

统一原则：家庭教育要和学校统一，否则孩子无所适从。

榜样原则：家长是孩子第一个模仿的对象，家长一定要做好榜样，做好表率。

信任原则：谎言是从不信任中来的。如果你从孩子小时就很信任他，孩子就没有说谎的必要。

宽容原则：人非圣贤，孰能无过？孩子在成长的过程中犯错误是正常的。家长应该宽容地对待，做好引导工作。

鼓励原则：许多家长有个坏习惯，不懂得鼓励，在孩子取得成绩的时候，可能是随意的一两句话带过了。在家庭生活中，应该多鼓励孩子。

（三）早期教育的误区与存在的问题

早期教育的误区不仅体现在教育观念上，也体现在教育方式上，而早期教育观念与方式存在误区，必然导致在早期教育方面出现种种问题。

早期教育的误区：

观念是行为方式的先导，缺乏科学正确的早期教育观，是早期教育最大的失误；早期教育方式的不科学，必然导致早期教育的失败。

1. 重物质需求，轻精神需求；重成绩结果，轻成长过程；重智力培养，轻品德培养

科技进步带来的经济繁荣和人们生活水平的提高，所产生的负面影响便是对物质生活的过分追求。在对待孩子的物质需求上，无论是年轻的父母，还是隔代的长辈，都非常关注。饮食上不仅要求最好的，而且在家庭成员中，把孩子摆在最优先的位置，由此导致的便是孩子以自为我中心，唯我独尊，唯我独大。衣着上追求名牌，以品牌为美；玩具上追求时髦，以阔气为荣。孩子的奢靡之风便由此形成，艰苦朴素的传统慢慢消失，父母辛辛苦苦培养出

的，是从小就讲洋气、阔气、娇气的温室里的花朵。

以成败论英雄，在早期教育上往往表现为，注重成绩而忽视过程。家长常常注重孩子记住了多少外语单词，学会了多少汉字，算术运算达到什么程度等，而忽视了孩子成长的过程。在这种理念指导下，往往不把孩子的昨天和今天进行比较，而是拿自己的孩子和别的孩子进行比较。比较的结果，往往是自己的孩子不如他人的孩子，由此丧失的是家长对早期教育的信心和孩子的自信。

早期教育的目的是培养有益于社会，有益于他人，德、智、体、美、劳全面发展的最好的自我。只有德智体健全者，才是真正的人才。在孩子的早期教育问题上，只重视智力培养、健康身体，忽视品德培养，培养出的可能是以自我为中心，将来危害社会的毒苗。

2. 把早期教育仅仅看作是对孩子的教育

有些家长把孩子带到课堂，以为自己的任务已经完成了，接下来是孩子去跟着教师学东西。其实早期教育，在一定意义上是教育家长——帮助家长建立科学的早期教育理念，掌握科学的育儿知识等，使家长及时了解并把握孩子的敏感期，懂得孩子在每个成长阶段的特点、兴趣和能力，学会亲子互动，并通过与孩子共同游戏，掌握早期教育的方法、技能。

3. 把早期教育等同于早期学习

早期教育是孩子的早期学习，但目的不是让孩子提前进入学习阶段。早期教育不能仅仅局限于智力开发，也不要把培养“神童”作为培养目标。与其说早期教育是在教授孩子知识，倒不如说为孩子创建一个成长环境，激发孩子的兴趣，培养孩子的记忆力、专注力、反应力、思维力等基础认知能力，养成良好的学习和生活习惯，为健全的人格全面发展奠定基础，为爱心家庭提供科学、先进的教育理念和方法。

早期教育存在的问题：

1. 缺乏耐心，不能恒久

保持对一时一事的耐心并不难，难能可贵的是对一个人——孩子、对一件事——早期教育，保持恒久的耐心。一个人的耐心、恒心与你有多少知识关系不大，甚至与受教育的程度也关系不大，半途而废是因为没有坚持到底。耐心与恒心，是一个人的心理品质。因此，柏拉图说：“耐心是一切聪明才智的基础。”“蒙田说：“我有两个忠实的助手，一个是我的耐心，另一个就是我的双手。”

首先，在早期教育的时间上要有耐心和恒心。从受孕时刻起，就注定了一场漫长的马拉松的开始。如果孩子接受早期教育，从 0 ~6 岁，每周一次，即 52(每年 52 周) ×6(年) =312 次；每次 2 节课，每节课 50 分钟，即 312 ×2 ×50 =31 200 分钟。此外，还要有不低于 2 倍的课外家庭辅导，即 31 200 ×2 =62 400 分钟。这便是孩子接受早期教育的时间代价。如果一个孩子在 0 ~6 岁，能接受 62 400 分钟(1 040 小时)的专业早期教育，对其基本认知能力培养的助益是不言而喻的。

其次，在对待孩子的行为上要有耐心和恒心。0 ~6 岁的孩子是一张没有格子的白纸，无拘无束，同时也缺乏自我控制能力，在行为上的任性、不听话是不可避免的。对待孩子的任性、不听话你是否具有恒久的耐心，往往决定早期教育的成败。

再次，任何一种学习和教育都是一个循序渐进过程，在这个过程中，孩子接受教育取得学习成就，奠定全人格发展基础并非一蹴而就，孩子也并非对学习的内容和方法感兴趣，甚至在学习过程中会犯诸多错误。家长能否有恒久的耐心不断激发孩子的学习兴趣，纠正学习中的错误，往往同样决定早期教育的成败。

更重要的是，耐心与恒心是一种心理品质，有耐心和恒心的家长也能培养具有耐心和恒心的孩子。失败的早期教育，大多是因为缺乏持久的耐心和恒心。有句法国谚语，"耐心和持久胜过激烈和狂热"；另一句德国谚语是"耐心是一株很苦的植物，但果实却十分甜美"。

2. 缺乏信心，没有勇气

信心表现为对行为成功及其相应事物的发展演化犹如预判的信任程度。在早期教育问题上的信心缺乏，主要表现在三个方面。一是家长对能否坚持带领孩子进行早期教育缺乏信心，担心自己没有充足的时间陪同孩子进行早期教育，同时，怀疑自己陪同孩子接受早期教育并在课外辅导孩子的能力。二是对孩子能否坚持接受早期教育缺乏信心，或是认为孩子太小接受不了早期教育，或是认为自己的孩子笨，朽木不可雕也。三是对孩子的早期教育能否达到预期的效果缺乏信心，家长往往对早期教育的效果期望值过高，认为只要接受了早期教育，孩子就一定能出人头地，高人一等。这种心态导致了急于求成，忽略了从接受教育到成才是一个漫长的过程。

3. 缺乏身教，负面影响

家长是孩子的第一任教师，也是孩子最好的教师。一位孩子家长在谈到孩子早期教育时，语重心长地说了一段话：

"环境对孩子的影响很重要，如果孩子生活在批评的环境中，他就学会指责；如果孩子生活在敌意的环境中，他就学会打架；如果孩子生活在嘲笑的环境中，他就学会难为情；如果孩子生活在羞辱的环境中，他就学会内疚；如果孩子生活在宽容的环境中，他就学会大度；如果孩子生活在鼓励的环境中，他就学会自信；如果孩子生活在公平的环境中，他就学会正义；如果孩子生活在安全的环境中，他就学会信任他人；如果孩子生活在赞许的环境中，他就学会自爱；如果孩子生活在互相承认和友好的环境中，他就学会在这个世界上寻找爱。我们家长要求孩子回家不玩电脑、不看电视，可我们家长做得怎么样，我们好多家长往往是让孩子做作业，自己玩电脑、看电视，这对孩子没有说服力。其实孩子有他的思维和判断方式。我儿子 4 岁时对我说过一句话，对我触动很深，有一天他突然对我说，×××的家长天天打扑克，不管孩子。我想也应该引起我们在座的家长的思考。"①

营造良好的家庭早期教育环境，是每位孩子家长首要的任务。孩子的大多数时间是在家度过的，孩子习惯的养成，基本是在家里完成的。家的外形是房子，内容是以夫妻婚姻关系为基础，以子女为核心的社会细胞，家庭是最重要、最核心的社会单位；家既是人们最重要、最基本、最核心的经济组织，也是人们最重要、最基本、最核心的精神家园。

在当今的家庭环境中，迫切需要提倡建立和谐友爱的学习型家庭：父母要发奋学习，积

① 佚名. 一篇非常优秀的关于家庭教育的文章[EB/OL]. https://wenku.baidu.com/view/f5ea4166b04e852458fb770bf78a6529647d35bb.html.

极进取，勤劳朴素，诚实为人，忠厚善良，礼貌待人，尊老爱幼，和睦相处。总之，在家庭中，父母既要以身作则，为孩子创造优越的生活和学习环境，又要率先垂范，注重品德修行，为孩子做出榜样。

4. 过度溺爱，揠苗助长

家长无条件满足孩子的要求，事事顺从孩子的要求，替他完成所有事情，对孩子过度娇宠、溺爱，往往是多数家庭存在的问题。长此以往，孩子变得以自我为中心、任性、依赖、迟熟、不能忍让和不懂照顾自己。不让孩子做任何事情，等于剥夺了孩子自我成长的机会，扼杀了孩子的能力发展，孩子的抗挫折能力就无法得到锻炼，容易形成孤僻、自傲、任性、自私等性格缺陷。

5. 过度严厉，缺少宽容

儿童心理学研究发现，对孩子经常摆出严厉的脸孔、大声规范孩子的举动、限制他的自由、否定他的想法，会使孩子长期处于恐慌之中，唯唯诺诺，不敢表达自己的想法。由此，便会使孩子失去自信，失去尝试新事物的勇气。在这种氛围中生活的孩子，为了发泄不满，常常会欺负比自己小的孩子，同时孩子长大后，也可能会以此方式对待父母，把心中积攒的怨恨发泄回父母身上。

6. 忽略优点，缺乏赞扬

在心理学上，皮格马利翁效应（Pygmalion Effect）指人们基于对某种情境的知觉而形成的期望或预言，会使该情境产生适应这一期望或预言的效应。如果忽略了孩子的优点，盯住缺点不放，从相反的方向，也会产生负面的皮格马利翁效应。

“皮格马利翁效应”：期望和赞美能产生奇迹。你期望什么，你就会得到什么。只要充满自信和期待，只要真的相信事情会顺利进行，事情一定会顺利进行，相反，如果你相信事情会不断地受到阻力，这些阻力就会产生，成功的人都会培养出充满自信的态度，相信好的事情是一定会发生的。这就是心理学上所说的皮格马利翁效应。

暗示作用往往会使别人不自觉地按照一定的方式行动，或者不加批判地接受一定的意见或信念。暗示在本质上，是人的情感和观念会不同程度地受到别人下意识的影响。

四、幼儿园与“早期教育中心”

在专业划分上，我国通常把早期教育定义为对 0 ~ 3 岁婴幼儿的教育，学前教育则是对 3 ~ 6岁幼儿的教育；有别于幼儿园的“早期教育中心”，指的是从事婴幼儿教育的专门机构对 0 ~ 6岁婴幼儿所进行的不同侧重点的专业化教育。

第一，教育对象不同。

在年龄段上，0 ~ 3 岁婴儿在家庭养育或进托儿所托育，幼儿园入托的年龄大多为 3 ~ 6 岁。幼儿园尽管也强调与家长沟通，家园互动，但教育对象主要是这一年龄段的孩子，并把主要精力和时间投在孩子身上。

“早期教育中心”则不同，从年龄段上主要为 0 ~ 6 岁的婴幼儿，向前可以包括孕期教育，往后可以延伸到 9 岁半，完成幼、小衔接。

早期教育中心要求家长在陪护的同时与孩子一同上课。对于婴幼儿，讲过多的道理无疑等于浪费时间。早期教育首先是教育家长,其次才是教育孩子。对于家长,教师一方面要向其讲清楚早期教育的理念,另一方面还要向其传授教学内容和教学方法,并使之能够熟练掌握和运用,在课后按照教师的要求在家中对孩子继续训练和教育。对于孩子,教师在先进的教育理念指引下,采用的科学的方法、教学内容适合孩子的特点,用能引起孩子兴趣的教具和与孩子、家长互动的形式,合理安排教学时间,对孩子进行有效的训练。

第二,教育理念不同。

“早期教育中心”的教育理念大多源于著名心理学家、教育家、科学家和发明家。

苏联生理学家巴甫洛夫认为:婴儿降生的第三天开始教育,就迟了两天。

美国教育家布克梅尼斯特·富勒认为:每一个孩子生来都是天才,但大多数孩子在他生命的最初6年里,天资被磨灭了。

日本索尼创始人之一井深大认为:早期获得的信息会像血肉一样长在脑内,长期发挥作用;很多事情如果在婴幼儿期没有学过,是不可能学会的,幼儿园教育已经太晚了。

美国科学家爱因斯坦认为:如果早年他没有接受音乐教育的话,那么无论他在任何事业上都将一事无成。

美国儿童心理学家盖塞尔认为:六岁时,儿童的大脑大部分几乎成熟了,以后人的脑力、性格和心灵将永远不会再如此迅速地发展,人们将永远不会再有这样的机会去奠定智力健康的基础了。

奥地利心理学家弗洛伊德认为:早期关键阶段中的经验会决定一个人的顺应社会的模式和他成年时所具有的个性特征。

苏联教育家马卡连柯认为:教育的基础主要是在5岁前奠定的,它占整个教育过程的90%。

美国心理学家怀特认为:孩子头三年经验的重要性,远远超过我们过去所想象的,没有什么工作比抚育头三年的孩子更重要。

日本教育理论家木村久一认为:如果孩子的兴趣和热情一开始就得到顺利发展的话,大多数孩子将会成为英才或天才,这就是早期教育。

美国数学家、心理学家格林·都曼认为:只有幼儿才能具备魔术般的吸收能力。因此由出生到八岁的这段时间乃是最重要时期,八岁之后便要走下坡,而对学习最具关键作用的时期是1~5岁。

俄国文学家托尔斯泰认为:现在的我距五岁的我不过一步之差,而从新生儿到五岁的我却是万里之遥。

英国哲学家约翰·洛克认为:幼小时所得的印象,哪怕是极微小的,小到几乎觉察不出,都有极重大、极长久的影响。

在总结心理学家、教育家等观念的基础上,早期教育机构也大都形成了各自的早期教育理念。

例如:

“美吉姆”的教育理念:孩子出生后前七年的经历和体验对其一生有着深远的影响;孩子在早期阶段树立自信和自尊是很重要的;“非竞争性”环境;纪律哲学;快乐、丰富多样和令孩子们兴奋的课程有助于真正激发孩子学习的动力;对运动、音乐和艺术的热爱源于孩子早期的体验;健康和积极向上的生活态度,形成于一个人的早年。

“金宝贝”的教育理念:跟随孩子的发育步伐;发现孩子的学习兴趣;在欢乐中一起探索,共同成长。

“七田真”的理念:每个孩子都是天才;孩子教育要越早越好;以爱心为基础,通过感动激发才能;基础认知能力培养是早期教育的必修课。

幼儿园的教育教学理念则与早期教育结构差异很大。从孩子入园的年龄分段看,2~3岁为托班,3~4岁为小班,4~5岁为中班,5~6岁为大班。幼儿园把促进幼儿身心和谐发展作为幼儿园教育的最终目标,教师围绕此目标开展德、智、体、美教学。所以,幼儿园教师需要关注幼儿身体、心理、行为各方面的表现,例如身体会不会不舒服、动作是否协调、有没有不良习惯等细微的问题。

第三,教育目标与教学内容要求不同。

按照《幼儿园教育指导纲要》,幼儿园的教育内容是全面的、启蒙性的,可以相对划分为健康、语言、社会、科学、艺术等五个领域。各领域的内容相互渗透,从不同的角度促进幼儿情感、态度、能力、知识、技能等方面的发展。

健康教育目标是,要求孩子能达到身体健康,在集体生活中情绪安定、愉快;生活、卫生习惯良好,有基本的生活自理能力;知道必要的安全保健常识,学习保护自己;喜欢参加体育活动,动作协调、灵活。

为此,幼儿园教育要建立良好的师生、同伴关系,让幼儿在集体生活中感到温暖,心情愉快,形成安全感、信赖感;与家长配合,根据幼儿的需要建立科学的生活常规。培养幼儿良好的饮食、睡眠、盥洗、排泄等生活习惯和生活自理能力;教育幼儿爱清洁、讲卫生,注意保持个人和生活场所的整洁与卫生;密切结合幼儿的生活进行安全、营养和保健教育,提高幼儿的自我保护意识和能力;开展丰富多彩的户外游戏和体育活动,培养幼儿参加体育活动的兴趣和习惯,增强体质,提高对环境的适应能力;用幼儿感兴趣的方式发展基本动作,提高动作的协调性、灵活性;在体育活动中,培养幼儿坚强、勇敢、不怕困难的意志品质和主动、乐观、合作的态度。

语言教育的目标是,要求孩子能达到乐意与人交谈,讲话礼貌;注意倾听对方讲话,能理解日常用语;能清楚地说出自己想说的事;喜欢听故事、看图书;能听懂和会说普通话。

为此,幼儿园教育要创造一个自由、宽松的语言交往环境,支持、鼓励、吸引幼儿与教师、同伴或其他人交谈,体验语言交流的乐趣,学习使用适当的、礼貌的语言交往;养成幼儿注意倾听的习惯,发展语言理解能力;鼓励幼儿大胆、清楚地表达自己的想法和感受,尝试说明、描述简单的事物或过程,发展语言表达能力和思维能力;引导幼儿接触优秀的儿童文学作品,使之感受语言的丰富和优美,并通过多种活动帮助幼儿加深对作品的体验和理解;培养幼儿对生活中常见的简单标记和文字符号的兴趣;利用图书、绘画和其他多种方式,引发幼儿对书籍、阅读和书写的兴趣,培养前阅读和前书写技能;提供普通话的语言环境,帮助幼儿熟悉、听懂并学说普通话。少数民族地区还应帮助幼儿学习本民族语言。

社会教育的目标是,要求孩子能达到主动地参与各项活动,有自信心;乐意与人交往,学习互助、合作和分享,有同情心;理解并遵守日常生活中基本的社会行为规则;能努力做好力所能及的事,不怕困难,有初步的责任感;爱父母长辈、教师和同伴,爱集体、爱家乡、爱祖国。

为此,幼儿园教育要引导幼儿参加各种集体活动,体验与教师、同伴等共同生活的乐趣,帮助他们正确认识自己和他人,养成对他人和社会亲近、合作的态度,学习初步的人际交往技能;为每个幼儿提供表现自己长处和获得成功的机会,增强其自尊心和自信心;提供自由活动的机会,支持幼儿自主地选择、计划活动,鼓励他们通过多方面的努力解决问题,不轻易放弃克服困难的尝试;在共同的生活和活动中,以多种方式引导幼儿认识、体验并理解基本的社会行为规则,学习自律和尊重他人;教育幼儿爱护玩具和其他物品,爱护公物和公共环境;与家庭、社区合作,引导幼儿了解自己的亲人以及与自己生活有关的各行各业人们的劳动,培养其对劳动者的热爱和对劳动成果的尊重;充分利用社会资源,引导幼儿实际感受祖国文化的丰富与优秀,感受家乡的变化和发展,激发幼儿爱家乡、爱祖国的情感;适当向幼儿介绍我国各民族和世界其他国家、民族的文化,使其感知人类文化的多样性和差异性,培养理解、尊重、平等的态度。

科学教育目标是,要求孩子能达到对周围的事物、现象感兴趣,有好奇心和求知欲;能运用各种感官,动手动脑,探究问题;能用适当的方式表达、交流探索的过程和结果;能从生活和游戏中感受事物的数量关系并体验到数学的重要和有趣;爱护动植物,关心周围环境,亲近大自然,珍惜自然资源,有初步的环保意识。

为此,幼儿园教育要引导幼儿对身边常见事物和现象的特点、变化规律产生兴趣和探究的欲望;为幼儿的探究活动创造宽松的环境,让每个幼儿都有机会参与尝试,支持、鼓励他们大胆提出问题,发表不同意见,学会尊重别人的观点和经验;提供丰富的可操作的材料,为每个幼儿都能运用多种感官、多种方式进行探索提供活动的条件;通过引导幼儿积极参加小组讨论、探索等方式,培养幼儿合作学习的意识和能力,学习用多种方式表现、交流、分享探索的过程和结果;引导幼儿对周围环境中的数、量、形、时间和空间等现象产生兴趣,建构初步的数概念,并学习用简单的数学方法解决生活和游戏中某些简单的问题;从生活或媒体中幼儿熟悉的科技成果入手,引导幼儿感受科学技术对生活的影响,培养他们对科学的兴趣和对科学家的崇敬;在幼儿生活经验的基础上,帮助幼儿了解自然、环境与人类生活的关系。从身边的小事入手,培养初步的环保意识和行为。

艺术教育的目标是要求孩子能达到初步感受并喜爱环境、生活和艺术中的美;喜欢参加艺术活动,并能大胆地表现自己的情感和体验;能用自己喜欢的方式进行艺术表现活动。

艺术教育的内容与要求注重引导幼儿接触周围环境和生活中美好的人、事、物,丰富他们的感性经验和审美情趣,激发他们表现美、创造美的情趣;在艺术活动中面向全体幼儿,要针对他们的不同特点和需要,让每个幼儿都得到美的熏陶和培养。对有艺术天赋的幼儿要注意发展他们的艺术潜能;提供自由表现的机会,鼓励幼儿用不同的艺术形式大胆地表达自己的情感、理解和想象,尊重每个幼儿的想法和创造,肯定和接纳他们独特的审美感受和表现方式,分享他们创造的快乐;在支持、鼓励幼儿积极参加各种艺术活动并大胆表现的同时,帮助他们提高表现的技能和能力;指导幼儿利用身边的物品或废旧材料制作玩具、手工艺品等来美化自己的生活或开展其他活动;为幼儿创设展示自己作品的条件,引导幼儿相互交流、相互欣赏、共同提高。

早教机构的教育目标，相对幼儿园来说更为具体，教学内容要求更为专业。如果说幼儿园的教育目标和内容是按领域划分的，那么早期教育机构的目标和内容，则是按孩子在不同发育、发展阶段依据其基础能力的养成需求进行划分的。

例如始于1958年的早教机构七田真，根据培养孩子全人格的需要，把教育的重点放在了基础认知能力——专注力、记忆力、反应力、自控力和思维力的培养。在培养孩子基础认知能力的基础上，进一步培养孩子的观察能力、语言表达能力、数学运算能力、逻辑分析能力和交际交往能力。

专注力是认知活动的动力功能。认知活动包括听知觉、视知觉、记忆、思维、想象、执行、反馈等活动。认知活动得以顺利开展的推动力正是专注力。它与注意力有所区别：注意力也是人进行活动的心理状态，是先天就有的。专注力不是天生的，需要后天的培养，是一个持续的状态。注意力是大范围的形态，并没有很明确的指向性和社会功能；专注力是有指向性的，包含了意志品质，同时也具备社会功能性。注意力没有好坏之分，只有强弱程度的区别；专注力有好坏之分，相比注意力来说，更多的是一种社会适应能力。以下4个方面会直接影响到我们的专注力状态：(1)事物本身对我们的吸引程度；(2)自身与他人在互动中的联结能力；(3)自身身体状态以及情绪状态；(4)自身的意志表现。

记忆力是识记、保持、再认识和重现客观事物所反映的内容和经验的能力，是人类心智活动的一种，属于心理学或脑部科学的范畴，代表着一个人对过去活动、感受、经验的印象累积，有相当多种分类，主要因环境、时间和知觉来分。就过程而言，在记忆形成的步骤中，可分为下列三种信息处理方式：译码，获得信息并加以处理和组合；储存，将组合整理过的信息做永久记录；检索，将被储存的信息取出，回应一些暗示和事件。按方式，记忆可分为概念记忆和行为记忆。根据记忆持续的时间，记忆分为三种不同的类型，即感觉记忆、短时记忆和长时记忆。按心理活动是否带有意志性和目的性分类，记忆可以分为无意记忆和有意记忆。记忆是一个非常复杂的心理和认知问题。基于心理学和认知科学的基本理论，专业的早教机构更强调用具体的教学方法和手段对孩子进行记忆力的培养。

反应力是对各种信息、要求和指令等做出速度反应的能力。速度是衡量反应力最重要的指标，它体现了大脑各个系统的协调、整合发展的水平，与整个神经网络的效率有密切关系。反应力可以从行为反应速度、言语速度和思维速度三个方面来测量。

自控力是人们能够根据目标和环境的要求，控制和改变自己的思想和行为，克服冲动并抵制外界诱惑，让自己的行为符合社会期许和长期目标的能力。自控力主要体现为控制冲动、抵制诱惑以及信息更新三方面的能力。缺乏自控力，抵挡不住外界诱惑，则很难形成良好的行为习惯；自我控制，主要通过调节自我的心态，增强自我的意志力。

思维力是指人们收到信息后，对信息进行归纳、概括及推理加工的能力。思维力主要通过四个方面来体现：理解力（思维活跃，能够举一反三）；逻辑能力（综合、比较、推理、分析判断能力强）；语言能力（语言组织能力强，语言表达流畅）；想象力（想象力丰富）。

第四，教育形式和环境不同。

早期教育是一种特殊的、专业化程度很高的新型教育模式，通过父母与孩子在教师指导下一起学习、游戏的方式,引导父母学会观察孩子、了解孩子,进而掌握一套科学的教学方法和科学内容。

根据大脑发育的敏感期,七田真采取小班形式授课,把同年龄段的孩子放一个班级,每班6个孩子,同时有6位家长陪同。每节课60分钟,教师与孩子、教师与家长互动,在训练孩子的同时,培训家长。强调父母(看护人)与孩子在情感沟通的基础上实现双方互动,这不但能促进婴幼儿从小形成健康的人格,也能促使父母自身素质得到不断提高和完善。强调亲子互动,使家长与孩子在共同学习、游戏中掌握教育的方法与技能,成为合格的家庭教育者。

专业的早期教育只负责专门能力的培养而不负责托育,课堂教学,下课即走。近期,有些早期教育机构利用现代信息技术,于教育模式上进行了新的探索,在以线下教育为主的基础上,把线下教育和线上教育结合起来,推出了早期教育的线上课程。

五、我国早期教育现状与发展趋势

(一)我国早期教育的历程

根据王欣欣博士的研究:"在我国,早教机构在1998、1999年开始萌芽。2001年是早教迅猛发展的时期。2003年'非典'时期使国内的早教企业进行了大洗牌。2005年国内外更大资本的进驻,让早教机构遍地开花,幼教热就此而来。早教机构主要指的是为0~6岁婴幼儿提供综合型(比如提供音乐、运动、艺术等多方面课程的机构)或垂直型(针对某一个发展领域,比如艺术)课程的教育机构。在国外,有许多名词可以用来描述这种形态的存在,比如playgroup, center-based early childhood program, early childhood development program和early learning center。早教机构这种教育实体在西方国家一般分为国家资助和私营两种模式,在我国早教机构一般都是以营利性为目的的私营教育机构。从运营模式的角度,早教机构主要有三种模式:(1)连锁加盟早教机构;(2)自创品牌早教机构;(3)幼儿园附设早期教育中心。"①

(二)我国早期教育的现状

目前,我国幼儿园、托儿所以外的早期教育,基本上以引进国际知名早期教育品牌为主。有从美国引进的美吉姆、金宝贝、悦宝园、小小运动馆;以脑力开发教育为主的日本七田真;以语言教育为主的法国小王子;意大利的蒙台梭利早期教育;新加坡的小马快跑;以音乐早期教育为主的德国奥尔夫等。此外,还有以本土开发为主设置在幼儿园中的附设早期教育机构,如东方爱婴等。

大型的早期教育机构在引进国际早期教育知名品牌的基础上,不仅有自己的课程体系和独特的教育教学方法,而且还有自己研究撰写的教材、设计研制的教具。但在总体上,早期教育的品牌仍然以引进为主,即使仅有的少数自创的品牌,也是在引进基础上的开发。

(三)我国早期教育的发展趋势

早期教育,即"早教",纵向看,在中国仅有不足30年的历史,与漫长的教育史相比,还很

---

① 王欣欣. 早教机构浅谈[EB/OL]. [2017-08-12]. https://zhuanlan.zhihu.com/p/28116844.

短暂,可谓“新生事物”;横向看,除从国外引进的一些知名品牌外,也有一部分本土早期教育机构;经营方式既有直营中心,也有加盟中心。

尽管早教在我国的发展历史比较短暂,但经过分析,我们大致可梳理出如下发展趋势:

第一,国际知名早期教育品牌从引进走向本土化改造。

目前我国的早教市场上有很多从国外引进的知名教育品牌,然而,任何一个早期教育品牌,从其创立到后来的传播与发展都离不开不同的文化背景,完全的照搬照抄,必定要遭遇“水土不服”。

在早期教育本土化的理论研究上,陈鹤琴提出,中国的早期教育首先要教孩子学会“做人”“做中国人”“做现代中国人”。要真正学会“做中国人”“做现代中国人”,必定离不开中国的历史、文化、现实和环境。

早期教育本土化的实践,近年已在课程内容、教学环境、教材教具等方面逐步进行着适合我国国情的改造,加入了中国文化的要素。

如蒙台梭利教育,这是较早引入我国的早期教育品牌,其早期教育的理念、方法和内容在幼儿园和早期教育中心均得到了广泛的传播和应用。同时学术研究结构对蒙台梭利教育的本土化问题,在实践的基础上,也进行了较为深入的理论探讨,学前教育专业和社会学专业的研究生纷纷以蒙台梭利教育本土化为题,撰写硕士论文;一些学者在学术会议和学术期刊上发表相关研究文章。

再如“七田真”早期教育,在2009年进入国内后,不断进行本土化改造,课程不断升级,环境数次迭代,从1.0升级到2.0、2.5、3.0,已然进化成了适合中国国情、符合中国宝宝特色的早教机构品牌,既不失七田真特色,又与时俱进创新。

第二,受教育范围从一、二线大城市向中小城市(包括县级市)扩展,向中等收入家庭普及。

早期教育以市场为导向,20世纪末我国的早期教育基本集中在北、上、广、深等一线城市;随着一线城市市场规模限制,从21世纪初开始,早期教育已逐步向二、三线城市拓展,甚至有些早期教育品牌已在县城开设了加盟中心。按照投入成本和受教育者的教育投资能力,不同地区、不同城市早期教育的收费也各自不同。受教育群体从高收入家庭向中等收入家庭普及。

第三,师资队伍、管理人员专业化程度越来越高。

引进的早期教育知名品牌,能在我国生根和茁壮成长,关键在两支队伍,即师资队伍和管理队伍。师资队伍是教育的质量保障,管理队伍是企业高效运营的保障。越是知名的早期教育品牌,对教师和管理人员的专业化程度要求也越高,目前,90%以上的早期教育机构的教师和管理人员是大学专科以上的本专业毕业生。近年,令人可喜的是,一批国内外知名大学的硕士、博士加入了早期教育的队伍,成为早期教育机构的中高管理层。

早期教育队伍专业化程度的提高,得益于深度的校企合作。在党和国家的倡导下,早期教育的校企合作日趋规模化。早期教育中心为大学提供学生实习、就业的平台,是学生学习、就业的基地;学校是早期教育行业企业人才培养的基地。

第四,早期教育市场发展空间大,但竞争激烈,优胜劣汰。

随着大众早期教育意识的唤醒,早期教育正在从“小众”高收入家庭向中高收入“大众”家庭普及;从以一、二线大城市为主向中小城市和县城拓展。

国家二孩政策的推出,也为早期教育市场提供了进一步发展的空间。国家统计局根据全国人口变动抽样调查数据的推算分析表明,2016 年二孩出生数量大幅上升,明显高于“十二五”时期的平均水平;2017 年二孩数量进一步上升至 883 万人,比 2016 年增加了 162 万人。二孩占全部出生人口的比重达到 51.2%,比 2016 年提高了 11 个百分点。[①] 2019 年,0 ~ 6 岁婴幼儿数量达到 9 839 万,母婴家庭人群规模达到 2.78 亿。

“十四五”时期,人力资本发展应放置于国民经济社会发展规划中更加重要的位置,人口与劳动绿皮书重点提出的建议之一是加快提高教育型人力资本,进一步提高财政性教育经费占 GDP 比重,全面普及高中阶段免费教育,加快补齐在学前教育、职业教育和继续教育领域的短板。[②]

一方面,国家人口政策和早期教育的普及、拓展,为早期教育的市场提供了广阔的发展空间;另一方面,早期教育市场品牌良莠不齐,一些弱小品牌和不良品牌逐渐被淘汰,早期教育市场强强竞争的格局正在形成。

参考文献:

[1] DAMON,LERNER. 儿童心理学手册:1 ~4 卷[M]. 林崇德,李其维,董奇,译. 6 版. 上海:华东师范大学出版社,2015.

[2] 中国社会科学院. 人口与劳动绿皮书:中国人口与劳动问题报告 No. 21[R/OL]. [2021 - 01 - 07]. http://ex.cssn.cn/zx/zx_gjzh/zhnew/202101/t20210107_5243152.shtml.

[3] 中国商业数据网. 2017—2022 年中国早教行业发展前景预测与投资战略咨询分析报告[R/OL]. [2017 - 01]. http://www.cn - bigdata.cn/report/20170710/66524.html.

本章小结

作为人最初的教育,早期教育的重要性不言而喻。最新的脑科学成果证实,人类大脑具有可塑性,而且脑科学与类脑研究被列入了国家“十四五”规划。但我国的早期教育依旧任重而道远,目前关于早期教育尚无清晰的概念和界定。根据早期教育服务的权威界定,我们可将其分为广义与狭义两个层面。广义的早期教育,针对的是 0 ~ 6 岁婴幼儿教育,服务机构既包括幼儿园、托儿所,也涵盖一些社会机构;本书中提及的早期教育,主要属于狭义的早

① 中国社会科学院. 人口与劳动绿皮书:中国人口与劳动问题报告 No. 19[R/OL]. [2019 - 01 - 04]. http://www.cass.net.cn/baokanchuban/201901/t20190104_4806617.html.

② 中国社会科学院. 人口与劳动绿皮书:中国人口与劳动问题报告 No. 21[R/OL]. [2021 - 01 - 07]. http://ex.cssn.cn/zx/zx_gjzh/zhnew/202101/t20210107_5243152.shtml.

期教育范畴，特指在幼儿园、托儿所之外，面向 0 ~6 岁儿童及家长，提供儿童教育服务的机构。

早期教育机构先前是为没有精力和时间教育孩子的家长提供服务的机构，现在已逐步发展成为以提高孩子智能、开发幼儿潜能、为家长提供专业育儿指导的综合性服务机构。早期教育机构是家长、婴幼儿与教师的三方互动，实质上是处理婴幼儿之间、婴幼儿与家长之间、婴幼儿与教师之间、婴幼儿与社会之间的关系。早教机构的教育，是针对家长和孩子的教育，帮助他们制订个性化的成长服务方案。在教育内容上，必须适应婴幼儿各年龄段的大脑发育、语言发展、情绪发展规律；在教育对象上，不仅仅要注重对婴幼儿的教育，还应注重向家长传达科学的育儿理念和育儿知识；在教育内容和方法上，更要区别于“幼儿园”的教育，进行有针对性的、有侧重点的专业化教育。

第二章 早期教育内容

导语

早期教育的内容主要包括优良品德、行为习惯、基础认知能力、身心健康、审美教育、劳动教育及生命、生存与生活教育（“三生”教育）七个方面。尽管根据不同作用和目的划分为七个相对独立的方面，但是具体实施环境中，要真正实现早期教育的预期目标，七个方面的内容相互关联，要相互支持、彼此渗透。

第一节 身心健康

婴幼儿健康通常指身体和心理两个方面的健康状况，即“身”与“心”健康。教育旨在根据婴幼儿阶段的身心发展特点，通过提高对健康的认识，形成健康的态度，进而培养健康行为，构建系统的健康教育活动。

婴幼儿健康既是身心和谐发展的结果，也是身心充分发展的前提。国家也明确指出：“必须把保护婴幼儿的生命和促进婴幼儿的健康放在工作的首位。”近年来，国内外教育工作者，对幼儿的心理健康问题提出了初步看法，总结出心理健康的幼儿具备的一些特点：第一，智力发育情况正常；第二，拥有丰富的情感，情绪稳定，性格开朗，喜学爱问；第三，行为活泼而有一定的自我控制能力；第四，能适应集体生活，能与同伴友好相处，在集体中表现出合群、乐群的状态。

开展健康教育尤为重要，健康教育的主要内容包括日常健康行为教育、饮食营养教育、安全生活教育、心理健康教育和体育锻炼。健康教育的基本目标是促进婴幼儿养成良好的习惯，具备生活自理能力，能保持个人和环境卫生，知道必要的安全保健常识，学习保护自己，具有初步的自我保护意识与能力。健康教育基本要求体现在以下三方面：一是喜欢参加健康安全的体育运动；二是在集体生活中能够保持积极稳定的情绪；三是在游戏中动作协调灵活，乐于与同伴合作。

一、关注身体健康

（一）关注生长发育

体重和身高是衡量婴幼儿生长发育最简单可靠的指标。体重是反映近期营养状况的敏感指标，我们很容易测量出短期内体重的增减。身高需要间隔一段时间才能有明显变化，它反映长期的营养状况和骨骼生长的速度。婴幼儿时期生长发育速度比较快，不同的年龄段，生长发育的速度也不尽相同。

内在因素和外在环境因素对婴幼儿生长发育都有重要的影响。遗传、性别、内分泌的影响属于内在因素；诸如母亲孕期情况、营养、生活环境、疾病等影响属于外在因素。婴幼儿身体各器官功能发育容易受多种不良因素的影响，以致产生疾病，生长发育迟缓。因此，无论是早教机构还是婴幼儿家庭，都要定期为婴幼儿进行健康检查，关注婴幼儿生长发育的动态变化。

（二）保证必需的营养

人类生存离不开六大类关键营养素，即蛋白质、脂肪、碳水化合物、维生素、无机盐和水。早教机构的教师应了解婴幼儿处在生长发育阶段，对能量和营养素的需要量相对比成人要高得多，他们每天必须摄入含有营养素和产生热能（蛋白质、脂肪、碳水化合物）的各种食物，进而保证身体与智能发育，良好的身体素质能够为一生发展奠基。

（三）重视身体锻炼

身体锻炼是保持协调的过程，利用日光、空气、水使机体与外界环境接触互动。影响婴幼儿体质的因素有两个方面，先天遗传因素和后天营养与锻炼。足够的营养是机体生长发育的必要条件之一。锻炼身体，增强体质，促进婴幼儿生长发育，提高对自然环境的适应能力，抵抗力不断增强，有助于保持健康。

二、婴幼儿心理健康的具体表现

（一）愉悦稳定的情绪

孩子稳定愉快的情绪表现为：自控力比较强，不无故摔打玩具与其他东西；能按时入睡，睡眠平静安稳，无吮吸手指或咬物入睡的习惯；基本上能听从家长或早教教师的嘱咐，不过分挑食，不经常无理取闹。

（二）较强的求知欲

求知欲强的孩子，喜欢提问题并积极寻求解答；学习时或完成任何力所能及的任务时，注意力集中，记忆力正常；爱说话，语言表达能力同年龄相符，无口吃情况；生活中对力所能及的事乐于自己做，不过分依赖别人的帮助，能比较认真地完成别人委托的事。

（三）与同伴交往的意愿

心理健康的孩子，与同伴交往时其行为能合群，对人有同情心和友好行为，不随便打人骂人，不妒忌同伴；在集体中能愉快地生活，在家长或早教机构教师的指导下，乐于做力所能及的事情。

（四）诚实不说谎话

诚实是优良的心理品德，具有诚实品质的孩子很少说不符合现实的话；不私自拿别人的东西或损坏别人的东西；做错事不隐瞒，能承认错误。

（五）有自尊心和一定的自信心

孩子心理健康的重要标志之一是拥有自尊心和自信心，对称赞感到高兴，对批评、指责感到羞愧，希望做受欢迎的事，不愿做遭人责骂的事；不过分畏难、胆怯等。

三、婴幼儿心理健康的基本条件

对婴幼儿来说，形成健康心理所必备的基本条件归纳起来，主要表现为：充分关爱、丰富的生活、平稳的环境、具有艺术的陶冶、健康的躯体等方面。

（一）关爱要充分

孩子的满足感源于体贴、关心、爱护、依赖等，他们能体会到幸福，心情愉快、积极向上，并且会深切真挚地去爱别人。爱是心理健康发展的动力；母爱是婴幼儿身心健康发展的精神支柱；师爱对婴幼儿一生的发展有着不可估量的作用。不适当的母爱与师爱会对孩子产生负面影响。母爱不当主要表现在溺爱上，对孩子一味迁就，缺乏严格要求，结果造成孩子骄横成性、散漫不羁、对父母及其他人漠不关心。师爱不够是由于责任心不强，冷淡或讨厌幼儿，或表现为偏爱资质聪明、容貌出众的孩子，嫌弃资质愚笨、容貌不佳的儿童，常使受宠者张扬跋扈，被冷落者性格孤僻。教师不仅要充分地、正确地爱孩子，而且对每一个孩子应一视同仁。

（二）生活内容要充实

孩子生活的内容应该是丰富的，有恰如其分的学习、劳动，有适当的游戏、娱乐。有的家长忙于工作，对孩子除了在吃穿上给予满足外，对孩子的其他方面很少关心；有的家长望子成才心切，过多安排孩子学习，致使孩子精神紧张，兴趣偏狭，生活能力差，这些都会影响孩子人格的健全发展。在个别早教中，教师只关心孩子能力的提升，不关心孩子个性发展，安排上缺乏游戏、娱乐，使孩子感到生活枯燥无味，从而产生抵触情绪。

（三）环境要安全稳定

安稳的环境是指能够顺利学习，能够进行必要的物质生活的环境。平稳少曲折的环境，对孩子的心理冲击小，孩子容易适应，而不致产生心理问题。反之，处于逆境中的孩子，往往会缺乏教育引导，在心理上受不住冲击，出现反常心理。美国霍尔姆等人曾对 5 000 余人进行社会生活对心理疾病影响的调查，研究发现：生活变动大会使人出现较高的心理发病率。例如，父母吵闹、离婚，教师责骂、体罚等，都会促使孩子产生紧张、焦虑、悲伤、恐惧、消极、自卑等心理。处在逆境中的孩子，如果能对其加以正确引导，给予精神或物质的支持，培养其以较强的意志、正确的态度来对待挫折，他们是能够身心健康地成长的，甚至会成为生活中的强者。

（四）艺术的陶冶

艺术的陶冶促使孩子的人格获得健全、和谐的发展。音乐是形象化的具体刺激，孩子容易接受。创造和选择适合孩子特点的音乐来陶冶儿童，根据需要经常给孩子听欢乐、明快，或安静、温和，或坚定、有力的音乐，使孩子形成活泼、愉快、稳定、勇敢的性格。美术主要是造型和色彩的艺术。美术的具体形象性是最受孩子喜爱的，对陶冶孩子情操、发展孩子智能有显著的效果。孩子可以在看看画画玩玩中发展智力、想象力和创造力。色彩能影响人的情绪：红色使人情绪亢奋，黄色使人喜悦，蓝色使人心胸开阔，灰色使人沉闷、忧郁。在孩子常处的环境中应少用灰、黑色。儿童文学也是孩子十分喜爱的艺术形式。它那引人入胜的内容、优美动听的语言，不仅使孩子增长知识、明辨是非、发展语言，还能培养他们对文学的兴趣。经常给孩子讲故事、念诗歌是促使孩子心理健康发展的重要条件。

（五）健康的躯体

孩子心理健康的生理基础是拥有健康的躯体。身体健康同先天的条件有关，然而后天的保护和锻炼亦十分重要，孩子的人格获得健全发展，就必须同时使孩子有健康的身体。促使孩子心理健康的条件有很多，如加强同伴交往、多参加力所能及的劳动、父母言传身教的影响等，这些都应引起家长和教师的重视。

四、良好的师幼互动能够促进婴幼儿身心健康发展

（一）师幼互动的内涵

师幼互动包括师幼间的一切相互作用，师幼互动的具体情景可能是千变万化的，既可能发生在有组织的教学活动中，也可能发生在非正式的游戏、生活和交往活动中；形式也可以是多种多样的，如与个别幼儿、小组幼儿和全体幼儿的交往，或是与幼儿共同游戏，指导教学，对幼儿表扬鼓励、做示范等；内容也可能丰富多样，如对幼儿进行知识传授、情感交流、行为指导和社交能力的培养等。

（二）创设良好的师幼互动心理环境

心理环境作为一种潜意识的教育因素，对婴幼儿影响可以说十分重要。古人云“亲其师而信其道”，因而让孩子在平等、融洽、和谐的人际环境中获得教育和发展就显得尤为重要。教师应在尊重婴幼儿的基础上与其沟通，和他做朋友，倾听孩子的心里话，当然还要善于发现幼儿的闪光点。婴幼儿在情感上是比较脆弱的，对成人的依赖十分严重，教师的评价是他们自我意识形成的重要依据。受到长期师幼互动模式的影响，婴幼儿发起的互动主要表现为请示或征询许可、展示活动结果、告状等等，而很少发表个人见解或与教师共同游戏，更缺少主动提问或替教师做事的机会，而且年龄越小，这种特征越明显。教师有时虽意识到了要给婴幼儿营造一个宽松和谐的外部氛围，运用正面的方法引导儿童的行为、鼓励儿童尝试新的事物等，但却又因种种原因而听之任之，缺乏参与和指导，使教育不能取得良好的效果。

（三）了解婴幼儿身心特点，给予其平等的话语权

儿童进入早期教育中心后，环境发生了很大的变化，活动的场景、交际的对象都与在家

里截然不同。孩子们无时无刻不在与他人进行着互动，由于幼儿所具有的身心各方面的特点，教师一般以言语交流为主，适时辅以非言语交流，会起到较好的互动效果。然而，在实际的教育活动中，教师和孩子所营造的言语场面往往是倾斜的、不对称的，教师在教学中表达自己的思想、自己的言语，而孩子在教师的言语前却缄默了、失语了，也就是说，教师的某些言语限定了他们的发展。因此教师在对婴幼儿提出教育要求时，应该多使用平等性的语言，如告诉他们能够做什么、怎样去做，而不是一味地指责他们不能做什么、不应该做什么。要打破教师言语的“霸权”，构建平等的师幼关系，学会倾听婴幼儿的表达。教师要以平等、尊重以及温和的语气和孩子对话，使他们敢想、敢说、敢探索，保护孩子的个性发展。另外，教师也可运用适当的体态语与婴幼儿进行互动。合理的体态语运用在师幼互动过程中的影响作用是不可低估的。

婴幼儿年龄小，最容易受到教师言行的暗示，教师一个赞扬的手势、一个信任的眼神、一个鼓励的微笑、一个温柔的抚摸都能向孩子传递情感，如当孩子说出一句完整的话，勇敢地做出第一个动作时，教师赞许的目光、鼓励的微笑、肯定的口吻等积极性评价都会使他们对自己的能力充满信心，从而更积极主动地参与到活动中去；而面对破坏纪律或不礼貌的行为时，教师目光中流露出某些严厉的神情，就能使犯了过错的孩子感到惭愧，促使其改正。

（四）提高师幼互动质量，促进婴幼儿身心发展

《幼儿园教育指导纲要》（以下简称《纲要》）在“组织与实施”中明确提出：“关注幼儿在活动中的表现和反应，敏感地察觉他们的需要，及时以适当的方式应答，形成合作探究式的师生互动。”随着《纲要》的贯彻落实，教师的教育观念不断更新，教育行为不断改善，热爱幼儿、尊重幼儿的观念在教育实践中逐步得以落实，基本形成了良好的师幼关系，而且教师们已开始有意识地通过积极的互动提高教育的有效性。在早期教育中心更是如此，教师不断地在实践中懂得了自己不再是机械的灌输者和传授者，而是互动环境的创造者、交往机会的提供者、婴幼儿发展的支持者。这是一种新型的师幼关系，是教师却不像教师，因为少了教师的架子；这种关系像朋友，可以分享各自的感受和想法；又像妈妈，能给予孩子更多的关爱和照顾。教师要淡化自己的权威，真正站在孩子的角度看待孩子，以一颗童心去理解、读懂孩子的言语与行为。

因此，在早教活动中创设一个良好的师幼互动心理环境，改善教师行为，构建良好的师幼关系，促进教师与幼儿的积极互动是非常重要的。只有在这样新型的师幼互动关系促动下，婴幼儿才能得到更好、更全面的发展。

第二节　行为习惯

幼儿期是塑造健康人格和形成良好道德素养的重要时期。立德树人从养成教育抓起，养成教育则从娃娃抓起。良好的习惯必须要从小培养，婴幼儿正处于人生的初始阶段，可塑性最强，自控能力也最差，如果不注意对他们进行约束培养，就会错失培养的最好时机，所谓积习难改，一旦坏习惯变成了下意识的行为，孩子一生都有可能会受到负面影响。我们可以根据孩子这个时期的发育特点来对他们进行性格、行为上的塑造，此时是培养孩子养成良好

生活习惯的最佳时期，同时也为他们以后的生活打下坚实的基础。

一、培养良好习惯的重要性

婴幼儿时期是十分重要的奠基时期，同时也是养成良好习惯的关键时期。我国著名教育家孙云晓曾说："好的习惯对与儿童来说，就是命运的主宰，同时也是通向成功的轨道，是终身的财富也是人生的格调。"良好的习惯并非与生俱来，只有通过后天的不断努力、培养、教育以及实践才能形成。人一旦养成了某种习惯，那么就很难被改变过来，因此如何科学地培养孩子良好的个人习惯，是现在整个社会都在关注的问题。

对此，我国著名教育家叶圣陶先生提出："教育就是培养好习惯。"因此，注重对婴幼儿进行良好的"生活品德"教育，可以说是早期教育的重中之重。

二、婴幼儿常见的不良习惯表现

（一）喜欢睡懒觉

生活中很多孩子都喜欢睡懒觉，早晨不能按时起床是绝大多数家长面临的一大难题。但是只要细心观察就会发现，爱睡懒觉的孩子也存在晚上无法按时上床睡觉的问题。因此要想纠正过来，家长首先应该知道不同阶段的孩子每天需要的睡眠时间，然后再根据他们所需的睡眠时间，制定出科学合理的作息时间，做到晚上准点督促孩子上床睡觉。

从医学的角度来说，根据儿童的生理特点：半岁前婴儿睡眠需 15 ~ 20 小时；1 岁需 15 ~ 16 小时；2 ~ 3 岁需 12 ~ 14 小时；4 ~ 6 岁需 11 ~ 12 小时；7 岁以上需 9 ~ 10 小时，而家长也可以采用科学合理的办法来培养、纠正孩子的作息时间，比如不要让家里人再抱着睡或拍打、摇床睡，不要让其口含乳头或吸吮手指睡。孩子的作息也是有一定的规律的，睡眠时间最好不要超过晚上 10 点，因为晚上 10 ~ 12 点正是人体的生长激素分泌最为旺盛的时间，保证这个时间段的睡眠对孩子的发育、成长都极为有利。

（二）不注重个人卫生

很多孩子都不明白为什么要洗脸、刷牙，在他们心目中，只会下意识地模仿家长的行为与举动。相关研究数据表明，绝大多数的孩子 4 岁半后才能够独立地把脸洗干净，6 岁左右才有意识想要自己洗澡。因此，当家长发现孩子对洗脸、刷牙等行为充满了好奇时，就应该开始进行正确的引导，帮助他们洗脸刷牙，在引导的过程中一定要有耐心，不可逼迫孩子做清洁，否则就会让他们产生受到惩罚的不好体验，久而久之他们会对洗脸、刷牙丧失兴趣，逐渐养成不良的卫生习惯。

（三）不良的饮食习惯

有些孩子有厌食、偏食的饮食习惯，比如只吃自己喜欢或者习惯了的食物，长此以往，很有可能会因为不健康的饮食习惯，出现体重下降、面黄肌瘦、皮肤干燥等问题，甚至可能会出现严重的贫血、低血糖、体温下降等问题。研究发现孩子的偏食、挑食问题与家庭背景有一定的因素，比如在独生子女家庭、过分关注孩子体重与饮食的家庭、父母与孩子关系过于亲密依赖的家庭中，都容易出现不良的饮食习惯。有些家庭习惯在吃饭时看电视，其实这种习惯很不好，导致孩子注意力分散，无法专心吃饭；有些家庭里，父母又过分关注孩子的饮食情况，导致孩子不喜欢进食，时间一久，当家长越是想让他吃饭，他就越是不肯好好吃饭。

三、婴幼儿良好行为习惯的养成

（一）从小培养，从点滴做起

心理学上把先入为主的第一印象称为“首因效应”。“首因效应”告诉我们：凡事必须重视第一次，特别是行为习惯的培养。早期教育是孩子走上社会的第一步，在早期教育中养成良好习惯，关乎一生。正所谓“少年若天成，习惯如自然”，有了好习惯，失败不容易；没有好习惯，成功不容易。

婴幼儿处在生长发育期，可塑性最大，最容易受引导。研究表明：3 ~ 12 岁是孩子形成良好习惯的关键期。这个阶段的孩子认识和活动范围逐渐扩大，求知欲望强烈，容易接受成人对其行为的训练。有些家长甚至有些教师认为，孩子还小，不要给他们定那么多规则。但孩子的某些坏习惯一旦形成后，就会产生对抗性，新习惯要想扎下根来就困难多了。所以在日常生活各种细节小事上、各个活动环节上，都要制定明确的规则，想方设法运用孩子能接受的形式去培养他们的良好习惯。如规范孩子不丢三落四，就可以使他们养成做事有条理、观察细致的好习惯。

（二）制定规则，使其健康发展

教师之间要分工明确、配合默契、目标一致，才能在保证安全的基础上有效地实施。幼儿分辨是非的能力较差，所以教师必须制定出明确的规范，在教学环节中提出并建立细致的规则，依据常规制度对孩子进行细心的指导，让他们知道该从哪些方面去约束自己才能做得更好。值得注意的是，在制定规则时必须让孩子清楚为什么这样制定、对自己有什么好处。所以，教师也可针对具体情况和孩子一起商讨制定一些规则。这样可加深孩子记忆，更加自觉遵守他们自己亲自制定的规则。

由于家庭教育和孩子本身具有的差异性，在实施建立规则的初期，更要注意细心地指导、示范。对于经常违反规则的孩子，应该强化动作；并且由于孩子本身具有一些破坏行为，必要时加以小小的惩罚，反复地建立规则意识，再强化动作。对于这种个体我们应该坚持，不能放弃，步调一致，均衡发展，否则其他的孩子就会去模仿，影响整体，最后会事倍功半。

（三）坚持以爱为本，用爱心感染孩子

我们在进行常规培养的时候，要采用幼儿容易接受的方式进行，用点点滴滴的关爱让他们慢慢地接纳和信任，让“爱”成为情感互动的润滑剂，让他们感受到平等、满足和尊重，在爱的氛围里学习规则，让他们轻松愉快地接受并遵守规则。

（四）注意培养孩子诚实的品质

诚实是一种美德，教师和家长都愿意孩子成为诚实正直的人，但个别家长却担心孩子太诚实了会被别人欺负。对这一问题我们要有充分的认识：诚实不是无能，诚实的品格有助于孩子智力的发展。只有品格完善，孩子才能健全地成长。在教育过程中，要十分注意成人的言行对孩子的影响。孩子就像一面镜子，既能照出父母的美德，也能照出父母的瑕疵，这就

是教育中潜移默化的作用。因此,我们应事事处处注意以身作则,一举一动、一言一行都应做好表率,注意用诚实的行为习惯影响孩子。另外,对孩子的过失,不可采取粗暴的态度和压制的方法,而应鼓励孩子说真话,以免孩子为了掩饰所犯的错误而说谎。对孩子进行诚实品质的培养是一项长期的、细致的工作,我们要利用生活中出现的一点一滴的小事,因势利导地耐心教育;平时也要多通过周围成人或小朋友的榜样,以及文艺作品中的生动范例教育孩子,使孩子养成诚实的良好品质。

(五)注意培养孩子勤奋好学的品质

"天才是百分之九十九的汗水加百分之一的灵感",这一名言是对勤奋与成才关系的精辟总结,是对无数成才者的高度概括。我国古代也早有人发现了勤奋品质的作用,留下了"勤能补拙"的格言。勤奋的反面是懒惰,幼儿一旦养成了懒惰的习性,无论其天赋有多优越都将一事无成。懒惰是成才的大敌,因此,我们必须帮助幼儿一点一滴地开辟勤奋之地,培养勤奋品质的方法之一就是激发孩子的劳动、学习热情与兴趣,给孩子提供锻炼勤奋品质的机会或条件。保护过度难以培养出勤奋的孩子,除了提倡"自己的事情自己干"以外,还要培养孩子乐于为他人服务的习惯,这是磨炼勤奋品质的两条十分有效的途径。

四、婴幼儿良好品德习惯的养成

(一)积极的情绪情感

婴幼儿的心理活动和行为的情绪色彩非常浓厚,情绪直接指导、调控着儿童的行为,驱动、促使儿童去做出这样或那样的行为,或不去做某种行为,进而关乎品德的培养。在愉快的情绪状态下,他们愿意游戏、学习和活动,学东西很快;而在不愉快的情绪状态下,则不愿意游戏、学习和活动,学东西就比较慢。情绪与认知之间关系密切,孩子的认知活动带有明显的无意性特点,其中一个突出的表现就是受情绪的影响、制约非常大。孩子喜欢猴子,也就注意观察猴子;不喜欢河马,所以河马也不容易吸引他们的注意。与孩子愉快情绪相联系的人和物,例如他们非常喜欢的玩具、非常爱吃的东西以及与这些玩具、食物相联系的人或事,他们很容易记住,而且记忆时间很久,也不容易混淆。

不同性质和不同强度水平的情绪对认知活动起着不同程度的推进或破坏作用,直接影响着认知活动的效果。每一种情绪都有其外部表现,如婴幼儿在交往中,表情尤其占有特殊重要的地位。新生儿几乎完全借助于其面部表情、动作姿态及不同的声音表情等引起与成人的交往,或者维持、调整交往。孩子在掌握语言之前,主要是以表情作为交际的工具。在孩子初步掌握语言之后,表情仍然是其重要的交流工具,它与语言共同实现儿童与成人、与同伴的社会性交往。生活中,具有积极情绪状态的孩子,很容易获得良好的人际关系。

我们很容易看到,一个情绪开朗、热情主动的孩子能很快地适应周围的环境,得到教师和同学们的欢迎,能树立权威,做同伴中的领袖人物。大约在5岁以后,孩子情绪的发展开始进入系统化阶段,逐渐形成了系统化、稳定的情绪反应。例如,某些成人经常对儿童爱抚,总是使儿童的精神需要得到满足,因而引起了良好的情绪反应;另一些成人对儿童过多地严厉斥责,总是不能满足他们的精神需要,于是引起不愉快的情绪反应。如此下去,孩子便对不同的人形成了不同的情绪态度。同样,由于成人长期潜移默化的感染和影响,孩子形成了对事物的比较稳定的情感,情绪过程的稳定化逐渐变成情绪品质。情绪的品质特征是个性特征的组成部分。当情绪与认知相互作用形成一定倾向时,就形成了基本的个性(人格)结构。

(二)高级的社会情感

道德感是由自己或他人的举止行为是否符合社会道德标准而引起的情感。形成道德感是比较复杂的过程,3 岁前只有某些道德感的萌芽,3 岁后道德感逐渐发展起来。随着儿童交往的发展,在家庭、学校、社会的教育下,逐渐掌握了一定的社会规范、道德标准,并把遵守社会规范、道德标准转化为自己的需要。当孩子自己或他人的行为、言论、思想符合他所掌握的社会标准时,就会产生高兴、满足、自豪的体验;而相左时,就会产生懊丧、羞耻、愤怒等体验。这种与一定的社会道德标准或社会评价相联系而产生的体验就是道德感。

在婴幼儿阶段,孩子的道德感很肤浅、易变,往往由成人的评价而引起,孩子一旦掌握了一些概括化的道德标准,便会因为自己在行动中遵守了教师的要求而产生快感;他们不但关心自己的行为是否符合道德标准,而且开始关心他人的行为是否符合道德标准,由此产生相应的情感。例如看到有的小朋友不遵守规则和纪律时就产生极大的不满。有些孩子常向教师"告状",就是由道德感而激发的。婴幼儿期,孩子的道德感也随着年龄增长逐步发展和复杂化,他们对好与坏、行为的对与错渐渐有了比较稳定的认识。

在道德判断方面,婴幼儿期孩子的道德判断带有很大的具体性、情绪性和受暗示性。只要成人说是好的,或自己觉得有兴趣的,就认为是好的;反之,则是坏的。同时,他们在判断行为时,还不能把行为的动机和结果结合起来,常常只看到行为的结果,而不注意行为的动机,仅根据结果来判断行为。

到学前晚期的孩子,开始注重行为的动机、意图。例如小朋友 A 把玩具乱扔打碎了一个盘子,小朋友 B 帮妈妈刷碗打碎了一打盘子,让儿童来评价哪个小朋友好一些时,学前早期的儿童会说 A 好,因为他只打碎了一个盘子,而学前晚期的儿童会说 B 好,因为他是在帮妈妈干活。因此,成人对孩子的道德教育要符合儿童的道德意识水平。例如,告诉孩子不要玩某个玩具,对 3 岁的孩子说"这个玩具很容易打破"比较有效,而对 5 岁的儿童说"这个玩具是别的小朋友的"比较有效。

此外,随着自我意识和人际关系的发展,学前儿童的自豪感、羞愧感、委屈感、友谊感、同情感、忌妒感等也都发展起来。

理智感是在认识客观事物的过程中所产生的情感体验。它是与人的求知欲、认识兴趣、解决问题的需要等满足与否相联系的。理智感是人类所特有的高级情感。随着年龄的增长、活动能力的提高、认识活动的扩大,孩子越来越多地感受到认识的喜悦。三四岁的儿童在成人的指导下用积木搭出一个小房子时,就会高兴地拍起手来。五六岁的儿童会长时间地迷恋一些创造性的活动,如用泥沙堆成高山、挖出地道等。这些认识活动不仅使孩子产生由活动成果带来的积极情感,如愉快、自豪、独立感,而且这种认识性情感又成为促使儿童进一步去完成新的、更为复杂的认识活动的强化物。

孩子求知欲的另一表现形式是与动作相联系的"破坏"行为。日常生活中,许多在成人看来十分平凡的事情和东西,儿童却感到新奇,他们要问,要动手拆。家长和教师应珍视儿童的这种探究热情,并创造条件解放儿童的双手,让他们从小就有动手的机会。

(三)把握孩子情绪,促进个性品质发展

教师应该根据孩子们的心理需要,为他们提供丰富的情绪理解和情绪认同方式,如温柔的拥抱、亲密的对话、共同分享有趣的玩具或是受伤时的安慰等等。在这些时刻,孩子会更容易接受与学习情绪表达。低龄幼儿易受情绪支配,他们会因为争夺某个东西、轮流游戏或争夺某个地位而争吵。这时教师应知道并能够辨别,哪些情况可以通过协助让孩子深刻地理解情绪表现的起因和结果,哪些情况可以作为促进情绪理解能力发展的契机。因此,教师要深入观察孩子之间的互动,提供适当的处理方式,为促进他们个性品质发展建立一个完整的体系。

1. 示范真诚的情绪表达

成人之间的情绪表达有时并不完全真诚。因为某些目的或关系的限制,成人会根据不同的对象或场合婉转地表达情绪。面对孩子,教师总是习惯用较为夸张的方式来表达情绪,如用儿语化的方式或用他们听得懂的词汇对话,因为这样的表达方式更能引起和保持孩子的注意,但是教师的情绪示范表达必须是真诚的。教师要有意识地与孩子建立真诚亲密的关系,尤其是对于那些情绪能力较弱的孩子。不能担心指出他们的错误的行为会影响到亲密的师幼关系,而是应该做出正确的归因,诚实地指出不足,以真诚的态度理解他们的情绪,并给予合适的情绪表达示范。

例如,在集体游戏中,孩子们正沉浸在自己建构的世界中,突然“轰隆”一声,阳阳和小艾搭建的“摩天大楼”倒下了,李老师忙赶到事发地点了解情况。两个孩子红着眼睛说:“老师,是浩浩把我们的摩天大楼推倒了!”李老师问:“浩浩,你是不小心把积木碰倒的吗?”“他是故意的!因为他想要这块大积木,我们也需要,没有借给他,他就把我们的大楼推倒了!”这个案例中,幼儿因为没有借到积木而挑衅地推倒其他幼儿正在搭建的积木,教师的回应不应该是“不小心”的意外,因为事实上教师和幼儿都清楚地知道这是故意的,教师的包庇会使得该幼儿下一次需求得不到满足时,再次使用这个不当的行为发泄。所以教师在情境发生时应及时指出幼儿行为的不恰当,表示对幼儿当下情绪的理解并一同找出更好的方式来解决问题,如:“没有借到想要的积木你很难过,但是你推倒了别人搭好的作品,他们也会很伤心。你伤害了他们,你要向他们道歉!”随后再和幼儿商量解决问题的合适方法。

2. 合适地表达情绪

不同于成人世界有时的隐藏与伪装,幼儿总是直白地表现自己当下的情绪感受。对幼儿来说,要学会抑制某些情绪是一项需要学习的重要技能,即学会遵守特定文化中情绪表达的规则。虽然学前儿童每年都在逐渐学习如何伪装自己的外在情绪,但是5岁的幼儿仍不精通伪装情绪,也不擅长去说服怀疑自己的人。而到了小学阶段,儿童才会逐渐理解情绪的社会规则,并学会在特定的社会情境中合适地表达自己的情绪或抑制情绪。

在关注幼儿个性成长的早期教育中心里,教师会尝试在不同的情境中更好地权衡真诚的情绪表达与合适的情绪表达两者之间的关系,并做出合理的示范。例如,日常活动中分组和小组活动可能会发生某些幼儿不想与班中一些幼儿合作的情况,如果教师观察到了,就应

该选择在分组活动开展之前，以幽默的方式示范合适的情绪表达。根据日常观察幼儿的真实表现，示范幼儿可能不喜欢班中的一些伙伴，并承认允许他们有不喜欢的权利。为了引导幼儿之间的团结友爱，教师没有虚情假意地鼓吹“我们要爱班级里的每个人，我们要友爱”，而是通过幽默的表演表现出有这类想法的幼儿的内心感受，强调直接对其他幼儿表达不喜欢的有害结果，并示范愿意与不喜欢的幼儿相处试试的友爱表现。

五、良好习惯养成的途径

（一）寓教于乐，实施混龄教学活动与体育活动

从大量的实践案例来看，混龄活动有助于刺激孩子各方面的发育，混龄活动中，年纪较小的孩子将受到年纪大的孩子的影响，喜欢模仿大孩子的行为，而大孩子更容易被教育与引导，因此混龄活动能够让孩子之间相互影响，形成正向激励。比如，大龄幼儿喜欢无目的性、下意识地去教导低龄幼儿一些基础的技能与知识，他们更喜欢在体育活动中展示自己，去纠正别人的行为。而低龄幼儿则容易不由自主地模仿大龄幼儿的行为，甚至向大龄幼儿提出疑问。这种情况对不同年龄阶段的幼儿来说，都是一种初级的社会建构，每个孩子都在不断地超越自己原有的水平与技能，因此很多孩子能够通过这种交流、沟通在自己的能力范围之内得到充分的展示。由此可见，之前的担忧也许是多余的，幼儿是完全能够进行高质量的混龄活动的。

（二）鼓励为主，兼具耐心

为了能够帮助孩子更好地成长，教师一定要学会发现他们的闪光点，多多表扬鼓励。孩子都喜欢得到别人的肯定与表扬，一个简单的点头、微笑、抚摸等会让他们感到很快乐。比如设立“今天我最能干”表彰活动，鼓励幼儿做自己力所能及的事，然后请所有的幼儿推选出今天最能干的小朋友。即使有些幼儿没有被评选上，但是为了能够得到教师的赞美与同龄人的推崇，后续也一定会加倍努力。

对年纪小的孩子，教师一定要有充足的耐心。与年纪较小的孩子沟通时，教师应该掌握两点：首先，要明确问题的根源，不可敷衍了事，一定要讲清楚是非曲直，尽量用他们能够理解的语言来讲道理，比如教育孩子跟大人打招呼时，不能像跟小朋友打招呼一样直呼对方名字，应该尊称叔叔或者阿姨；一早一晚都应该跟教师、家长问好。教师也可以进行示范，通过耐心的讲解与示范，让孩子逐步养成良好的礼貌习惯。

（三）反复训练，形成习惯

良好的行为习惯并非一日养成，所谓冰冻三尺非一日之寒也是这个道理。因此对于婴幼儿来说，要养成良好的习惯就离不开教师的指导。想要培养婴幼儿的行为习惯，就需要从日常中的每一个活动、每一个游戏中一点点地渗透强化，比如早上见到教师要学会主动问好；与别人沟通时要做到文明讲礼。与此同时，还要培养他们养成爱劳动的习惯，鼓励他们做力所能及的事情，比如自己收拾玩具、书本，处理简单的内务，比如脱衣服、洗脸刷牙等；教师可以反复示范讲解，要不厌其烦地教导幼儿，也可以通过表扬、激励等办法让他们反复练习从而培养好的习惯。近朱者赤近墨者黑，教师自己的行为也会在很大程度上影响到孩子，

因此教师在日常工作一定要以身作则，树立良好的教师形象，在与婴幼儿沟通时，一定要做到心平气和、态度温和。

（四）榜样教育，双向配合

婴幼儿因为年纪小，还不是很懂得如何与同龄人和睦相处，很有可能跟其他的小朋友发生摩擦，比如争抢玩具、独占玩具、不遵守纪律等，对此教师可能很难通过口头上的教育来约束孩子。此时教师可以实施榜样教育，讲讲发扬优良传统的小故事，如《孔融让梨》等，通过这些故事让孩子学习主人公帮助他人、关爱他人的优良品质。此外家庭教育同样重要，通过家长的教育，也能够帮助婴幼儿将良好的行为习惯贯穿在日常生活中，只有持之以恒，才能够固定他们的行为模式。

良好的行为习惯并非一朝一夕就能够养成，需要教师与家长不断规范婴幼儿行为，帮助他们改正不良习惯。不管是在家里还是在早期教育中心，教师和家长都要规范婴幼儿行为。此外还可以通过讲明道理、适当进行鼓励和表扬等方法，使得他们树立自信心，从而形成良好的行为习惯。

第三节　基础认知能力

一、婴幼儿自身特征

婴幼儿自身的特征一方面制约着同伴对他们的态度和接纳程度，另一方面也决定着他们自身在交往中的行为方式。首先，性别、长相、年龄等生理因素，影响着婴幼儿被同伴选择和接纳的程度。其次，婴幼儿的气质、情感、能力、性格等个性特征，影响着他们对同伴的态度和交往中的行为特征，由此影响同伴对他们的反应和其在同伴中的关系类型；对婴幼儿同伴交往关系影响最大的是其在交往中的积极主动性、交往行为及交往技能。

（一）行为特征

行为特征是婴幼儿社会能力的重要体现。婴幼儿个体之所以交往成败不同、社交地位各异，是因为这些婴幼儿具有明显不同的行为特征。通过社会测量技术，可以发现婴幼儿有着各自认同的行为表现。受欢迎型的婴幼儿具有外向的、友好的人格特征，擅长双向交往和群体交往，而且在活动中没有明显的攻击行为。被拒绝型的婴幼儿在同伴交往中是比较笨拙的和不明智的，经常表现出许多攻击性行为，甚至是反社会行为。虽然他们也尝试着加入群体活动中，但总是由于他们令人讨厌的特征而被人拒之门外。被忽视型的婴幼儿在同伴交往中的行为是笨拙的，他们往往逃避双向交往，而将更多时间花在更大的群体中。但是，由于他们很害羞，大多数都自己玩，很少见到他们表现自己或对他人显示攻击行为。

谢弗（1997）认为，如果一个婴幼儿被看作破坏行为和麻烦的制造者的话，他的同伴将会拒绝他，那么这个婴幼儿便不能形成正常交往的社会技能。而为了引起别人的注意或清除自己行动的障碍，这个婴幼儿就会做出一种更具破坏性、更使人厌烦的行为，制造各种麻烦，如不愿分享与合作、活动过度、话多等，以此作为加入群体活动的方式。拉德等人（Ladd， et al.,1988)对 3 ~4 岁的婴幼儿追踪研究到学龄期,在这个过程中,他们对婴幼儿的社会行为和社交地位分别进行了三次评定。研究发现,在合作方面存在着相当稳定的个体差异,而且这种差异预示了婴幼儿以后不同的社交地位。早期的争吵行为在长时间内显然不太稳定,但是也预示了以后的社会接纳性。这些结果表明,最初被看作会合作的婴幼儿往往受人喜欢,而好争吵的婴幼儿,即使他们以后改变了这种行为,也往往被拒绝。

(二)认知能力

忽视型的婴幼儿也可能因为他们被忽视的社交地位而变得害羞和孤单。我们讨论了婴幼儿交往策略的问题,婴幼儿解决社交问题的策略是婴幼儿社会认知能力的一种综合反映。而婴幼儿的社会认知能力又与其社交地位有着密切的关系。在美国一些对学龄前儿童的研究中,研究者们对儿童在非社会活动、平行游戏和合作游戏中的认知发展做了分析。研究表明,随着婴幼儿时期认知的发展,游戏的复杂性和规则性逐步加强,合作性的要求也不断提高。

这种情况,不仅在婴幼儿时期如此,到小学阶段也是如此。周宗奎、林崇德(1998)以访谈法考察不同年级和不同社交地位的小学儿童解决社交问题的策略,并结合社交问题的不同情境,考察了问题情境与解决策略之间的关系。他们假设:受欢迎型儿童提出的社交策略较不受欢迎的儿童所提出的社交策略更有效、更恰当,其策略类型也会有所不同,并且随着年龄的增长,儿童社交策略的恰当性和有效性也会有一定的提高。其研究结果证实了不同社交地位的儿童在人际问题解决策略上确有差异。① 被拒绝型儿童更多地借助于第三方来发动交往,表现出更高的依赖性。被忽视型儿童发动交往的有效性最低。国外的有关研究得出了一致的结论:不受欢迎的儿童在发动交往时比受欢迎型儿童有更多的困难。被拒绝型儿童解决冲突的策略最不恰当,而高社交地位儿童比低社交地位儿童能更好地解决冲突。

不同的社会认知能力在一定程度上决定了不同的社交地位,并且也支配着不同的社会技能。受欢迎型儿童大都倾向于成为优秀的社会问题的处理者、有效的协调者和对他人的支持者(Erwin,1993);被拒绝型儿童对同伴表现出更多的敌意、批评,更容易活动过度和过分离群,而且有强烈的孤独感;被忽视型儿童更多地参加一些认知不成熟的游戏和进行更多的以自我为中心的言语行为。这些儿童在遇到具体的社交情境时,表现出了很大的差异:受欢迎型儿童会很自信地提出欲参加活动的要求,主动开始与群体中其他人交流,体现了良好的社交能力;被拒绝型儿童则在群体附近徘徊,或者以一种破坏性的手段比如硬抢某东西强行加入;而被忽视型儿童则干脆呆呆地站在一边观望。

(三)身体吸引力

有关婴幼儿感知觉发展特点的研究为我们描述了“视觉偏好”,即对面部特征的偏好,这种现象出现得很早。3 ~6 个月的婴儿对于以成人眼光来看是漂亮的面孔注视的时间要远长于不漂亮的面孔,无论这张面孔的主人的年龄、种族和性别如何。到了 1 岁时,婴儿就已经能“以貌取人”了,对那些有漂亮面孔的人,他们有更多积极的反应,更容易被逗乐,而且更

---

①　张乃丹.学前儿童健康教育[M].南京:江苏大学出版社,2018.

少表示拒绝，而对于相貌平平的人则恰好相反。在5岁以前，有吸引力的儿童和无吸引力的儿童之间的行为差异很小，但到5岁之后，无吸引力的儿童的攻击行为多于有吸引力的儿童，且反应的方式更消极，他们之所以不受欢迎可能是由这种行为导致的。

二、基础认知能力的内容

早期教育着眼于开发大脑，挖掘潜能，培养孩子健康的心理、愉快的情绪、合作的精神、思维的方式、动手的能力、语言的表达等。认知能力是人们成功完成活动最重要的心理条件。知觉、记忆、注意、思维和想象的能力都被认为是认知能力。它是人脑加工、储存和提取信息的能力，即人们对事物的构成、性能、与他物关系、发展动力、发展方向以及基本规律的把握能力。

通常来说，婴幼儿的基础认知能力包括感知觉能力、注意力、记忆力、问题解决能力以及推理能力等。认知心理学之父奈瑟在第一部专门系统研讨认知活动的著作《认知心理学》中强调指出，认知指的是感觉输入的转换、简化、储存、恢复和运用的所有过程。感知觉是人们认识世界的基础，其中感觉是经由各个感觉器官传递产生的、没有经过整合的信息，而知觉是有组织的，对感觉到的信息进行了整合并赋予了意义。知觉在感觉之后，但在时间上，知觉和感觉过程经常是重叠的。认知能力测试运用于测试学习和实际工作能力。与工作有关的能力可分为文字表达能力、抽象思维能力、反应速度、空间识别能力和质疑能力等。能力倾向测试即归纳、演绎、语言理解力、记忆力以及数字能力，目的是测量特定工作能力倾向。认知能力测试包括一般推理能力（智力）测试和特殊智力能力测试以及语文测验（常识、理解、数学推理、记忆跨度、字）及操作测验（完成图画、实物拼接、形数交替）。

美国心理学家加涅（R. M. Gagne）提出5种认知能力：言语信息（回答世界是什么的问题的能力）；智慧技能（回答为什么和怎么办的问题的能力）；认知策略（有意识地调节与监控自己的认知加工过程的能力）；态度（情绪和情感的反映，使学习者形成影响行为选择的内部状态或倾向）；动作技能（有组织、协调统一的肌肉动作构成的活动）。

三、提高认知能力的方法

（一）视觉训练

1. 训练追寻物体

用玩具声吸引婴幼儿转头寻找发声玩具，每日训练2～3次，每次3～5分钟，以拓宽婴幼儿的视觉广度。

2. 颜色感知练习

让婴幼儿多看各种颜色的图画、玩具及物品，并告诉他们物体的名称和颜色，可使他们对颜色的认知发展过程大大提前。

3. 婴幼儿视力迅速发展的时期主要在半岁以前

可选择一些大小不一的玩具或物体，从大到小，让婴幼儿用手抓握注视，然后放在桌上吸引婴幼儿注视。还可训练他们注视远近距离不等的物体，以促进视力发展。

(二)听觉训练

1. 方位听觉练习

吸引婴幼儿寻找前后左右不同方位、不同距离的发声源,以刺激其方位觉能力的发展。

2. 区分语调训练

根据不同情景,用不同语调、表情,使婴幼儿逐渐能够感受到语言中不同的感情成分,逐渐提高对语言的区别能力。

3. 让婴幼儿从周围环境中直接接触各种声音,可提高对不同频率、强度、音色声音的识别能力。婴幼儿认知发展是循序渐进的,游戏、阅读、玩玩具都可以提高认知能力。

下面分别是1～6个月各阶段婴幼儿认知能力的培养方法:

1～6个月各阶段婴幼儿认知能力的培养方法

月龄	培养方法
第1个月	视力集中:在婴儿床上方挂一些使之感兴趣的物体,最好是红色能发出声响的,吸引他的注意。在距婴幼儿眼睛20～25厘米处,将彩色带响声的玩具缓慢移动,使其视线随玩具移动
第2个月	视力集中:继续按1个月时那样训练。婴幼儿喜欢看彩色的图画,表示自己的兴趣。当看到喜欢的图画时会笑,看个不停并动手想摸,看到不熟悉的图画会长久注视。将各种发声玩具在其视线内弄响给他听,缓慢、清晰、反复地告诉他名称,再慢慢移开,让他追声寻源。父母细察婴幼儿对胎教录音和父母唱歌的兴趣,看他听到哪一段时表情安详,笑、手舞足蹈,或者是兴奋等,让他经常反复听,观察感兴趣的部分,并做记录
第3个月	触摸:继续训练触摸,除以前的方法外,可抱婴幼儿至坐位,面前放上玩具,让其伸手触碰玩具,可采用不同质地的玩具来扩大手部触摸的感觉。 亲近母亲:母亲走来时,婴幼儿显示出快乐和急于亲近的表情,有时还会呼叫,手舞足蹈。只有经常和婴幼儿逗乐的父亲才能引起这种亲近的热望。 视线转移:在婴幼儿原视听训练的基础上,继续在他觉醒时让他多看周围的人和物,并用两个人训练,让他的视线从一个人转移到另一个人上,或者在他注视一个物体或人脸时,让其迅速移开,办法是用声音或动作吸引婴幼儿视线转移。经常带他到户外观察活动的物体,能扩大其认知能力。用松紧带在床栏上吊响铃,另一头拴在婴幼儿的任意一个手腕上。父母先动松紧带使响铃发出声音,开始婴幼儿会全身使劲摇动松紧带使铃作响,以后他会只动一个手腕就将铃摇响。过1～2天,松紧带可拴在婴幼儿任意一个脚踝上,经过多次尝试他能动一个脚踝就使铃发出响声。 嗅、味觉训练:拿醋瓶盖让婴幼儿闻一闻,他会做出不喜欢的表情。胎儿在5个月时其舌面的味蕾对酸、甜、苦、辣、咸有了感知觉辨别能力,出生后应当创造条件,让婴幼儿尝尝各种菜汁的味道。这是促进日后孩子心理行为的健康发展和人格的健全不可缺少的“感知觉”教育内容

续表

月龄	培养方法
第4个月	头转向声源:这个亲子互动的游戏可以在家里玩。当母亲抱着婴幼儿玩耍时,父亲推门进来,呼唤他的名字,或者发出声音,婴幼儿会转头向门的方向观看。父亲站在一侧,摇动带响的玩具,他会转头找到声源。 寻找目标:母亲抱婴幼儿站在台灯前,用手拧开灯说:"灯。"初时他盯住妈妈的脸,不去注意台灯。多次开关后,婴幼儿发现一亮一灭,目光向台灯转移,同时又听到"灯"的声音,渐渐形成了条件反射。再听到大人说"灯"时,他眼睛看着灯,就找到了目标。当认识了第一种物品,以后逐渐认识家中的花、门、窗等物,以后可以渐渐学会用手去指,去感知。继续让婴幼儿多看、多听、多摸、多嗅、多尝,锻炼他完整的感知事物的能力
第5个月	寻找失落的玩具:让带响的玩具在婴幼儿眼前落地,发出声音,看他是否用眼睛追随或伸头转身寻找,如果能随声寻找,可继续让不发声的毛绒玩具落地,看看他能否追寻,如果追寻就将玩具捡起来给他,以示鼓励。 认识物名:鼓励婴幼儿在听到物名后不但用眼睛看,而且要用手去指。指认物名是第5个月的训练重点。开始时扶着他的手去指,去触摸,以促进手眼脑的协调发展。语言能力的发展过程是先听懂后才会说的。指认物名是建立声音与物品的联系,让婴幼儿记住学过的东西。 找铃铛:摇响铃铛,引起注意,然后走到婴幼儿视线以外的地方,在身体一侧摇响铃铛,同时问"铃铛在哪儿呢?"逗他去寻找。当婴幼儿头转向响声,大人再把铃摇响,给他听和看。然后当面把铃铛塞入被窝内,露出部分,再问"铃铛在哪儿呢?"大人用眼示意,如果找到及时表扬
第6个月	以哭表示反抗:4个月之前婴幼儿并不能察觉消失了什么;5个月后,能听到或追随失落之物转头寻找;6个月才能真正觉察别人拿走自己正在玩的东西,而且反抗强烈,这是认知上的飞跃

第四节　审美教育

审美教育是婴幼儿教育的重要部分。一个素质全面发展的人才不仅仅品德高尚、知识丰富、体魄健康,还应该具有高雅的审美情趣和一定程度的审美能力。培养审美鉴赏力和审美表现能力,要从婴幼儿抓起。俗话说"爱美之心,人皆有之"。刚出生的婴儿也无法抗拒可爱的玩具及美妙的音乐,当他们接触这些的时候都会有多多少少的反应。对于婴幼儿的审美观,我们一定要有目的有计划地来培养,而不是任他们自行发展。

审美情趣的培养从广义上来说,是一个十分宽泛的概念,婴幼儿审美情趣的培养是早期教育中的重要教学内容,直接关系到整个早期教育的质量和水平;对婴幼儿的审美教育,就是要引导孩子去发现美、欣赏美，让孩子的世界充满美，让连同孩子在内的世界变得更完美。

一、审美教育的意义

（一）有助于培养婴幼儿的审美感知和审美情趣

生活中处处充满了美，如何教育引导孩子，把自发的审美萌芽上升为自觉的审美意识，是早期教育中教师的重要教育内容；审美情趣的培养，顾名思义，最主要是培养婴幼儿的审美能力。感知美的能力，对于一个人的发展，尤其是婴幼儿的发展有着极其重大的意义。

作为早期教育教师，要在生活每个环节中多注意发现，多挖掘美育题材，多引导婴幼儿从自然中、生活中的细微之处来感受美的所在，并扩大他们的审美视野，提高他们认识美的能力。在孩子欣赏后，引导孩子做出理解、分析、评价、判断。如儿童绘画，因为儿童的生理机制尚未完善，手、眼、脑三者的配合尚不协调，可能画出的画不成模样，但这也是儿童画的可爱之处。我们要多从儿童的角度来观察他们心中美好的画，不能对之过分挑剔，更不能以成人的眼光及标准来评价孩子们画得"像不像""美不美"，甚至要求儿童按我们成人的想象作画。否则不仅限制了儿童的自由想象空间，而且使儿童对画画产生一种畏惧感和厌烦情绪，时间久了他们就会失去对画画的兴趣。

总的来说，婴幼儿审美情趣的培养使得婴幼儿在成长的过程中不断热爱生活、心态乐观积极向上，可见婴幼儿审美情趣的培养对于婴幼儿的发展是具有促进意义的。

（二）有助于婴幼儿拥有高雅的生活情趣

婴幼儿审美情趣的培养对于婴幼儿而言，最为直接的促进意义就是使其生活变得情趣高雅。这是因为审美情趣的养成过程中，需要大量的情趣高雅活动的参与训练，在这个长期的过程中，对于婴幼儿而言，不论是其外在的行为，还是其内在的气质都会有大幅度的提升。久而久之，长期发展与培养使得婴幼儿在成长中不断变得情趣高雅，不断地增强自身的品质。

婴幼儿对美的事物的感受带有直觉性，虽然还很幼稚、肤浅，但已有了初步的审美意识，他们喜欢色彩鲜艳、形象夸张的事物。我们可利用周围环境和生活中一切美好的事物打动孩子的心灵，如春暖花开时，带他们去野外寻找春天，放风筝，摘野花；夏天带他们欣赏荷花，在草地上打滚；秋风习习时，带他们去树林捡落叶、摘野果等。

利用自然界、社会生活中的美好事物启迪孩子的审美意识，为其精彩人生奠定基础；通过参与各种不同的美术活动，如绘画、泥塑、剪纸等，孩子的审美感受得以升华，并在创作美的活动中体会现实生活的美好。

（三）有助于养成良好的行为习惯

审美情趣的养成过程，需要大量情趣高雅活动的参与训练，除此之外，在平时的各种行为习惯的认识中，也要使婴幼儿不断地认识到行为的美与丑，认识到生活的美与丑。人类社会中的美与丑、善与恶是客观存在的，如何培养婴幼儿正确地感受这些客观现象，是当前婴幼儿社会美感教育十分重要的组成部分。如文艺作品里，在战场上的厮杀是英雄行为，但发生在婴幼儿之间和社会生活中就是丑陋行为。如果不能对不谙世事的孩子进行正确引导，便会使有些孩子学会了骂人，有的喜欢在群体中称霸等，养成一些不良习气。

在活动中，教师应和孩子们一起看图书、讲故事，引导他们分清文艺作品中的一些善恶、美丑。如孩子们对书架上的《西游记》非常感兴趣，在看的过程中，让他们区分其中的一些角色形象，形成初步的审美，孩子们可能会说“白骨精太坏了，要吃唐僧，猪八戒馋嘴”等。因此，孩子审美情趣的培养，能够使其养成良好的行为习惯，对一生都产生深远影响。而且婴幼儿处于较低的年龄水平，行为习惯的培养具有很强的可塑性，这也体现出了婴幼儿阶段进行审美情趣培养的意义。

二、培养审美情趣与能力

（一）创造审美条件，构建审美环境

不良的生活环境会对婴幼儿幼小的心灵产生或大或小的影响。要使婴幼儿形成正确的审美情趣，就要让他们随时随地拥抱美、感受美的存在。比如在美术课前，可以让婴幼儿先看一些简单的绘画雕塑、手工艺品等等；在音乐课开始时，先弹一些简短的曲子，放录音给婴幼儿听。为婴幼儿设计教学环境时，无论是从物质环境还是从精神环境，都必须考虑到审美因素。美的感受是人们对美的一种认识和反映，是通过人的感觉、知觉、联想、思维、情感等心理活动而产生的一种对美的理解能力，感受美是理解美的前提。在活动中，首先，要为婴幼儿创设好环境，合理地划分好场地，利用走廊与平台，划分好区域把婴幼儿分散开，这样由于人员的分散，自由活动时就显得非常安静，此时婴幼儿会感受到一种安静、整齐的美。其次，在场地划分好后，可以提供给婴幼儿一些色彩鲜艳的玩具，如彩色拼图、玩具汽车、图书等，婴幼儿看着色彩鲜艳的玩具往往会爱不释手，特别是对一些图书中的优美画面他们会很喜欢，此时他们会感受到一种色彩鲜艳的美。再次，在活动时可以为婴幼儿放一些轻音乐，婴幼儿置身在这样的环境中往往会自我陶醉。

（二）利用教学内容进行培养

利用教学内容进行婴幼儿审美情趣的培养也是一种重要的方式，早期教育的教学内容是丰富的，可以进行婴幼儿审美情趣的培养。主要的思路是，深度挖掘教学内容中的美，让婴幼儿去感受文字所描写的环境，发现环境及文字之美。例如在古诗词的学习中，学习高度凝练的诗词，感受汉字的魅力，以及古人的才情，也可以培养婴幼儿的审美能力。值得注意的是，由于婴幼儿处于较低的年龄水平以及认知水平，不一定能自主地感受和理解美，因此教师一定要实时地做好引导与启发。

（三）利用活动进行培养

利用一系列的活动对婴幼儿的审美情趣进行培养，同样是一种很好的策略。例如开展音乐活动让学生感悟音乐之美，在舞蹈中感受灵动之美。总的来说，在各种活动中要使婴幼

儿不断发现积极的一面,认识到乐观的一面;具有感知美的能力,具有创造美的意识,便是婴幼儿审美情趣培养最直接的目的。活动的开展也可以因婴幼儿审美情趣的发展,不断地进行内容层面的丰富,以婴幼儿情趣培养来促进活动的开展,这也体现出了婴幼儿情趣培养对于早期教学的促进意义。

(四)指导婴幼儿正确感受人际关系中的美

人际关系中的美,是在人际交往中感受人与人之间和谐友爱关系时所产生的愉快心理体验。在早期教育的美育中,要重视培养婴幼儿之间、婴幼儿与教师之间、婴幼儿与其他成人之间和谐友爱的关系。如小朋友之间的和谐友爱关系,可以使婴幼儿学会关心、帮助他人,形成齐心向上的良好品质;教师对婴幼儿的关心和爱护,可以激发他们产生巨大的学习动力等等。

婴幼儿在感受美、理解美的基础上,往往会将其转化为自己的行为,并通过言行表现出来。如:为婴幼儿搭设了一个小舞台,让婴幼儿自由地在小舞台上表现。孩子们在小舞台上,会自由地做各种动作,也会表演木偶剧、听音乐跳舞等,把自己对美的理解大胆地表现出来。在这个小舞台上,孩子们的性情得到了展现,大胆的孩子会做各种表现以引起人的注意,胆小的孩子则悄悄地跟在后面,显得很害羞的样子,但无论怎样,孩子们内心都得到了愉快的体验,有了一种表现美的欲望。

三、培养审美鉴赏能力

在美育过程中,婴幼儿能否正确地评价美,也是其审美能力是否形成的重要标志。然而婴幼儿受其年龄和社会经验的限制,对美的评价往往是粗浅的,并带有明显的个人情绪。如一个孩子由于在玩的时候把同伴的玩具弄坏了,同伴不给他玩并打了他一下,他就会说:“小朋友打我,不是好孩子。”这种评价就是典型的个人情绪化的评价。所以在培养婴幼儿评价美的能力时,要帮助婴幼儿学会用什么标准去评价。集体规范是约束婴幼儿集体行为的班级规章制度的体现,婴幼儿的有些行为虽然不违背社会公德规范,但却不利于集体的管理,这时就要用集体规范去约束他们的行为。当每一个孩子都形成了集体观念之后,他们就会用集体规范来评价自己和周围婴幼儿的言行是否符合美的要求。当美育已经扎根在心中,孩子就会用美的眼光来欣赏世界,他们的未来就会更加美丽、精彩。

因此,兴趣是人对事物审美的体验,它是根据一定的美的评价而产生的。儿童美的体验,也是一个社会化过程。婴儿从小喜欢鲜艳悦目的东西以及整齐清洁的环境。相关研究表明,新生儿已经倾向于注视端正的人脸,而不喜欢看五官不端正的人脸,他们喜欢有图案的纸板甚于纯灰色的纸板。幼儿初期仍然主要是对颜色鲜明的东西、新的衣服鞋帽等产生兴趣。他们自发地喜欢相貌漂亮的小朋友,而不喜欢形状丑恶的事物。在环境和教育的影响下,儿童逐渐形成了审美的标准。例如,孩子对小朋友拖着长鼻涕的样子感到厌恶,对于衣物玩具摆放整齐产生快感。同时,他们也能够从欣赏音乐、舞蹈等艺术活动和美术作品中体验到美,而且对美的评价标准也日渐提高,从而促进了审美能力的发展。

第五节　优良品德

品德，即品质道德的简称，是一定社会调整人与人之间、社会与个人之间的关系行为规范的综合。道德起源于人类劳动，是人类所特有的一种社会现象，是社会历史发展的产物。道德品质是一种个体的心理现象，一个人的道德品质不但体现在他的某一时期、某一方面，而且体现在他的一系列行为中，甚至体现在他的一生中。品德就其实质来说，是道德价值和道德规范在个体身上内化的产物。儿童品德，是指其在遵循其所属的社会道德规范行动时表现出来的某些稳固的心理特征，包括道德认知、道德情感、道德意志、道德行为四种成分。

优良品德的建立，影响孩子的一生，能使孩子个性健康全面发展。大量研究表明，婴幼儿期是人接受熏陶养成良好品德和个性塑造的重要时期。从婴幼儿身心发展特点来看，孩子的心理活动具有高度的感受性，高级神经活动具有极强的可塑性，在此期间，最容易接受外界各种刺激和受到教育影响，在其大脑中留下深刻印象，并最终定型为其基础品质。

一、儿童品德形成的基本规律

所有的个体都必须形成一整套符合社会道德规范要求的行为和价值系统，以帮助他们成为合格的社会成员，这是个体心理发展的重要任务之一。这项任务，就是道德发展。新生儿并不天生知道如何与他人交往，如何符合社会规范要求，他们缺乏道德知识，没有道德感，而要成为社会的成员，必须遵从那个社会的道德规范，接受合理的价值系统，以指导生活中与他人及社会之间的相互关系①。

关于婴幼儿品德形成的基本规律的研究很多，21 世纪以来西方品德发展研究颇有影响的理论有皮亚杰的儿童道德判断理论、科尔伯格的认知品德发展理论、班杜拉的社会学习品德发展理论以及罗杰斯为代表的人本主义品德发展理论。本节着重通过上述具有代表性的理论来揭示幼儿品德形成的基本规律。

（一）皮亚杰的儿童道德发展理论

皮亚杰认为，儿童的道德发展是一个由他律逐步向自律、由客观责任感逐步向主观责任感转化的过程。皮亚杰通过观察儿童的活动，用编造的对偶故事同儿童交谈，考查儿童的道德发展问题，获得重大研究成果，具体内容包括：儿童的道德发展既非天赋，也不是社会规则的直接内化，而是受主体与客体相互作用的强度影响。换言之，儿童道德发展是人的自然天赋与相应的社会因素相互作用的结果；儿童道德发展不仅取决于他对道德知识的了解，更取决于儿童道德思维发展的程度，儿童道德思维的发展是一个自主的理性思维发展过程。

1. 前道德阶段

该时期婴幼儿的年龄段在 2 ~ 5 岁，在这个阶段，婴幼儿很少关注普世的规则，规则对他

① 董晓丽. 探究家庭结构调整背景下的幼儿品德养成策略[D]. 上海：复旦大学，2012.

们而言不具有社会意义，他们在游戏中更喜欢构建规则，按照自己的意愿去获得游戏的乐趣，往往表现出以自我为中心的倾向。通常，他们不能对行为的道德价值做出判断。如儿童在玩弹子游戏时，总是按照自己想象的规则活动，而不能理解别人的或一般的规则，因为这时儿童的思维是自我中心的。

2. 他律道德阶段

在3～7岁期间，儿童进入道德他律阶段，也称实在论阶段，有极强的规则意识，表现出对外界权威的绝对顺从和尊重，并认为规则是不可更改的、是绝对的。在皮亚杰的观点中，成人的权力和认知的不成熟限制了儿童对道德的理解。成人的权力坚持认为孩子应该顺从规则，且应对规则以及实施规则的人存在绝对尊敬。而认知的不成熟使儿童认为所有的人都应该用相同的方式看待规则，规则是不能被随意修改的合作性质的原则。

3. 自律道德阶段

10～12岁的儿童公正观念和正义感得到发展，儿童的道德观念倾向于主持公正、平等。而且，这一阶段的公正和平等，不仅仅满足于形式，儿童已经可以根据自己的价值标准去判断道德问题，此时的规则判断伴有儿童的自我意识。自律道德判断又称为道德相对论，是指儿童的道德判断受他自己的主观价值标准所支配。在这一阶段，儿童的思维广度、深度及灵活性都有了质的飞跃，其道德自律意识进一步增强，儿童开始出现了利他主义。

儿童的道德倾向是从认识单纯的规则到了解真正意义的规则，是从他律到自律的过渡。皮亚杰认为品德发展的阶段不是绝对孤立的，而是连续发展的。儿童品德的发展是一个连续的统一体，可以根据儿童各个年龄阶段的特点来教育孩子：对处于自我中心阶段儿童的活动不应多加干涉，而应耐心地具体指导；对处于权威阶段的儿童，要靠成人的具体指导，这时，成人的示范和表率特别重要，不必强求同伴之间的互助；对处于可能性阶段的儿童，在教育中应注意正面引导和讲明道理，平等地对待每一个儿童；对处于公正阶段的儿童，尊重他们的思想，必要时给予他们一定的指导。①

（二）科尔伯格的儿童道德发展阶段理论

科尔伯格对道德发展的研究是从发展心理学的角度出发的。1955年开始，科尔伯格经过大量的实证以及跨文化的道德发展研究，构建了庞大的道德认知理论体系，理论的思想渊源主要来自杜威和皮亚杰关于道德发展理论的观点，即道德发展的核心是认知，促进道德发展的因素是社会交往，主要运用道德两难法，从发展心理学的角度出发，将道德划分为3个水平6个阶段。②

① 周红. 幼儿品德养成教育的几点思考[J]. 早期教育，2005(4)：8－9.
② 蔡迎旗. 学前教育概论[M]. 武汉：华中师范大学出版社，2006.

科尔伯格儿童道德发展六阶段

水平		发展阶段		心理特征
第一水平	前习俗水平	阶段 1	惩罚和服从的定向阶段	行动的物质后果决定这一行动的好坏,不理会这些后果所涉及的人的意义或价值。他们凭自己的水平做出避免惩罚和无条件服从权威的决定,而不考虑惩罚或权威背后的道德准则。在这个阶段,儿童主要关心的是置身于苦恼和避免痛苦、自由限制和忧虑。这个阶段相当于皮亚杰的“客观责任感”
		阶段 2	工具性的相对主义的定向阶段	正当的行动就是满足自己需要的行动,偶尔也包括满足别人需要的行动。人际关系被看作犹如交易场中的关系。他们相互之间也有公正、对等和公平的因素,但往往是从物质的、实用的途径去对待。所谓对等,实际上就是“你对我好,我也就对你好”,谈不上什么忠诚、感恩或公平合理。儿童一心想自己的需要,但也能体会到别人也有正当的需要。从而,他们有时愿意为满足各个方面的需要以平等的方式去“做出妥协”
第二水平	习俗水平	阶段 1	人际关系和谐协调的定向阶段	好的行为就是帮助别人、使别人愉快、受他人赞许的行为。这很大程度上是遵从看法,即遵从大多数人的或是“惯常如此的”行为。皮亚杰的“主观责任感”是在本阶段出现的
		阶段 2	“法律与秩序”的定向阶段	倾向于用权威、法则来维护社会秩序。正当的行为就是克尽厥职、尊重权威以及维护社会自身的安宁。儿童认识到社会秩序依赖个人乐于去“尽本分”和尊重适当建立的权威
第三水平	后习俗的、自主的或原则的水平	阶段 1	社会契约的、墨守成法的定向阶段	一般说来,这一阶段带有功利的意义。正当的行为被看作是与个人的一般权利有关的行为,被看作是为全社会所认可、其标准经严格检验过的行为。这里可以清楚地看到个人价值和个人看法的相对性,同时相应地强调为有影响的舆论而规定的那些准则。除了按规章和民主商定的以外,所谓权利,实际上就是个人的“价值”和“看法”。这样就形成一种倾向于“法定的观点”,所不同的是可以根据合理的社会功利的理由改变法律与秩序(不是像阶段 4 那样固定在法律与秩序上)。在法定范围以外,双方应尽义务的约束因素即自由协议和口头默契。这就是美国政府和宪法的“官方品德”
		阶段 2	普遍的伦理原则的定向阶段	公正被看作是与自我选择的伦理原则(要求在逻辑上全面、普遍和一致相符的、由良心做出的决断),这些原则是抽象的、伦理的;它们不是具体的道德准则。这些实质上都是普遍的公正原则、人的权利的公平和对等原则、尊重全人类每个人的尊严的原则

(三)埃里克森八阶段理论

埃里克森认为,人的一生需要经历八个阶段的心理社会的演变,这种演变成为心理社会发展(Psycho-social Development)。这些阶段包括四个童年阶段、一个青春期阶段和三个成年阶段。每一个阶段都有应完成的任务,并且每个阶段都建立在前一阶段之上,这八个阶段紧密相连。

埃里克森八阶段理论

阶段		基本冲突	心理特征
第一阶段	婴儿期(0~1.5岁)	基本信任和不信任的冲突	建立信任感,体验"希望"的实现
第二阶段	儿童期(1.5~3岁)	自主与害羞(或怀疑)的冲突	第一个反抗期出现,体验意志的实现
第三阶段	学龄初期(3~5岁)	主动对内疚的冲突	获取主动感,体验目的的实现
第四阶段	学龄期(6~12岁)	勤奋对自卑的冲突	获得勤奋感,体验能力的实现
第五阶段	青春期(12~18岁)	自我同一性和角色混乱冲突	建立自我同一性,体验忠诚的实现
第六阶段	成年早期(18~25岁)	亲密对孤独的冲突	获得亲密感,体验爱情的实现
第七阶段	成年期(25~65岁)	生育对自我专注的冲突	获得繁殖感,体验关怀的实现
第八阶段	成熟期(65岁以上)	自我调整与绝望期的冲突	获得完善感,体验智慧的实现

八个阶段构成一个循环或生命的周期。埃里克森认为,在每一个心理社会发展阶段中,解决了核心问题之后所产生的人格特质,都包括了积极与消极两方面的品质,如果各个阶段都保持向积极品质发展,就算完成了这一阶段的任务,逐渐实现了健全的人格,否则就会产生心理社会危机,出现情绪障碍,形成不健全的人格。[①]

(四)班杜拉的社会学习品德发展理论

认知品德发展理论比较关注儿童判断的发展,关注测定儿童道德发展水平问题,并力图把儿童道德判断水平阶段与儿童的年龄发展阶段对应起来,作为年龄特征的重要内容加以研究,而社会学习理论则注重研究儿童个体如何在周围成人榜样的影响下学习特定道德行

① 刘晓东.学前教育学[M].南京:江苏教育出版社,2009.

为，他们没有更多关注年龄特征以及与年龄特征相关的认识判断能力发展的不平衡问题。其代表人物班杜拉通过不少实验研究和理论总结后认为：环境、人、行为三者是交互作用的。班杜拉特别强调榜样的示范作用，认为人类的大多数行为是通过榜样作用习得的。教育在促进儿童社会化的过程中，可向他们展示规范行为的榜样与提供评价行为的信息，并创设一定的环境使他们通过活动反馈形成自我评价与自我调节的系统或能力。

（五）罗杰斯的人本主义品德发展理论

不同于传统的品德发展理论，人本主义教育家一开始就提出了不同于传统的道德教育目的。即道德教育的目的就是培养和发展个体的“自我实现”。罗杰斯在格尔德斯坦和马斯洛的共同影响下，提出了人类有机体最基本的动机就是自我实现的需要的观点。在罗杰斯的教学主张中，为更好地取得德育成效，他提出人际关系的三种要素：真诚、接受和移情性理解。同时，人本主义者提出了道德教育工作中的一些具体方法，突出的方法是“主动倾听”“把握教育过程”“做一个促进者”。罗杰斯把道德教育看作是一个动态过程，不能仅仅看作是过程结束时达到的静止的结果或状态。

二、婴幼儿品德培养内容

婴幼儿德育是道德教育的起始阶段，是根据幼儿身心发展的特点和实际情况，对婴幼儿实施的品德教育。婴幼儿品德教育的内容主要包括发展幼儿社会性与发展幼儿个性两个方面。在早期教育中，婴幼儿品德塑造的主要内容为：婴幼儿积极情绪情感的培养、婴幼儿交往能力的培养、婴幼儿良好个性品质的培养。

（一）婴幼儿品德发展的特点

1. 婴幼儿的道德认识以感性认识为主

任何道德情感、道德意志和道德行为都是在一定的道德认识基础上发生的。3 岁前的婴儿的道德认识，基本上是父母或其他成人对他们评估的重复，很少是自己的见解。3 岁以后的幼儿，随着行为和交往关系的复杂化，道德认识也在不断提高。他们不满足于一些十分具体的认识，而逐步学习使认识有一定的概括性，不满足于过于笼统的认识，而力图使认识带有一定的具体分析，不过 3 岁前婴儿的道德认识整体以感性认识为主。

2. 婴幼儿的道德情感具有直觉性

婴幼儿的道德情感是在道德认识的基础上产生的。比如，当孩子认识到小朋友之间应该团结友爱后，他会对小朋友遇到的不幸产生同情心；当孩子认识到摘公园里的花不对时，他会产生制止其他小朋友摘花的责任感。1 岁的婴儿的道德感逐渐同一些有一定概括性的道德标准相联系。1 岁婴儿不仅对自己的行为具有道德感，而且开始对别人的行为是否符合要求也产生道德感。这种道德感不仅指导婴儿约束自己的行为，而且驱使婴儿关心和要求别的孩子也应约束自己的行为。婴幼儿的道德意志是婴幼儿一个人在自觉地调节行为、克服困难、实现一定道德目的的心理过程，它表现为在实现道德目标中控制行为的力量。但 1 岁前的婴儿的道德意志较为薄弱，其道德行为往往不稳定、缺乏持久性、缺乏抵抗诱惑的能力,还常常出现明知故犯的现象。这与婴幼儿道德认识水平低、生理机能发展不成熟有密切联系。

3. 婴幼儿的道德行为具有较强的模仿性

婴幼儿的道德认识和道德情感是推动婴幼儿产生道德行为的内部动力。2 岁以后的婴幼儿开始更多地参加群体活动,社会交往机会显著增多,需要遵守社会行为规范的地方也显著增多。在频繁的行为练习和成人对他们的行为教育中,婴幼儿的道德水平不断提高。一般地说,较小的婴幼儿更多的是模仿一些道德行为情境,如看到妈妈帮年迈的爷爷奶奶洗脚,以后他也会这样做。较大的幼儿则不限于模仿道德行为情境,而且开始按一定的道德行为准备行事。比如,当他明白有好吃的东西应该相互分享这个道理后,他可以把这一行为准则应用于同家人、小伙伴交往的场合。①

(二)婴幼儿品德教育的主要内容

婴幼儿品德教育的主要内容包括文明礼貌教育、友爱教育、集体生活教育、道德品质教育、爱祖国爱家乡爱劳动的教育以及良好的个性品质的培养,任何一方面的教育都是认知、情感、意志与行为的完整教育。②

1. 文明礼貌教育

主要包括培养婴幼儿礼貌待人的态度与行为习惯,培养幼儿关注社会生活的态度与文明行为。文明礼貌教育应在日常生活中进行,注重实际的行为练习和成年人榜样的作用。

2. 友爱教育

同伴关系是婴幼儿生活中重要的人际关系之一,同伴关系是否良好,可以影响婴幼儿的生活与发展。对婴幼儿进行友爱教育,目的在于帮助婴幼儿掌握同伴交往的基本技能,培养婴幼儿尊重、关心和理解他人的态度与能力,学会分享、合作、谦让,能与小朋友友好相处。

3. 集体生活教育

婴幼儿从家庭进入早期教育中心,其生活环境会发生重大变化,此时要帮助婴幼儿逐步适应新的生活环境,帮助他们习惯在集体中生活。对婴幼儿进行集体生活教育的目的是:使幼儿喜欢“上学”,习惯于和家人短暂分离;遵守集体生活的基本规则;对集体有归属感、认同感,并且愿意为集体做事,具有初步的责任感。对幼儿进行集体生活教育,应遵循循序渐进、逐步提高要求的原则。

4. 培养诚实、勇敢的品质

诚实的品质就是以老实的态度对待人和事,说实话,不说假话,不随便拿别人的东西等。诚实的品质应注意从小培养。成人要为婴幼儿树立诚恳老实的榜样,不在孩子面前撒谎,注意正面教育、合理要求,建立必要的规则,例如不随便拿别人的东西,不是自己的东西不带回家等。成人对待婴幼儿的教育要一致,正确对待婴幼儿的说谎行为,要分析其说谎的原因,

---

① 周红. 幼儿品德养成教育的几点思考[J]. 早期教育, 2005(4):8－9.

② 曹能秀. 关于幼儿德育的若干理论思考[J]. 学前教育研究,2006(9):19－21.

使婴幼儿信赖成人，敢于在成人面前说真话，不怕承认自己的过失。根据不同的情况，帮助婴幼儿区分想象与现实，使婴幼儿明辨是非，改正错误。婴幼儿的勇敢主要表现为积极参与各种活动，不怕羞、不胆怯，能够经受住一定的苦痛，勇于克服自己在生活和学习中遇到的困难，自己想办法解决各方面的问题。

5. 培养婴幼儿积极的个性品质

自信、活泼开朗的性格，都是积极的个性品质，它们推动婴幼儿积极主动与周围的人和事物交往，有利于婴幼儿形成良好的人际关系，更好地适应环境，愉快健康地生活。

（三）不同年龄段幼儿品德教育的重点内容

1. 2～3 岁幼儿品德教育的重点内容

幼儿良好的卫生习惯的养成教育；幼儿良好生活习惯的养成教育；幼儿良好行为习惯的养成教育；幼儿文明礼貌的养成教育；幼儿遵守集体规范的养成教育。如某些早期教育中心规定：愿意接受清洁要求，会用调羹进餐，学习如厕，安静入睡等。知道饭前便后要洗手。乐于接受各种食物，学习餐后擦嘴的方法。情绪愉快，亲近教师，能随教师和同伴一起活动。乐意招呼熟识的人，学会用语言表达自己的需求。

2. 3～4 岁幼儿品德教育的重点内容

培养幼儿懂礼貌，遵守规则；和小朋友友好相处，有初步的集体感，有初步的自我服务能力；培养幼儿爱劳动、爱劳动人民的品质；培养幼儿具有积极情绪、主动精神和活泼开朗的性格；培养幼儿勇敢诚实的品质；培养爱国情感。如幼儿园或早期教育中心课程德育目标具体规定为：有初步的同情心和责任心，关注同伴，关心有困难的同伴，愿意照顾比自己小的孩子，在帮助他人的时候感到愉快，完成力所能及的任务。爱父母、师长，了解他们的职业和自己的关系，能尊重他们的劳动。理解和遵守日常生活中的规则，和成人一起制定并遵守常规，学习控制自己的情绪，不做伤害他人的事情。

3. 5～6 岁幼儿品德教育的重点内容

培养幼儿礼貌待人，同伴间互相谦让，富有同情心；爱祖国，爱劳动，守纪律，懂道理，敢于克服困难；具有一定的料理自己生活的能力；培养幼儿勇敢、诚实、独立和坚持的品质。如可以具体规定：有良好的自我意识，学习选择玩伴，学习控制自己的行为，愿意遵守集体约定的规则。会与人商量，能通过请求获得别人的帮助。学习评价自己和同伴。积累生活自理的经验，懂得换牙卫生。做事有一定的责任心，独立自信地做力所能及的事。知道简单的调节情绪的办法，保持好心情。

幼儿各年龄段品德教育的重点和主要内容虽然有相似、相同之处，但是其具体的教育内容和程度是不一样的，课程安排应呈现螺旋上升的趋势。①

三、影响婴幼儿优良品德养成的因素

婴幼儿良好品德行为的养成、行为习惯的形成以及基本价值判断标准的产生，都需要教

① 翁治清. 早教基础与实务[M]. 北京：清华大学出版社，2019.

师和家长进行积极正面的教育配合，从婴幼儿生活的点点滴滴中给予有效的引导。教师要细心观察孩子的行为方式，多纠正他们的一些不良行为习惯，并且将积极正面的行为标准和品德灌输给孩子。同时，家长也要密切配合早期教育中心的教育工作，要将在校期间学到的行为习惯在家庭环境内进行有效巩固与加强，以帮助孩子良好品德行为的进一步养成。

（一）外部环境因素

环境是指客观现实，即影响孩子品德发展的全部生活条件和社会条件。家庭因素、早期教育机构教育因素与社会因素共同构成了影响婴幼儿品德发展的环境因素，这是孩子品德发展的外部条件。这些外部条件使品德在遗传素质上提供的可能性逐步地变为现实性，对孩子品德的发展起着催化的作用。

1. 家庭环境因素

（1）父母自身的教育理念及品德素养。孩子接触最多的人就是家庭成员，孩子在父母的身上学会家长的言谈举止，父母的教育观念对幼儿的品德培养有重大影响。在研究过程中发现，家长的教育观念在孩子身上会形成一个模板，良好的教育理念、适合自己孩子的教育观念能够最大化地促进孩子的发展，反之则会阻碍孩子的发展。孩子的兴趣爱好、交流能力、动手能力、思考问题的方式、礼貌礼仪的展现、学习习惯、语言能力及品德素养都是孩子是否良好发展的表现，也是家长教育观念及品德素养的表现。家长自身的品德修养对婴幼儿的品德发展起着举足轻重的作用。因此，家长应注重自身的道德修养，给孩子起良好的表率作用，使孩子的品德朝着积极、健康、正确的方向发展。这就要求家长要注意教育的艺术，不要在孩子面前说一套，做一套。“其身正，不令而行；其身不正，虽令不从。”教育孩子，不应只停留在口头的说教上，更重要的是以身作则，使孩子在潜移默化中受到熏陶、感染，逐渐养成良好的品质。

（2）家庭结构及家庭气氛。家庭结构是指家庭成员的代际与亲缘关系的组合状况。它通过家庭的人口数、夫妻对数、代际层次和具体的家庭类型表现出来。家庭结构包含了两方面的因素：一是家庭人口要素，二是家庭代际要素。不同的家庭人口要素、代际要素组合形成不同的家庭结构模式。不同类型的家庭对婴幼儿品德发展起着重大的影响作用。在当前社会经历飞速发展的大背景下，我国的家庭结构也在经历巨大的调整和变动。一般来说，完全家庭（如核心家庭等）中成长起来的婴幼儿较不完全家庭（如单亲家庭、留守家庭等）中成长起来的婴幼儿更为乐观、开朗、和善，更多地表现出乐于助人、关心他人、有礼貌等优良品德。创设良好的家庭环境，营造良好的品德培育氛围十分重要。家庭对婴幼儿品德养成的影响，主要通过家庭环境和家庭氛围来潜移默化地实现。要促进婴幼儿品德的发展，做好家庭德育工作，家长必须创设良好的家庭教育环境，使其不断优化，唯有这样，才能使孩子经常处于良好的家庭德育氛围中，受到潜移默化的影响，形成良好的道德品质。

家庭环境对婴幼儿的品德养成起着重要的熏陶作用。家庭德育环境，主要包括人际环境、心理环境和文化氛围等。温馨、和睦、良好的家庭环境能增强孩子对家庭的依恋、归属感和安全感，因而自信心、潜能得以发展，人格也得以健全，良好的道德行为会持续终生。相反,家庭结构残缺不全,家庭关系严重恶化,家庭气氛不和谐,教育方式粗暴野蛮,都会给婴幼儿的成长带来不利的影响。因此,家庭成员之间要相互信任、相互尊重、和睦相处、互敬互爱、生活协调、互相学习、共同进步,家庭成员真正做到人格上的平等、心理上的相容、情感上的融洽,为孩子营造良好和谐的家庭教育环境。这样,孩子的身心方可得到健康的发展,逐渐形成良好的个性品格和道德品质,而且也会为他们以后的教育奠定良好的基础,起到事半功倍的效果。

(3)家庭教养态度和家长的文化差异。父母希望孩子成为什么样的人,获得什么样的道德观念和行为,以及采用什么样的方式来促进他们成长,对婴幼儿的品德形成具有很大的影响。一些心理学家的研究表明:对孩子采用说理诱导的方式效果最好,而过于严厉的家长作风以及对孩子施行体罚容易使他们产生反抗行为。有时候父母亲会因教育问题而产生矛盾,这会让孩子在两个大人的争论中产生困惑而无所适从,容易养成优柔寡断的性格。在主干家庭中,父辈与祖辈的教育方式往往存在差别,父辈家长讲究严格管教,而祖辈家长往往对孩子比较溺爱,当两辈教育要求不一致时,双方家长的威信都将受到损害,这无疑增加了家庭教育的复杂度和困难度,降低了家长的权威,削弱了家庭教育的有效性,也使得教育效果受到影响。

2. 早期教育中心环境因素

早期教育中心作为一种有目的、有计划、系统性地推动幼儿教育的组织,是婴幼儿品德发展重要的外部条件,对婴幼儿优良品德养成具有重要的指引作用。它不同于一般的社会环境,它是一种有目的、有计划、有系统地对幼儿品德发展施加影响的过程。早期教育中心教育也是幼儿品德发展的外部条件,它在婴幼儿品德发展中起着重要的指引作用。

(1)教师教育方式因素。教师的教育态度和方式直接影响幼儿的身心成长,所以幼儿教师一定要关爱和尊重儿童。爱,是幼儿教师职业道德的灵魂。教师对孩子没有真正的爱,就不会有真正意义上的教育,孩子的心需要教师细心呵护、耐心教导。孩子变化无常的情绪需要教师耐心劝导,幼儿的调皮捣蛋需要教师用爱心去包容。好模仿是幼儿的天性,幼儿的学习实质上是一种感性模仿。教师的一言一行都会对他们产生潜移默化的影响。幼儿教师要时刻注意自己的仪表和言行,做到外表端庄大方、朴素整洁、语言文雅、和气规范,保持良好的情绪、教态,教师之间形成一个宽松、和谐友爱的精神环境,从而为幼儿树立模仿与学习的楷模,使幼儿在心理上感受到温暖,具有安全感,从而能亲其师、信其道。从某种意义上说,幼儿教师的道德水平决定着幼儿的道德水准,幼儿往往以教师的评价作为品德评价的标准。

(2)文化环境建设因素。习近平总书记在党的十九大报告中明确指出:“文化是一个国家、一个民族的灵魂。文化兴国运兴,文化强民族强。没有高度的文化自信,没有文化的繁荣兴盛,就没有中华民族伟大复兴。”早期教育中心的环境创设是培养幼儿道德认识和道德情感的重要手段。注重环境对幼儿品德养成的适宜性是早期教育中心环境布置的一个重要原则。通过适宜性环境的设计和创设来创造适合幼儿品德养成的教育环境,利用环境与幼儿的相互关系来诱发和调整、改变幼儿的各种行为。当然,早期教育中心不但要注意整体大环境的设计,而且活动室的布置也应该体现幼儿品德养成教育的内容。这种文化会以一种潜移默化的作用影响幼儿的发展,良好的文化是当前幼儿品德发展的一种重要"隐性课程"。

(3)社会实践活动因素。早期教育中心会开展社会实践活动,为幼儿道德行为练习提供培养环境。幼儿品德的培养是早期教育的重要内容,是在日常教学和管理中将幼儿的品德培育融入其中,通过开展各种社会实践活动,发挥桥梁的作用,可以将道德认知转为外部动作,促进品德发展。

(二)社会环境因素

环境对事物和人的发展具有重要的影响作用,婴幼儿与社会的接触越来越广泛,社会环境对他们的影响也就越来越大。但是社会环境十分复杂,有积极的因素,也有消极的因素,教育工作要注意利用社会环境中的积极因素。婴幼儿期是个体社会化的关键时期。所谓个体社会化即指个体加入社会系统,由自然人向社会人的转化过程。处在婴幼儿期的孩子人格尚在发展之中,品德发展自然也是不完善的,社会环境、各种信息对婴幼儿的人格形成和品德发展有着一定的影响。

首先,社会生活条件不仅使生物因素提供的品德发展可能性变为现实性,而且社会生活条件影响人的品德发展的现实方向、水平、速度和个别差异;其次,社会精神文化对品德发展具有重要的直接的作用,历史上不同社会形态下的精神文化直接影响着幼儿的品德发展的根本水平和内容,不同社会文化背景影响人的品德评价原则,不同的社会精神文化背景影响到品德发展的速度;再次,大众传播媒介所传递的社会信息、社会意识、大众文化影响人的品德形成发展的各个方面。

(三)儿童自身因素

婴幼儿自身因素可以理解为遗传因素,遗传因素对人格的作用程度因人格特质的不同而异。通常在智力、气质这些与生物因素相关较大的特质上,遗传因素的作用较重要;而在价值观、信念、性格等与社会因素关系密切的特质上,后天环境的作用可能更重要。婴幼儿作为社会形态的人,对于客观世界的认识具有自己的主观意识,但为人尚幼,优良品德的培养主要依靠被动养成,所以该影响因素对于幼儿品德发展影响甚微。

四、发展婴幼儿优良品德的有效策略

(一)发展婴幼儿优良品德的家庭教育策略

中国有句俗语:子不教,父之过。家庭是孩子接触的第一环境,是孩子品德养成教育的第一所学校,是其人格形成的摇篮。在婴幼儿品德养成的过程中,家长要正确对待孩子,发展其优良品德,具体表现在以下几方面:

1. 善于发现婴幼儿的长处

婴幼儿在不同的年龄段其道德行为也可能反差极大。家长对孩子进行品德养成教育时,要把握儿童年龄特征,针对儿童气质等特点,善于发现孩子的长处,用激励的方式达到教育的目的。比如,一个偏胆汁质的孩子,他行事可能极不稳重,脾气暴躁,但却不乏热情,家长就要看到其的优点,正确加以引导,鼓励孩子同周围小朋友交往,运用“移情”等手段,帮助孩子发现自己的缺点,那么,这个孩子易形成乐于助人、正义感强等高尚品德。颜渊曾说:“教子十过,不如奖子一长。”如果家长总是觉得自己的孩子缺点多、都是毛病,横加数落,久而久之儿童会形成逆反心理。这不仅不能培养良好的品德,反而会形成不健全人格。

2. 建立良好的生活常规和秩序

从一个人的习惯可以提升到一个人的品德和人格;具有良好习惯的人通常也会具有高尚的情操和品德。儿童在家里也应和在其他地方一样,必须遵守一定的规则和制度,这是培养有规律的生活、养成良好道德行为的好方法。家庭一日生活的各个环节,如起床、吃饭、学习、游戏、休息的时间和活动方式都应有个比较合理的安排,让孩子养成良好的习惯。要求孩子对长辈要尊敬,和家人、小伙伴等相处要学会运用“请”“谢谢”“再见”“对不起”等礼貌用语,懂得礼貌待人。这些文明的行为要成为孩子的习惯,如果不这样做就感到不舒服,这就是良好品德的有利基础。

3. 注重树立示范榜样,家长需以身作则

儿童思维是具体形象的,对抽象概念难以理解,榜样和示范能使幼儿有形可循、有样可学,适合儿童好模仿的特点。好的榜样力量影响着孩子的道德行为,引导着其人生良好的发展方向。榜样可以是家人、小朋友,也可以是幼儿熟悉的虚构的故事人物,家长本身的榜样、示范最重要。美国著名心理学家大卫·埃尔金德认为:要想让孩子有教养,守道德,父母首先必须是品德高尚的人。如果家长是诚实、正直、守信、正派、富有爱的人,孩子也同样会具有这些品质。父母是孩子的第一任教师,幼儿往往把父母作为最崇敬、最依赖的人,家长的言行举止都是幼儿模仿的目标,父母的言行都会在孩子的心灵深处留下深深的烙印。因此,家长应时刻检点自己的言行,从日常生活中的点点滴滴做起,为孩子树立正面的学习榜样,唯有如此,对孩子的品德的影响才会有实效。

(二)促进婴幼儿品德养成的外部环境教育策略

早期教育中心是孩子成长的另一个重要环境,在孩子的成长过程中扮演重要的角色。早期教育中心在承担孩子的德育教育过程中应做到以下几点:尊重幼儿品德发展阶段性特点,注重适宜性,根据皮亚杰儿童道德发展具有阶段性的特点,应该根据幼儿特点进行阶段性道德教育。不同年龄的儿童其心理接受能力是有差别的,年幼儿童虽然能够按照成人的要求去做,但他们实际上并不明白为什么要这样做。儿童的道德发展是一个渐进有序的过程。幼儿思维具有具体形象的特点,教师和家长应用具体形象的方法让幼儿理解德育的规则,在日常生活和游戏中对幼儿进行德育,在良好的环境氛围中融合德育。儿童的道德不会自然而然地产生和发展,它不仅需要儿童间的相互关注,也需要教师的积极引导。

根据皮亚杰的儿童道德发展阶段观点,孩子的早期教育尤其应该注重合理奖惩。皮亚杰对于儿童惩罚观的研究表明,前运算阶段儿童认为抵罪的惩罚是合理的,在具体运算阶段,儿童逐渐放弃抵罪的惩罚而赞成回报的惩罚。这说明,在儿童从他律道德向自律道德的过渡中,惩罚可以在他们身上发挥一定的作用,但惩罚并不总是有效的。

1. 日常生活是发展婴幼儿优良品德的基本途径

从常规教育入手,注重日常生活,婴幼儿良好品德的形成是一个循序渐进、日积月累的过程;德育要体现在日常生活的待人、接物、处事之中。从抓常规教育入手,做到婴幼儿品德养成教育与生活实践相结合,只有这样才能有利于婴幼儿良好的行为习惯的形成,有利于幼儿良好品德的培养。日常生活对婴幼儿品德的形成有多方面的影响,并且为婴幼儿提供了行为练习和实践的机会。婴幼儿在日常生活中,在与同伴、成人交往的实践活动中,了解人与人、人与社会、人与物之间的关系,以及一定的行为准则,并且进行各种练习,逐步形成某些良好的行为品质。在生活常规和生活制度中渗透着品德教育的内容,通过常规训练和严格执行生活制度,将品德与日常生活有机密切结合起来,善于抓住各种活动中的教育时机,有针对性地、灵活地运用,才能使婴幼儿养成良好的品德行为习惯。通过家庭与教育机构配合,增强品德养成教育效果,让婴幼儿在日常生活中逐步形成良好的品质。

2. 专门的德育活动是发展婴幼儿优良品德的有效手段

专门的德育活动是指教师根据婴幼儿的年龄特征与品德教育的内容和要求,结合婴幼儿实际情况、行为表现,有目的、有计划地组织的德育活动,也就是为实现某项德育内容而组织的教育活动,例如谈话、讨论、上课,以及参观、春游、劳动、节日庆祝活动等丰富多彩的实践活动,通过具体的事例提高婴幼儿的道德认识,丰富婴幼儿的道德情感,锻炼其道德意志,帮助婴幼儿形成一定的道德行为习惯。专门性的德育活动可以集体进行,也可以分组、个别进行,活动内容应以婴幼儿周围熟悉的现象或他们生活中的事例为主,多采用婴幼儿自己解决问题的方式,力争形式生动活泼,新颖有趣,富有吸引力,方法灵活多样。要多采用婴幼儿自己动脑解决问题、做出行为的方式,动手进行实际练习,拟人化的形象对幼儿有特殊的作用,可以收到很好的教育效果。

3. 利用游戏发展婴幼儿良好的道德行为

游戏是婴幼儿的基本活动,也是婴幼儿品德教育的基本形式。由于游戏伴随着愉悦的情绪,反映了婴幼儿的现实生活,反映了人们在生活中应遵守的道德行为、人际关系等,所以教师、家长利用游戏进行品德的教育,很容易被婴幼儿接受。在游戏中,孩子自发地扮演一定的社会角色,实践一定的社会行为,体验一定的社会情感,这对婴幼儿品德的发展具有重要意义。①

教师要不失时机地利用各领域的教学和游戏进行德育。如:社会活动中鼓励孩子与自然界中的弱小生灵交往,心灵上引起共鸣,产生要呵护它们的想法。在照顾小花小草、喂养小动物的过程中,孩子体验到了付出爱的快乐情绪。因此,当与生活中的弱小者如小弟弟、小妹妹及需要帮助的同伴交往时,幼儿就会自然流露出爱心,并付之于行动去帮助他人、为他人服务。当孩子学会关心他人以后,要及时地进行顺势强化巩固。如点名,或发小礼物、

---

① 贝克. 儿童发展[M]. 吴颖,等译. 南京:江苏教育出版社,2002.

奖品等。对有点滴良好行为的孩子及时表扬,使他们逐步形成主动关心别人的良好品质。教师采用“寓教于乐”的方式,把道德素质教育的内容纳入各教学领域中进行,充分调动孩子的积极性、主动性及兴趣,促进幼儿的全面发展。同时,教师也要不断加强自身素质的培养。所谓身教重于言教,教师的示范作用对幼儿具有积极的正面影响。

4. 善用家长资源推广有效的品德养成教育做法

早期教育中心要充分利用家长资源,建立家长委员会、家长学校,从而构建早期教育中心与家长、家长与家长的沟通平台。通过这些多样化的形式向家长传授幼儿品德养成教育的有效做法,对典型家长的成功经验进行推广,让家长教育家长。经常举行家长教育经验交流会,给家长相互交流、相互学习的机会,让他们在讨论中达成共识,在切磋中开阔眼界,在学习中提高认识。组织多样化的家园合作活动形式,促进家长进一步了解幼儿园品德养成教育。

(三)促进婴幼儿品德养成的社会影响对策

婴幼儿品德养成是受家庭、早期教育中心、社会各方面共同影响的,社会环境和教育在婴幼儿身心发展和良好品德形成过程中起着重要的作用。婴幼儿好模仿,环境的熏陶和感染对婴幼儿良好品德的形成具有特殊意义。因此,全社会都应担当起优化婴幼儿成长环境的使命,为婴幼儿良好品德的形成营造一个良好的外部环境。

对婴幼儿来说,因其年龄小,独立性很弱,还不会自己主动自觉地选择周围的环境,因此受特定环境的影响会更大。众多研究表明,早期教育中心或幼儿园的物理环境和空间使用状况对婴幼儿行为会有较大的影响,其中包括拥挤状况、活动空间的分隔和设备、安排户外活动场地和活动器械,活动材料的数量、类型和陈放的方式也是重要的影响因素。同时,心理、社会环境(即精神环境)是影响婴幼儿社会性发展的更为重要的一个方面。同伴关系、师生关系、教师间的关系和教师与家长的关系等在整个教育和社会性发展中的作用是无法估计的。因此,我们应当充分注意到环境对婴幼儿发展的重要作用,通过塑造环境来更好地塑造人,使婴幼儿在社会性方面获得更快的发展,增强交往能力,懂得关心他人,促进婴幼儿良好的社会性品质的养成。

第六节　劳动教育

劳动是人类特有的活动,是人类区别于动物的本质特征,是人类社会赖以生存和发展的基础。著名幼教专家陈鹤琴教授非常重视幼儿动手能力的培养,在论述活教育的三大目标时,他将“做中教,做中学,做中求进步”作为其目标之一,并把“凡是儿童自己能够做的,应当让他自己做”作为活教育教学的第一原则。陈鹤琴认为,对幼儿进行劳动教育,培养幼儿的劳动习惯和技能,不仅是“生活”使其然,而且与幼儿体力、智力、道德和美感的发展之间,有着不可分割的联系。中共中央、国务院于 2020 年 3 月 20 日印发了《关于全面加强新时代大中小学劳动教育的意见》①，对幼儿教育具有重要指导意义。随着物质生活条件的改善，家庭的溺爱容易让幼儿养成“衣来伸手、饭来张口”好逸恶劳的坏习惯，幼儿缺乏基本的自理能力，不尊重他人的劳动成果。要解决这些问题，最有效的办法是让孩子亲自参加劳动。幼儿已经能接受成人的指令完成一些力所能及的任务，培养他们良好的劳动习惯，使他们养成独立自主、吃苦耐劳、具有责任心和协作精神的传统美德。本节将对幼儿劳动教育的内涵、意义、实施原则和途径等方面进行讨论，为幼儿劳动教育的开展提供价值引领和操作建议。

一、幼儿劳动教育的内涵

（一）劳动教育

“劳动”从词源上可以追溯到两个拉丁词根：labors 或 tribulum。它表达了两个概念：“主观的劳动是一种精神上的劳动（Labor）；客观的劳动意味着对物质客体的改造（Travail）。”“劳动”两个字都是用“力”作为主要的结构，可见“劳动”是要用力的。《文史哲百科辞典》里劳动是指：“人们使用工具改造自然物，使之适合自己需要的有目的的活动，包括脑力劳动和体力劳动。”马克思将劳动解读为：“劳动是人的自身的活动来引起、调整和控制人和自然之间的物质交换的过程。”劳动是指人们有目的、有意识地运用体力和智力改造外部世界的实践活动。劳动的本质是人和自然之间的某种互动交换的活动过程。

相关词典和学者对劳动教育的内涵做出了不同的界定。《教师百科辞典》将劳动教育界定为：“向受教育者传播劳动知识和技能，培养他们正确的劳动观点、劳动习惯和热爱劳动人民、劳动成果的感情。”《辞海》将劳动教育界定为：“对学生进行热爱劳动和劳动人民、珍惜劳动成果、树立正确的劳动态度、通过日常生活培养劳动习惯和技能的教育活动。”劳动教育是教育者在一定的时空中对受教育者的劳动意识、劳动精神、劳动知识、劳动态度、劳动情感、劳动意志、劳动技术、劳动技能、劳动习惯等施加影响的一种教育活动。新时代的劳动教育是在综合实践活动中呈现出来的，积极参与劳动体验，发挥其社会实践能力、创新能力、动手操作能力等，不仅获得劳动知识，还亲历劳动实践。劳动教育不应该只局限于相对知识教育的体力劳动教育，而应该是在亲历实践和动手操作的过程中促进每一个人对劳动意识的内在自觉，劳动情感的自主生发，对劳动价值的自主建构。②

（二）幼儿劳动教育

《幼儿园教育指导纲要（试行）》强调幼儿园应“与家庭、社区合作，引导幼儿了解自己的亲人以及与自己生活有关的各行各业人们的劳动，培养其对劳动者的热爱和对劳动成果的尊重”。著名幼儿教育家陈鹤琴提出幼儿劳动教育的目的主要是从小培养他们爱劳动和爱劳动人民的感情，学习初步的劳动知识和技能，养成爱劳动的好习惯。结合劳动以及劳动教育的内涵可见，幼儿劳动教育是指支持幼儿在亲历实践和动手操作的过程中有目的、有意识

---

① 中共中央　国务院. 关于全面加强新时代大中小学劳动教育的意见[R/OL]. 新华社，[2020－03－20]. http://www.gov.cn/zhengce/2020－03/26/content_5495977.htm.

② 潘艺珍. 加强幼儿劳动教育　培养良好劳动习惯[J]. 福建教育学院学报，2020，21(11)：108－109.

地运用体力和智力改造外部世界,从而获得劳动知识、劳动技能、劳动习惯、劳动意识和劳动情感等方面发展的一种教育活动。

劳动是促进幼儿身心和谐发展的重要方式,应通过多种途径帮助幼儿培养劳动习惯、劳动技能和劳动精神,也强调"既要高度重视和满足幼儿受保护、受照顾的需要,又要尊重和满足他们不断增长的独立要求,避免过度保护和包办代替,鼓励并指导幼儿自理、自立的尝试"。然而在当下的教育中,体力劳动正渐渐地远离幼儿的生活世界,劳动自身所蕴含的教育性遭到了忽视,幼儿劳动教育存在着理念与智育对立的边缘化、内容与实际生活脱离的形式化、方法忽视幼儿年龄特点的强制化、评价只关注外在的劳动成果而忽视内在精神获得的功利化现象。

二、劳动教育的意义

(一)劳动教育是优秀品格养成的奠基工程

品格,即人的德行和其他基本素质的综合体,是一个人各种优良品质的综合。苏霍姆林斯基指出:"只有通过有汗水、有老茧和疲乏人的劳动,人的心灵才会变得敏感、温柔。通过劳动人才具有用心灵去认识周围世界的能力。"幼儿通过外显化和操作化的劳动教育,获得的不仅仅是物化的成果,还可以获得潜在和内隐的品格。在完成劳动任务的过程中幼儿能够发展克服困难、持之以恒和积极向上的优秀品格。而集体劳动教育能够培养幼儿的荣誉感、责任感、规则感和合作性。幼儿在获得劳动成果后可以体会到成功的喜悦,建立自信,进一步激发学习和探索的愿望以及独立自主的精神。这些品格对幼儿进入小学后的学习态度和入学适应能力有重大影响,也能够奠定幼儿一生的个性品质。

(二)劳动教育是直接经验获得的基本途径

经验在哲学上是指人们在同客观事物直接接触的过程中通过感觉器官获得的、关于客观事物的现象和外部联系的认识。直接经验是指个体亲身实践而获取的知识。幼儿阶段以具体形象思维为主,《3~6岁儿童学习与发展指南》(以下简称《指南》)提出"幼儿的学习是以直接经验为基础",劳动教育能够促进手的灵敏发展,对大脑皮质运动区产生良好的刺激,使脑细胞得到锻炼,从而提高大脑的控制和调节功能。幼儿在劳动的过程中能够通过自身的操作和感知获得直接经验。

(三)劳动教育是整体性教育的充分体现

《指南》提出:"要注重学习与发展各领域之间的相互渗透和整合,从不同角度促进幼儿全面协调发展,而不要片面追求某一方面或几方面的发展。"裴斯泰洛齐提出:"劳动教育是教育者根据幼儿的身心特点实施劳动,使劳动与教育结合、体力与脑力结合,促进幼儿脑、心、手和谐发展的活动。"劳动教育的最终目的"在于达到个人的身体、情感、心理及道德观念和美学价值的平衡发展",劳动教育充分体现了幼儿的整体性教育,能够促进幼儿健康、语言、社会、艺术和科学五大领域的发展及其相互的融合渗透。

第一，劳动教育能够为幼儿提供身体锻炼的机会，帮助幼儿各器官系统得到积极活动，尤其是可以促进其大小肌肉的发育以及手眼协调发展，并且劳动过程中幼儿能够形成积极愉快的情绪情感。可见劳动教育对于幼儿的身心健康发展具有积极的助益。第二，劳动教育能够为幼儿创设自由、宽松的语言交往环境，支持幼儿在劳动的过程中与成人、同伴交流，提高幼儿的语言表达能力。第三，劳动教育能够帮助幼儿摆脱原本的自我中心主义意识，通过劳动中共同目标的确立，与他人的沟通协商以及群体任务的完成，促进幼儿的人际交往与社会适应能力，支持幼儿学会遵守社会规则，建立基本的认同感和归属感。第四，幼儿科学学习的核心是激发探究欲望，培养幼儿的探究能力，劳动活动能够为幼儿提供发现问题、分析问题和解决问题的机会，帮助幼儿不断积累经验，培养幼儿的科学探究意识和能力。第五，通过劳动，幼儿能够感受美、欣赏美并创造美，通过自己对外在事物的改造使周围的世界变得更加美好。

（四）劳动教育是差异化教育的重要形态

《指南》要求成人应“充分理解和尊重幼儿发展进程中的个别差异，支持和引导他们从原有水平向更高水平发展”，《幼儿园教师专业标准（试行）》也明确要求“了解幼儿在发展水平、速度与优势领域等方面的个体差异，掌握对应的策略与方法”。开展幼儿劳动教育是对幼儿进行差异化教育的重要形态，教师在劳动教育中可以把握幼儿的发展水平和劳动状态，关注幼儿在劳动过程中所出现的不同观点，让幼儿有机会充分表述自己的观点，并在与他人的交流中反思和改进这些观点，为每个幼儿创设适宜的活动以支持幼儿按照自身的速度和方式进行劳动，使用多种标准对幼儿的劳动过程和结果进行评价。

三、劳动教育的实施原则

幼儿的劳动与成人的劳动具有显著差异，具备自身鲜明的特点。幼儿劳动的独特性决定了劳动教育的特殊性，即幼儿劳动教育应遵循活动性、内在性和综合性的原则。

（一）活动性原则

苏霍姆林斯基认为：“幼儿的能力和才干来自他们的指尖。形象地说正是来自手指的那些细小溪流在补充创造性思维的源泉。幼儿两手动作的把握性和创造性越大，手和劳动工具配合得越精细，这种配合所需要的动作越复杂，幼儿智力的创造精神就越鲜明，这种配合所要求的那些动作也就更准确、更细致、更复杂。”《指南》提出幼儿通过直接感知、实际操作和亲身体验获取经验。幼儿劳动教育的主旨是让幼儿在做中体验、感悟和反思，强调幼儿主动构建自我的精神世界。幼儿劳动教育应充分利用教育资源，为幼儿提供自我创造的活动空间，重视幼儿的兴趣和直观经验，鼓励幼儿通过现实的操作活动，磨砺幼儿的官能，培育幼儿的能力，养育幼儿的心灵，让幼儿获得自我精神生活世界的富足。

（二）内在性原则

蒙台梭利指出：“幼儿劳动的价值在于促进幼儿自身的内在成长和发展，与幼儿劳动相比，成人从事着具有显性的外在价值的社会性生产活动。”成人的劳动受着社会习俗的影响、文化的制约以及利益的驱动，具有被动性和强制性。而幼儿劳动是幼儿内在需求的体现，是幼儿内在潜能的展现，是幼儿展现自我内心世界的方式。通过劳动，幼儿可以满足自我内心的需要，认识自我的世界以及塑造自我的心灵。因此，成人不能按照自己的标准去要求幼儿进行劳动，而是要赋予幼儿充分的劳动时间与劳动空间，以满足幼儿内在的需求，推动幼儿健康快乐地成长。

（三）综合性原则

幼儿劳动教育的综合性体现在教育主体和教育功能的综合性两个方面。首先在教育主体方面，开展幼儿劳动教育要把园所教育、家庭教育、社会教育结合起来，充分发挥园所文化、社会实践、家庭教育、社会教育等方面的协同作用；其次，在教育功能方面，劳动教育以其独特的融通性，有机地渗透在其他教育方式之中。在幼儿劳动教育过程中，应将劳动教育与其他“四育”有机结合起来，在其他“四育”的课程中恰当地嵌入劳动教育内容。

四、劳动教育的途径

（一）游戏中的劳动教育

游戏活动是实施幼儿劳动教育的重要途径。首先，在实施游戏活动的过程中，教师应适时给予劳动知识和技能方面的指导。如在“小作坊”游戏中，引导幼儿玩泥巴、剪纸、制作玩具、装饰器材等，不仅使幼儿认识了各种材料的性能，学习到加工和制作的技能，还可以使幼儿体验到创作的乐趣；在种植、养殖游戏中，引导幼儿在浇水、松土、喂食、换水等劳动的过程中懂得劳动与动植物生长之间的关系，培养幼儿认真负责、持久细心的劳动态度；在“娃娃家游戏”中，引导幼儿通过扮演医生、厨师等劳动角色体会不同劳动者的工作内容。其次，在实施游戏活动后，教师应引导幼儿收拾游戏材料、分类物品并摆放整齐，并对幼儿的劳动行为进行及时且适度的激励，从而激发幼儿更大的劳动热情。

（二）生活中的劳动教育

生活即教育，教育即生活，幼儿的劳动教育应与幼儿的一日生活关联，主要包括自我服务劳动和为集体服务劳动两种途径。自我服务劳动可以帮助幼儿培养生活的自理能力和劳动习惯；在家庭中帮助父母做饭、刷碗等。

蒙台梭利提出“劳动是人固有的属性，是人最根本的特征，是人存在的手段”。幼儿劳动教育对幼儿发展具有重要意义，新时代的幼儿劳动教育需要通过实践活动让幼儿充分体验劳动过程，培养幼儿成为尊重劳动、热爱劳动和以劳动为荣的社会小公民。

因此，我们应加强幼儿劳动教育，培养良好的劳动习惯，幼儿的劳动带着自由、自主、愉悦和创造的属性，彰显着游戏的精神和态度。教师对幼儿进行劳动教育，就要关注幼儿的兴趣和需要，为幼儿的劳动提供充足的工具材料、方法、角色、空间、时间等选择和探索的机会，支持幼儿在劳动中主动承担、自主选择、自由创造。

第七节　生命、生存与生活教育

随着社会的进步与发展，人们更加重视幼儿的生命、生存与生活教育的研究。生命教育、生存教育、生活教育亦称"三生教育"，是现代幼儿早期教育的重要内容之一。全面落实"三生教育"策略能够有效帮助幼儿正确认知生命、珍爱生命、尊重生命，并提升环境适应能力，也是培养幼儿良好道德习惯、学习习惯和生活习惯的必由之路，同时，本节通过阐述生存教育内容的针对性、家园教育的一致性、环境创设的和谐性及随机教育的灵活性，让幼儿学会生存的方法与技能，提高幼儿的生存能力，成为生活的强者。

一、生命教育

（一）生命教育的意义

学前儿童受到外界的影响作用最大，是自我意识、性格、生存技能、世界观等的最初形成阶段。学前儿童生命教育的意义在于：尊重学前儿童，尊重大自然和社会，帮助幼儿与天地万物建立和谐的关系，使其更健康、安全、快乐地成长。在尊重孩子兴趣和能力的基础上，引导孩子学会尊重和珍惜生命。生命教育的出发点是生命，由于学前儿童的心智尚未发展成熟，儿童的生命教育就要落实到生活中的具体事物之中。教育要遵循儿童生命发展的内在逻辑，采取更为生动浅显的方式使孩子们从小事中感受生命存在的意义。

生命教育的启蒙最佳时间就是学前阶段。针对不同的孩子，教师要研究其发展水平、学习方式、个体经验和能力，让学前儿童养成良好习惯，树立健康的生命观念。幼儿教育工作者必须把保护幼儿的生命和促进幼儿的健康放在工作的首位。幼儿发展具有个体差异性，有其自身的发展特点和规律。教育者首先要树立正确的观念，教导孩子走向生命中的快乐而不是一味追求功利性成功。针对不同幼儿，教师要研究其发展水平、学习方式、个体经验和能力，尊重他们的选择，使之爱上早教机构的集体教学活动，主动参与学习。让孩子带着愉快的心情主动求知以及与他人友好相处。生命教育体现在生活的点滴中，由于学前期儿童处于特殊的人生阶段，越早帮助幼儿理解生命的意义，就越能防止悲剧的发生，帮助其形成积极的人生态度。无论是成人还是儿童，生命教育刻不容缓。

（二）生命教育的内涵

幼儿生命教育可以涉及认识自我教育、安全意识教育、死亡教育、心理健康教育、性教育等内容，最重要的是树立健康的生命观。生命教育让孩子懂得保障安全、自我防护，也要学会关爱他人，体会到生命的幸福感，从而心怀感恩地珍惜爱护一切的生命。健康教育是为儿童的发展提供有计划的学习经验的过程，旨在提高儿童对有关健康科学的认知水平，以健康的心态对待自己与他人，从容地面对生理心理的疾病或状况，永远保持乐观积极的生命态度。

开展以生命教育为主题的教学活动，需要整合多种教育资源，以丰富生命教育内容，学前期的生命教育对于幼儿今后的德育、素质教育乃至自身的生命观念有着重大的初步导向作用,学前儿童的生命教育急需得到重视。“交通安全”“家居安全”等内容,与幼儿生命教育密切相关。教师利用多种渠道搜集生命教育信息材料,可以为幼儿提供更丰富的生命教育。

生命教育的内容主要包括:(1)交通安全教育。走路要遵守交通规则,不随便横穿马路,不闯红灯;出行要有家长陪伴。(2)家居安全教育。不随便玩刀具,不接触电、煤气、药等物品。(3)其他生命安全教育。不和陌生人接触,不接受陌生人的食品,不听信陌生人;不去危险地方玩耍,不随便下水洗澡,不在工地逗留;不自己点放烟花爆竹。教师可以利用多媒体播放生活案例,让幼儿获得更为直观的认知,提升幼儿生命观。

(三)学前儿童生命安全教育的方法

学前儿童的年龄特点决定了在对他们进行生命安全教育的时候应当将安全教育的内容融入生动有趣的方法中,使他们能够理解并掌握。这里简单介绍以下几种方法。

1. 对照比较法

对一些安全危害性较小的活动,教师可鼓励学前儿童大胆尝试、体验,逐步找出最佳的行为和方法。例如玩皮球时,幼儿可以通过“多人一起抢球”和按照秩序逐一玩球,比较哪种方式更安全,不会碰伤。

2. 实例分析法

可以利用幼儿生活中的所见所闻,以及经常发生的事件,对学前儿童进行演示,让他们明白一些知识,知道哪些是不可以做的,让他们知道引起危害的原因,学习一些简单的自救动作和方法。

3. 游戏模拟法

教师可以通过游戏模拟各种意外事故发生的场景,让学前儿童学会在特定情况下进行自我保护,培养其安全意识和自我保护能力。例如,通过角色游戏模拟发生火灾的情形,让儿童掌握自救的方法和技能。

二、生存教育

(一)生存教育的重要性

生存意识,即保存生命的一种意念。《学会生存——教育世界的今天和明天》中说:“教育的使命是让我们的教育对象学会生存。”因此,生存教育就是教育幼儿树立正确的生存意识,学习各种有关生存的知识与技能,培养较强的生存能力。生存教育的内容可以分为:学习能力——教育幼儿学会学习,掌握学习方法,包括获取运用知识的能力,创新知识的意识;自我保护能力——对人身心造成危险的各种灾难和社会隐患具有防范意识和能力;适应能力——适应各种环境,增强身心健康的能力。

生存教育是素质教育的重要组成部分,我们应当特别重视生存教育与素质教育的紧密联系,从生存的角度理解素质教育,把握素质教育的真谛。作为整个教育基石的学前教育应当成为生存教育的基础,生存教育的落脚点在于提高孩子的能力与素质。生存教育可以培养孩子的健康意识,让他们学会逃避灾难的方法与技巧,养成勤于锻炼身体的良好习惯,达到健康快乐生活的目的。

(二)生存教育的内涵

1. 生存教育内容应具有针对性

培养幼儿独立、自信、做力所能及的事的能力,如在饮食中让孩子根据自己的需求选择点心、水果和饮料等,培养孩子的自理能力。

2. 注重环境创设的和谐性

结合早期教育中心的环境特点,设置安全教育标识,了解电话号码 110、119、120 的不同含义,教会孩子使用。

3. 注重随机教育的灵活性

教师要善于发现幼儿感兴趣的事件,善于发现隐含的教育价值,积极引导。因此教师要细心观察幼儿在不同时间段的行为表现,及时抓住每一个教育契机进行教育,在不知不觉中幼儿的生存能力就会得到提高。

生存教育对幼儿的一生起着重要的作用。作为教育工作者,只有增强生存教育的实践意识,凸显生存教育的内涵,才能让每个人都学会生存,幸福一生。

三、生活教育

在生活教育过程中,要关注幼儿的进步,提升生活教育价值度。幼儿生活教育包含众多的维度和内容,让幼儿懂得生活、热爱生活、学会生活,应该是生活教育的基本要义和目标,随着教育改革的不断深入,人们越来越重视幼儿教育的科学性、合理性。陶行知先生以生活教育理论为基础的教育思想对幼儿教育有着极其重要的影响。因此,教师在对幼儿进行教育的过程中,可以引用陶行知先生的生活教育理论,最大限度地提升幼儿教育的教学质量,并保证日常的幼儿教学工作更加科学、合理。

(一)生活教育的重要性

1. 幼儿生活教育是基于幼儿生理和心理发展特点产生的教育模式

生活教育就是把生活与教育结合在一起,改善传统幼儿教育中“生活”和“教育”分离的特征。让教育回归生活也是我国课程改革背景下所推崇的理念,符合幼儿特点。幼儿尚且处在生理和心理发展期,先从生理发展来讲,幼儿的脑神经正处在快速发育时期,而神经系统的发育还不成熟,无法对某一事物保持长久的注意力。因此,很难对幼儿进行系统教育,而生活中的事件是幼儿接触最多的,因此,生活教育较为符合幼儿的生理特点。从心理发展来讲,幼儿这个时候对实际存在的事物比较有兴趣,生活教育正好符合这一点。

2. 生活教育是幼儿教育的必然途径

传统的教育模式只注重孩子最终的学习成果,忽略了孩子的学习过程,不利于幼儿健康成长。俗语说,生活处处有学问,在生活中对幼儿进行教育,无疑是一条明智之路。从生活中发现知识,才是幼儿教育要走的路。幼儿时期是孩子形成认知的重要阶段,此时,大多孩子都喜欢问各种问题,因此在生活教育中引导孩子提问题,带领孩子在生活中寻找答案,这样的教学方式才更加符合幼儿教育。因此,生活教育是幼儿教育的必经之路。

(二)生活教育的路径

幼儿生活教育是一种综合性的教育,首先是正确认识生活教育,确立将幼儿教育生活化的教育理念,然后在幼儿课程中融入生活化的内容,这样才能提高幼儿学习兴趣,帮助孩子快乐成长。具体的实现路径如下:

1. 结合幼儿兴趣进行生活教育

幼儿的兴趣其实很简单,大部分幼儿最喜欢的活动就是游戏,因此,在幼儿教育中可以利用游戏活动来帮助幼儿学习知识技能。如,幼儿往往都比较喜欢小动物,教师可以利用这个特点,采取看图识动物的方法来引导幼儿正确认识动物,或者播放一些动物的叫声来给孩子听,可以让他们模仿,通过这些活动让幼儿认识到动物是人类的朋友,同时能够让幼儿更有爱心,学会保护动物。在带领幼儿玩玩具时,可以告诉幼儿,玩具玩累了也是要回家休息的,引导幼儿整理玩具,这样就培养了幼儿的整理技能。游戏中同样可以学到知识。

2. 营造轻松的学习环境

幼儿的特点决定了他们不可能轻松接受乏味枯燥的书本知识学习,同样,无聊的课堂也不能引起幼儿的兴趣,因此,教师要在课堂中打破常规,给幼儿提供轻松的如日常生活一样的环境。这样一来可以调动孩子的学习兴趣,二来能够让孩子快乐地学习。比如说孩子往往都对父母能做出美味的菜好奇,教师可以在课堂上辅导幼儿进行“做菜”的活动,给孩子发放玩具刀、玩具蔬菜、玩具盘子、玩具锅等,让孩子亲自做一道“美味的菜”。这样不仅让孩子认识了各种蔬菜以及做菜工具,还体会到了做菜的乐趣。在这样的活动中引导孩子认识到父母日常做菜的艰辛,便于对幼儿进行感恩教育。

3. 在日常生活中选取教育时机

在幼儿生活中,有很多的教育机会,抓住生活上的教育,也能为幼儿课堂教育打好基础。如领取物品讲究秩序、排队领取、不争抢等。

生活是教育的源泉,游戏是快乐的学习。我们要彻底转变观念,让教育回归生活。幼儿生活的各个方面都渗透着教育因素,我们要不断地深入挖掘内在的教育价值,才能更好地促进幼儿的全面发展。

本章小结

当前,人们越来越意识到早期教育的重要性。然而,由于早期教育对象的特殊性,婴幼儿主观能动性较低,身心发展有诸多特殊需求,所以,在早期教育内容方面更需专业性和针对性。本章结合婴幼儿身心发展规律,从身心健康、行为习惯、基础认知能力、审美教育、优良品德、劳动教育和生命、生存与生活教育七大方面展开讨论,倡导各类早教机构及婴幼儿家庭尊重婴幼儿成长规律，为其创设适宜的教养环境，并根据其身心发展特点因材施教，在大脑发育的关键期激发潜能，为婴幼儿未来的学习和生活奠定坚实的智力基础。

参考文献：

[1] 万迪人，谢庆. 0～3 岁婴幼儿早期教育事业发展与管理[M]. 上海：复旦大学出版社，2011.
[2] 王燕平，顾文琴. 园本研修，助推学习故事在区域游戏中的运用[J]. 早期教育：教育教学，2021(1)：27－29.
[3] 蒋燕. 基于婴幼儿身心特征的婴幼儿家具设计研究[D]. 大连：大连理工大学，2007.
[4] 刘芳然. 小儿生长发育指标及评价[J]. 中国实用乡村医生杂志，2018(2)：15－17.
[5] 牧之，单鹏飞. 心理健康枕边书[M]. 北京：新世界出版社，2005.
[6] 柳阳辉. 幼儿教育学[M]. 郑州大学出版社，2008.
[7] 杨发朵. 建立常规制度，培养幼儿良好习惯[J]. 儿童大世界：教学研究，2017(7)：171.
[8] 邵智，施鸣鹭. 婴幼儿心理行为保健[M]. 重庆：重庆出版社，2007.
[9] 董晓丽. 探究家庭结构调整背景下的幼儿品德养成策略[D]. 上海：复旦大学，2012.
[10] 赖丹琪. 本土视角与边缘维度[D]. 杭州：浙江大学，2011.
[11] 刘晓红. 学前儿童社会教育[M]. 郑州：郑州大学出版社，2014.
[12] 吕苹，朱蓓凌，张瑛. 保教知识与能力辅导用书[M]. 重庆：重庆大学出版社，2014.
[13] 姚素慧，叶平枝. 大班社会退缩幼儿的同伴互动特点[J]. 学前教育研究，2012(9)：35－40.
[14] 方建移，张英萍. 学校教育与儿童社会性发展[M]. 杭州：浙江教育出版社，2005.
[15] 李柔. 学龄前儿童体育运动认知能力培养问题研究[D]. 厦门：集美大学，2019.
[16] 王燕平，顾文琴. 园本研修，助推学习故事在区域游戏中的运用[J]. 早期教育：教育教学，2021(1)：27－29.

第三章　早期教育方法

导语

教育应该怎样进行？教育如何成就孩子并使其焕发出生命的光彩？无数的教师、家长乃至专家们在苦苦思索与不停地追问，试图提供一份具有可行性的教育方案。国内外一些教育家潜心钻研、探索，在实践中总结出来的教育方法对早期教育具有重要启示。

第一节　奥尔夫音乐教育法

卡尔·奥尔夫（1895—1982），德国著名的作曲家、音乐教育家。受家庭环境的影响，奥尔夫自小对音乐、艺术非常敏感，这为他成为一个伟大的音乐教育家和音乐剧大师奠定了基础。第一次世界大战以后，受人本主义精神的影响，奥尔夫开始研究文艺复兴时期的音乐以及巴洛克时期音乐家的作品，同时受意大利歌剧大师蒙特威尔蒂的歌剧影响，加之德国深厚的音乐文化底蕴和十分浓郁的艺术气息，奥尔夫逐渐形成自己独特的艺术风格。

1924 年，奥尔夫与友人罗西·京特在慕尼黑创办了一所集体操、音乐、舞蹈为一体的学校，在这里奥尔夫着手践行他的音乐教学法。在音乐学院落成典礼上，奥尔夫说过这样的话："我所有的观念，关于一种原本性的音乐教育观念，并不是什么新的东西。我的任务和天职仅仅是从今天的角度，将古老的、不朽的观念重新说出来，并致力于实现它。"[①]奥尔夫教学法的形成与他自身的艺术创作及多年的授课经历息息相关。1961 年，奥尔夫在奥地利萨尔斯堡成立了世界上第一所以奥尔夫教学法为研究和学习方法的"奥尔夫学院"，学院的成立对于未来奥尔夫音乐教学法在世界音乐教育上的传播具有深远的意义。

音乐教育是早期教育的一个重要内容。奥尔夫强调，在人自身发展过程中，儿童阶段是感受力、想象力和创造力最丰富的阶段，我们应该把握机会予以启发，若在此阶段不去培养它，其所造成的损失将难以弥补，它将直接影响人的一生发展。通过音乐教育，让孩子了解、掌握基本音乐知识，如音符、音高、节奏、旋律等，体会音乐的乐趣，感受音乐的魅力；并在此基础上，教授必备的演唱和演奏技能，使孩子身心、性格、智力、情感获得了全面的发展，培养了审美情趣和审美能力。

---

① 李妲娜，修海林，尹爱青. 奥尔夫音乐教育思想与实践[M]. 上海：上海教育出版社，2002.

奥尔夫认为，音乐教育的目的是使音乐回归于人的生命。“表达思想和情绪，是人类的本能欲望，并通过语言、歌唱（含乐器演奏）、舞蹈等形式自然地流露，自古如此。”①这是奥尔夫音乐教学法原本性的体现。“原本性”是奥尔夫音乐教育所追寻的方向。“什么是原本呢？‘原本’的拉丁文是 elementarius，意即属于基本元素的、原始材料、原始起点的、适合于开端的。原本的音乐又是什么呢？原本的音乐绝不仅仅是单纯的音乐，它是和舞蹈、动作、语言紧密联系在一起的综合艺术，人们必须自己参与其间，而不是作为听众去聆听。”②原本性的音乐是人人都能参与演奏的，是接近土壤的、自然的、机体的、能为每个人学会和体验的，它具有一种最基本的形态，具有无限的生命力和可能性。③

在奥尔夫看来，这种行为方式是合乎儿童天性的。当生命还在母亲腹中时，美妙的音乐能让他灵动；在大街上时，他听到音乐会情不自禁手舞足蹈。这说明人的音乐感知是诱发出来的，不是教出来的。④

奥尔夫独创的音乐教育法，对许多国家和地区的音乐教育产生了深刻的影响，被称为“现代音乐教育三大支柱之一”。20 世纪 80 年代初，廖乃雄先生将这个先进的教育体系引入国内，为我国的音乐教育改革提供了方法。

一、培养综合艺术

奥尔夫提出“原本性音乐”，这种集语言、动作、舞蹈于一体的综合形式，使得音乐在表现方式上更加丰富多彩。以游戏的方式引导孩子，使其观察倾听自然界或生活中常见的情景声音，然后用舞蹈、律动、间操、语言学习等多种形式表达出来。在音乐演奏的同时，结合自由朗诵、即兴舞蹈、趣味游戏等艺术实践活动，并引领孩子全身心地投入欣赏、表演、创作、交流与评价的活动中。⑤

奥尔夫音乐教育主张，使孩子的表现力、想象力、创造性思维得到充分发挥。他认为：这种集创作、表演、欣赏三位一体，集歌、舞、乐三位一体的综合教学，是为了给学生创造获得全面、丰富、综合的审美体验的机会。⑥

奥尔夫在教学上也采用综合的形式，表现在：教学中的每一个课例都有其明确的音乐元素的教学目标，如感受声音强弱、速度快慢、旋律高低，感受音色、调性的变化等；而且在教学法上所采取的发展模式，如在“一粒种子”（一个元素）的基础上，不断加入新的音乐元素与表现手段，从而使小小的种子生根发芽并逐渐成长为“一棵枝繁叶茂的参天大树”。⑦

---

① 奥尔夫. 学校音乐教材——回顾与展望[M]. 廖乃雄，译. 北京：北京师范大学出版社，1986.
② 同①。
③ 李妲娜，修海林，尹爱青. 奥尔夫音乐教育思想与实践[M]. 上海：上海教育出版社，2002.
④ 方少萌. 奥尔夫音乐教学法实用教程[M]. 上海：复旦大学出版社，2014.
⑤ 于遨洋. 奥尔夫音乐教育对中国音乐教育的影响及启示[J]. 当代教育实践与教学研究，2018(7)：819.
⑥ 同④。
⑦ 任华. 奥尔夫音乐教学法的特点[J]. 乐器，2009(7)：32－35.

二、鼓励即兴创作

奥尔夫谈道:“原本性音乐的出发点就是即兴演奏。一开始我们以自由的、节奏性的即兴去练习,这时以简单的固定音型(Ostinato)作为基础和动力。”“我追求的是通过学生自己奏乐,即通过即兴演奏设计自己的音乐,以达到学习的主动性。”①不同于传统教学,即兴性是奥尔夫音乐教学法的特色之一,通过即兴活动来促使孩子积极主动地参与到教学活动之中,充分发挥他们的想象力与创造力。

奥尔夫倡导的“即兴创作”,在教学活动上,体现为以即兴活动形式发展孩子的音乐体验及音乐创造的能力。即兴活动重视学生“做”的过程,以及想象力、独创性的发挥。在这里,结果并不重要,重要的是学习过程。即兴创作的目的不是要求学生当场创作出什么音乐作品来,而是要充分发挥他们的想象力。②奥尔夫明确说过:“完全从即兴出发的自由教学,是而且永远是一个卓越的出发点。”③

在教学过程中,教师仅仅向儿童提供一些元素性的材料(如最初的节奏、最基本的音调、最基本的运动方式、最基本的组织方法等),而儿童则在教师的引导和范例的启发下进行音乐学习和集体创作。学生常常被要求即兴吟诵韵文、编创歌词或动作、创造各种音响、设计各种图形来记录自己的音乐,创造自己的“乐谱”或“舞谱”,通过各种标记来加深对音乐的记忆,使记忆音乐能力逐渐得到培养和锻炼。奥尔夫认为,这种方式“在不断的创新中获得新的生命力”。④

奥尔夫音乐教育考虑到了音乐不仅仅具有欣赏、表现等用途,还包含了思考和对生活的想象。⑤ 在即兴教学中,教师是引导者,起着启发幼儿的作用。如在音乐教学中,教师可以先示范唱孩子熟悉的儿歌,配上节奏,让孩子跟在后面唱和,然后让孩子说出自己的感受、想法;还可以让孩子倾听不同的声音来锻炼和提高想象力,这些声音可以包括乐器声音、周围人的声音、大自然的声音等。

由于幼儿生活经验有限,在一定程度上约束了奥尔夫音乐教育的进一步创造,但也正因为幼儿个性还处于变化之中,对音乐的感知与想象尚未固定,他们可以根据自己的理解进行创作。鉴于此,教师在教学过程中能够尽量从生活和自然中选取题材,让音乐教学与幼儿的生活融合,注重幼儿的自主性与个性发展。

三、号召全员参与

奥尔夫音乐教学法以“人本理念”为切入点,奥尔夫音乐教育应该是人人都能且可以参与的,而非让一部分人望而生畏的音乐教育。音乐教育的对象应是每一个人,而不只是拥有特殊音乐才能的人。⑥

---

① 奥尔夫.学校音乐教材——回顾与展望[M].廖乃雄,译.北京:北京师范大学出版社,1986.

② 方少萌.奥尔夫音乐教学法实用教程[M].上海:复旦大学出版社,2014.

③ 廖乃雄.关于音乐教育的思考(续)[J].中国音乐教育,1996(5):12-14.

④ 同③。

⑤ 潘姗姗.奥尔夫教学法本土化实践研究[D].贵阳:贵州师范大学,2015.

⑥ 陈蓉.音乐教学法教程[M].上海:上海音乐学院出版社,2013.

奥尔夫认为,在学习的过程中,孩子是直接的参与者,而不仅仅是坐在一旁的听众。在传统的口耳相传、重复唱练等方式下培养出来的学生思维中规中矩,他们是传统意义上的"好学生",但却未必是一个真正领会音乐真谛的学生,更不可能是音乐的主人。

"音乐并不是我的目的,音乐是我达到散发心灵的一个手段罢了。"①在奥尔夫的音乐课堂,绝不仅仅是对音乐技能技巧方面的训练,更注重全员参与性。奥尔夫的音乐教育将音乐、语言和舞蹈动作结合起来,通过动静结合的方式使人感受音乐所带来的魅力。课程内容丰富多彩,通过弹奏乐器、游戏、跳舞、拍手等多种形式,弥补单一的音乐教学的枯燥无味,增强学生的兴趣。课堂形式随意多变,没有固定座位,有时候围成大大小小的圆圈,有时候各自分组席地而坐。这种方式的目的是鼓励孩子们全员参与,随时根据音乐参与表演。孩子不仅仅是学生、听众,他们还是演奏家、音乐家、舞蹈家,积极参与每项音乐活动,创编内容,感受音乐教育的独特魅力。

四、从儿童出发

奥尔夫教学法是适用于儿童的,正如他自己所说:"这是一切儿童容易进入的一个天地。我想到的不是有特殊才能的儿童教学,而是最广泛基础上的教学,哪怕是中等的和才能较差的儿童也能参加。"②奥尔夫创造出一系列适用于儿童的趣味课程,从简单的语言朗诵、声势、器乐、到听力训练,每一个过程,他都关注音乐与孩子内心的交流。他认为这样的教育是孩子需要的。

在幼儿早期,他们对外界的认识主要依赖于感官上的直觉体验,对音乐的体验亦如是,主要取决于音乐过程中的感受。鉴于此,在奥尔夫音乐教育中,教师会结合一些身体上的肢体动作来帮助孩子增强对音乐的理解,强化感情的传递。这个活动过程,也是师生共同参与的,通过朗诵、歌唱、舞蹈、表演等形式,并结合身体部位、其他乐器打出正确的节奏。这种直接参与、全员融入的方式,也能够培养幼儿间的合作交流能力。

(一)音乐教学

奥尔夫的音乐教学,都是从儿童出发。以音乐欣赏为例,奥尔夫强调将身体作为打击乐器,运用身体的动作,来表现音乐节奏。可以从多角度欣赏音乐,不仅仅是古典、流行的音乐,还可以是大自然的声音、周围熟悉的声音,逐渐提高孩子对音乐的感受力和理解力。不同于传统单一的教学方法,还可以通过游戏的方式,结合舞蹈进行教学。如:为了让低龄幼儿了解身体部位的名称,教师可以先示范,通过音乐引导,听到指令后轻触身体各部位,通过趣味的音乐游戏活动让幼儿认识身体部位,还能帮助他们训练节奏感,以及对节拍的感知能力。

(二)舞蹈教学

在奥尔夫教学法中,舞蹈着重即兴性,并不需要专业的、完整的展示,而是在听到音乐后情不自禁所表现的身体动作。这些看似简单的身体动作,如拍手、跺脚、捻指、拍腿及各种身

① 奥尔夫.学校音乐教材——回顾与展望[M].廖乃雄,译.北京:北京师范大学出版社,1986.

② 同①。

体造型,不仅帮助孩子培养音乐舞蹈素质,还能提高孩子的身体素质、协调能力。在教学过程中,教师可以结合一些简单的小道具,通过音乐帮助幼儿创编符合节奏的舞蹈动作,培养创造力。

(三)语言教学

语言在音乐教学中的作用举足轻重。奥尔夫倡导综合音乐,提倡孩子自主表达和多形式展现,不仅有助于提高孩子对音乐的感知理解和表现能力,更能培养语言表达、认知想象、人际交往等多方面的综合能力。在具体的教学环节中,可以穿插适合的音乐。如在讲故事环节可以配合符合故事背景的轻音乐,或轻松愉快的,或紧张刺激的,通过音乐元素让幼儿更加清楚地体验相应的情绪态度;如在英语口语教学中,将日常打招呼的内容配合童谣音乐,还可以结合各种舞蹈动作,能够帮助孩子提高语言、音乐、舞蹈等多方面的综合素质。

五、立足本土文化

奥尔夫的音乐教学法得益于他长期的音乐教育实践,他自己也提及,很多教学素材都来源于德国及周边地区丰富的民间音乐。在《学校音乐教材》中,奥尔夫用家乡巴伐利亚州的民歌、童谣、谚语等进行语言节奏方面的训练,他认为以母语或当地音乐、舞蹈为切入点进行教学,是最容易被学生所接受并喜爱的。不照搬教学内容,而是立足本土文化的同时,渗透奥尔夫教育理念,才是学习奥尔夫教学法的根本所在。①

自廖乃雄先生将这种先进的音乐教学法引入国内后,奥尔夫教学法在我国也有了本土化的发展。在教学活动中,教师会采用游戏形式,将民间儿歌融入情景表演之中,搭配相应的音乐进行学习,实现音乐教育内容与游戏的接轨,真正做到寓教于乐。教师可以根据孩子年龄、认知范围选择合适的内容,如2~3岁的孩子,可以选择自己及身边熟悉人的名字;5~6岁的孩子可以报出一些动物名、交通工具等。在舞蹈教学的时候,也可选择一些民族民间舞,不仅能够活跃课堂气氛,激发学习兴趣,对于传承民族地域文化也有深远意义。

作为一种流传已久和借鉴性高的音乐教学法,奥尔夫音乐教学法克服传统儿童音乐教学中的呆板的课堂形式,课程内容从儿童出发,寓教于乐,通过游戏的形式,引导孩子主动参与学习过程,帮助其解放天性,对于孩子的艺术教育全面发展具有十分深刻的意义。

第二节　卡尔·威特教育法

卡尔·威特(1800—1883),是19世纪德国一个著名的天才。他八九岁时已能自由运用德语、法语、意大利语、拉丁语、英语和希腊语6种语言,并通晓动物学、植物学、物理学、化学等学科知识,尤其擅长数学;10岁进入大学,13岁出版了专著《三角术》,年仅14岁就被授予哲学博士学位,一生都在德国著名大学授课。②

老卡尔虽然是个乡村教师,却有着独特的教育理念。卡尔·威特取得了卓越成就,并不

---

① 王丽新.奥尔夫音乐教学法的本土化研究[D].长春:东北师范大学,2012.

② 威特,蒙台梭利,斯托夫人.世界三大教育圣经——卡尔·威特的教育、蒙台梭利的教育、斯托夫人的教育大全集[M].春之霖,等译.北京:中国华侨出版社,2010.

是由于他天赋异禀，而是得益于父亲的教育有方。无疑，老卡尔·威特的教育实验是成功的，他的影响力早已超越了卡尔本人的成才问题，而是实际、精妙地回答了许多教育者需要直面的现实问题。这些源于一位普通的慈爱父亲的做法，打开了一扇通向理性教育、智慧教育的大门。这位了不起的父亲将自己的教育心得和独辟蹊径的教育方法，写进《卡尔·威特的教育》这本书，证明了早期教育对儿童成长的重要性，并开创了影响东西方几个世纪的教育方法——全能教育法。晚年的卡尔·威特有感于父亲对自己成功的教育，写出了《卡尔·威特的教育（续篇）》，更翔实有力地为父亲的教育理念和方法提供了佐证。

一、从一出生就开始教育

老卡尔·威特认为："幼儿是成人之母，教育必须从出生那天起就开始进行。"①当时的教育观都认为儿童的教育应始于七八岁，早期教育有损儿童的健康。在老卡尔看来是相当可怕的想法。他认为，儿童的潜能在刚出生的时候处于最佳状态，如果从这时起便施以合理的教育，孩子可能成为具有 100 分能力的人；假若从 5 岁才开始教育，及时得到很好的教育，可以成为具有 80 分能力的人；若 10 岁开始教育，就只能达到 60 分的能力。② 因此，若要发展孩子各方面的能力，就要尽早挖掘他们的潜力，并加以正确地培养。

对于孩子来说，最重要的是教育而不是天赋。天才并不取决于先天的禀赋，而是来自后天的教育和培养，每一个孩子都有成为天才的可能。尽管卡尔·威特先天智力发育迟缓，但父亲从未放弃对他的教育。从出生开始，老卡尔就认为卡尔是一个有着独立人格的个体，秉持着"孩子的教育应当始于其智力发育之初"的原则，在饮食、语言、身体、道德等各方面为儿子制订了详细的成长计划，并以巨大的耐心和责任感付诸实践，在卡尔成长过程中扮演了举足轻重的角色。

二、塑造良好的学习环境

在自然界中，一棵嫩芽要长成参天大树或结出美丽的果实，全靠种树人对它的悉心栽培。同样，一个婴儿能否变成你所期待的希望之星，则完全依赖于你所施的教育与为他提供的环境而定。③ 老卡尔非常重视学习环境的作用，他坚信："人刚生下来时都一样，仅仅是由于环境，特别是幼小时期所处环境的不同，有的人可能成为天才或英才，有的人则变成了凡夫俗子乃至蠢材。即使是普通的孩子，只要教育得法，也会成为不平凡的人。"④

老卡尔对卡尔学习环境的重视，从婴儿房的布置上就开始了。他在卡尔房间的天花板、墙壁和被褥上都画上色彩缤纷的图案，并且经常播放音乐。"几个月后，当我们在卡尔面前放一个发着光的东西时，卡尔就迅速表现出想要捕捉它的意念。幼儿对位置、形状、颜色，有他独特的感觉。一种东西如果幼儿每次看到它都在固定的位置，就具有刺激的'反复作用'。……长此以往，到卡尔 5 个月大时，当他看到嵌在黄色围墙上的白色大理石板时，他就非常高兴。

---

① 威特. 卡尔威特的教育[M]. 鲁曼俐，译. 哈尔滨：黑龙江科学技术出版社，2010.

② 张黎. 卡尔威特，告诉了我们什么[J]. 基础教育参考，2006(9)：40－41.

③ 威特，蒙台梭利，斯托夫人. 世界三大教育圣经——卡尔·威特的教育、蒙台梭利的教育、斯托夫人的教育大全集[M]. 春之霖，等译. 北京：中国华侨出版社，2010.

④ 同③。

而且每天推着他走过那条路，经过石板处时他的眼光就会发亮。”[①]老卡尔认为，幼儿具有大人所远不及的敏锐秩序感，他不单能认识每一事物的个体，而且还能直觉地领会事物之间的关系。

到了能识字的时候，老卡尔在书房里放了一个很大的书架，上面分门别类摆满了地理、历史、文学等各类书籍，老卡尔并不是想让卡尔读完那些书，而是想为他创造一种良好的学习氛围，让他能有一个明确的人生目标。卡尔在谈及父亲营造的良好学习环境时，说：“父亲为我提供了最好的学习环境，但这种好的学习环境并不是狭隘地单指学习用品，父亲为我所做的，远不止物质上的这些东西。”[②]

除了人为营造的良好学习环境外，大自然其实是最好的学习环境。“一草一木总关教”，世界上再没有比大自然更好的教师了。卡尔父子经常去到野外，散步时，看到小鸟就讲解鸟的生活习惯，看到虫子就传递昆虫的知识。“摘下一朵花，拔下一棵草，砸碎一块岩石进行观察，窥视小鸟的窝，观察小虫的生活状况等。”[③]老卡尔在大自然中向儿子讲述各种有趣的故事，涉及动物学、植物学、矿物学、物理学、化学、地质学、天文学等各学科领域。无论是在家里，还是在外面，都注意给孩子营造一个适合的环境，不管是内在秩序的构建还是外在景观的刺激，都能够充分培养孩子各方面的能力。

三、培养多方面的兴趣

“不能强迫施教”，这是老卡尔教育孩子的一大原则，他认为，不管教什么，首先必须努力唤起孩子的兴趣。只有当孩子有了兴趣时，才能取得事半功倍的良好效果。[④] 小卡尔的生活丰富多彩，在各方面都有所成就，就源于父亲一直引导他培养多方面的兴趣，正如老卡尔所说：“如果在教育孩子时只是一味进行知识灌输，就会使孩子完全丧失感知功能，接受的也就只会是大量没有真正理解的抽象原理与公式，根本做不到深入理解。这样既使孩子难受，又不能学会任何有用的东西，孩子变成了机械的知识接收器。”[⑤]

老卡尔的教育方式，是先唤醒孩子的兴趣，然后再进行恰当的教育。以教画地图为例，老卡尔并没有直接让小卡尔看课本上的东西进行临摹，而是身临其境地带他去感受周围地区不同的地形地貌、河流的走向、森林的分布等等。这种实地勘察、边玩边学的方式让小卡尔十分感兴趣，慢慢他就基本掌握了周围的地形全貌。接着，老卡尔让他带上纸笔登上高处，尝试着画出周围的简单地形图，然后再带儿子到相应的地点散步，在简单地形图上添加道路、森林、湖泊。最后，再买来标准地图作为对照，进行查漏补缺。

老卡尔认为，培养孩子的兴趣，有两种方式：一种是从孩子乐意接受的方式着手，使他产生了解这一事物的兴趣，然后因势利导地教给他相应的知识。还有一种则是用问题来引起孩子的好奇心，当他迫切想要知道问题真实的答案时，就必定会自觉了解更多有关这一问题

---

① 威特，蒙台梭利，斯托夫人. 世界三大教育圣经——卡尔·威特的教育、蒙台梭利的教育、斯托夫人的教育大全集［M］. 春之霖，等译. 北京：中国华侨出版社，2010.

② 威特. 卡尔威特的教育［M］. 鲁曼俐，译. 哈尔滨：黑龙江科学技术出版社，2010.

③ 同②。

④ 同①。

⑤ 同②。

的知识并有意识地加以分析判断。这时,若再辅以父母的点拨,孩子就能既提高分析判断事物的能力,也增加了在该问题方面的相关知识。

四、游戏是最好的学习方式

在对卡尔的教育中,老卡尔·威特主张用游戏的方式,并且身体力行地践行这种教育方式。通过游戏来学习,这个方法几乎贯穿了卡尔的整个教育过程。老卡尔认为游戏能够唤起学习的欲望,因此在进行外语、音乐及数学学习时,他都会设计一些游戏,并将所要教授的知识融入进去,帮助卡尔认识事物、加深了解、巩固知识。卡尔在轻松愉悦的氛围下,在玩耍娱乐的过程中,就自然而然地将知识与技能灌输到大脑中,寓教于乐,在玩中学。

老卡尔为了让儿子了解豚鼠的习性,他并没有直接告诉儿子,而是把儿子带到豚鼠笼边询问:"豚鼠喜欢吃什么?"卡尔也不能确定,于是老卡尔把事先准备好的奶酪、糖果和生菜拿出来,让儿子自己尝试。卡尔依次把食物放进笼子里面,过了一会儿便兴奋地得出了答案:"它喜欢吃生菜。"老卡尔又问:"豚鼠是看到生菜,还是嗅到的、听到的呢?"卡尔摇头说不知道。于是老卡尔让卡尔把生菜嚼得"嘎吱嘎吱"响,可是豚鼠根本没有反应。然后又让卡尔把绿纸和生菜放在一起,但豚鼠还是辨别出了真正的生菜,便得出结论豚鼠是嗅到的。①

孩子通过游戏玩耍来探索世界、汲取智慧,这是他们与生俱来的驱动力。孩子在玩耍时充满了积极性、主动性,他们的大脑在飞速地运转,思想在不断迸发出火花,这对培养孩子的各种能力,特别是想象力和创造力,是十分有效的。②

五、注重良好行为习惯的培养

老卡尔·威特认为良好的行为习惯是孩子一生的财富,卡尔在《卡尔·威特的教育(续篇)》中也提到,拥有健康的身体,就等于拥有了人生的第一笔财富,但要想保管好这笔财富,却需要付出一定的努力。③ 从小,老卡尔就给卡尔制定了作息时间表,并严格要求按照时间表学习、玩耍。有一次叔叔带着堂兄弟来家里做客,到了睡觉时间卡尔玩得兴致勃勃,想仗着客人在耍赖。老卡尔一直不留情面,最后叔叔求情,他才松口道:"卡尔,这件事由你自己做决定。你可以现在不去睡觉,但是明天还是必须 6 点起床。"沉迷在兴奋中的卡尔玩到筋疲力尽才去睡觉。第二天不管他怎么央求,老卡尔坚持要他起床学习。自那以后,卡尔再也没有违反过作息时间。除了良好的作息习惯,老卡尔也十分注重对孩子独立能力的培养,他认为过分的娇宠会让孩子在将来的生活中吃尽苦头。除了教会孩子生活自理,能帮助做家务外,还要让孩子从思想上做到不依赖成年人,这就要加强对孩子独立思考能力的培养,让孩子做到能独立地提出问题、思考问题、解决问题,养成自觉的好习惯。自觉的培养比起让孩子能生活自理则更进一步了,它是孩子全方位发展的体现,只有做到了自觉,才谈得上尽量不依赖成年人。良好的作息习惯、优良的性格培养和独立的人格意识,一直影响着成年后

---

① 威特,蒙台梭利,斯托夫人. 世界三大教育圣经——卡尔·威特的教育、蒙台梭利的教育、斯托夫人的教育大全集[M]. 春之霖,等译. 北京:中国华侨出版社,2010.

② 同①。

③ 老卡尔·威特,小卡尔·威特. 卡尔·威特的日记[M]. 凯歌,译. 延边:延边人民出版社,2003.

卡尔·威特的工作生活。①

除了健康的生活习惯，老卡尔还特别注重学习习惯的养成。他强调：学习要有专注精神，学语言的时候就想到语言，学数学就专注于数学。除了专注力，持久的注意力也从卡尔一出生就开始训练了。在卡尔学会爬行的时候，老卡尔将他喜欢的玩具放在远处，吸引他爬行，等到快够着的时候，又加大难度。这种方式不仅训练孩子的毅力，还增强了爬行能力。当卡尔开始学习知识时，老卡尔又用类似的方法培养他坚持不懈的精神。

幼儿阶段是人生的初始阶段，也是黄金阶段，此时的他们对外在世界充满好奇，吸收能力强，学习可塑性高。但幼儿年龄小，大脑机能发育尚不完善，还不具备良好的自控力，因此，要在幼儿阶段就对孩子进行良好行为习惯的培养。

六、正确对待孩子的方法

（一）尊重孩子，不把孩子当孩子

老卡尔认为，智力开发的第一个重要方法就是尊重孩子的主体性，他认为在家庭中，应当给予孩子平等的地位，让他们适度地参与到成人世界中去。“每个孩子都是他们自己的主人，他们有着与成人不同的认识世界的方式，他们有自己的爱与恨，比如在童话里，各种小动物都像人一样会说话，有自己的感情，这在成人看来，完全是虚构的。”②在教育孩子的过程中，老卡尔将卡尔当作一个独立的个体，经常分派给卡尔一些力所能及的劳动任务，并让他参与家庭成员间的谈话。老卡尔认为这样有助于增强孩子的存在感，他们会认为自己是家庭里重要的一员，并且要有所担当，不仅培养了幼儿独立处理问题的能力，更重要的是培养了幼儿的责任感。

老卡尔还主张，在教育的过程中，父母及长辈的言行应该一致，对孩子立下的规矩要严格执行，坚守原则，不能出现“爸爸不给买糖，妈妈同意买糖”的局面，这样不仅会让孩子对一些准则产生模糊的概念，还会让孩子从小就学会“找靠山”，做一个“两面派”，这是非常不可取的。

（二）学会夸奖你的孩子

在教育的过程中，老卡尔坚信：最重要的教育方法就是要鼓励孩子去相信自己。“你是非常聪明、非常好的孩子。”每当卡尔遇到困难和挫折时，父亲总是用这么一句世上最美的语言帮助他摆脱内心的苦恼。③与此同时，他还经常表扬卡尔，教他从小就懂得什么是成就感，也正是这些成就感不断激励卡尔，让他有继续努力的信心和勇气。作为父母，要经常夸奖孩子。对于好的行为，要及时表扬；如果孩子没有做到，也不要过于责备。只要孩子表现出良好的行为，父母就应该及时进行正面强化和巩固。而且对于孩子的夸奖和表扬，应该针对具体行为和具体事件。老卡尔总结出了关于表扬和鼓励孩子应注意的9条准则：

（1）表扬的语言要具体，不要千篇一律使用“你很好”“你很棒”这样空洞的话语。

---

① 威特，蒙台梭利，斯托夫人.世界三大教育圣经——卡尔·威特的教育、蒙台梭利的教育、斯托夫人的教育大全集[M].春之霖，等译.北京：中国华侨出版社，2010.

② 同①。

③ 同①。

(2)发现孩子的闪光点,在日常生活中寻找孩子值得表扬的行为。

(3)发自内心的、真诚的、衷心的表扬,才是最有效的。

(4)用愉快的表情和声调表扬孩子,应用眼光注视着他。

(5)把握表扬的时机,及时表扬,最好是孩子正在做某件事时。事情过后予以表扬,也是有效的。

(6)很多小事都值得表扬,如:孩子完成了游戏和任务;与同伴合作;关心家人;等等。

(7)孩子付出努力而获得了成就,应及时给予表扬。

(8)避免在表扬时加上消极的评语或和他人进行对比,这样表扬的作用就会大打折扣。

(9)不要想着把表扬作为改变孩子行为的一种方法。表扬的主要动机,是让孩子愉悦。如果表扬带着目的性,那孩子就会抵触。表扬和夸奖不同于奉承,它是客观的,并不带目的性。

老卡尔认为表扬的最大妙处就是能够建立孩子的自信心,让他们认识到自己的行为是值得再现和延续的。孩子建立了自信心,那么随之而来,也会有乐观积极的态度、坚忍不拔的意志、勇于创新的精神,这些品质对他们未来的发展都有积极的影响。

但表扬也要有个度,在老卡尔·威特看来,培养孩子的自信心无可非议,但同时也要防止他骄傲自满,因此在表扬孩子时要把握好度,要根据孩子的行为结果,适当地、真诚地表扬孩子,避免出现过度表扬的现象。

(三)批评孩子要讲究正确的方法

孩子在成长的过程中,缺乏足够的判断和处理问题的能力,可能会出现错误行为和不良习惯,老卡尔认为要用正确的方法来批评孩子。“教育的前提在于以一颗宽大的心来了解、引导。对待犯错误的孩子,教育的目的就是把这些不利的消极因素通过适当的渠道转化,引导出积极的有利的因素。”①批评孩子时,应采取不同的办法加以解决,切不可当众教训,要保护孩子的自尊心,再根据具体情况找到孩子这样做的原因,加以解决。尽量避免使用“不行”“不准”等消极、否定的词语,这类词语会影响孩子的情绪,使他们产生失落、挫败感;应该尽量用积极的语言,给孩子明确的行为指导。他指出批评孩子要遵循两个要点:

首先,批评孩子的第一要点就是恰如其分。“过度批评会给孩子造成过度的内疚和羞辱感,超过了使孩子改错的度。而不批评孩子又会使孩子丧失责任感,磨灭其改正错误的愿望。”②

其次,要实事求是。针对孩子犯错误的事件,指出具体犯错原因,并动之以情、晓之以理,使孩子明白自己所犯错误是可以改正的。面对孩子的错误,应该遵循“犯错—认识—改正”的原则,以宽大和包容来对待孩子的错误,并督促他们改正。重要的是,在纠正和惩罚这些错误的时候,切记不能羞辱、嘲弄、打骂孩子。

(四)教会孩子正确面对失败和挫折

老卡尔十分注重尝试,在教育的过程中,只要卡尔不违反固有的原则,不违背道德和法

---

① 威特,蒙台梭利,斯托夫人.世界三大教育圣经——卡尔·威特的教育、蒙台梭利的教育、斯托夫人的教育大全集[M].春之霖,等译.北京:中国华侨出版社,2010.

② 同①。

律，都尽力支持他去闯去干，在行动上鼓励他去尝试。很多时候结果也是以失败告终，面对失败，老卡尔总结了几点建议：

(1)站在孩子的立场上对待这次的失败，抓住时机，让孩子真正体会到失败并不可怕，帮助孩子树立起正确的失败观，做到胜不骄、败不馁。

(2)帮助孩子寻找失败的原因，并从中总结经验教训，避免下次失败。要让孩子明白努力的方向，使孩子看到成功的希望。

(3)鼓励他不要因为失败而丧失信心，告诉他努力了终将会有收获。孩子在失败时尤其需要安慰和支持，这时候切记不能一味地指责和嘲讽。家长的期待和信任对失败的孩子来说，是一种强大的精神力量，能帮助孩子迅速恢复信心，走出失败的阴影。

(4)应该给失败后的孩子新的起点，在孩子的努力过程中不失时机地鼓励他的进步，表扬和肯定是帮助孩子走出失败沼泽地的最好的精神动力。恰到好处的鼓励和支持，能帮助孩子恢复自信，增强面对困难的勇气。

在神学当道的年代，老卡尔·威特的教育理念和方法是十分具有创新性和革命性的。尽管随着时代的发展，他的很多教育观已然被证伪，但我们依旧可以辩证地看待问题，取其精华，给当下的早期教育一些思考和启示。

第三节　斯特娜夫人①的自然教育法

维尼弗雷特·斯特娜(1881—1952)，美国宾夕法尼亚州匹兹堡大学语言学教授，毕业于拉德克利夫女子大学，1914 年完成《M. S. 斯特娜的自然教育》一书。在书中，她结合自己教育女儿的经历，详细阐述了自然教育思想和方法。

作为 20 世纪初期美国著名的早期教育专家，斯特娜夫人特别强调父母(尤其是母亲)在孩子成长过程中的重要性。她认为："教育不应该在学校由教师开始，而应在家庭里由母亲开始。孩子进入学校后，母亲和教师必须互相协作，共同对孩子进行教育。"②受哲学家詹姆斯博士的影响，在推崇卡尔·威特教育法的同时，斯特娜夫人根据自身的教育实践，提出"自然教育"的教育思想：倡导要根据孩子身心发展的自然习性，用自然的方法教育孩子。在这一思想的指导下，她对女儿的教育获得了极大成功。她的女儿维尼弗雷特 3 岁就会写诗歌和散文；4 岁会用世界语读写剧本；5 岁能运用 8 国语言；9 岁进入大学，成为人们眼中的天才儿童；14 岁时成为"美国少年和平同盟"的会长；还曾是美国匹兹堡最有名的小教师，在卡内基研究所内教一些 5 ~ 14 岁的儿童世界语。

斯特娜夫人的自然教育法脱胎于老卡尔·威特的早期教育法，她开办了三所自然教育学校，告诉大家如何用最简单的方法将"自然学校"搬回家。自然教育深信每个孩子都是带着某种天赋降世的，母亲有责任开发孩子的天赋；自然教育对想象力和创造力的培养、开发，高于一切；自然教育注重个性化的单独培养，而不是群体模式的同质化培养……斯特娜夫人希望让爱和兴趣成为教育的主导，应该调动孩子所有的感官参与，通过有目的性的游戏体会

---

① 斯特娜夫人即斯托夫人，因译法不同有所差别。

② 斯特娜. 斯特娜的自然教育法[M]. 胡敏，译. 武汉：武汉大学出版社，2014.

教育的乐趣，“解放”他们。①

一、回归自然，发展健康的大脑和身体

“大自然是无与伦比的女神教师。对孩子来说，与自然界生命的汇合，演绎自然界的神话故事，都是孩子生命中良好的能量源。大自然，是教育孩子最好的助手，是最丰富、最生动的教科书。”②

斯特娜夫人认为，大自然是一本奥妙无穷的教科书，和大自然亲密接触，观察、发现其中的奥秘，能学到无穷的智慧。因此她经常带女儿到大自然中去，观察万物的生长。小维尼弗雷特对植物有着浓厚的兴趣，对不同的植物进行分类，做成标本，在显微镜下观察研究，还根据自己的观察发挥想象力，写成了《植物园故事》。除了植物之外，小维尼弗雷特也接触和了解动物的习性，在斯特娜夫人的引导下，小维尼弗雷特师从大自然，学到地理学、植物学、动物学等相关知识。

生活性资源是教育的基本资源，教育不仅仅依附于生活，而且需要生活。③ 斯特娜夫人在美国弗吉尼亚州的海岸边居住时，把这里逐渐变成她和孩子的学习乐园。她不止让景观充分发挥教学的效果（如认识地理环境与景物相关的词语等），更重要的是，在适当的引导下，让这里成为亲子相处的乐园。例如，她利用海边的地理环境，将与海洋环境有关的神话、海洋生态故事、各种可在海边进行的游戏以及地球仪等用来引导孩子认识地理环境，塑造孩子的世界观。根据斯特娜夫人的教育理念，想让孩子的学习有所成效并且形成宏观的世界观，得“身临其境”，因为大自然就是培养世界观最好的教室。

二、五官功能训练方法

斯特娜夫人认为，婴儿的感官都隐匿着可以超越的能力，视觉、听觉、味觉、嗅觉、触觉是人类感知外部世界的生理基础，充分刺激孩子的感官，能够促使大脑的各个部分积极活动，使孩子大脑的各个功能区都能发挥出最大效能。④ 斯特娜夫人对女儿的早期教育从五感入手，充分利用丰富的生活环境，通过音乐、色彩、故事、图片、玩具、户外活动等，来刺激和促进女儿各种感觉的发展。在她看来，一切能力如果不利用与开发，就永远不会得到发展。因此，孩子的五感必须尽早开始训练。

（一）听：从美妙的声音中获得快乐

在五官中，斯特娜夫人把发展耳朵听力的训练放在首位，在女儿尚未出生时，她就每天选择固定时间，跟胎儿交流。到了小维尼弗雷特两个月大时，斯特娜夫人准备了各种各样可以发出声响的玩具，如音乐盒、摇摇铃、拨浪鼓、悬挂风铃等。在听力训练中，斯特娜夫人强调，要掌握一条原则：给孩子使用柔和或者韵律协调的音乐，不要选用节奏过强过硬的声音。训练时间不要持续很长，也不要反复播放相同的音乐，应当尽量借用一些生动、有趣的道具，

---

① 斯特娜．斯特娜的自然教育法［M］．胡敏，译．武汉：武汉大学出版社，2014．

② 同①。

③ 和学新，陈晖．论生活的教育意蕴［J］．天津师范大学学报（基础教育版），2011，12（2）：1－6．

④ 同①。

秉承游戏与乐趣至上的原则，以免孩子感到不耐烦。当孩子对音乐和节奏有了一定感觉后，就可以引入更具体的“有内容”的声音训练方法，如以朗读诗歌、美文的方式来刺激听力，并借此开发其他智力和潜能。①

（二）看：更细致地观察、更深刻地理解

婴儿大小肌肉都尚未健全，只能通过视觉及听觉来接受信息。斯特娜夫人认为，可以对孩子的视觉基本能力、视觉追踪能力、眼球灵活运转的能力进行有效的训练，使孩子拥有更敏锐的感官能力。② 她经常采用“悦目之物训练法”，如好看的大挂图，鲜艳的玩具娃娃等，让小维尼弗雷特接触色彩比较丰富的东西，为她的眼睛开启鲜艳的世界之门。通过多种视觉训练游戏，在开发孩子视觉的敏感度的同时也锻炼孩子眼睛的协调性、灵活性和敏锐性。

（三）说：锻炼语言表达能力

斯特娜夫人坚信婴儿期的语言教育将决定孩子一生的语言发展，从一开始就非常注意用准确的发音、精选的语法和词句对女儿说话。即使女儿不能完全领会某些词语的意义，但她仍然坚持这样做，并耐心地帮助她去理解它们。“在我看来，听与说就是孩子学习语言的双翼，只有同时扇动才能展翅高飞，忽视了任何一方都是不可以的。所以，我竭尽所能为女儿提供听的环境和说话的机会。我认为，虽然孩子还非常小，如果你不用完整的语言去与他们交谈，那么你的语言教育一定是收效甚微的。因为，如果孩子在早期学到的不是完整的语言，那么对孩子们来说，就意味着他们必须要学会两套词汇，这无疑是对时间和精力的极大浪费。当孩子们长大后为自己不正确的发音苦恼时，父母们将会发现自己曾经的教育失误带来的不良影响。这种效率极低的教育方式，我认为是极不可取的。”③很多教育者会教导孩子说一些可爱的语言，比如把猫叫“喵喵”，把狗叫“汪汪”。斯特娜夫人认为，这些话都是孩子长大之后完全用不上的语言，幼年时期被这种错误语言包围着，成年后又浪费大量时间和精力来学习标准语言。与其这样，倒不如从一开始就学习正确的语言体系。

在语言教育时，斯特娜夫人也采用游戏的方式，在小维尼弗雷特是小婴儿的时候，尽量多让她触摸不同质地、不同形状、不同温度的物品，用小手来感知世界。她经常用一块布蒙住小维尼弗雷特的眼睛，在她面前摆放各种物品，让她用手去摸，并让她说出摸到的物品的名称以及她的感觉。斯特娜夫人用这种方式，培养女儿的感受能力及表达能力。

三、学习方法：在游戏中学习

“我突然感觉到，游戏简直就是这个世界上最完美的教科书，它不仅可以让孩子们拥有快乐的生活，更重要的是，它还能够为他们在长大之前储备必要的生存技能。因此，为了发展女儿将来能用得着的能力，我必须尽早利用这种绝妙的办法。可以这样说，我对维尼弗雷

① 斯特娜. 斯特娜的自然教育法[M]. 胡敏，译. 武汉：武汉大学出版社，2014.

② 同①。

③ 威特，蒙台梭利，斯托夫人. 世界三大教育圣经——卡尔·威特的教育、蒙台梭利的教育、斯托夫人的教育大全集[M]. 春之霖，等译. 北京：中国华侨出版社，2010.

特的早期教育，几乎全都是采取游戏的方式进行的。”①斯特娜夫人坚信，游戏对所有的孩子而言是一种必需品，是孩子们社交的小缩影，是健康成长的动力源。游戏可以锻炼孩子的创造力、观察力、记忆力和空间力等，缺少游戏活动就会阻碍孩子的健康发展，阻碍创造力、想象力的发挥。

在斯特娜夫人的自然教育思想中，非常推崇游戏的方法，她对女儿的教育和训练基本上都是通过游戏来完成的。通过有目的的游戏创造充满欢乐的教育情境，从而使孩子在愉快的游戏中体会和收获。在她看来，没有游戏，是对孩子创造力最大的破坏。她用卡片游戏和写字游戏使女儿学会了数数和数字，又用做生意的游戏很快教会了她数钱。

四、思维训练方法

（一）记忆力

斯特娜夫人认为，孩子的记忆天赋，也许比我们想象的更为强大。“我也相信，至少孩子从出生或者还在母体腹中时，就已经开始拥有记忆力。”②为了培养小维尼弗雷特的记忆力，她们经常会玩“鹰眼”游戏——在散步时睁大眼睛用心去观察、记忆沿途的事物。演绎故事的游戏和卡片游戏也是强化记忆力的好方法，教育者可以运用生动直观、形象具体的事物吸引孩子的注意力，使孩子在游戏中记住需要记忆的知识，在记忆过程中要尽量调动孩子的各种感官参加。教育者必须努力为孩子提供那些色彩鲜明、形象具体、生动有趣并富有感染力的识记原型，使材料本身能吸引孩子，以充分发挥孩子记忆的主动性。各种有趣的小卡片提问法、故事演绎法，或将识记材料编成儿歌、童谣、诗歌来记忆的方法都可以提高记忆效果。值得注意的是，无论出于什么样的目的，都不要强迫孩子去记忆。自然而然的记忆一旦变成被迫的，孩子就会产生逆反心理，结果适得其反。③

（二）观察力

观察力是通向一切知识的门户，是科学实验和科学发现的基础，是人类进步的基本能力。斯特娜夫人也有意识地培养女儿的观察力，通过对身边色彩、图形的观察，不仅让女儿得到了美的感受，更重要的是让她形成了敏锐的观察力，建立起了一种独特的视觉感受。这种善于观察的习惯和能力，非常有利于智力的发展和内在潜力的开发。在帮助孩子养成观察习惯的过程中，斯特娜夫人特别强调，要注意帮助孩子确立观察目的。例如，和孩子一起看图画书时，需要细心地指引孩子注意：左边有什么，右边有什么，大的是什么，小的是什么，藏在房子后的是什么。孩子越小，任务就应该越具体。

（三）创造力

“每个孩子都是幻想家、创造家，他们依赖问题认知世界。孩子的发问可能离谱，而且不会轻易满足简单的答案，但这些都是孩子创造潜力的发挥。教育者对孩子问题的回答，也可

---

① 威特，蒙台梭利，斯托夫人. 世界三大教育圣经——卡尔·威特的教育、蒙台梭利的教育、斯托夫人的教育大全集［M］. 春之霖，等译. 北京：中国华侨出版社，2010.

② 斯特娜. 斯特娜的自然教育法［M］. 胡敏，译. 武汉：武汉大学出版社，2014.

③ 同②。

以使孩子创造能力得到进一步的发展。孩子充满好奇心,遇到不懂的事情总是想着弄明白其中的奥秘,好奇心可以引发出孩子浓厚的兴趣,从而萌发出更多的创造力。”①斯特娜夫人认为,游戏是孩子最重要和最主要的活动,通过游戏可以培养孩子的创造力。在女儿的教育过程中,斯特娜夫人有意识地给予女儿充裕丰富的游戏机会、自由探索的空间。她们经常玩“动手游戏”,用纸、布等材料制作各种物品,拼贴、裁剪出不同的形状或者图案;面对小维尼弗雷特的“十万个为什么”,斯特娜夫人也是十分耐心,和女儿一起通过《百科全书》寻找答案。正如她在书中说的:“询问的过程也是孩子思想创造的过程,我愿意和维尼弗雷特一起去思考,去寻求未知的答案。在孩子的世界中,充满想象力与创造力,问题的答案往往超出逻辑之外。”②

(四)专注力

斯特娜夫人的女儿维尼弗雷特会弹琴,喜欢画画、阅读,精通多国语言,无论在数学、历史、文学、天文、地理还是体育方面都极为优秀。她之所以能掌握这么多知识,很大程度上归功于从小养成的专心致志的习惯。在维尼弗雷特很小的时候,斯特娜夫人坚持每晚讲睡前故事,为了让女儿保持高度的专注力,她采用故事提问法,尽量提一些故事的细节问题,这样孩子在听故事的时候就需要全神贯注。有时还会相互提问。教育者还可以采取一些措施,有针对性地“磨炼”孩子的意志。可以指导孩子学习绘画、弹琴、解乱绳结、下棋等,这些都有助于培养孩子的耐心和韧性。此外,还要指导孩子学会调控自己的情绪,教育孩子做事情有始有终,踏踏实实做每一件事,一次做不成的事情就分开做,积少成多,聚沙成塔。还可以让孩子长期坚持体育活动,这不仅可以锻炼身体,而且能够磨炼意志、培养毅力。③

(五)想象力

“如果我被赐予所罗门王的特权,能够从这一生的一切美好事物中选择一件,我会选择让那些有着神奇想象力的人与我做人生旅程的长伴。没有想象力,我们就不能创造,就将停滞不前,没有想象力,生活中很多现实就变成了索然无味的理论。”④斯特娜夫人认为,想象力支配着整个世界。孩子们因为还没有被模式化、同质化,所以充满了丰富的想象力。表演儿歌和神话传说中的情景是一个有效发展孩子想象力的方法。儿童剧场的创始人阿里斯·朋尼·赫茨女士曾说过:“儿童剧场的布景和扮装不能过于逼真,因为这样反而不能促进儿童想象力的发展。没有发展孩子想象力的教育是失败的。”斯特娜夫人认为赫茨女士的观点极为正确,所以在与女儿进行戏剧表演游戏时尽量给她自由发挥的空间,而不用任何死板的东西去限制她的想象力。角色可以重新诠释,故事可以再度演绎,情节可以改变,台词也可以随着情景调整。⑤

五、身体运动训练

斯特娜夫人认为,人的身体是大自然最精妙的馈赠,是赖以存在的物质基础,自然界中

---

① 斯特娜.斯特娜的自然教育法[M].胡敏,译.武汉:武汉大学出版社,2014.
② 同①。
③ 同①。
④ 同①。
⑤ 同①。

所有的生命体,都应该保持身体健康。在身体运动训练中她着重强调以下几方面的培养:

运动力:“在孩子发展的过程中,没有什么比让孩子拥有健康的身体更为重要的了。……游戏是一种非常好的锻炼形式,不仅能使孩子的智力得到发展,而且能使孩子的身体得到锻炼。给孩子设定游戏形式应该目的明确,通过不同形式的游戏设定锻炼孩子相应的身体机能或者开发智力。”①斯特娜夫人在女儿的房间里专门开辟了一个角落作为活动场所,那里放着各种玩具,有的可以用来击打,有的可以用来攀爬,有的可以用来投掷,有的可以用来滚动,这些玩具都可以很好地促进孩子的肌肉生长。她们还经常玩一些促进身体协调性、训练肌肉的游戏。

动手力:斯特娜夫人在教育的过程中,要求女儿承担起自我管理的责任,不断鼓励她学习自己动手。自己穿衣、洗脸、刷牙、上洗手间、吃饭、整理玩具等,帮助她形成足够强大的自我意识。她认为,每个孩子在生命之初就有表现自己能力的欲望,成长期间,他们愿意自己动手做事情,并萌生自豪感和愉悦感。在孩子表示出了自己动手的意愿后,教育者应该在安全范围内允许孩子动手,动手能力必须从孩子小的时候起就开始培养。②

习惯性:“一个人如果有了好的习惯,好的规划能力,就会享受一辈子它的利息;要是养成了坏习惯,就会一辈子都偿还它的债务。”③斯特娜夫人指出,在培养孩子好习惯的时候,一定要根据孩子的年龄特点,提出非常具体的要求。这样,孩子就有了目标,也知道该怎么做。尤其是年龄小的孩子,更要形象、直观、具体地提出孩子应该做的事情,要让要求看得见、摸得着。培养孩子爱劳动的好习惯时,可以给孩子规定明确的任务:“可以收拾好你的玩具吗? 可以将你看的书放回书架吗?”

六、品行培养方法

为了使维尼弗雷特养成良好的行为习惯,奠定良好的品德素养,斯特娜夫人特别为她绘制了品行记录表,表格设定为 7 × 10 的模式,品行度量的主题以礼貌度、耐心度、整洁度、大度、真诚度、快乐度、善良、做好事、勇气和自控力等为横向内容,一周七天为纵向内容。通过表格直观地评判女儿这周的品行情况。如果当天小维尼弗雷特的行为与表格中所设品行项目相符,就在相对应的栏目里贴上一颗漂亮的金星;反之一个丑陋的黑色标志就会代替金星出现。每个周日晚上,两人一起把旧的品行表格作废,重新制作一张。

自制力:“意志和思想一样,不是与生俱来的,而是逐步培养和锻炼出来的。维尼弗雷特会控制自己吃糖的频率,坚持读书的习惯,面对不礼貌时从不过度情绪化,她强大的毅力和自控力并非天生,而是得益于从小意志力的培养。”④自制力是一种善于控制自己情绪、支配自己行动的能力,是意志的重要品质。斯特娜夫人强调在教育过程中,要鼓励孩子有始有终地做好每一件事,孩子的自制力便能得到培养和发展。必要的时候,也可以采用“延迟满足”

---

① 斯特娜. 斯特娜的自然教育法[M]. 胡敏,译. 武汉:武汉大学出版社,2014.

② 同①。

③ 同①。

④ 同①。

的游戏来训练孩子的自制力。

自信心:“所有的孩子都需要建立自己的主观意识。当维尼弗雷特想要做什么的时候,我一般会支持她去做。如果那是一个坏想法,我会用故事影响她,帮她改变想法,而不是用简单粗暴的命令去干涉她。尽管维尼弗雷特是我的女儿,但她首先应该属于她自己,孩子只有能主宰自己,她才能主宰自己将来的生活。”①斯特娜夫人认为,每一个孩子都需要不断的鼓励,就像植物需要阳光雨露一样,鼓励对于孩子信心的产生有非常重要的作用。作为教育者,应该鼓励孩子在安全范围内不断尝试,通过自己的努力成功,这是孩子建立自信心的关键。让孩子主动承担工作也是培养孩子自信心的方法,孩子能够在完成工作的过程中获得自信和自我肯定。

责任心:在早教的过程中,很多教育者只注重培养孩子的智力,却忽略了责任心这些重要品质的培养。斯特娜夫人认为,要想培养孩子的责任感,要求孩子勇于对自己的言行负责,不论有什么样的过失,只要他具备承担责任的能力,就要让他去勇敢地面对,不能让他逃避和推卸。斯特娜夫人始终坚持让维尼弗雷特知道,无论她的年龄多小,都要为自己所做的事情负责。在家中,她始终与女儿进行平等的交流,因为这也是一种培养她责任心的方式,不但要倾听她的心声、感受,也同她谈些自己的喜怒哀乐。培养孩子认真负责的精神,斯特娜夫人允许维尼弗雷特犯错误,但不允许推卸责任,更不会帮助她寻找理由逃避责任。对于错误,只要维尼弗雷特勇于承认,就会原谅,并对她的负责精神表示赞赏。孩子每一次犯错误,每一次愿意承担责任,都会使孩子自我完善一步,个性成熟一点。②

自尊心:“自尊心是所有品德的基础。如果没了自尊心,一切道德规范都无从谈起。”③在对小维尼弗雷特的教育中,斯特娜夫人往往以保护孩子的自尊心为教育的前提。她善于观察与揣摩孩子的心态处境,然后选择时机有针对性地用“良言”抚慰、温暖、激励孩子,处处维护好孩子的自尊心。她认为,让孩子拥有自尊,必须是建立在客观的基础上的,他们应当能正确地认识自己、认识别人。培养孩子的自尊,要建立在正确的观念上——正确的自尊是既能感到自己值得别人尊重,同时也能正视自己的不足之处。④ 面对小维尼弗雷特的固执,斯特娜夫人并不强迫女儿听取自己的意见,而是让女儿在坚持中感受到自己行为的不妥,进而“在不露痕迹的情况下把女儿从尴尬中解救出来”,“她当然会感激我的做法,也为自己摆脱困境而庆幸”。更重要的是,这种做法让小维尼弗雷特意识到自己的问题,并逐渐养成了善于接受别人意见的好习惯。

七、社会能力训练方法

培养孩子良好的社交能力,不仅是孩子智力发展、健康成长的需要,更是他们日后生存

---

① 斯特娜.斯特娜的自然教育法[M].胡敏,译.武汉:武汉大学出版社,2014.
② 同①。
③ 同①。
④ 同①。

和发展所必备的品质。[①]斯特娜夫人积极鼓励维尼弗雷特跟不同年龄、不同性格的小朋友交往、嬉戏，维尼弗雷特逐渐学会了与他人交往，学会了共同分享，培养了合作意识，养成了懂礼貌讲礼仪的习惯。她认为，与学习其他技能一样，孩子在发展社交能力时也需要不断尝试，如何为他人服务，为社会和人类谋幸福。因此，她注重培养孩子的社交能力，鼓励孩子参加有益的集体活动和儿童组织。维尼弗雷特少年时就担任“美国少年和平同盟”的会长，组织国内外少年儿童学习世界语和开展信函交往活动。

斯特娜夫人认为最重要的是让孩子懂得一个道理：人生在世，自己的所作所为必然会得到相应的报答。[②]为此，她主张自然教育法，提倡父母和孩子拜大自然为师，主张根据天性培养孩子，让他们在自然的状态下学习与成长，释放生命中的天赋、能量，养成良好的品格与习惯。对于女儿的教育，斯特娜夫人说：“我不能完全有把握给予女儿幸福，但我相信自己能够给予她对幸福的正确认识及追求幸福的信心和能力，这也是我最想做到的和能够做到的。”[③]美国著名学者巴尔博士曾这样评价她的教育思想：“孩子的心是一块神奇的土地，播上思想的种子，就会有行为的收获；播上行为的种子，就会有习惯的收获；播上习惯的种子，就会有品德的收获；播上品德的种子，就会有命运的收获。斯特娜夫人的教育经验应当是亿万家庭的一笔恒久财富。”[④]

第四节　铃木镇一才能教育法

铃木镇一（1898—1998），生于日本名古屋市，日本著名的小提琴教师、音乐教育家。青年时代学习小提琴，后赴德国留学，师从卡尔·库林勒，归国后从事音乐教育工作。他坚信音乐可以开发幼儿智力，根据自己的音乐教学实践提出了一种新的教育方法——“才能教育法”：主张通过儿童早年良好的音乐教育，培养个性优雅、才能卓越、全面发展的新一代青年。

铃木镇一有个重要的观点，认为“掌握某个领域最高能力水平的人，在其他领域也可以达到同样的高度”。意思是说，孩子的某个方面的能力开发好了，其余各方面都会受益。[⑤]他认为，才能教育是培养基础能力的教育，通过音乐去培养孩子能力的幼芽，长此以往，他们在其他领域也会显示出很高的能力水平。例如让孩子拉小提琴，最终目的并不是让孩子成为小提琴演奏家；但铃木镇一在教育过程中要求孩子的演奏水平能达到某种意境，将音乐中的感情传达给听众，这关乎的不仅仅是演奏技术，也包括各种心理品质及修养。从学习能力上看，高水平的学生，耳聪目明，脑子反应快，记忆力好，对学习其他功课是有促进作用的。铃木镇一曾说：“艺术与人是一体的。感觉、心灵、行为的美好和高尚，正是学习和追求艺术者们所应达到的目标。对此我坚信不疑，这也是我对学生所一贯保持的期望。”[⑥]

---

① 斯特娜. 斯特娜的自然教育法[M]. 胡敏，译. 武汉：武汉大学出版社，2014.

② 俞群. 家教羊皮卷（六）斯特娜：自然教育，让孩子自然成长[J]. 家庭教育，2006，(6)：28－29.

③ 同①。

④ 陈珊妹. 让音乐开启儿童智慧之门——美国斯特娜夫人音乐早教之启示[J]. 中小学音乐教育，2003(8)：11.

⑤ 北京师联教育科学研究所. 艺术教学原理与各国学校艺术教学改革（上）[M]. 北京：学苑音像出版社，2004.

⑥ 铃木镇一. 神童作坊[M]. 张宓，译. 北京：京华出版社，2001.

铃木镇一通过教幼儿演奏小提琴开展“才能教育活动”，创立了世界著名的“才能教育研究会”，并以其独特的教育方法，使成千上万名10岁以下的儿童获得了以音乐学院学生的水平演奏巴赫、维尔瓦迪、莫扎特全部乐章的才能，引起了各国教育界、音乐界的高度重视。①现在，铃木教学法已被推广到全世界，并由原先只应用在小提琴上，推广至其他乐器，乃至各学科，成为世界著名的四大音乐教学法之一，被认为是最符合人类学习原理的幼儿教育法。

一、在后天环境中培养才能

铃木镇一在《才能开发的实际》一书中对“才能”的定义是：才能是人们在后天通过教育环境所刺激、培养而成的，不是与生俱来的。②他认为：“遗传有遗传法则，能力有能力法则。能力与遗传法则无关，是在不断适应生存环境的过程中获得的。”③在他看来，贝多芬和莫扎特都不是天才，因为从小就置身于最优越的环境条件之中，并被具有卓越能力的人所培养，加上自身的努力，才取得这么大的成就。才能是靠不断教育训练而来的，这是“才能教育”的中心思想，也是铃木镇一长期教育实践的精辟总结。④

才能不是天生的，而是生活环境造成的。儿童获得什么样的生活条件，就会发展什么样的能力。铃木镇一深信环境是极有利的教育力量，“那些碌碌无为的大多数人只是由于没有受到良好的、科学的教育，他身上所具有的潜能未能获得有效的培养。也就是仅仅是由于后天所受教育的不同，才使人类中有了普通人和优秀者的天壤之别”。⑤

石器时代的孩子只能获得石器时代的能力，由狼抚养的孩子则变成狼孩。即便是有遗传的因素，但环境的影响还是放在首位，环境比遗传更能使人的能力得到最大的发展。正是基于这个观点，铃木镇一要为学生“创造最优化的教育环境，由最优秀的教师去教，学习最优秀的曲子，以便使学生为适应最优化的教育环境而形成最优秀的能力，成为最优秀的人才”。⑥

二、“本国语”教育方法

铃木镇一发现一个很有意思的现象：儿童能轻易而自然地学会本国语！无论母语多么复杂和困难，儿童都会成为它的专家。“为什么每个孩子都能把母语说得如此流利呢？这个想法如同黑夜中的闪电，强烈地震撼了我。我隐隐觉察到，所有日本孩子都可以轻松流利地讲日语，这里面一定有什么奥妙，这个秘密肯定是训练。”⑦孩提时代学习语言的时候，不是先学字母、拼音，更不是先学习语法、词组的，而是在语言环境中，很自然地听父母和周围的人说话，从而获得语言能力。既然儿童有能力掌握像语言这么具有难度的东西，那么，他们

① 北京师联教育科学研究所. 艺术教学原理与各国学校艺术教学改革(上)[M]. 北京：学苑音像出版社，2004.

② 片意欣. 对于才能开发的思考——读铃木镇一《才能开发的实际》有感[J]. 福建教育学院学报，2002(10)：43－44.

③ 铃木镇一. 早期教育与能力培养[M]. 刘孟州，张锁柱，译. 石家庄：河北人民出版社，1997.

④ 中耀. “哪个孩子都能成才”——介绍铃木镇一的“才能教育法”[J]. 现代特殊教育，1999(4)：12－13.

⑤ 同③。

⑥ 同①。

⑦ 铃木镇一. 用爱浇灌[M]. 李钊平，译. 北京：电子工业出版社，2004.

也能以相同方式——观察、模仿、重复，掌握更多的知识和技能。铃木镇一借鉴了语言习得的方法，并将其运用到“才能教育”上。

铃木镇一认为，为了让孩子拥有良好的乐感，一生下来就应该让孩子听音乐，在一周岁内，反复给他听大演奏家的世界名曲，使他充分熟悉这种音乐，就跟熟悉母亲的声音一样。这样，在一周岁以后，孩子获得分辨母亲声调能力的同时，也获得了对古典音乐的乐感。

三、“期待”与“注入”相结合

铃木镇一认为，幼儿不愿学习是正常现象。对于初来“才能教育学校”的孩子，他采取一个方法：让这些孩子在一边玩耍，让稍大的孩子（或有过学习经验的孩子）在教室的另一边演奏。看到哥哥姐姐们拉琴那么有趣、动听，很多孩子或多或少也会产生学习的兴趣。“让人们在学习中感到轻松和容易，这才是能力培养的宗旨。”①铃木镇一认为，对于孩子来说，只要他愿意，就没有学不会的东西。

通过游戏的方式，很难的曲目也可以学会。例如德国作曲家门德尔松的协奏曲第三乐章，即使是音乐大学的学生也要需要花费半年的时间练完，而铃木镇一的 10 岁的学生只用一周就完成了，这令许多音乐教育家非常吃惊。他的训练方法是这样的：首先，让孩子反复听一个新的曲子，再教授练习方法，让他们回家练习；然后，收集孩子的所有会拉的曲目，写在卡片上；最后将卡片顺序打乱，让孩子随机抽出，并拉出卡片上的曲目。铃木镇一将之命名为“选宝教育法”，为了能顺利地演奏，他们会不断地反复练习，一旦抽中自己最喜欢、最有把握的曲子就像中了彩票一样高兴。铃木镇一成功地在游戏和比赛中诱发孩子的学习动机，把教育的意图倾注在孩子身上，又耐心等待孩子内在动机的萌发，通过榜样的作用、与同伴的竞赛，把“注入”与“等待”二者有机地结合起来，这是他取得成功的奥秘之一。②

内因是儿童发展的动力，外因是发展的条件，像铃木镇一那样，内外因结合的方法才是培养孩子的正确方法：给予外部因素的刺激，通过榜样示范，诱导孩子产生学习的愿望，并将愿望变成行动，在行动过程中，通过比赛、游戏等手段，激发他奋发向上的动机，最后，帮助他取得胜利，达到预期的效果，并强化他的学习动机。这样，内外因素相结合，“注入”和“等待”相结合，教师或家长的诱导与儿童的主观愿望相结合，孩子学习起来自然轻松又愉悦。

四、培养基本能力

铃木镇一认为，从小就培养孩子独立生活、独立思考、独立处理问题的能力是很重要的。不是单纯地为开发音乐能力而抛弃基础训练，他十分强调在早期教育中，首先应培养孩子的基本生活能力，进行音乐才能教育，最终目的不是使孩子变成音乐家，而是成为一个具有通用能力的优秀人才。③

（一）记忆力——背诵俳句

铃木镇一认为，幼儿期是记忆力成长最快的时期，要提高孩子的记忆力不能错过这个机

① 铃木镇一. 神童作坊[M]. 张宓，译. 北京：京华出版社，2001.

② 北京师联教育科学研究所. 艺术教学原理与各国学校艺术教学改革（上）[M]. 北京：学苑音像出版社，2004.

③ 同②。

会。作为培养提高记忆力的教材，必须是美化提高幼儿心灵的、使其终生难忘的，而且易被孩子所接受的，所以他选择了俳句[①]——诗词中最精练而简朴的形式，其优美而朴素的语言，五、七、五韵律，对提高孩子的记忆力大有裨益。在他的“才能教室”，铃木镇一选择易被孩子理解的、适于每个季节的俳句作为教材。

“马儿跑起来，初飞的小麻雀，也比不过吧。”“冰雪开始融，冬去春到百草生，枝头鸟儿鸣。”[②]以这两句为例，每句分为三段背诵，然后再整句连接起来背诵，如此反复背诵五六次。第二天先复习，然后再学习新的句子。每天新学一个短句，反复背诵，加强记忆。通过每天的训练，学习俳句的速度逐步加快，记忆的持续时间也逐渐延长，记忆能力也随之不断提高。

（二）注意力——用铅笔训练

铃木镇一说：“注意力集中了，一件事就得以彻底完成。只要彻底完成了一件事就自然会产生出自信。这种自信在幼儿时期培植与否，对一个孩子的一生都会产生完全不同的成长形态。”[③]铃木镇一通过用铅笔画线，培养孩子的注意力。他认为，线也是富有感情的，绘画、字、数字以及美好的感情等都是从这一条线中产生的。[④] 在《早期教育与能力培养》一书中他提到关于画线训练的顺序：(1)铅笔散步（即随意画）；(2)使用；(3)圆圈；(4)波浪、河；(5)撇、钩；(6)大圆、小圆；(7)重叠；(8)下雨；(9)栅栏；(10)铁道线路；(11)直线；(12)斜线；(13)有故事的画。不难看出，铃木镇一训练的方式是循序渐进的。此外，铃木镇一还强调，不管是记忆力还是注意力，如果不是孩子们自发的干劲，那么能力是不会发展的。就必须在画线及画数字时，同样也要营造一种游戏的气氛，并且不断地反复，这是最关键的。

（三）运动能力

铃木镇一提出，运动能力可以从两个方面去培养：(1)在自由玩耍中培养；(2)在赛跑游戏中培养。运动能力一般分为肌肉力量、运动神经（反射神经）以及持久力这三种。可以说对所有的能力而言，孩提时代最重要的应属运动神经。要练就运动能力，儿童时代是最佳适龄期。[⑤] 例如：我们在儿童时期学会了骑自行车、游泳等，过了许多年，即使一直没有练习，一旦有需要，很快也能上手。这种是属于在自由玩耍中培养的运动能力，孩子们能够很快地学会并牢牢掌握。孩子们的运动能力，除了在自由玩耍中获得，在赛跑游戏中也可以培养。这里的“赛跑”不单单指赛跑这项单一的运动，更大程度上指一种有竞争性的比赛环境。“跑得快”的固然优秀，但“跑得慢”的持久力强，也有成为第一名的可能性，龟兔赛跑就是一个很好的例子。不管是“跑得快”还是“跑得慢”，对运动能力的提高都大有裨益。

（四）表现力

铃木镇一经常用“说”与“听”的方式来训练孩子的表现力。“说”就是孩子们的自由表

---

① 俳句，日本的一种古典短诗，是中国古代绝句诗经日本化发展演变而成。由“五—七—五”，共十七字音组成；以三句十七音为一首，首句五音，次句七音，末句五音。

② 日本民间俳句。

③ 片意欣. 对于才能开发的思考——读铃木镇一《才能开发的实际》有感[J]. 福建教育学院学报，2002，(10)：43－44.

④ 铃木镇一. 早期教育与能力培养[M]. 刘孟州，张锁柱，译. 石家庄：河北人民出版社，1997.

⑤ 同③。

达,“听”就是听其他人的表达。《才能开发的实际》中有关语言的训练具体如下:(1)嘴的体操;(2)愉快的气氛;(3)呼吸运动;(4)嘴唇的运动;(5)舌头的运动;(6)母音的发音体操;(7)子音的发音体操;(8)有共鸣的声音;(9)出色而正确的问候语与礼节。能够倾听、准确理解他人,并表达出自主想法,是铃木镇一认为比较合格的表现。

五、反复练习

铃木镇一在教育过程中的一个重要方法是反复强化,他认为一切能力的形成都取决于大量的刺激,“每周一次是学不好大阪话的”,必须上千次地重复刺激,给予最大的刺激量,反复强化才能记住,这是他依据孩子学说话这一普遍规律而提出来的。① 记忆是相对的,遗忘是绝对的。那么,学过的东西怎样才能不遗忘呢? 奥秘就在于复习。

以音乐教育为例,铃木镇一教入门曲目《闪闪的星》,对于有经验的孩子来说,这首已经是过时的曲子了,然而铃木镇一仍然每日必上。孩子们学完十首曲子,开始学第十一首曲子,那么练习时不能只练第十一首曲子,前面的十首也必须练。铃木镇一认为,只要坚持努力,就会培养出才能,一件事学会做了,就反反复复地做下去,务必精益求精。② 他的强化练习,不仅仅是单纯的复习,而是每次复习都提出更高要求,以质的提高为目标。一个曲子,不仅要学会,还要把演奏技能提高到极限水平,每日的练习,都要更上一层楼。他认为,这样一来,孩子们就会从技艺的领域进入精神领域。

在语言学习上,铃木镇一也采用“加算式训练法”——在记住的词语上不断增加新词语,并通过每天反复复习进行训练。孩子的能力一旦提高,还要增加新词语,其速度也要逐渐加快,而且每天要讲述掌握的全部词语内容。通过这种方法,孩子们到五六岁时,都能熟练掌握4 000个左右的词语及其语言自由表达能力。铃木镇一认为,无论什么样的才能教育,首要的是激发孩子的学习兴趣,对取得的成绩要经常予以表扬,同时不断增加新内容,以促进孩子的上进心。③

铃木镇一的才能教育法,概括起来就是借助环境,坚持从出生起就对他们进行适合其年龄、心理特点的教育,通过开发幼儿的音乐才能并尽可能使其达到最高水平,以此促进和培养基础能力的教育方法。铃木镇一说:“教音乐不是我的主要目的。我想造就出良好的公民。如果让一个儿童从降生之日起就听美好的音乐并自己学着演奏,就可以培养他的敏感、遵守纪律和忍耐性格,使他获得一颗美好的心。”因此,铃木镇一教学法虽然是进行音乐学习的一种成功的方法,但其影响不仅局限于音乐教育,而是涵盖了孩子成长的各个方面。

铃木镇一教学法提倡“教学六步”:接触、模仿、鼓励、重复、增加和完善。不断地激励儿童的学习热情,同时提倡“母亲参与”和“集体教学”。母亲在音乐教学活动中和自己的孩子一起学习音乐,并以自己的学习态度和实际行动充当儿童的榜样,还可以以自己随时学到的知识技能来给儿童充当课外辅导。同样,在集体的环境中,儿童之间可以获得接近于自身水

---

① 北京师联教育科学研究所.艺术教学原理与各国学校艺术教学改革(上)[M].北京:学苑音像出版社,2004.
② 同①。
③ 铃木镇一.早期教育与能力培养[M].刘孟州,张锁柱,译.石家庄:河北人民出版社,1997.

平的技术榜样和态度榜样的激励,从而促进他们之间的相互进步和对音乐学习的热情。[①]

综上所述,不难看出“铃木镇一教学法”之所以成为世界著名的教学法之一,就在于它既简单明了,又极具效果;乍看浅显,实际上蕴含着深刻的道理。铃木镇一教学法的本质在于:通过音乐学习来培养才能、挖掘潜能,进而完善人格,提高素质,最后达到推动社会发展的最终目的。作为一种基础性、普及型的音乐教学法,铃木镇一的“才能教育”在日本获得成功推广的同时,也在国际上得到了人们的广泛关注。经过半个多世纪的推广,铃木镇一教学法已经逐步发展成为一种广义的教育思想体系,其优秀的“才能教育”理念影响了一代又一代人的健康成长。

本章小结

本章归纳总结了不少教育家潜心钻研、实践出来的教育方法:奥尔夫的音乐教育法,倡导以人为本、即兴创作和全员参与,注重学习的过程而并非结果;老卡尔·威特教育方法的核心是——对孩子来说,最重要的是教育,而不是天赋,孩子成为天才或庸才,取决于后天的教育;斯特娜夫人推崇自然教育法,她始终认为“伟大始于家庭”;而铃木镇一的才能教育法,借助环境塑造幼儿才能,从而激发潜能。虽然他们生活的年代已经远去,但教育精神还是值得我们去学习。每个孩子都有其独特的个性,教育也从来没有唯一的“标准答案”,教育者完全可以在领悟精髓的基础上,根据实际情况加以灵活运用。

① 华夏.学前儿童音乐教育与活动设计[M].北京:北京大学出版社,2010.

第四章　早期教育课程

导语

课程是教育系统中重要的问题，琳达·杜威尔·沃森在《婴儿和学步儿的课程与教学(第五版)》中将早教课程定义为"为刺激并促进婴儿和学步儿生长与发展而安排的结构化的活动和经验"。①菲利普·泰勒在《课程研究导论》中表示课程是传递教育要旨、转达教育意义、传播教育价值观的媒介或工具。②早期教育课程是教育机构促进儿童身心各方面全面发展的主要媒介和载体，是儿童与社会相联系的桥梁，是实现学前教育的社会功能和育人功能的途径。③ 早期教育课程是否科学、合理，直接关乎儿童的健康成长。

然而课程既宏观又微观，既抽象又具体，既受学术界思想影响又受现实情况制约，既继承历史又立足当前，更面向未来，需要不断深入地专注研究。目前我国的早教课程并无相关的课程标准，各类机构都有自己独特的课程：直营/加盟早教机构使用总部课程体系；自主品牌的课程多为自主研发，借鉴国内外亲子课程的相关理念内容和幼儿园课程的相关经验智慧。课程的目标大抵如下：促进儿童身心全面发展；为家长提供教育范例，向家长传授科学的育儿知识和方法；提供亲子互动的机会，增进亲子感情等。课程内容以一定教育理论为依据，围绕课程目标进行建构，不同早教机构有自己的特色内容，有综合型课程(如音乐、运动、艺术等多方面综合培养)，也有垂直型课程(针对某一专一发展领域，如乐高、游泳、棋艺等)。

由于国内早期教育课程种类繁复、类型复杂，本章挑选一些综合型早期教育课程，帮助大家了解目前早教市场的课程开设情况。

第一节　胎教课

胎教是优生学的一个重要环节，主要指孕妇在孕期进行自我调控，为胎儿提供良好的生存环境；同时也指给生长到一定时期的胎儿以合适的刺激，通过刺激促进胎儿的生长。胎教在人的成长过程中，具有重要的意义和作用。人的一生要接受许多教育，胎教便是人的一生接受教育过程中最早的、最重要的教育，是有别于后天教育的。

---

① 沃森. 婴儿和学步儿的课程与教学(第五版)[M]. 北京：人民教育出版社，2009.

② 泰勒，特纳. 当代教育科学译丛：课程研究导论[M]. 王伟廉，等译. 北京：春秋出版社，1989.

③ 冯晓霞. 幼儿园课程[M]. 北京：北京师范大学出版社，2010.

一、古今胎教之说

(一)古代胎教理论

胎教思想古已有之,有学者把中国称为“世界胎教学说的策源地”,早在3 600多年前商周时期便有了关于胎教的记载。《列女传·周室三母》记载周文王的母亲太妊在怀孕时讲究德行:“太妊之性,端一诚庄,惟德能行。及其有娠,目不视恶色,耳不听淫声,口不出敖言,能以胎教。……文王生而明圣,太妊教之,以一而识百。卒为周宗。君子谓,太妊为能胎教。”①这句话的意思表明,母亲的思想品德和行为直接影响到胎儿的聪颖和贤明,孕妇应该注意自身的思想品德修养,为胎儿的生长发育创造一个良好的环境。无独有偶,中国古代伟大的思想家孟子的母亲仉氏也非常重视胎教,《韩诗外传》记载,孟母在怀孟子时“席不正不坐,割不正不食,胎教之也”②。她在孕育孟子期间给自己订下了“四不戒律”:“目不视恶色,耳不闻恶声,心不妄想,非礼勿视。”仉氏坚持“四不戒律”,从而养育出了流芳千古、举世皆颂的贤人孟子。

西汉的贾谊算是我国历史上最早系统地论证胎教问题的学者,他在《贾子新书》中专门设置一章讲述胎教。贾谊认为胎教不仅关系到个人,还关系到国家兴亡,并提出“正礼胎教”的观点:“正之礼者,王太子无羞臣,领臣之子也,故谓领臣之子也?身朝王者,妻朝后,之子朝王太子,是谓臣之子也,此正礼胎教也。”③南北朝教育家颜之推在《颜氏家训·教子》中指出:“古者圣王有胎教之法,怀子三月,出居别宫,目不邪视,耳不妄听,声音滋味,以礼节之。”④唐代药王孙思邈继承并发展了北齐徐之才的《逐月胎教法》,在《千金方·养胎》中提出了“弹琴瑟,调心神,和性情,节嗜欲,庶事清净”⑤的胎教胎养原则。宋代大教育家朱熹在其《小学集注·立教》中指出,人受教育应从胎儿开始,“古者妇人妊子,寝不侧,坐不边,立不跸,不食邪味,割不正不食,席不正不坐,目不视邪色,耳不听淫声……如此则生子形容端正,才过人矣”。⑥清末著名思想家康有为认为胎教之法“其为治者之第一要欤”⑦,他主张建立胎教院,以培养聪明后代,提高人口质量。

传统的胎教理论主要遵循中医的“外象内感”说,即外界事物作用于孕妇,引起其生理或心理变化,并以此影响胎儿发育。他们普遍认为胎儿在母体中并不是“恬恬入梦”,而是从开始就接受着母亲的生理和心理双重变化的影响,女性在孕期中的行为、情绪、营养、健康状况以及生活环境中的各种因素,会影响胎儿的生长发育,因此女性在孕期要尤其注意身心愉悦。这类胎教可以称之为间接胎教。

然而随着现代科学的发展,人们发现胎儿对外界声音、光刺激、动觉刺激有一定感受能

---

① 刘向.列女传[M].刘晓东,校.沈阳:辽宁教育出版社,1998.

② 晨风,刘永平.韩诗外传选译[M].北京:书目文献出版社,1986.

③ 邓玉娜.中国古代胎教文化及传统思维[J].文史杂志,2002(4):24-26.

④ 颜之推.颜氏家训[M].上海:上海古籍出版社,2006.

⑤ 陈梦雷.古今图书集成·医部全录:第401卷[M].北京:人民卫生出版社,1959.

⑥ 朱熹.小学集注[M].沈元起,译.北京:中国华侨出版社,2012.

⑦ 康有为.大同书[M].上海:上海古籍出版社,2009.

力之后,可以用各种方法对胎儿直接施与教育,这种方法称为直接胎教。直接胎教的实施,不仅可以提高胎儿的身体素质,而且能开发胎儿的潜能,促进胎儿智力的发展,为民族创造出高智力的下一代,可称之为“智力胎教”。有学者认为,智力胎教在发展胎儿智力上有着无可替代的独特作用,是一种现代教育方法,主张把它和婴幼儿教育、中小学教育衔接起来,使之在现代教育中占有不容忽视的地位。

(二)科学的现代胎教课

当代胎教思想在吸收古代和近代胎教思想的基础上,在生理学、心理学、教育学等领域分别有各自的理论思想。生理学倾向于把胎教过程看作是一种生理过程,认为所有来自母体外部的刺激,都将引起母体内部的生理变化,从而影响胎儿的生长发育;心理学认为暗示、期望、焦虑等心理现象对母体内胎儿的生长发育有影响;教育学认为,胎教实质上是对胎儿开展的教育,是人一生中所接受教育中最基础的部分。

现代社会对人才的要求越来越高了,所以胎儿在母体内接受胎教,可以为提高素质奠定基础。但是也有些父母单纯为了培养“人才”,而有一些盲目冲动的做法,容易出现操之过急、操之过度等情况。因此,实施胎教的时候也应讲究科学的方法。

科学的胎教是正常孕妇在保证充足的营养和适当的休息条件下,从胎龄满 6 个月后,开始对胎儿实施每天定时的声、光、触摸等的刺激,借此使胎儿的听觉、视觉、触觉神经通路所产生的神经冲动在大脑细胞间传递,伸展出更多的树突,建立更多的信息传递的“突触”。这些“突触”是我们大脑网络丰富的必要条件,大脑网络丰富了,记忆容量和记忆速度就会得到提高,这样就为以后的学习和工作奠定了一个良好的、丰富的大脑网络物质基础。科学胎教的实质最终是促进胎儿大脑网络的丰富化。①

胎教主要指:“孕妇自我调控身心的健康与欢愉,为胎儿提供良好的生存环境;同时也指给生长到一定时期的胎儿以合适的刺激,通过这些刺激,促使胎儿的生长。”②

二、课程形式

国内外大量的观察和实验,已经证实胎儿对外界刺激具有规律性的胎动现象,这为胎教提供了有力的科学依据。因此,越来越多的年轻父母从受孕初期就开始进行各种有计划的准备工作,有的通过网络获取零散的胎教知识,有的通过书籍系统地进行胎教。但网络信息多且杂,难免管中窥豹,科学的现代胎教课程是基于当前孕期妇女日益增长的胎教需求而设立的,充分发掘孕妈妈在不同时期、不同阶段的胎教需求。

结合中国孕期家庭及国内准妈妈现状,倡导生理健康、心理健康、社会适应及道德健康的四维健康理念,很多早教机构会根据准妈妈个人体质、生活习惯、工作环境等有针对性地提供孕期保健、孕期营养、系统胎教、心理调适等个性化的孕期健康管理课程和服务,旨在帮助孕妈妈度过一段健康、顺利、自信、快乐的幸福孕期时光。

本节总结市面上早教机构的胎教课程,发现种类繁多,但大抵可以归纳为按孕期时间、

---

① 李凤瑜. 走出胎教的误区[J]. 包头医学,2006(04):54.

② 乐杰. 妇产科学[M]. 北京:人民卫生出版社,2008.

胎教内容进行分类。按孕期时间分类的胎教课程,顾名思义是按照胎儿的发育时间,帮助孕妇详细了解整个孕期与分娩过程及胎儿的成长发育的知识;分为孕早期(1～3 月)、中期(4～7 月)以及孕晚期(8～10 月)。课程内容是让孕妈妈了解胎儿发育过程及孕期会发生的生理变化,帮助她们对整个孕期与分娩过程有一个详细的了解与认识,通过这些知识学会如何帮助胎儿更加健康地成长发育。

1. 孕早期胎教课

课程内容包括孕早期的心理调节、妊娠体操以及规避辐射等等,在这个课程中,科学搭配饮食,从而保证胎儿在发育早期的营养;教导孕妈妈正确调节自己的情绪,应对妊娠期身体的各种变化;如何防范生活中的辐射,保证胎儿身体和心理的健康成长。

2. 孕中期胎教课

内容包括孕中期的心理调适、饮食与营养、情绪胎教、触摸课程以及音乐胎教等等。此时的孕妈妈进入了一个相对稳定的时期,在这个时期,主要任务是积极为孕妈妈创设温馨的氛围及和谐的心理环境,通过母体的神经递质作用及合理的情绪调节,促使胎儿大脑得以健康的发育。同时,辅助孕妈妈科学了解自己的胎儿,通过触摸课程的学习教导母亲如何正确地触摸胎儿,增加胎儿的肢体活动。同时为孕妈妈挑选合适的胎教音乐,教导她们正确地进行音乐胎教。

3. 孕晚期胎教课

课程内容包括孕晚期的心理自我调适、胎教音乐的选择以及临产技能技巧等。进入孕晚期以后,部分孕妈妈心理上的压力越来越大。由于行动不便,她的依赖性会越来越高,同时容易出现焦虑、激动等情绪,此时就急需放松情绪,保持平和的心理状态。由于濒临预产期,孕妈妈对分娩的恐惧、焦虑或许会加重。通过课程将帮助孕妈妈稳定情绪,保持心绪的平和。同时把妊娠和分娩的生理过程以科学的方式解读给孕妈妈们,通过呼吸方法、体位训练帮助她们缩短产程,顺利分娩并迎来期待已久的喜悦。

按胎教内容分类,结合市面上的早教机构课程,可以分为:一是运动胎教,通过适当的运动,缓解孕期的疲劳;二是音乐胎教,除了帮助孕妈妈保持心情愉悦,增进和胎儿的情感交流外,还能促进胎儿身心发育,培养孩子的音乐兴趣和天赋;三是语言胎教,孕妈妈及家人通过富有情感的语言,与胎儿进行交流对话,为其大脑新皮质输入最初的语言印记,增近亲子关系;四是心理辅导,调节孕妈妈心理,调适孕期情绪,帮助孕妈妈在孕期拥有良好的心理状态,更好地促进胎儿的健康发育与成长;五是个性化服务,针对孕妈妈的个性化需求,满足她们的孕期需要。

1. 运动胎教

现在的女性生育年龄普遍推迟,再加上生理与心理各方面因素,身体发生异常的概率要比普通群体大很多。孕妈妈适时、适当地进行体育锻炼和帮助胎儿活动,能够促进胎儿大脑及肌肉的健康发育。研究表明,凡是在子宫内受过"体育"运动训练的胎儿,出生后翻身、坐立、爬行、走路及跳跃等动作的发育都明显早于未受过运动训练的宝宝。

针对这些情况,胎教课程为针对孕期的身体情况设计了一整套的运动保健方案,包括:

(1)夫妻体操:通过换位体验、互动游戏,重新构建夫妻沟通模式,给胎儿营造更有爱的生长环境。(2)孕妇分段体操、瑜伽:通过适宜的拉伸运动,缓解孕期的疲劳,减轻下肢水肿、便秘等症状,另外还可以改善睡眠,缓解紧张的情绪。(3)抚摸胎教:教导孕妈妈或者爸爸用手在腹壁轻轻地抚摩胎儿,给予胎儿触觉上的刺激,以促进胎儿感觉神经及大脑的发育。(4)游戏互动:通过一体感游戏、触碰游戏等,有效刺激宝宝大脑,奠定安全感基础。

2. 音乐胎教

音乐胎教是指在孕期父母通过音乐对胎儿共同施教的过程,以音乐的方式促进孕妈妈与胎儿健康成长的综合性方法。通过对胎儿施以适当的乐声刺激,促使其神经元的轴突、树突及突触的发育,为优化后天的智力及发展音乐天赋奠定基础。在生理作用方面,胎教音乐通过悦耳怡人的音乐效果对母体的听觉神经器官产生刺激,从而引起大脑细胞的兴奋,改变下丘脑递质的释放,促使母体分泌出一些有益于健康的物质如酶、乙酰胆碱等,使身体保持良好状态,促进腹中的胎儿健康成长。

科学的音乐胎教是一个由音乐贯穿起来的系统而综合的胎教方式,课程形式包含有聆听、律动、冥想、歌唱等不同的形式。这些不同形式的音乐胎教,会对胎儿和孕妈妈产生不同的影响。很多早教机构会按照孕周期,合理地安排课程,科学地进行音乐胎教。

例如七田真的冥想和感受胎教,教师告诉孕妈妈在聆听音乐时要加入自己的情感:诗情画意,浮想联翩,在脑海里形成各种生动感人的具体形象。同时全身放松,半坐半卧在摇椅上或一个舒适的地方,把手放在腹部注意胎儿的活动,并告诉宝宝"我们现在一起听音乐"。欣赏时可以想象随着动听的音乐节奏,腹中宝宝迷人的笑脸和欢快的体态,在潜意识中同他进行情感交流,增强母子一体感,从身体、感觉、情绪三方面,有效地和宝宝连接在一起。

3. 语言胎教

语言胎教是指孕妈妈或家人用富有感情的语言和胎儿交流,给胎儿期的大脑新皮质输入最初的语言印记,为后天的学习打下基础。如沟通教育,向宝宝许愿、阳光的语言等,一般从胎龄 5 个月左右开始,当母体感到胎动时,可用手轻轻拍打胎动部位,同时说些简单的问候语,以建立亲子间的联系。

4. 心理辅导

女性最佳生育年龄一般为 23～30 岁。随着社会的发展,人们的婚育年龄逐渐推迟,再加上社会经济结构的变化,女性职工普遍增多,她们在孕期的压力也更大。除了给孕妈妈提供基本的生理指导之外,孕期的情绪与精神状态也十分重要。针对孕期常见的心理问题,如焦虑、强迫等情绪障碍,以感知、行为、思维障碍为主要表现的妊娠期精神障碍,进行一对一的心理调适,帮助孕妈妈降低孕期的紧张与焦虑,增强科学育儿的信心,为胎儿创造一个优质的胎内环境。

5. 个性化服务

除了基础的生理课程与心理咨询以外,很多早期教育中心也会邀请专家、学者举行讲座,针对孕期问题专门讲解,不定时召集有经验的妇产科医护人员与孕妈妈开展经验交流。另外,有些机构还会组织孕妈妈们参加一些郊外踏青活动,不仅有利于胎儿的生长发育和孕妈妈的身体健康,还可以促进孕妈妈之间的交流。此外,有的机构还将服务范围扩大到产后服务等方面,包括:产后身体恢复、产后营养饮食、产后心理调节等。根据个人情况,还为一些特殊的孕妈妈提供上门服务。

三、课程意义

每个胎儿都有着可以开发的巨大潜力,胎儿期的发育对胎儿出生后的生理机能和心理素质有着决定性意义。胎教的目的就在于开发它,适当的胎教课程有益于胎儿在智商、性格、心理、能力等方面的发育,科学的胎教课对胎儿产生的作用主要表现在:

(一)有利于促进胎儿智能的发展

山东聊城市人民医院主管护师赵凤军曾做过一个实验:从医院随机抽取53例孕妈妈作为胎教组,另一组未接受胎教的孕妈妈作为对照组,在年龄、职业、文化程度无明显差距的情况下,胎教组的新生儿神经行为测定[①]及婴幼儿的发育商(DQ)[②]明显高于对照组。实验可以得出:孕期胎教可以刺激胎儿的感觉器官,促进胎儿神经系统的发育,使胎儿发育商提高。[③]南京妇幼保健院的陈静琴等人,在鲍秀兰教授的指导下,对新生儿神经发展进行测定后指出:胎教在新生儿早期即显示出行为能力明显提高。众多专家实验证明:胎教能促进婴儿动作发育的发生和发展,减少婴儿行为问题的发生。胎教是集优生、优育、优教于一体的实用科学。[④]

(二)促进胎儿性格的发展

美国心理学家欧丁格和西蒙斯在对大量调查材料进行研究后发现,妇女在孕期若有严重焦虑和高度紧张的情况,则孩子成长后情绪常不稳定,易激动,更易出现人格或情绪障碍。[⑤]反之,如果在孕期保持良好的心情,那么孩子出生后也会性格良好。李郁清在谈到胎教中的自然本性时提到,当母亲被优美的音乐陶醉的时候,胎儿也会随之陶醉,这对胎儿性格的养成无疑是有益的。[⑥]

(三)促进胎儿心理的发展

胎教能给胎儿带来良好的心理暗示,不仅有利于胎儿性格的培养,而且胎儿的情感接受能力也易于培养,胎儿未出世就能够拥有健康的心理体验。进行触摸胎教时,胎儿会有所反应;进行音乐胎教时,胎儿能变得很安静,这都是良好心理体验的体现。这两种能力是基本的心理功能,有了这两种能力,胎儿出生后都会有良好的心理体验。[⑦]

胎教是使“优者更优”的科学,能使原本健康的胎儿具有更高的素质,更大限度地开发其

---

① neonatal behavioral neurological assessment,简称NBNA,是北京协和医院鲍秀兰创设的,主要用于测查新生儿行为能力,包括行为能力、被动肌张力、主动肌张力、原始反射和一般评估共20项,40分。详情参见:鲍秀兰.新生行为和0~3岁教育[M].北京:中国少年儿童出版社,1995.

② 衡量婴幼儿心智发展水平的核心指标之一,是在大运动、精细动作、认知、情绪和社会性发展(motor, language, adaptive, and personal-social)等方面对婴幼儿发育情况进行衡量。

③ 赵凤军.实施胎教的效果评价[J].现代护理,2004(1):36-37.

④ 陈静琴,顾筱琪,杨世琴,哈宝书,李国敏.胎教与非胎教新生儿行为神经测定比较[J].中国妇幼保健院,1999(10):646-647.

⑤ 王树庄.婴幼儿心理和早期教育[M].北京:高等教育出版社,1988.

⑥ 李郁清.胎教中的自然本性原则[J].天中学刊,2002(6):107-108.

⑦ 黄希庭.心理学导论[M].北京:人民教育出版社,1991.

潜能。但胎教不同于早期智力开发,不适宜的、过度的胎教行为不仅不能促进胎儿的发展,反而会对胎儿造成一定的损伤。胎教是一项长期的工作,早期教育中心指导者应该在上课之前提醒父母,不是只要进行胎教就能造就天才,更多的是讲究方式方法,要以一颗平常心去迎接宝宝的到来。不管是胎教还是早教,都必须以受教者的自然本性为原则。

参考文献:

[1] 严梅福.重新认识胎教的智力开发功能[J].教育研究,1991(11):67-71.
[2] 张茹. 胎教早教对婴幼儿的影响初探[A]. 中国优生科学协会.'96 全国优生科学大会大会学术讲演与大会论文摘要汇编[C].中国优生科学协会:中国优生科学协会,1996:1.
[3] 董爱霞.胎教实施策略的个案研究[D].东北师范大学,2012.

第二节　亲子课

“亲子教育”是20世纪末期兴起的一种教育模式,推行从0岁开始教育,尤其注重3岁前的早期教育。这里的“子”指孩子,“亲”就是指孩子以外的家庭内部成员,主要指家长。亲子教育不同于以家长为中心的“家庭教育”和以儿童为中心的“儿童教育”,其核心内容是父母与子女相互尊重、共同教育、一起成长。

随着对“亲子教育”的逐渐接受和认可,亲子课便应运而生。亲子课是指根据婴幼儿身心发展的特点,在专业亲子教师指导下,由婴幼儿及其父母或其他看护者共同参与所开展的一切有目的、有计划、有组织、有系统、有意义、多形式的学习经验或亲子活动。① 课程内容设计都遵循婴幼儿的身心发展特点,通过游戏的形式,实现亲子间的互动,帮助孩子身心发展,帮助家长成为合格的教育者。

一、课程内容

亲子课的课程内容都是按照婴幼儿身心发展规律来组织编排的,不仅有小组活动内容,还有集体活动内容。小组活动内容可以家长和孩子一对一开展,这种情况有利于教师对每一对孩子和家长进行个别指导;集体活动内容,可以弥补当今独生子女缺乏兄弟姐妹之爱的遗憾,有利于培养孩子团结互助的精神。纵观市面上的早教机构,大多都是根据加德纳的多元智能理论、奥尔夫音乐教学理念、蒙台梭利教学法以及美国爱尔丝博士的感觉统合训练等教育理念,同时契合婴儿发展需要,以游戏互动的方式设计个性化的亲子课程。市面上常见的亲子课程大概如下:

1.感觉统合课程

美国南加州大学爱尔丝博士(Dr. Jean Aryes)在1969年将儿童的脑神经发展与心理发

① 刘懿,卢筱红.0~3岁亲子园课程的实践研究[J].教育学术月刊,2011(2):79-82.

展相结合，提出感觉统合理论：当人体的感觉器官（如眼、耳、皮肤等）得到信息并向中枢神经系统输入信息时要求和大脑神经细胞的接触灵敏而又准确，且大脑皮层的所有感觉区对输入信息的协调和整合也必须完整，这样才能使人们的学习、运动等较好地完成。这就是感觉统合。感觉统合学习的关键期在七岁以前。感觉统合训练主要是训练孩子的手眼协调、大小肌肉运动和全身的运动协调感知能力，亲子教育最主要的就是注重孩子早期智力和独立性的训练，所以在亲子课中加入了很多感觉统合中的全身协调、大小肌肉运动等的内容，旨在开发孩子的早期感知能力。

2. 蒙氏教育课程

蒙台梭利教学法是世界上著名的儿童教育法，给孩子充分自由的教育理念和丰富直观的教具是蒙氏教育的精华所在，亲子教育中融合了蒙氏教育中的教育理念和蒙氏特色的教具。尤其是音乐教育，借鉴蒙台梭利幼儿教育理论，遵循幼儿的自然学习模式，以听、唱、动、看、摸的形式进行歌唱、律动、音程及节奏练习的音乐活动和游戏。通过音乐，刺激孩子对语言、肢体协调性、音乐基本要素的感知力。通过音乐，启发孩子的听力，培养乐感。

3. 奥尔夫音乐课程

奥尔夫音乐课程通过音符、音阶、各种音乐知识的系统趣味学习，可以让孩子认识基本的音乐符号，为将来进行实际演奏做铺垫；通过对古典世界名曲的图谱欣赏，加强孩子对音乐的审美和鉴赏能力；通过舞蹈、打击乐器来感受各地方的音乐和风格；通过演绎世界各国有名的儿童剧，让孩子感受舞台剧的魅力；通过音乐厅礼仪学习，让孩子学会音乐欣赏礼仪，形成良好的行为习惯。

4. 潜能开发课程

早期教育是让孩子全面地、立体地接受教育，给予孩子各种发展空间，潜能开发就是在立体早教基础上挖掘孩子的潜在能力，发现孩子的创造力、想象力，加强孩子的记忆力，培养情商，锻炼表达能力，增强自信心，通过训练挖掘孩子自身具有的能力，给予肯定，通过方法教授进行加强指导。

5. 亲子综合课程

亲子综合课程是一门综合性的课程，课程内容根据孩子不同年龄段的发展需要进行设置。课上的综合性智能体现为五项环节：走线、自我介绍、精细训练、音乐时间、感觉统合时间。通过活动和游戏，培养孩子的社交能力、观察能力和初步解决问题的能力，促进孩子动作协调发展的同时还能激发愉悦情绪。通过亲子活动，帮助家长学会保护孩子的好奇心，通过探索发展孩子的主动性。同时让家长学会尊重和观察孩子，了解其心智发展的特点和规律，配合成长的需求，建立良好的亲子关系。

二、课程实施原则

亲子课程对增进亲子关系意义重大，所以在课程中应该遵循快乐性、适宜性、指导性、互动性的原则。

快乐性：从课程的方案设计到实施过程都应遵循的原则，要考虑到能否带来积极正面的情绪，不仅儿童喜欢，家长也要喜欢，在快乐的氛围下展开课程。

适宜性：儿童的生活经验不足，所以在选择亲子课程时，课程内容、方法等都要符合其发展特点，无论是绘本、玩具、食物、音乐作品，还是其他物品，为儿童提供的所有材料都必须是安全、卫生的，并适合儿童的月龄特点的。

指导性：亲子课程注重的是亲子之间的互动，所以在课程中教师应该对家长进行指导，家长再指导孩子；家长不仅仅要陪伴孩子，更是孩子课程的学习者和指导者。教师在指导的时候要注意以下几点：

(1)个性指导。亲子课程强调个性化指导，这就要求教师要认真观察儿童的行为方式和情绪变化，以及家长对此的态度，进而分析该家长的教育观念和教育行为的适宜性。在进行具体的指导时，要照顾到家长的心理需要，采取有针对性的指导方式。(2)共性引导。很多家长是第一次做父母，没有养育孩子的经验，所以在亲子活动中会表现出很多共性问题。所以，教师在亲子课程中可以将各个年龄段孩子的身心发展及行为特点告知家长，让家长耐心观察儿童，进行适宜的引导。(3)全面关照。教师在亲子活动中，一定要关照到所有的儿童和家长，让他们感受到同等的关怀与爱护，切记不可因个人喜好造成家长和孩子心理上的落差。

互动性：在课程中，不仅仅是教师和家长互动、家长和孩子互动、教师和孩子互动，教师、孩子和家长之间存在的多方互动，能够确保课程活泼有趣。

三、课程实施方法

对于学前儿童来说，他们的思维特点是直觉行动性，要靠亲眼看、亲手触摸来认识事物、探索世界，所以在上课过程中也要找到适宜的方法。

1. 游戏法

爱玩是孩子的天性，他们是在“玩”的过程中“学”。所以在早期教育的课程中大量采用游戏法，注意“身体触摸”，经常拍拍、搂搂、抱抱，不仅满足了孩子对肌肤之亲的需求，也增加了亲子间的交流，还可以提供语言刺激，让孩子在游戏中潜移默化地受到影响。

2. 操作法

皮亚杰认为，儿童的智慧发生于动作，产生于活动中的操作。苏霍姆林斯基也说过：“儿童的智慧在他们手指尖上。”在亲子课程中，很多手指间的操作活动，不仅锻炼儿童的身体，协同操作的内容也有益于增进亲子之间的信赖。

3. ASL 教育法与 TPR 教学法相结合

ASL 教育法，全称是 American Sign Language，即美式手语教育法，主要是针对年龄较小的孩子，教师在说每一个词的时候运用固定的手势和动作。而 TPR 教学法全称是 Total Physical Response，即完全肢体反应教学法，针对年龄比较大的孩子，对每个词语的动作和手势没有固定的要求，而用各种不同手势和动作来表现，只要表达的是同一个意思即可。

亲子课程是实施早期教育的重要手段，与传统课程不同，亲子课程不是以传授知识和技能为目标，而是帮助家长树立正确的教育观，了解婴幼儿身心发展、社会性发展及学习的知识与规律，引导家长科学育儿，促进婴幼儿身心全面健康和谐发展。

参考文献：

［1］刘懿，卢筱红．0～3岁亲子园课程的实践研究［J］．教育学术月刊，2011（2）：79－82．
［2］孟鑫．亲子课程的介绍［J］．音乐生活，2011（4）：46－47．
［3］吴邵萍．0～6岁儿童一体化亲子课程的实施策略［J］．学前教育研究，2014（10）：64－66．

第三节　感觉统合课程

感觉统合这一术语是由 Sherrington C. S.（1906）和 Lashley K. S.（1960）最先提出，并广泛地应用于行为和脑神经科学的研究。1972年美国加州大学艾尔丝博士等学者在神经生理学理论的基础上，将儿童的脑神经发展与心理发展相结合，综合提出了一套完整的理论和实践相结合的教育理念——感觉统合理论。所谓感觉统合就是机体在环境内有效利用自己的感官，从环境中获得不同感觉通路的信息（视觉、听觉、味觉、嗅觉、触觉、前庭觉和本体觉等）输入大脑，大脑对输入信息进行加工处理（包括：解释、比较、增强、抑制、联系、统一），并做出适应性反应的能力。① 通过感觉统合的过程，大脑分工越来越精细，个人的学习能力和适应能力也就越来越强。

儿童的感觉统合功能是在不断发展的过程中逐渐增强的。艾尔丝博士在感觉统合理论的基础上，提出了对儿童进行各种感觉刺激，能够帮助其统合这些感觉信息，从而促进神经功能的发展。另外她指出感觉输入最好与运动相结合，在游戏运动中输入各种感觉刺激，即所谓的感觉统合训练。

作为一种游戏运动训练疗法，感觉统合训练最初是针对感觉统合失调的儿童，主要运用在心理学以及临床医学方面，后来逐渐被拓展到教育层面。通过专门的器械，在有计划、有指导、有针对性的游戏运动中来增强大脑功能，刺激孩子大脑干细胞、神经系统协调发展的组织和整合功能，有助于提高手眼协调能力、注意力、行动力，帮助孩子建立良好的人际关系，培养积极的生活态度。

当代我国的家庭结构多为独生子女家庭，家长对幼儿或过度保护，或要求太多，加上激烈竞争的教育方式等原因，导致我国感觉统合失调的幼儿越来越多。陈文德说："感觉统合失调的罪魁祸首，是都市化生活和小家庭制度。问题儿童增加、学习障碍普遍化等种种现象，大多是由成长环境不良和亲子关系疏离所致，并和感觉统合失调有密切关系。"②大部分早期教育中心的感觉统合课程都是以感觉统合训练为主，通过特殊的运动器械，对儿童进行跑、跳、钻、爬等大运动训练，从而提高儿童的身体协调性、前庭平衡感，增强儿童的自信心和社交能力，促进神经系统的发展；在教学方法上动静结合，在解决儿童神经系统协调的同时促进注意力、思维能力的发展。

---

① 胡秀杰．感觉统合训练融入幼儿园课程的策略研究［D］．长春：东北师范大学，2006．
② 陈文德．学习困难儿童指导手册——感觉统合积极疗法［M］．北京：中国少年儿童出版社，1996．

一、课程特色

（一）游戏趣味性

对于孩子来说，游戏是直接有效的学习、训练方法。在游戏过程中，他的各种感知能力会得到充分发展。所以，感觉统合课程要根据幼儿的实际生活经验与兴趣，通过游戏的形式开展。幼儿刚接触感觉统合游戏时，容易产生好奇心和兴趣，他们会很积极主动地投入活动。但如果长时间重复同一游戏，久而久之就会影响幼儿的积极性。因此在课程中，必须通过多种主题、多种情节、多样化的游戏形式，提高幼儿的兴趣，帮助他们激发身体各器官的活动机能、延缓疲劳。

（二）科学合理性

早期教育的感觉统合课程，应遵循幼儿的年龄特点，合理科学地安排活动，从而满足幼儿全面发展的整体需要，科学有效地发挥感觉统合教育活动的作用。

1. 全面性

课程要注重锻炼的全面性，要使幼儿肌体的各个部位、各器官系统的机能、身体的各项素质都得到锻炼的机会。所以在训练的时候，应该采用多样化的练习手段，各个项目全面开展、交替进行，这样才能使感知觉的各项功能得到改善，促进幼儿正常发育和机能的协调发展。

2. 适度性

科学合理的感觉统合课程，不仅在课程设计方面要求结构紧凑，还应该掌握适宜的练习强度、密度。尤其是针对不同儿童的身体情况，教师要通过观察、感受、询问等方式，掌握儿童的运动节奏及生理负荷，随时进行调节，以达到锻炼的最佳效果。

3. 安全性

幼儿天生好奇、好动、好模仿，面对新奇的感觉统合游戏和设备，他们会表现出极大的兴趣。但由于他们身体发育尚未成熟，器官功能尚未完善，因此感觉统合课程尤其要注重安全性。首先，在活动前，教师要加强器械安全性的检查，做到防患于未然。其次，在活动开始时，教师要用通俗易懂的语言介绍器械的性能，直观地进行示范，如手的握法、脚的站位、身体姿势等；最后，在游戏过程中，教师要加强保护或帮助，及时巡回观察，避免可能出现的运动创伤。

（三）个体差异性

由于遗传和家庭环境的影响，不同幼儿之间存在着不同的兴趣、能力等个性倾向性。在讲授感觉统合课程时，教师必须掌握个体差异，区别对待，根据不同幼儿的能力水平，提出不同的要求（如次数多少、距离长短、速度快慢等），并在原有的基础上，逐步提高要求，促进每个幼儿在不同水平上的发展。并在活动的过程，随时观察幼儿在锻炼中的反应，反馈信息，及时调整。

二、课程组织形式

(一)创编感觉统合操和感觉统合游戏

感觉统合课程,遵循游戏性和趣味性的原则,以提高幼儿的基本素质为根本宗旨。很多早教机构在课程上会创编感觉统合操:选择幼儿喜欢的音乐,再配以各种感官训练的动作,由教师带着做一遍,既是对器械活动前的准备练习,又通过表演吸引了幼儿注意力。如拍拍小手、抱抱小腿等。在这套操中,通过皮肤接触,唤醒触觉神经;通过各项动作,加强平衡、重力感的训练;还有些早教机构会创编有趣的感觉统合游戏,通过一些大运动游戏来训练运动能力,提高孩子对关节和肌肉的支配能力。如针对 1 ~ 2 岁孩子的本体觉训练游戏——“钻洞的小松鼠”:把长胶带的两端贴在教室两边的门框处,让孩子从胶带下方爬过去,可不断改变胶带位置锻炼孩子的反应力。这个游戏可以让孩子有意识地弯腰、低头,在遇到障碍物的时候,能够及时做出判断。

(二)与体育游戏相结合

“感觉统合训练等同于儿童健身运动”,实质就是以游戏的形式来刺激孩子的神经感觉。合理运用感觉统合的专门器材,通过各种体育游戏活动,能激发幼儿自身的感觉统合技能,有利于培养幼儿强健的体魄,让幼儿身心统筹成长、协调发展、全面提高。根据感觉统合训练的要求,在进行感觉统合训练时,要了解幼儿的基本动作发展,有效设计适合的游戏内容。

在感觉统合训练中,让幼儿自己引导。表面上看,幼儿好像是在玩,实际上就是在这种有目的、有安排的“玩”中达到神经系统整体功能的协调,同时获得了自信。在早期教育课程中,需要结合实际情况,考虑到幼儿本身的特点,使幼儿感受到快乐,达到促进幼儿全面发展的目的。

(三)与特色课程相结合

在学前教育阶段,感觉统合课程经常与特色课程相结合,如把音乐教育与感觉统合训练融合起来,改变传统看节奏卡学习节奏的形式,通过音乐、舞蹈等艺术形式,鼓励幼儿大方自信地表现自我。

教师们还应该充分挖掘感觉统合训练教具的特殊玩法,有针对性地对幼儿进行注意力与思维力训练,不仅帮助幼儿提高生理机能,还增强儿童的自信心和自我控制能力。

三、课程作用

(一)提高身体机能

婴幼儿时期是大脑迅速发育的时期,在这一时期,主要通过各种感官认识周围世界,与外界发生联系,也通过各种感官刺激,促进大脑神经系统的成熟与完善。此时对婴幼儿进行合理的感觉统合训练,会对他们的前庭器官给予极大的刺激,供给了神经系统必要的信息,促进幼儿神经系统功能的发展。早期的感觉统合训练游戏,不但有助于促进孩子大脑的发育,开发智力潜能,而且还能发展幼儿机体动作的灵活性、协调性、平衡性、柔软性,提高幼儿的应变能力、协调能力、平衡能力,为幼儿将来的运动能力和协调性打下坚实的基础。①

(二)提高认知能力

皮亚杰的认知理论把人的认知能力发展分为四个阶段,其中 0 ~2 岁属于感知运动阶段,在这期间,婴儿开始协调感觉、知觉和运动能力,只有与外部世界环境相互作用起来,才得以认识世界。这时候如果缺乏这种感知运动协调能力,就会造成感觉统合失调。即使后期能用大脑强行记忆,但在观察、组织、思维、想象、推理上仍会有不同程度的困难。② 由此可见,感觉统合是幼儿现在和将来认知学习的基础,有助于幼儿未来在语言、学业或才智活动等高层次大脑功能方面的发展。

(三)培养良好个性和稳定情绪

学前阶段的感觉统合课程,在课程设计上会根据孩子的体能情况进行合理安排,幼儿在"跳一跳"之后再独立完成"作业",内心会获得极大的成就感和愉悦感,大大增强幼儿的自尊心和自信心。既规范又灵活的课程内容,让孩子在环境中获得充分的探索和操作机会,使神经、肌肉及骨骼均获得正常的发展;充分的体验和活动,也有助于孩子宣泄能量和情绪,培养活泼开朗、热情奔放的性格。而且在活动中还能与小伙伴一起交流、合作,这也能帮助他们积累与人相处的经验,锻炼处理矛盾的能力,有助于人际关系的建立。

随着都市化生活的发展,很多孩子的运动能力大大减弱,出现了动作不协调、体能素质差、多动等问题,这些都是感觉统合功能失调的表现。感觉统合功能失调会影响孩子的身体健康成长,严重的还会影响到心理健康水平,甚至未来的学习、生活、工作以及人际关系的发展。感觉统合训练,可以提高儿童的大脑组织协调能力、基本活动能力,以及学习和社会交往能力,弥补目前都市里的孩子缺少运动这一不足,有利于培养儿童良好的情绪、兴趣、意志、气质等。在早期教育阶段进行感觉统合训练是十分有必要的。

参考文献:

[1]王爱芝,刘贺威,魏云霞. 开展感觉统合训练,促进幼儿全面发展[J]. 学前教育研究,2007(10):45 -46.

[2] 刘娟. 基于感觉统合的幼儿游戏设计研究[D]. 长沙:湖南师范大学,2013.

[3] 游富瑜. 感觉统合训练课程开设现状及对幼儿身体素质的影响研究[D]. 成都:四川师范大学,2011.

第四节　艺术教育课程

艺术教育是素质教育的一部分,通过艺术教育,不仅可以培养幼儿感受、理解、表现、鉴赏、创造美的能力,而且能陶冶幼儿情操,发展幼儿智力,促进其自身各种因素的平衡和协

---

① 胡秀杰. 感觉统合训练融入幼儿园课程的策略研究[D]. 长春:东北师范大学,2006.

② 高丽芷. 感觉统合——全脑开发(上篇)[M]. 台北:信谊基金出版社,1994.

调，从而提高幼儿素质，实现个性全面和谐的发展。因此，艺术教育作为塑造完美人性的基础教育，亦是幼儿全面发展教育的重要组成部分。

早期教育的艺术课程，是一个以培养幼儿审美素质，包括审美感知、审美理解、审美想象、审美创造等为主要目标的各项活动的整体计划。

本节的艺术教育课程包括音乐、美术以及文学素养，虽然在很多课程里，它们以独立学科的形式分别存在着，虽然它们在表现形式上各具特色，但都具备特殊的审美特性，从本质上都属于艺术教育的课程范畴。

早期教育艺术课程，以社会需要、幼儿身心发展特点（幼儿发展的实际水平、需要和可能性）及审美教育特点为主要依据，搜集、改编、自编与幼儿有关的艺术教育内容，按在幼儿学习活动中的作用和特点分成专门的艺术教育内容与日常活动中应渗透的内容两大方面内容。

一、课程内容与组织形式

早期教育的艺术课程有专门性的艺术教育活动和渗透性的艺术教育活动，组织形式有集体、分组与个别活动。具体结构见下图：

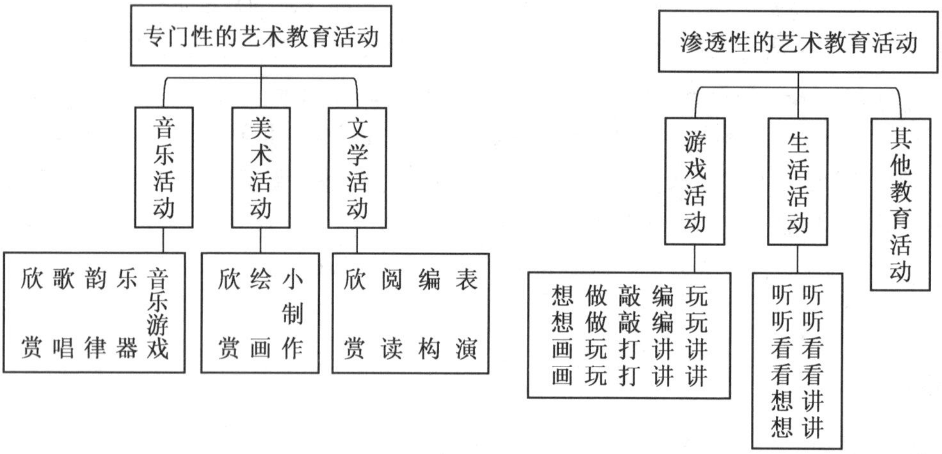

早期教育的艺术课程

专门性的艺术教育活动以音乐、美术、文学活动为主，彼此之间相互综合，如文学与音乐、美术活动的综合，音乐与美术活动的综合等。渗透性的艺术教育活动则在幼儿的日常游戏、生活及其他教育活动中体现，形式较为灵活多样。

专门性和渗透性的艺术教育活动均属显性教育，是重要的教学手段。从侧重点看，专门性的艺术教育活动更侧重于幼儿学习、掌握有关艺术知识技能，而渗透性的艺术教育活动则更侧重于幼儿对艺术的操作运用。当然，在注重通过专门性和渗透性的艺术教育活动向幼儿施教时，我们也不能忽视隐性课程，即环境、氛围的创设和对幼儿自发艺术活动的引导等。

二、教学方法

根据幼儿情感、认知等发展特点及审美教育活动的形象性、情感性、实践性和迁移性等特点，艺术教育的基本架构即以各种艺术作品为媒介，引导幼儿在反复感知中体验、理解，在各种操作活动中探索练习，在各类表现、创造活动中表达自己的体验与感受。在此过程中，情感始终渗透、贯穿其中，起着维持、调节、推动作用。

目前采用的主要教学方法有 4 种。(1)情绪感染：在艺术课程中，教师一般会夸张地表现出自己的情绪，并以此感染幼儿，引起兴趣，激发情感。(2)多通道感受：教师在审美活动中，引导幼儿运用多种感官，调动情感、思维、想象、动作、语言等多通道参与，如听听音乐、看看图片、做做动作、想想问题、说说感受等，帮助幼儿反复品味，启发联想，促进理解。(3)多形式表现：在课程中，教师创造多种情境与条件，鼓励幼儿大胆地用绘画、语言、歌舞把自己的理解与感受表现出来。(4)环境熏陶：教师创设、提供丰富的视听环境，如布置符合主题的教室环境，反复播放需要欣赏的音乐、舞蹈作品等，传递给幼儿大量美的信息，使其在潜移默化中受到影响与熏陶。

以上教育方法并不孤立存在，而应相互渗透、互相交融。根据需要选择其中一种或几种方法，亦可由此分解出适合各种活动需要的子方法，如情境导入、游戏体验、示范讲解、讨论交流等等，使每一次教育活动都能生动、形象，让幼儿在愉快、主动的学习中获得更好的发展。

三、课程作用

(一)有利于婴幼儿感知能力和思维力的发展

在艺术活动的过程中，要求各种感官的参与，需要婴幼儿用耳朵听、用眼睛看、用歌喉唱、用手画或演奏、用身体和四肢舞动、跳动等等，能够使他们的感知能力得到锻炼和发展。婴幼儿的思维活动是具体、生动、形象的，而艺术活动中画面的结构与色彩、音乐的高低、节奏、旋律等往往会使他们头脑中呈现某种相应的形象。这些具体形象正是思维活动的材料，有利于婴幼儿思维的发展。

(二)有利于婴幼儿开发想象力和创造精神

婴幼儿期被人称为想象活跃的高峰期。婴幼儿最爱想象，最容易沉迷于想象之中，这与艺术活动要求丰富的想象、容许夸大、容许在形式上脱离真实世界等特点有着相似、相通之处。而且他们在生活中需要依靠大量再造想象来理解自己没有直接接触过的事物，以此获得间接知识。而绘画、泥塑、歌唱、舞蹈、朗诵、乐曲演奏、戏剧表演等艺术活动都要求儿童进行再造想象，婴幼儿的想象力在潜移默化中得到开发。

现代教育研究认为，艺术教育可以锻炼幼儿对形象的平面表现能力和对色彩的辨别能力，促进幼儿思维能力的发展，培养他们的创造精神。这些都是未来社会成员必备的素质。

(三)陶冶道德情操，促进和完善婴幼儿个性的发展

艺术的目的在于感化和影响人的精神，具有潜移默化的熏陶作用。健康、优美的艺术作品和艺术活动可以使婴幼儿在不知不觉中获得教育。诸如文明礼貌、关心他人、助人为乐、热爱自然、团结友爱、见义勇为等内容都可以通过艺术对婴幼儿施加影响，从而促进他们道德感和道德认识的发展。

此外，在艺术教育活动中，艺术美作为一种能量作用于人的感觉器官，从而形成人们的

感知、想象、情感、思维等诸种心理要素的转化,使之达到和谐的状态,建立起良好的心理定向。这对于培养婴幼儿初步的艺术修养和良好的自制力等品质极为有利。

第五节　科学启蒙课

学前阶段的科学教育是科学启蒙教育,与幼儿科学素养的培育以及幼儿身心全面和谐发展密切相关。我国学前阶段的科学教育研究始于 2001 年 7 月,教育部颁布《幼儿园教育指导纲要(试行)》,首次正式把科学纳入幼儿园教育内容之中,将“科学”“社会”“艺术”“健康”“语言”列为幼儿园教育的五大领域。①

王志明认为,幼儿科学教育是指教师通过为幼儿创设丰富的环境条件,提供充足的实验材料,选择适宜幼儿学习的主题,运用多种教学策略,鼓励幼儿积极参与到科学探究活动之中,在活动中培养幼儿正确的科学态度与科学思维,建构知识。② 此时的科学领域的教学不再是教师的单向知识传递过程,而是一个幼儿自我建构的过程。教师要为幼儿创造活动情境、提供活动材料、激发幼儿的探究兴趣与欲望,促进幼儿主动建构科学知识和理解的过程。③ 也就是《纲要》中所说的“幼儿的科学教育是科学启蒙教育,重在激发幼儿的认知兴趣和探究欲望”。

早教机构的科学启蒙课程是以科学领域中的内容学习为落脚点,面向幼儿开展的教学活动,它是学前阶段实施科学教育的主要方式与手段,也是幼儿获取知识、提升能力、建立情感的主要途径。

一、课程内容

在学前阶段进行科学启蒙主要是激发幼儿的探究欲望,提升幼儿发现问题、分析问题、解决问题的能力,培养其科学探究的兴趣与不怕困难、勇于挑战的学习品质,使其通过亲身体验,直接操作来习得基本的科学知识,养成良好的科学态度与科学思维。

王冬兰坚持“科学教育应密切联系幼儿的实际生活进行,利用身边的事物与现象作为科学探索的对象”。④ 王珣指出,科学教育的内容需为符合幼儿年龄特点与认知经验的自然物和科学现象,还应包括自然生态和环境教育。⑤ 纵观科学教育的现状得知,我国学前科学课程最大的特色是借鉴了皮亚杰、蒙氏、福氏的教育理论和蒙氏、福氏的玩教具,但并未全套搬用蒙氏、福氏的玩教具,而是将它们融入民族化、生活化的延伸教具和实验教具中,通过丰富的可操作性玩教具,培养幼儿学习能力、做事能力、共处能力、生活能力。

在课程内容上,可以大致分为 6 个部分:(1)视觉教育:空间差异性(插座圆柱体、粉红塔、棕色梯、长棒、彩色圆柱体)、颜色识别(色板一、二、三)、形状识别(平面形状、立体形

---

① 教育部基础教育司. 幼儿园教育指导纲要(试行)解读[M]. 南京:江苏教育出版社,2002.
② 王志明. 学前儿童科学教育[M]. 南京:南京师范大学出版社,2012.
③ 苏贵民. 幼儿园科学领域课程实施研究[D]. 重庆:西南大学,2008.
④ 王冬兰. 对当前幼儿园科学教育内容选择的几点建议[J]. 教育导刊(下半月),2010(1):36 - 38.
⑤ 王珣. 幼儿科学教育活动研究综述[J]. 天津市教科院学报,2005(3):73 - 74.

状)。(2)触觉教育:触觉板、温觉板、重量板。(3)听觉教育:听觉桶。(4)味觉教育:味觉瓶。(5)嗅觉教育:嗅觉瓶。(6)互动实验内容:力的沉浮实验、水分子实验、光的折射实验、有趣的电、奇妙的热量、气压与气流的实验、声音的实验、调色与三间色还有渐变色实验。不同教育机构还会根据内容由易到难,由浅入深的教学规律循序渐进地教学。

二、课程方法

"幼儿的思维特点以具体形象思维为主,应注重引导幼儿通过直接感知、亲身体验和实际操作进行科学学习。""教师应支持幼儿与同伴间的合作探究,鼓励和引导幼儿学习做简单的计划和记录,通过记录帮助幼儿丰富观察经验、建立事物之间的联系,并与他人交流分享。"由此看出,体现《纲要》与《指南》精神的幼儿科学探究,应该是基于幼儿的兴趣和经验,在教师的引导之下,鼓励幼儿进行充分自主的科学探索,通过同伴之间的合作与记录,运用科学探究的方法,解决实际问题,从而丰富其知识体验,发展多方面的能力。科学启蒙课程教学方法大多采用如下方法:

(一)感知探索法

感知探索法是幼儿学科学的主要方法,让幼儿通过看看、听听、摸摸、闻闻、尝尝等活动感知、认识事物,认识世界;在自己动手摆弄、操作、探索中进行观察和思考,发现问题,解决问题。

根据幼儿思维具有直观形象性的特点,在科学探索活动中尽可能提供实践条件让幼儿亲手感知和操作,从感知着手,在感知中探索,让幼儿不断地积累经验,主动地积极思维。如在"蛋"的系列活动中,提供给幼儿熟蛋和生蛋,让幼儿剥、闻、尝、看,在不断的感知过程中,对已有的经验进行归纳总结,再不断地发现新的问题,如"蛋壳敲开后的一层皮是什么""蛋黄上一点白的是什么"等。在"再生纸"的探索活动中,孩子感知教师提供的各种纸,有硬的、有软的、有厚的、有薄的,让孩子亲手捏一捏纸浆。在观察之后教师提出问题"怎样让纸浆变成纸",启发孩子们积极思维,最后在感知的基础上让幼儿动手制作纸。在这些活动中,幼儿综合运用感官,探索能力进一步发展,获得了更多的新经验。

(二)兴趣引导法

在科学课程实践中要强调创设情景,制造氛围,尽可能地利用幼儿的兴趣。不少看来枯燥乏味的知识技能,一经兴趣化,就会变得贴近幼儿,深深吸引孩子们的兴趣,从而为无意注意向有意注意的转化打下良好的基础。如幼儿学习电脑时,教师可以编写生动、拟人化的儿歌,帮助幼儿理解掌握开机顺序、指法要领。孩子们也大声地读儿歌,边操作边游戏,学得轻松又灵活。在"比一比""找一找""谈一谈"的观察活动中,极大调动了幼儿学习的主动性、积极性,帮助幼儿学习、掌握了学科学的技能和方法。因此,兴趣引导法使幼儿园的科学教育真正落实到每个幼儿身上,促使每个幼儿在自身基础上得以充分发展。

(三)设疑表述法

"设疑"就是教师针对不同年龄幼儿的认知特点,为帮助幼儿参与科学活动而提出的问题。"设疑表述"是幼儿根据教师的"设疑",用语言、图表、记号、绘画、动作等各种形式来表达自己的想法以及探究的结果。“设疑”首先要注重问题的开放性、可操作性，力求用问题引发幼儿不断探索的愿望。如“滚球”的科学探索活动中，为了使幼儿了解物体在斜面上会移动，在不同的坡度上物体移动的速度是不同的这一原理，教师提出的第一个问题是“怎样不用力推，球也能滚起来”。在孩子进行探索之后，教师提出第二个问题“请两个小朋友一起玩，想办法使两只球在板上滚得快慢不一样”，幼儿在教师的引导下探索。其次“设疑”以后要让幼儿学习“表述”，就是让幼儿用自己的方法来表达自己听到、看到、想到的，通过“表述”帮助幼儿的思维活动归纳和上升，以促进幼儿分析、判断、综合能力的发展。要注意不同年龄幼儿的特点，让他们用歌曲、舞蹈、绘画等他们喜爱的各种形式表达自己的感受。

三、课程组织形式

（一）角落活动

角落活动是一种小范围的活动，国外称之为区域活动开放教育。角落活动是一种正规性的科学教育活动。幼儿在活动中可以根据自己的意愿选择角落，选择材料，决定操作的次数，在独立的探索活动中，主动地感知和思考，建立自己的表象与概念，并通过语言、动作、图画等来表达自己的想法。

为了更好地激发幼儿参与科学活动的兴趣，很多机构根据不同的教学目标开设了许多活动角，如探索角、数学角、语言角、艺术角、动手角、角色角等等。特别是在科学探索角，每天保证充足的时间和材料，让幼儿通过感知来获得经验。孩子玩磁铁、蔬菜、树叶、地球仪，进行沉与浮、虹吸现象、斜坡移动、物质的守恒、溶解融化等小实验。各种活动角的创设满足了不同层次的幼儿的需要，幼儿的主动性、积极性、创造性得到充分发挥，在玩中探索，在探索中发现。

（二）分组活动

分组活动是符合幼儿年龄特点的一种实施幼儿科学启蒙教育的组织形式。教师选取具有代表性的符合幼儿年龄特点的内容，为幼儿提供充足的时间、空间和材料，让幼儿有动手操作的机会，尽量使问题具有开放性和可操作性。幼儿在与同伴、教师的相互作用中获取经验，有所感受和体验。在提出问题和解决问题的过程中，幼儿相互交流各自的感受、想法，提高了探索的有意性，充分调动了幼儿学习的主动性、积极性和创造性，促进了全面素质的提高。

参考文献：

[1] 何幼华. 幼儿园课程[M]. 北京：北京师范大学出版社，2001.
[2] 高凤欣. STEAM 理念视角下幼儿园科学领域活动设计的行动研究[D]. 洛阳：洛阳师范学院，2020.

第六节　STEAM 课程

STEAM 教育源自美国，起初是由科学（Science）、技术（Technology）、工程（Engineering）、数学（Mathematics）组成的“STEM 教育”，随着研究学者对于“STEM”教育的深入探讨，其本身的内涵与定义范围不断得到拓展和加深，继而有研究学者提出“STEAM 教育”，又在此基础上增加了艺术（Arts）元素，体现出一种艺术性与人文性，表现出对于社会、人文的关注与关怀以及对于生活的热爱与理解。

STEAM 教育是基于情境创设、问题提出、实验设计、项目研究等方式，将科学（Science）、技术（Technology）、工程（Engineering）、艺术（Arts）和数学（Math）等多门学科实行有条理融合的多学科教育，以此提高学生的科学素养和技术能力。当然，STEAM 教育不是将这些学科知识做简单的加法，而是使它们互相融合、渗透而形成的多元交叉性学科知识，是一种倡导“学中做、做中学、边做边学”，并兼顾能力与智慧培养，偏重跨学科视野下理科思维素养养成的一种新的教育范式。趣味性、多维性、协作性和项目性是 STEAM 教育的四大设计理念。

STEAM 教育大约于 2007 年进入我国，《全球化时代美国教育的 STEM 战略》一文拉开了我国研究 STEM 教育的序幕。① 中国教育科学研究院发布《中国 STEM 教育白皮书》，提出：“STEM 教育是面向所有学生的培养综合素质的载体。”②我国在引进该教育的同时，也在寻求本土化之路。目前，国内对幼儿阶段 STEAM 教育的相关研究并不多，但已经具备了开展 STEAM 教育的指导性纲领：《幼儿园教育指导纲要》中明确指出幼儿园教育活动要注重综合性、趣味性、活动性，强调不同课程内容之间需要有机联系。2012 年教育部颁布的《3～6 岁儿童学习与发展指南》中提出：幼儿的科学学习是在探究具体事物和解决实际问题中，尝试发现事物间的异同和联系的过程。……在科学探究中尤其强调激发幼儿的探究兴趣，体验探究的过程，培养初步的探究能力；在数学认知中强调提升幼儿解决实际问题的能力，发展其形象思维与逻辑思维能力；③而 STEAM 强调各学科之间的融合发展，培养学生在真实问题情景中去发现问题、解决问题。由此可以看出 STEAM 教育的理念与《指南》中对于科学领域的目标要求不谋而合，这将作为 STEAM 教育理念融入幼儿科学活动的基础。

由于 STEAM 课程在国内起步较晚，目前没有统一的课程标准，但大部分都是基于幼儿时期与小学教学的有效衔接，参考《3～6 岁儿童学习与发展指南》、2017 新版《义务教育小学科学课程标准》中一年级标准和美国《下一代科学教育标准》（*Next Generation Science Standards*，*NGSS*）中幼儿园标准编写 STEAM 活动，各教育机构都有一套独特的 STEAM 活动方案。

---

① 王盈. 全球化时代美国教育政策的战略调整［J］. 世界教育信息，2007（2）：11－12.

② 中国教育科学研究院. 中国 STEM 教育白皮书［R/OL］.［2017－06－20］. http://www.moe.gov.cn/s78/A16/s5886/s7822/201801/t20180111_324362.html.

③ 教育部. 3～6 岁儿童学习与发展指南［R/OL］.［2012－10－09］. http://www.moe.gov.cn/srcsite/A06/s3327/201210/t20121009_143254.html.

一、课程内容

STEAM 教育强调多学科、跨领域的相互融合，交叉渗透，形成有机整体，并有目的地通过整合各学科的学习方法与技能去解决问题，习得知识，提升能力。STEAM 课程基于真实的问题情境，运用跨学科的知识与方法，探索性地解决问题，包含以下特性：

1. 真实性与生活性

基于 STEAM 教育理念，STEAM 课程内容应具有“真实性”，为幼儿创设适宜且丰富的、符合其生活经验的真实问题情境，激发幼儿的探究兴趣，使得幼儿在生活体验中学习，运用已有知识去探索新领域，解决新问题。

2. 设计性与操作性

STEAM 教育主张融合各领域的知识，将技术作为一种思维工具，培养学习者善于通过运用技术来解决问题的素养。而对于学龄前幼儿来说，此处的“技术”则更偏重动手操作能力。基于此，STEAM 活动的设计，要注重突出“设计性”与“操作性”，使得幼儿在多种形式的探究活动中提升其设计思维与动手操作能力，真正成为活动的主导者。

很多机构会建立一个专门的 STEAM 活动区，里面不仅具备传统的科学和数学材料，还包含一些放大镜、尺子、天平、温度计等技术类工具，便于幼儿观察、测量和记录。这些丰富的材料、多样的工具能够很好地引发幼儿的好奇心和兴趣，使得他们愿意积极参与到活动中来。此外，参与课程的材料尽可能取自生活中，例如用传统的积木类玩具、塑料瓶、废纸板、吸管、泡沫等材料来玩游戏，这样便于幼儿进行观察和思考。课程的内容或者主题最好都是源自幼儿平时的游戏或者生活，而且在其他类型的活动，如平时的烹饪、感觉统合、艺术、音乐等活动中均可以开展 STEAM 教育。

二、教学模式

STEAM 课程教学活动最常用的是 5E 教学模式①，主要包括 5 个环节：引入（Engage）、探究（Explore）、解释（Explain）、精致（Elaborate）、评价（Evaluate）。通过对国外 STEAM 活动设计要素、5E 教学模式的学习，结合国内当前幼儿学前教育实践的特色，目前国内的早期教育 STEAM 课程主要以幼儿的主动探究、动手操作、分享交流为主，教师的参与指导为辅的思路展开，大致可以分为五个主要环节：问题导入—讨论计划—分工选择—操作试验—分享评价环节。

第一，问题导入环节。教师通过播放视频、图片或者讲述故事将幼儿引入所创设的情境中，并以问题为导向，引发幼儿对问题的思考，激发幼儿的学习兴趣和探究的主动性。第二，讨论计划环节。教师通过提问，引导幼儿思考讨论解决方法，做出假设和计划，引导幼儿明确活动学习目标，支持幼儿自我规划。第三，分工选择环节。教师出示并介绍活动材料，引导幼儿自由组成 2～4 人小组，幼儿自己讨论协商决定分工，并自主选择感兴趣的、符合活动

---

① 美国生物科学课程研究所（Biological Sciences Curriculum Study，简称“BSCS”）开发出的科学教育领域的教学模式。它是由 BSCS 根据卡普拉斯（Karplus）学习环提出的，用于提高学生学业成就，也利于提高学生学习兴趣，注重培养学生的自主探究能力、自主学习能力和动手操作能力。

需要的材料。支持幼儿自我选择和自我规划，激发幼儿探索的欲望。第四，操作试验环节。该环节是活动的中心环节。幼儿在教师的支持下采取自主探究和合作探究的方式，通过多次操作、实验、观察、对比、交流讨论等形式尝试验证假设，不断完善作品，解决问题。在探索过程中自我监控，沟通协调自己和同伴的行为。这一环节注重培养幼儿自我监控、自我调节、合作交流、解决问题、动手操作能力，以促进其知识经验的建构和技能技巧的掌握。逐步激发幼儿的内在学习动机，自主构建对新概念的认知。第五，分享评价环节。每个小组派出1～2名代表，轮流向教师和其他幼儿展示介绍作品，并进行评价，教师最后评价并总结经验。此环节的设计为幼儿提供面对面交流、向同伴学习和收获新想法的机会。帮助幼儿调节学习策略和学习方法，支持幼儿自主评价能力的发展。

早期教育机构七田真携手来自斯坦福大学的专家，打造出了适合学前孩子、以贝板为教具的 STEAM 课程。相比传统的科学实验、编程机器人类的教育产品，贝板是一款可以无限延伸的高科技产品，音乐、编程、语言、数学……所有的功能都通过游戏底图实现。七田真的早教贝板，包含 10 个主题游戏主图，启迪幼儿数学和编程思维。通过云服务报告，量化幼儿基础认知能力，挖掘孩子的无限可能。

以贝板为教具的 STEAM 课程有 2 个特点。(1)轻松入门。七田真贝板的游戏底图有不同难易程度的进阶设计，适合 4 岁以上的宝宝使用，一些简单的小游戏还适合 3 岁的宝宝。通过趣味的游戏方式，培养宝宝的兴趣，激发宝宝的潜能，让孩子轻松入门，爱不释手。(2)课程形式多样化。七田真结合美国 STEAM 教育特点和中国宝宝现状，开设了录播课、直播课、专项系列课等多种授课模式，无论所在地有无线下中心，都能够体验到优质的 STEAM 教育。

三、课程的作用

STEAM 课程可以提升幼儿的语言表达能力，在合作活动中，为了能够更有效地完成任务，幼儿必须清楚表达自己的想法，如材料的使用方法、怎么拼接材料等，才能够让同伴明白自己想要传达的意思。整个过程中都一直在锻炼幼儿的语言表达能力。除此之外，幼儿操作过程中，精细动作也得到了进一步的锻炼与加强。除了语言表达能力之外，STEAM 课程还能在学生解决问题的过程中培养探究精神以及与同伴合作交往的能力。

就培养目标而言，幼儿 STEAM 教育着眼于培养儿童的 STEAM 素养。而 STEAM 素养作为一个有机整体，包含了科学素养、技术素养、工程素养、人文素养和数学素养等诸多方面，但这些学科素养是这几门学科交叉形成的相关知识和能力、态度、情感、价值观的整合体，把学习到的零碎知识与机械过程转变成探究真实世界的综合能力。

在 STEAM 理念视角下开展幼儿园科学领域活动，使幼儿在跨领域、多学科、真实性的问题情境下去尝试思考、设计、操作、反思，在不断的循环中激发幼儿的探究兴趣与欲望，提升其实践动手能力与问题解决能力，这对于幼儿的全面成长与科学素养的培育具有重要的价值和意义。

第七节　智慧育儿课

智慧育儿课，是针对家长开设的课程，是传统的“家长教育”在当今时代的表达和诠释。“家长教育”的观念和说法，最早产生于美国。1920 年 Alfred Adler 提出“parent education”，到现在，100 多年里，很多领域的研究者都提出了各自的定义。如：提升父母的教养水平和能力——向父母和教养人提供的系列课程、支持性服务和资源，对参与者在养育子女方面具备的信息、意识和技能产生影响；能够支持、提高他们健康养育子女的能力和信心(Auerbach，1968；Fine，1980；Carter，1996)；改善家庭关系——帮助父母(包括计划成为父母的人)理解父母、子女的角色，改善亲子关系(Gillian Pugh and Erica De' Ath，1984)；父母的自我完善——促进父母的发展和学习，既包括育儿知识、技能，也涉及对婚姻的科学认识，像对婚姻角色和婚姻关系中的个人特质，家庭中成员的个别需要的认识。[①]

在国内，对“家长教育”的也是十分重视。近代著名教育家陈鹤琴最早提出了“家长教育”的观念：“父母，不是容易做的，一般人以为结了婚，生了孩子，就有做父母的资格了。其实不然，我们知道，栽花的人，先要懂得栽花的方法，花才栽得好；养蜂的人，先要懂得养蜂的方法，蜂才养得好；甚至养牛、养猪、养马、养鸟、养鱼，都要先懂得专门的方法，才可以养得好。难道养小孩，不懂得方法，可以养得好吗？”[②]陈鹤琴的《怎样做父母》一书，可算作中国现代最早的家长教育教材。20 世纪 20 年代，鲁迅在《热风·随感录二十五》一文中说：“父亲可以分成两种，其一是‘只会生，不会教’；第二种是生了孩子，还要想怎样教育，才能使生下来的孩子，将来成一个完全的人。”他主张开办“父范学堂”，即为使父亲获得抚养教育子女的知识和技能所开办的教育机构。这些都说明，中国开始接受家长教育的理念和做法。

智慧育儿课，是新时代早期教育区别传统的最显著的区别之一。它的定位在于指导家长，而不是直接教育孩子；从家长的需要出发、以家长的发展为归宿，着眼于改善家长的教养行为、观念；目的在于帮助家长建立科学的育儿观念、育儿技巧、提升育儿质量。智慧育儿课，不单是协助家长做称职、有效能的父母，更重要的是协助家长投入父母角色，反思对子女的期望，学习关心、爱和支持孩子，促进家长和孩子的共同发展。

随着现代家长自身素质的不断提高，他们也意识到了早期教育的重要性，也会通过书籍、互联网等多渠道去获取育儿知识，但很多育儿知识都是直接告诉家长怎么做，却很少提及“为什么”。比如，很多书籍介绍孩子到了哪个月龄，就应该玩什么游戏。家长就容易在这些月龄段和游戏之间建立刻板联系，而忽略了月龄指是孩子所处发展阶段的大概标志。并不是仅仅根据月龄，关键要看孩子发展到了哪个阶段，从而决定玩哪些游戏，发展哪些能力。由于大众传媒快速传播的特点，所以家长信息获取得并不完整，这就容易造成认知上的误区，很多家长对科学的教养理论的认知不全面，盲目相信规律，而忽视了孩子的个性。基于此，很多早教机构开发了智慧育儿课程，更多方位、更全面，给家长科学的育儿理论与实用的

---

① 程洁. 上海市 0 ~ 3 岁婴幼儿早期教育指导体系中的家长教育[D]. 上海：华东师范大学，2005.

② 陈鹤琴. 家庭教育：怎样做好父母[M]. 北京：中国致公出版社，2001.

育儿方法。

一、课程对象

传统的家长教育,针对的是家长。但是,中国目前正处在“传统社会结构”向“现代社会结构”过渡的“转型期”。社会经济形态发生重大转变,对现代家庭的角色分工提出了新的要求。随着女性就业的普遍化,双职工家庭成为社会主流。在夫妻双方都工作时,家中婴幼儿如何抚养的问题就很突出。随之产生的隔代教养、保姆教养的问题也很突出。

根据人类发展生态学,构成婴幼儿周围微观系统的要素包括,教养人对婴幼儿的教养活动、家庭成员和婴幼儿的日常互动;角色包括,父母、保姆、祖辈、其他家庭成员;人际关系模式包括,母婴关系、父子(女)关系等亲子关系,与祖辈的关系,与保姆的关系。微观系统中,所有的活动、角色以及人际关系,必须是婴幼儿直接面对和接触的。[①]

基于婴幼儿生存的微观系统,智慧育儿的主要对象不仅仅局限于父母,还必须重视祖辈、保姆等非父母的主要教养人,重视他们对婴幼儿发展的影响。所以,智慧育儿课的对象应该是包括父母在内的整个家庭系统中的教养人,即个体家庭中所有和孩子有关联的人。

智慧育儿课,特指针对 0 ~3 岁婴幼儿家长的教育、指导、服务等一系列的支持,此处的家长,非社会意义上的“一家之主”,也非法律意义上的“监护人”,而是教育意义上的“家庭主要教养人”,即基本围绕孩子的教养者和生活在孩子身边的家庭成员。

二、课程内容及形式

新时代的家长教育——智慧育儿课,教育的重点不仅放在怎样教育子女上,同时包含如何做父母;在对子女的教育上,不仅包括对子女的社会顺应的帮助,更重要的是对子女人格独立的尊重;教育的任务,不再单纯配合学校教育,更多的是立足子女终身发展,并突出家长和子女的共同发展;教育的内容,不再是教养技能的提高,还着力于提升亲子关系;教育成功的直接受益者是家长,改善的是家庭教育质量,间接受益者是儿童,真正影响的是整个社会的安和乐利及国家民族的进步富强。[②]相比传统的家长教育,智慧育儿课更突出家长和子女的共同发展、提升亲子之间的关系两方面,帮助家长在亲子双方的自我发展和亲子关系方面,扩展视野,获得相关知识和技能。

开展针对婴幼儿家长的“智慧育儿课”,所需要的知识储备涉及“婴幼儿早期教育”与“家长教育”两块。关于“婴幼儿早期教育”的知识,侧重婴幼儿身心发展规律、婴幼儿早期教育方法等。关于“家长教育”的知识,可以从心理学、社会学、人类学、生态学和辅导学等的理论和研究中获取。

根据家长的需求和各早教机构的实际情况,现阶段国内智慧育儿课形式可归纳为两种类型,即传授式和互动式。传授式的类型有父母课堂、亲子学堂、专家咨询、网上查询、热线电话、资料宣传等,主要由专业人员向儿童家长宣传科学育儿的意义,传授具体的指导内容

---

① 程洁. 上海市 0 ~3 岁婴幼儿早期教育指导体系中的家长教育[D]. 上海:华东师范大学,2005.

② 张宇莲. 台湾的家庭教育[J]. 深圳信息职业技术学院学报(综合版),2000(1):35 –39.

与方法,为家长育儿提供咨询、答疑解惑等。传授式的内容往往带有普遍性和系统性,有时并不能满足个别化的需要。互动式的类型有送教上门、育儿沙龙等,由专业人员与家长进行个别化的交流与研讨,其优点是能调动双方的积极性,帮助家长解决急于想了解的问题。智慧育儿课的课程形式多样,根据渠道也可分为线上和线下课程,本部分列举一些主要的课程形式予以概述。

(一)线下课程形式

1. 亲子活动指导

亲子活动,是指教养人和婴幼儿共同参与的游戏、活动,不仅仅面向孩子,同时也面向家长。在举行亲子活动时开展智慧育儿教育,是非常直接且有效的。按指导手段大概分为:口头指导、示范指导和环境指导三种。按照指导的对象可分为:集体指导(一对多)和个别指导(一对一)。一般早教机构将多种方式相互融合,根据活动内容选择合适的指导方式。

(1)随时随地的口头指导。

口头指导,是指通过口头交流的方式,向家长传达教育理念,分享教育方法,从而实现对婴幼儿家长的指导。口头指导最大的特点就是随机,在亲子活动中随时进行指导,一般侧重介绍科学育儿的理念、科学教养方式,或"孩子的优缺点、哪里需要再发展一点"等在具体活动中的表现。只要有面对面的机会,就可以随时随地交流。因为口头指导的方便性,所以也成为最常用的手段。但随机不等于随意、无意,在指导的时候也要把握好时机。

(2)立竿见影的示范指导。

示范指导,是指教师和孩子共同完成游戏、活动,向家长示范如何和孩子互动。这种形式指导效果比较立竿见影。教师在向家长示范了与孩子的互动过程后,可以在接下来的亲子活动中马上观察到家长的运用。通过及时参与,家长对指导要求不仅"心领神会",而且通过"执行"来强化印象。而且,家长在指导孩子时,并不是简单地对教师示范进行"重复",而是结合了自己和孩子的特点进行两者互动。

在早期教育指导中运用好示范指导的关键在于把握示范的重点,在于把做法的要领和原理、理念,通过示范让家长形象化地理解;除了具体方法的介绍外,更主要的是对孩子发展态度的示范;不要把示范的目标放在"孩子的成功"上,而要关注"家长的进步"。

(3)巧用资源的环境指导。

环境指导,是指通过在早教机构中创设与婴幼儿发展月龄相适应的环境,包括设施设备、玩具、课程、游戏等,让家长带着孩子感受早期教育的做法和理念。比如,通过课程,根据孩子年龄及教育目标设置课程及游戏,根据课程的需要布置环境、提供材料,通过与环境的互动不仅让家长了解孩子的身心发展规律,还可以借鉴教育手法,运用到家庭教育中去,根据宝宝的生活经验在家里自编情节内容。

再如,通过教玩具进行指导。早教指导机构有大量的教玩具,教玩具本身就是对家长的有效指导,特别是对祖辈、全职妈妈等相对有时间的家长而言,这种透过环境的"潜移默化",很容易让家长领会。家长熟悉机构的教玩具后,可以利用家里的日常用品,多给孩子一些简单的、半成品玩具。家庭自制玩具还能创造出不一样的玩的方法,像酸奶罐子、冰淇淋盒子,把它们叠起来垒高等。

家长正是通过孩子与环境和材料的互动，了解教育的意义，比如在孩子不断垒高盒子的过程中，家长知道了实现手眼协调的方法，通过孩子上下坡的活动了解平衡性与控制身体的能力。早教指导者与家长的互动、家长之间的互动，都能够影响家长，成为开展家长教育的途径。

(4) 集体指导与个体指导。

亲子活动如果按照指导的对象来分，也有两种：集体指导（把家长集中起来，以班级或小组的形式，统一进行指导）和个别指导（一对一指导）。在内容上，集体指导偏重规律性的、面上的指导，特别是一些重要的教育理念和普遍存在的问题；而个别指导则关注个性差异，讲究一对一的指导，更有针对性。集体指导直接体现效率，个别指导更具有针对性，两者结合所产生的教育效果是明显的。这里既有理念说教，又有方法指导，还有发展评价，应当说是早教指导机构中比较受家长欢迎的指导方式。

当然，绝对不是各种指导形式自成一家。多种指导模式的融合多元才是有效的，它们往往互相结合，发挥出最大效力。指导者示范，直接指导家长在家庭中怎么做；课程启发，家长感悟如何借鉴；指导者和家长口头交流，互通信息。所有这些汇总起来，对家长的指导就更有针对性、更有效。指导中要充分关注家长的不同特点。比如，通过口头指导实现家长教育，需要充分把握不同对象，选择适合的"语言"。能被对象理解、接受的"语言"，才能完成有效的指导。例如对老人、祖辈指导，要善于倾听，先听后讲，不能用一种命令式的口吻；听了以后，要先肯定家长做得好的方面，然后再提建议，"如果我们试试这样做，宝宝说不定会更聪明，发展得更好"。

2. 线下讲座、咨询

线下的讲座、咨询是"智慧育儿课"开展的有效方式之一。讲座、咨询常常结合在一起，大部分早教机构会定期开展讲座，或者至少每月开展一次讲座或咨询。一般机构都会邀请"从事学前教育的特级教师、学科带头人、区教育学院（教研室）教师、0～3岁早期教育方面的专家、心理学专家"等，为家长解决最实际的问题。

线下讲座的出发点是面向家长，所以要根据家长的需求，在内容和形式上都考虑家长。以家长为考虑中心，服务家长，结合孩子的情况具体跟家长讲。讲座的形式也可以增加互动并且更多元化。

3. 家长沙龙

家长沙龙是能够充分调动家长主观能动性的一种指导途径，在家长教育中也经常使用。家长沙龙作为幼儿园家园共育的传统形式，实现了家园互动和家长间的交流。早教机构的教师，把这种形式移植到0～3岁婴幼儿早期教育中，开办"家长沙龙"，让家长之间开展交流，现身说法，让他们分享彼此在育儿中的经验。

4. 送教上门

送教上门是在特殊情况下针对有需求的家庭的服务。对于婴幼儿家庭而言，送教上门显得尤为重要。因为这种形式，大大方便了不容易外出的婴幼儿及其家长。而对于有特殊需要儿童的家长，送教上门更似雪中送炭，教师上门指导，把个别化训练放到家里去做。送教上门使家长承担的成本最小化，几乎是"零成本"接受指导服务。有时候，教师也会上门去拍摄录像，把家长对孩子的教养情况、整个家庭的情况拍下来，然后在家长经验交流会上，再和家长一起观看，进行点评。家长从这个点评过程中就能看出，什么地方做得比较好，什么地方做得不够，从中学习育儿经验。

（二）线上课程形式

互联网时代，也大大拓宽了智慧育儿的形式。相对传统的线下指导，线上课程指导因不受时空地域限制也深受家长们的喜爱，如一些网站、公众号的育儿文章，社群互动，主题微课，等等。

现代电化教育设备的运用大大拓展了指导家长的形式，并且能引发家长的兴趣，在指导者和家长之间形成密切的互动，符合现代家长教育发展的潮流。网络的便捷、迅速，扩大了早教指导机构的辐射范围，使家长和早教指导机构的“距离”缩短；网上交流突破了时空限制，满足了家长在接受育儿指导时对时间、空间的要求，极大地方便了家长。家长足不出户，一样可以接受到早教指导。

智慧育儿课，从整个环境的角度出发，不仅包括传统意义上的“教育”，还包括互动、交流、服务等所有能够给予家长支持的途径，不仅涵盖线下，也涵盖线上教育。不是说所有的课程形式自成一家，而是多种形式互助，才能更有利于智慧育儿课的开展。

三、课程目的

开展智慧育儿课的直接目的是提高家长的教养能力、提升家庭教育的质量，间接目的是让孩子全面发展、让家长发展。

（一）着眼于孩子的发展

在很多早教机构，对智慧育儿课的目标定位于孩子的发展。“教育家长，是为了更好地教育孩子。”“提高家长在教育子女、养育子女方面的认识，促进孩子的发展。”在这种情况下，很多早教机构基本上成为一个孩子活动中心或是早期教学场所，而家长在陪伴孩子的同时，通过了解中心安排的活动，观摩教师的教学指导，来学习促进孩子发展的具体技能。通过“智慧育儿课”，婴幼儿将获得更适合自己特点的教养方式。

（二）着眼于家长的教育素养

着眼于家长，具体地说，是着眼于发展家长的身心素养和使家长明确自身的职责。任何一个教育目的，在其构成上，都离不开素质和职责这两个组成部分。智慧育儿课的另一个目的是提高家长自身教育素养和对年幼儿童（而不仅仅是自己的孩子）的教育职责的认识。

1. 家长的教育素养

智慧育儿课通过传授科学育儿理念，发展家长的身心素质，使其具备基本的家长教育观念。许晓晖和庞丽娟认为，科学的家长教育观念由儿童观、目标观、方法观和评价观构成。首先是儿童观，儿童观是儿童家长教育观念形成、发展的基础。家长应认识到，儿童既不是无知无能的，也不是小大人，他们有其不同于成人的独特的生理、心理特点；儿童具有发展的潜力和创造力，是一个全方位发展的人。其次是目标观，只有在科学教育目标的指导下，家长才能采取适宜的教育方法，进行全面客观的评价。同时，科学目标观的确立，也有助于家长对儿童做出进一步全面正确的认识。对于孩子的先天不足,能够以积极的心态接受,将其视作孩子的独特个性。再次是方法观,即指家长在对儿童与教育目标有科学认识的基础上,要学习掌握儿童心理、教育方法,形成科学有效的方法观。通过智慧育儿课,帮助家长掌握婴幼儿心理发展规律,使教育有的放矢,处理好全面性与个性的关系。最后是科学的评价观。目标实现与否以及实现的程度如何,甚至对目标的调适、对方法的选择等都需要家长形成一套科学的评价观念。①

2. 家长的教育职责

家长作为教育对象,除了要具备身心素质及基本的教育观念外,还应承担一定的社会责任。发挥什么样的作用,要做出什么样的社会贡献、承担什么样的社会职责,都是智慧育儿课教育目的涵盖的内容。对于早教机构而言,家长必须参与孩子的早期教育,让家长成为教育孩子的共同培育者。同时,家长也承担着传播科学的教育理念的责任,在自身接受教育后,应该把掌握的科学理念传达给其他人,特别是孩子的其他教养人。

通过智慧育儿课,家长可以掌握适合自己孩子特点的教养方式、相处方式,这种在婴幼儿早期建立的和谐的亲子关系,将为整个家庭文化奠定良好的基础。此外,家长还可以了解科学的教育观念和方法,通过在孩子婴幼儿期积累的教育经验和体会,成功地当好父母,实现其个人价值和社会价值。

在早期教育课程中,开展智慧育儿课所追求的是,婴幼儿和家长在和谐的关系中共同发展。通过科学的方法,在婴幼儿和家长之间建立亲子相处、教育抚养的和谐关系,形成教养的和谐、相处的和谐、爱的和谐,进而促进婴幼儿的发展,同时也实现家长个体的发展,并进一步促进整个家庭实现和谐、获得发展。

父母是孩子的第一任教师,但并不是天生的教师。基于人类生态学理论,作为主要教养人的家长和婴幼儿,处在彼此生态系统最核心的位置,彼此影响是互动的;基于终身教育理论,从婴幼儿阶段开始,对家长进行教育、指导,将为孩子一生的可持续发展奠定家庭教育的基础。很多心理学的研究也表明,家庭作为儿童社会化的第一场所,父母作为儿童社会化的最重要的动因,对儿童的性格、行为、性别角色形成、成就感和道德观念等多方面有重要影响。

随着孩子年龄的增长,家长需要不断学习儿童不同年龄阶段的生理、心理特点;随着社会的迅速发展,家长需要不断转变观念,改进行为,以适应时代前进的步伐。家长是一个专业。在漫长的家长生涯中,家长们需要教育和训练,才可以成为有效能的父母。

本章小结

本章介绍了市面上常见的九类综合性早教课程,有针对孕期的胎教课程,也有针对婴儿期的亲子课、基础能力课,还有语言、艺术、科学类专项课程,以及针对家长的智慧育儿课。早期教育课程不管是内容还是形式上,都是与时俱进不断变化创新的。教学理论方面,国外对儿童早期教育的研究起步较早,在教育学、心理学、脑科学等领域的研究成果层出不穷,国

① 许晓晖,庞丽娟. 关于新世纪家长教育观念的思考[J]. 教育理论与实践,2001(7):62－63.

内的早教机构课程也基本是以这些知名理论作为支撑，如蒙台梭利、瑞吉欧、多元智能、感觉统合、大脑开发等。但随着脑科学的发展，在接收这些课程理论及其教学模式时，必须根据婴幼儿发展的实际需要和特定的社会文化背景对课程内容做相应的修正和改良，努力构建符合婴幼儿发展的课程体系。教学方法上也是不断推陈出新，随着物联网、人工智能、云计算、大数据等先进技术的不断发展，通过资源在线化、内容数字化、AI 智能化，不断开辟了从作业智能平台，到个性化教学的新模式，进入了“互联网 + 教育”的新时代。

不管课程的内容如何、方法如何变化，早期教育课程始终要坚持科学的发展观，尊重婴幼儿身心发展的普遍规律及个体独特性，以婴幼儿的成长发育为中心。早期教育的本质都要保障教学效果，以人为本，为每个孩子提供最适合的教育。

第五章　早期教育环境

导语

早期教育除了注重内容、方法、课程等软实力之外，早期教育的环境也是影响婴幼儿身心成长发育的不可忽略的部分。空间环境是人们对进入一个地域的最直观印象，早期教育的环境能够提供良好的外部条件，影响婴幼儿的心理感受和相关行为，给予婴幼儿一定的安全感和归属感，从而促进婴幼儿的学习及正面信息的传递。

第一节　早期教育中心环境

众所周知，教师能通过教学方法影响学生的学习环境，以此增强学生学习的能力以及在课堂中的舒适度。同样，教室的设置环境也能增强孩子对教师的接受度以及学生学习的意愿，从而改变学生的学习效率。本节我们将要讨论一些方法和规范，帮助父母与教育从业者创造一个欢迎以及支持所有学生的环境。

总的来说，每一个教室的建造都需要考虑以下三个方面：

自然性，包括了光线、声音、温度、空气质量，以及教室与自然的连接；

个体化，包括个性化、灵活度，以及联结度；

合理刺激，包括复杂性以及颜色。

一、自然性

（一）光线

教室中的光线主要分为自然光与电力照明两个部分。自然采光的好坏能够直接影响学生的学习成绩，比如阅读词汇量的多少与科学考试分数。大数据研究表明，更大的窗户尺寸，以及避免太阳直射的采光条件对于提升学生的学习成绩有着最好的效果。而在电力照明上，不仅应该保证充足的照射区域，更应该保证电力照明的质量。质量不好或者不适合的电力照明容易引起头疼、视力的损伤，甚至阻碍学生的正常发育。全谱系的灯光（包含微量紫外线），因为其发出的光最像日光，被证实能对学生产生最好的学习效果（Hathaway，1995）。

整体来看，教室里的所有区域都应该保证光线充足，自然光线无法照射到的地方应该提供充足的电力照明。另外，教室的区域布局需要与采光结合起来考虑。比如美术区与阅读区都应该尽量设置在有充足的光线的地方,比如在窗户附近,可以提供给孩子近距离关注细节材料或者阅读书籍的机会。

早期教育中心教室示例

（二）声音

声音可能来自于教室内部或者外部。当教室里的声音程度阻碍而非促进儿童参与活动和交流的过程,那么选用窗帘或百叶窗、地毯和软木板等材料会有助于减少部分噪声。

早期教育中心的选址应尽可能远离机场、交通要道或者十分嘈杂的商业区域。

（三）温度

适宜的温度能够促进学生学习的效率,而较高的温度可能导致大脑消耗能量(葡萄糖)的速度变快,甚至产生更多的应激性激素,加重学生的精神压力。

对于学习来说,最佳的温度在 20 摄氏度到 23 摄氏度之间。[①]

当把温度由 25 摄氏度调到 20 摄氏度时,学生在算术以及语言的相关测试中的表现明显提升(Pawel & David,2007)。

所以教室应该控制或尽量避免太阳直射造成的过热,增加百叶窗或窗帘提供遮挡,教室中应该设置恒温器,把温度控制在最适宜学习的温度。

（四）空气质量

在过去的几十年内,人们对于室内空气质量对健康的影响越来越关注,特别是对于孩子的健康,因为他们的呼吸系统与免疫系统都还没有完全发育。空气中颗粒物(Particular Matter, PM),尤其是 PM 2.5与 PM 10,对呼吸道具有穿透性,而孩子呼吸的时候习惯用嘴巴呼吸。

根据一项欧洲的大样本研究表明(近一万名儿童),孕妈妈在孕期遭受空气污染的程度(由空气中的颗粒物浓度衡量),特别是 NO_2(交通中机动车的尾气排放是主要来源)的浓度,与出生后(1 ~6 岁)孩子的心理运动能力(包括灵活性、反应时间、手眼协调、速度控制等

① EARTHMAN G I. Prioritization of 31 criteria for school building adequacy[Z]. Baltimore, MD: American Civil Liberties Union Foundation of Maryland, 2004.

与肌肉运动相关的活动）成反比，但是在孕期空气污染的指数对孩子成长后认知能力的发育影响并不显著（Guxens et al. ,2014）。

而另一项研究表明，儿童成长环境中的空气污染对于儿童的认知发育有着十分严重的影响，儿童的智力（IQ）发育与成长环境的空气污染程度成反比，即使在这些儿童的社会经济水平与其他儿童相同的情况下（即成长环境的空气污染与家庭的社会经济地位无关）。相似地，长期遭受空气污染会使得儿童（7 ~ 11 岁）的工作记忆、执行功能、持续性注意、计划能力、手眼协调能力都显著下降（D' Angiulli,2018）。

（五）与自然的连接

与自然的连接包括了从集体组织野营到自然教育，再到教室中绿色植物的摆放。大部分的研究都赞同与自然的连接对学习有促进作用。

自然可能通过下面几种方式增进孩子的学习效果：（1）缓解疲劳，让孩子能够长时间集中注意力（Li and Sullivan,2016）。（2）减轻压力，让孩子的心跳变得比较缓慢，在课堂上的肾上腺素分泌更少（Dettweiler et al. ,2017）。（3）增加自控力，增加孩子延迟满足的能力，降低孩子多动的不安分表现（Faber Taylor et al. ,2002;Flouri et al. ,2014）。（4）增加孩子的主动性，让孩子主动参与到学习中并享受学习的过程（Becker et al. ,2017），这种主动性是内在的主动性，是孩子积极参与和长期对学习产生兴趣的关键。（5）提供更平和、安静的学习环境，这样的学习环境会减少孩子侵略性的举动，从而减少孩子与孩子间、孩子与教师间的冲突（Nedovic and Morrissey,2013）。（6）提供丰富的学习材料，不管是石头、小虫子，泥土还是树枝，都能让孩子充满想象力地玩耍，并能够促进孩子之间的交流讨论等社交行为（Bundy et al. , 2008）。

而通过以上几种作用的方式，基于自然的指导与教学方法被证明能够产生比一般教学方法和环境更好的结果（更高的标准测试分数），而除了学习成绩外，自然体验可能对于人格培养也是有帮助的，对于获取内心的以及人际交往间的良好品质，比如坚持、批判性思维、领导力、交流能力等可能都有帮助（Truong et al. ,2016）。这方面的研究虽然很少有明确的量化证据，但是所有关联性的研究都很统一地支持着这种可能性。

二、个体化

（一）个性化

教室的布置应该尽量照顾到不同性格的学生，给他们提供发展各种技能的机会和空间。

有些学生比较喜欢独处，那么就应该给他们提供安静的个人空间，如读书区里僻静的小角落，注意需要提供充足的光线以及舒适的坐垫。而有些学生比较喜欢团队合作，那么就应该帮助他们创设儿童参与小组，小组的活动成人不应该过于干涉。

比如如果需要培养学生的自理能力和自我概念的形成，那么就应该为他们提供单独存放自己物品的空间，比如存放外套和鞋子的小柜子，存放作业或者美术作品的抽屉和展架，以及向他们提供自我清洁的设施。

（二）灵活度

活动区域的大小应该遵循科学的设计。相比于年龄较大的学生，年龄较小的儿童更适应于小型的、界限明显的安静区域。这些区域不仅能够鼓励学前儿童更迅速地投入游戏当中，而且能使之维持更长的游戏时间，以及参加更加复杂的活动和游戏。所以可以在中心设置诸如阁楼这样的空间，当有多个活动需要共用一些空间的时候，尽量把容易移动的物品和设备放置在这些区域。如教室中可以分出一块区域专门做一些低频率的大组活动，这些活动包括搭积木、听音乐，或者作为大肌肉群运动区。

另外，所有的区域路径应该标记清晰，界限明确，而通向一个区域的路径不能穿过另一个活动区。因为这样会干扰其他学生正在进行的活动。

活动区域设计示例

（三）联结度

一般来说，摆放整齐、横平竖直的课桌能让学生更方便地移动，但是这种摆放对于创造一个温暖、友好的环境可能没什么帮助。相比之下，半圆形的，或者成堆的（Cluster）课桌摆放可以鼓励学生之间的团队合作学习，在学生间建立起班级小队的感觉，另外也能最有效地使用空间（Bucholz & Sheffler, 2009）。所以，总的来说，最好的课桌摆放应该是能够给每个学生都有主动投入学习的机会，在合适的机会下促进他们之间相互协同学习，同时也能保证让学生安全地在其中行走。

课桌摆放示例

三、合理刺激

红色与橙色会使儿童感到紧张与不安，而蓝色与绿色能够让儿童感受到平静。另外，暗色调会吸收教室中从窗户透进来的阳光，更有可能会让人产生困意与倦怠的感觉（Hathaway，1987）。

对于学前的儿童来说，黄色或者米白色能够吸引他们的注意力，所以是布置教室最好的主色调。在需要安静的区域，如阅读区，使用蓝色、绿色，或者米色的布置能够帮助儿童保持情绪的平静，让他们感受到放松。

参考文献：

[1] BECKER C，LAUTERBACH G，SPENGLER S，DETTWEILER U，MESS F. Effects of regular classes in outdoor education settings：a systematic review on students' learning，social and health dimensions[J]. International journal of environmental research and public health，2017，14(5)：485.

[2] BUCHOLZ J L，SHEFFLER J L. Creating a warm and inclusive classroom environment：planning for all children to feel welcome[J]. Electronic journal for inclusive education，2009，2(4)：178.

[3] BUNDY A C，LUCKETT T，TRANTER P J，etc. The risk is that there is "no risk"：A simple，innovative intervention to increase children's activity levels[J]. International journal of early years education，2009，17(1)：33－45.

[4] D'ANGIULLI A. Severe urban outdoor air pollution and children's structural and functional brain development，from evidence to precautionary strategic action[EB/OL]. [2018－04－04]. https://doi.org/10.3389/fpubh.2018.00095.

[5] DETTWEILER U，BECKER C，AUESTAD B H，etc. Stress in school：some empirical hints on the circadian cortisol rhythm of children in outdoor and indoor classes[J]. International journal of environmental research and public health，2017，14(5)：475.

[6] EVANS G W，MAXWELL L. Chronic noise exposure and reading deficits：the mediating effects of language acquisition[J]. Environment and behavior，1997，29(5)：638－656.

[7] FLOURI E，MIDOUHAS E，JOSHI H. The role of urban neighbourhood green space in children's emotional and behavioural resilience[J]. Journal of environmental psychology，2014，(40)：179－186.

[8] GUXENS M，GARCIA－ESTEBAN R，GIORGIS－ALLEMAND L，etc. Air pollution during pregnancy and childhood cognitive and psychomotor development：six european birth cohorts[J]. Epidemiology，2014，25(5)：636－647.

[9] HATHAWAY W E. Effects of light and color on pupil achievement，behavior，and

physiology[J]. Council of educational facility planners, international, 1987,25(2):34.

[10] HATHAWAY W E. Effects of school lighting on physical development and school performance[J]. The journal of educational research, 1995,88(4):228 –242.

[11] LI D, SULLIVAN W C. Impact of views to school landscapes on recovery from stress and mental fatigue[J]. Landscape and urban planning,2016,(148):149 –158.

[12] NEDOVIC S ,MORRISSEY A M. Calm active and focused: children's responses to an organic outdoor learning environment[J/OL]. Learning environments research, 2013,16(2):281 –295. https://doi.org/10.1007/s10984 –013 –9127 –9.

[13] SIMMONS F R, WILLIS C, ADAMS A M. Different components of working memory have different relationships with different mathematical skills[J]. Journal of experimental child psychology, 2012,111(2):139 –155.

[14] TAYLOR A F, KUO F E, SULLIVAN W C. Views of nature and self –discipline: evidence from inner city children[J]. Journal of environmental psychology,2002,22(1):49 –63.

[15] TRUONG S, GRAY T, WARD K. "Sowing and growing" life skills through garden –based learning to reengage disengaged youth[J]. Learning landscapes, 2016,10(1):361 –385.

[16] WARGOCKI P, WYON D. The effects of moderately raised classroom temperatures and classroom ventilation rate on the performance of schoolwork by children[J]. HVAC&R research,2007,13(2):193 –220.

第二节　早期教育家庭环境

家庭环境在儿童的生存与发展中起着至关重要的作用,多项研究表明,早期优质的家庭环境能够帮助或加速孩子认知能力成长,这些环境包括:安全以及整齐的周边环境,提供给孩子玩耍、探索、发现的机会,有着适宜孩子发展的书籍以及玩具。比如,多篇文献指出,学前儿童的家庭环境质量能够稳定地预测上学后的言语能力、空间能力(Kelly et al.,2011; Anders et al.,2011)。

在国外,对于家庭环境的评分一般通过家庭环境评估量表(Home Observation for Measurement of the Environment,HOME)进行测评,该项量表一般分为0~3岁(婴儿期)、3~6岁(幼儿期)、6~10岁(儿童中期)、10~14岁(青少年早期)、16~21岁(青少年晚期)五个阶段。本节只根据前面两个阶段的评分内容进行讨论。

一、父母态度

在早期教育的家庭环境中,父母的态度占有很大的比例,其中包括:(1)父母在感情与语言上对于孩子做出回应的及时性,即应答及时性(Responsivity);(2)父母对于孩子不尽如人意的表现的接受程度以及是否避免惩罚孩子,即对孩子的接受度(Acceptance);(3)父母如何与孩子进行生活中的互动,即参与程度(Involvement);(4)父母是否能给孩子树立好的榜样,即示范性(Modeling)。

父母对孩子发出信号（比如哭泣）的及时应答，能给孩子创造一个信赖的氛围，让他们感受到世界的友好，并给他们一种对于自身的掌控的感觉。有研究表明，在 6 个月时，父母的应答及时性与孩子在 13 年后的智商、考试成绩、课堂表现都成正比。

在和孩子互动的过程中，无论是交流还是玩耍，都应该主动尝试进入他们感兴趣的话题和世界，避免打扰他们当下专注的事情，或用其他的物件和事情转移他们的注意力。这样有利于培养他们持续性的注意力（Graziano et al. ,2011）。

二、实体环境

除了父母与孩子的互动外，家庭的实体环境也是一个影响孩子认知发育的重要因素。其中包括：家庭的整洁，家庭中提供足够的空间，家庭内的安全，以及家庭周围环境的健康。

家庭中应该随时保持基本的整洁，家长应该给孩子上好关于保持卫生的生理课，在家中常备清洁物品，并且让孩子养成勤洗手的好习惯。

住在一个过于拥挤的家中可能会在多个方面影响孩子的健康。缺少一个舒适的、安静的空间会使得孩子难以认真学习、阅读，进一步影响他们在学校的表现。当空间拥挤时，不同家庭成员的不同活动可能会影响到孩子睡眠，而缺少优质的睡眠会使得孩子在白天难以集中精神，并会进一步对他们的情绪和行为产生负面影响。最后，缺少个人空间会使得孩子产生压力，进而难以与家庭成员进行正常的社会交往与情感交流，从而进一步产生行为上的问题。而在过于拥挤的家中，家长一般来说比在正常空间中生活的家长对孩子活动的积极应答也会减少，对于孩子活动的参与度进一步下降，比如不能辅导孩子做作业，更少关心孩子在学校的成绩等等。

三、学习材料

在婴儿早期，应该提供充分的感官刺激，但是应该避免过分的刺激以及干扰性的噪声。之后，应该提供给婴儿一个促进学习的环境，比如摆放好书籍、有趣的物件（不必是昂贵的玩具），或者提供玩耍的地方。

诸如阅读、讲故事、数数、画画、唱歌等学习活动都能够促进孩子认知发展，同时刺激它们的好奇心。另外，我们需要理解玩耍是儿童时期非常重要的活动，它能促进孩子心灵与身体的共同成长，它还具有帮助孩子锻炼其社会性角色，以及了解社会文化的功用（Viola，2001）。

在培养孩子的想象能力的时候，Bancroft 在 2008 年的研究中指出，在保证孩子安全的情况下，充足的光线以及不定型的材料，比如黏土、金属线、玻璃纸、卫生纸等能够刺激孩子的想象力发展。而在指导孩子的时候，应该注意：（1）让孩子觉得做的项目是有实际意义的，或者能够与实际紧密联合的；（2）给予孩子有限的指导（比如提示孩子金属线可以用来做什么），但同时留给孩子足够的想象空间（Burgess and Addison，2007）。

第三节　早期教育自然环境

自然环境对于孩子心理以及生理发育健康的好处已经被很多文章证实（Kaplan，1989；

Saegert,1982),自然环境(比如树木、绿化、公园)对于儿童的社交、情绪、认知、行为等多个方面都有显著的积极影响。但是,在现今的中国,尤其在一、二线城市中,由于城市化的进展,孩子在自然环境中玩耍的机会越来越少,这不仅会导致孩子对于环境保护的意识下降,更有可能使孩子患上认知障碍、肥胖、糖尿病,甚至因精神压力增大而引发抑郁(Louv,2005)。有数据显示,早在 20 世纪 90 年代,美国就已经有 2.5% 的儿童、8.3% 的青少年患有符合临床诊断标准的抑郁症(Birhaher et al. ,1996)。

在自然环境中玩耍是一种天然的自由游戏(Free Play),在现代社会中,孩子大量地接触结构化游戏(Structured Play),无论是在课堂上教师布置的任务,还是在家中和父母一起玩的桌游中,抑或是孩子自己选择的教育 APP 和电子游戏。根据美国疾控中心(Centers for Disease Control)的数据表明,现在的孩子玩电子游戏的可能是骑车的 6 倍(Cauchon,2005)。另外,家长对于安全性(比如致病细菌)以及犯罪活动(比如拐卖小孩)的担忧,也在减少孩子在自然环境中玩耍以及探索的机会(Valentine & McKendrick,1997)。

一、自然环境与认知发展

在一项对于孩子生活周边环境绿化程度的追踪研究中,Wells 发现当低收入家庭或者弱势群体的孩子搬到有更多绿化的环境当中后,他们的注意力会有明显的大幅度提升(Wells,2000)。而研究发现,不仅仅是周边的绿化环境对于孩子的认知发展有良好的促进作用,哪怕只是在能看到树木和绿化环境的地方居住,比如在大城市中,能通过窗台望到周边的绿化环境,也比那些居住在看不到绿化环境的地方的孩子有明显的注意力以及冲动控制的优势(Taylor et al. ,2002)。由于自然环境对于正常儿童的注意力有如此显著的帮助,研究人员开始测试自然环境对于注意力缺陷多动症(ADHD)的患儿是否也有改善的作用。结果表明,相比于在人工建造场地(比如沥青篮球场)与室内(比如玩电子游戏),在室外自然环境玩耍后的孩子,专注程度更加集中,完成任务、听从指令都会更好。

儿童在自然环境中玩耍

二、自然环境与学习成绩

鉴于认知能力与学习成绩的强相关性,不难联想到在自然环境中玩耍是否能提升儿童学习成绩的问题。事实确实如此,除了提升认知能力与运动协调性外,多项研究表明接触自然可能提升孩子的学业表现(Rivkin,1997;White,2004)。在 1998 年,Lieberman 收集了来自于美国 40 个不同学校,超过 400 名的学生的标准测试成绩以及他们所在学校的自然环境和在自然环境中设置的课程。结果表明在自然环境中培养的学生的综合成绩,尤其是语言能力与社交能力都要强于传统教学中的学生。在数学方面,有教师这么说:“当我教给孩子比如测量这样的数学技能时,在教室里面,我一教他们就忘了,也不知道怎么去使用教的知识。但是当他们有机会在自然中应用,去测量自然中的小道的时候,他们不仅学得更深入,也记得更牢固了。”(Lieberman&Hoody,1998)

三、自然环境与环保意识

大量研究已经清晰地表明,孩子能够从接触自然中获得身体上以及精神上的滋养,接触自然能够获得的好处却远不止于此。其中一个很重要的方面就是培养孩子对于自然的亲近感以及环保意识。研究表明,在童年正面的积极的与自然接触的经历会影响到孩子之后从事与自然相关的工作选择,以及成年后的环保意识(Chawla,2006)。而在儿童时期,这样的关联也是存在的,有着更多自然接触的儿童会与自然发展出一种更强的个人连接,也更容易发展出保护自然环境的观念。不过要养成这种观念以及与自然的亲密态度,一次或几次的接触是不够的(Newhouse,1990)。

而如果缺乏这种经常性的与自然环境的正面经历,会让儿童发展出对于自然环境的恐惧感、不舒适感,甚至厌恶感(Bixler et al. ,1994)。例如在自然环境中产生对于蛇的过度恐惧,对于自然环境中物体的反感,对于环境的不安全感以及对于犯罪的恐惧(Van Velsor & Nilon,2006),这些对于自然的不舒适感很可能会伴随孩子成长,并且影响孩子对于自然,以及对于保护自然环境的态度的变化。

参考文献:

[1] AIELLO A E, LARSON E L. What is the evidence for a causal link between hygiene and infections[J/OL]. The lancet infectious diseases, 2002, 2(2): 103 – 110. doi: 10.1016/s1473 – 3099(02)00184 – 6.

[2] BIRMAHER B, RYAN N D, WILLIAMSON D E, etc. Childhood and adolescent depression: a review of the past 10 years[J]. Journal of the american academy of child & adolescent psychiatry, 1996, 35(11): 1427 – 1439.

[3] BIXLER R D, CARLISLE C L, etc. Observed fears and discomforts among urban students on field trips to wildland areas[J]. The journal of environmental education, 1994, 26(1): 24 – 33.

[4] BURGESS L, ADDISON N. Conditions for learning: partnerships for engaging secondary pupils with contemporary art[J]. International journal of art and design education, 2007, 26(2): 185 – 198.

[5] CAUCHON D. Childhood pastimes are increasingly moving indoors[EB/OL]. USA TODAY, (2005-07-12)[2009-02-28]. http://www.usatoday.com/news/nation/2005-07-11-pastimes-childhood_x.htm.

[6] GRAZIANO A, CALKINS S D, KEANE S P. Sustained attention development during the toddlerhood to preschool period: associations with toddlers' emotion regulation strategies and maternal behavior[J]. Infant and child development, 2011,20(6):389-408.

[7] NEWHOUSE N. Implications of attitude and behavior research for environmental conservation[J]. The journal of environmental education, 1990,22(1):26-32.

[8] SOLARI C D, MARE R D. Housing crowding effects on children's wellbeing[J]. Social science research, 2012,41(2):464-476.

[9] WHITE R. Interaction with nature during the middle years: its importance to children's development & nature's future[EB/OL]. [2007-06-04]. http://www.whitehutchinson.com/children/articles/nature.shtml.

[10] VALENTINE G, MCKENDRCK J. Children's outdoor play: exploring parental concerns about children's safety and the changing nature of childhood[J]. Geoforum, 1997,28(2):219-235.

[11] VAN VELSOR S W, NILON C H. A qualitative investigation of the urban African-American and latino adolescent experience with wildlife[J]. Human dimensions of wildlife, 2006,11(5):359-370.

[12] WELLS N M. At home with nature: effects of "greenness" on children's cognitive functioning[J]. Environment and behavior, 2000,32(6):775-795.

第四节 早期教育与社会环境

不同的国家,甚至不同的地理区域有着不同的社会环境,而这些社会环境会给孩子的心理成长带来潜移默化的影响。

一、社会环境与语言发展

婴儿导向的语言(Infant-directed Speech)是父母在面向还不会说话的孩子,所进行的特殊的语言交流,这包括了简化的语法,放慢的语速,夸张的语调,重复使用关键词和短语。在刚出生时,婴儿对于这种语言的偏好十分明显,而这种偏好从9~12个月开始下降。

有研究表明,这样的语言能给婴儿带来诸多的好处,比如让婴儿明白声音与词汇意义之间的连接(Estes & Hurley,2013),把婴儿的注意力导向口语。

在大部分的国家里,父母都会不自觉地使用以婴儿为导向的语言,但是不同的国家在使用这种语言时的重点并不相同。比如美国的父母经常使用名词为主的语言,比如“看那个车”“这个是轮子”,而日本的父母经常使用着重社交与礼仪的语言,比如“我给了你……”“你要还给我……”(Fernald and Morikawa,1993)。并不是所有的社会中的父母都会使用婴儿导向的语言。比如肯尼亚以及密克罗尼西亚的伊法利克岛上的居民，他们认为婴儿缺乏对语言的理解，所以和婴儿进行交流是没有意义的（Le，2000； Richman，Miller，& LeVine，2010），即使这些父母与婴儿每天都保持着接触。

有趣的是，无论父母是否在与婴儿交流的过程中使用婴儿导向的语言，只要保证父母与婴儿之间有足够的互动，婴儿的语言发展水平都十分相似。

二、社会环境与运动发展

有研究表明，非洲的婴儿比美国和欧洲的婴儿在坐、走和跑等大运动上都更领先。比如在乌干达，婴儿在 10 个月左右就能学会行走，而在美国，这个时间是 12 个月，在法国，这个时间延长到 15 个月（Gardiner & Kosmitzki，2005）。

有一些社会鼓励运动技能的早期发育，比如在牙买加，母亲通常会很早地让孩子每天进行坐立、爬行、行走的训练。而在另一些社会，相反而言，父母会不鼓励孩子运动技能的早期发育。比如巴拉圭，每当婴儿从母亲身边爬走时，母亲会把他给拉回来，母亲会时刻密切地关注着孩子们，防止他们在不安定的生活环境中受到伤害。因此这些孩子在 18 ~ 20 个月才能学会行走，然而在 8 ~ 10 岁的时候，孩子们都能爬上很高的树，砍下树枝，用高超的运动技巧玩耍（Kaplan & Dove，1987）。从上面两个方面的研究我们能够看出，孩子的运动发育不必要完全遵照一样的时间线，最终也能达到正常的发育水准。

三、社会环境与个人发展

我们对于一个事物的评价以及我们对它产生的情感也是受到社会影响的。比如在强调社会和谐性的社会（例如亚洲）当中，公开表示愤怒是不被鼓励的。恰恰相反，在强调自我表现、自我尊重的社会（例如美国、希腊）当中，像悲伤一类的感情是会获得更多的注意的（Cole，Bruschi，& Tamang，2002）。

孩子的自我意识形成与社会环境也有着十分密切的联系。比如在十分鼓励孩子有自己的自主权的国家和地区（例如德国、印度郊区），孩子能够更早地在镜子测试中认出自己。而相似的，在高度强调个人的国家（例如美国）中，个人的价值、表达自我、自我尊重会受到更多的鼓励；而在强调集体的国家中，对权威的服从、合适的行为、谦虚等品质会受到更多的鼓励。这样文化的不同对于孩子自我定义的影响从 3 岁就开始了（Wang，2004），并且这样的不同在孩子的画画当中就会被表达出来。在强调个人、自主权，以及表达自我的文化中成长的孩子会把自己的形象画得更大；而在强调集体主义、社会交互关系的文化中成长的孩子会把自己的形象画得更小（Gernhardt，Rubeling，& Keller，2014）。

四、社会环境与教养方式

Baumrind 把父母的教养方式分成了三种（Baumrind，1971）：

第一种称为权威式教养，这种方式强调家长的控制以及不容置疑的服从。权威式教养希望孩子能服从一系列规矩，而破坏这些规矩会受到惩罚。

第二种称为放任型教养，这种方式强调表达自我和自我控制。家长会与孩子商量规矩的制定，而且几乎不会惩罚孩子。他们很温暖，不去控制孩子，没有很多期望和要求。这种模式下成长的孩子在上学前会显得比较不成熟，自控力较弱，探索欲望不强。

第三种称为威信式教养，这种方式在强调孩子的自我意识的同时也强调了限度。这种教养方式的家长有爱，对孩子接受度高，但是同时要求孩子有良好的行为，并且在要求这些行为上的态度十分地确定以及坚定。他们会施加一定限度的惩罚，但是这些惩罚是有温度的，并且在良性或鼓励的框架之下。这种模式下成长的孩子在学前的表现为自控力很强、有自我主张、探索欲望很强等。

父母的教养方式反映出当下的社会价值观，比如中国历来有尊老爱幼的传统，而这种传统是通过监管儿童的行为来达到的，强调了个人对于社会秩序的一种责任。所以，虽然很多时候亚洲的家长的教养方式被认为是权威式教养，因为他们对孩子的行为施加了严格的控制，但是这种方式如果在有爱并且鼓励支持性的环境下，那么它其实更像是一种威信式教养。这种现象在美国的非洲裔家庭中也有，这些家庭的家长喜欢用体罚的方式管控自己的孩子，不过这种方式在这些家庭中并没有造成孩子的负面行为，而相反，在美国的白人家庭中，体罚的次数和孩子负面的行为是成正比的（Baumrind，1987）。

参考文献：

[1] BAUMRIND D. Harmonious parents and their preschool children [J/OL]. Developmental psychology, 1971,4(1):99 - 102. https://doi.org/10.1037/h0030373.

[2] BAUMRIND D. A developmental perspective on adolescent risk taking in contemporary America[J/OL]. New directions for child and adolescent development, 1987,(37):93 - 125. https://doi.org/10.1002/cd.23219873706.

[3] FERNALD A, MORIKAWA H. Common themes and cultural variations in Japanese and American mothers' speech to infants[J/OL]. Child development, 1993,64(3):637. https://doi.org/10.2307/1131208.

[4] GRAF ESTES K, HURLEY K. Infant - directed prosody helps infants map sounds to meanings[J/OL]. Infancy, 2013,18(5):797 - 824. https://doi.org/10.1111/infa.12006.

[5] KAPLAN H, DOVE H. Infant development among the Ache of eastern Paraguay [J/OL]. Developmental psychology, 1987,23(2):190 - 198. https://doi.org/10.1037/0012 - 1649.23.2.190.

[6] RICHMAN A L, MILLER P M, LEVINE R A. Cultural and educational variations in maternal responsiveness[J/OL]. Developmental psychology, 1992,28(4):614 - 621. https://doi.org/10.1037/0012 - 1649.28.4.614.

本章小结

我国著名教育家陈鹤琴先生曾经说过："小孩子生下来都是好的，到了后来，或者好，或者变坏，这是环境的关系。环境好，小孩子容易变好；环境坏，小孩子容易变坏。"环境对婴幼儿的重要性不言而喻。本章从早期教育的中心环境、家庭环境、自然环境、社会环境四个方面来规划早期教育的空间环境。色彩丰富、舒适愉悦的中心环境能够帮助婴幼儿放松身心，更好更快进入学习状态；温馨的家庭环境能够让婴幼儿在充满爱的环境下长大，养成良好的行为习惯；自然环境、社会环境也能潜移默化地对婴幼儿的认知力、行为表现和情绪特征产生影响。

早期教育环境应该遵循婴幼儿的心理特征以及生理发育、认知行为的特点，从以人为本的观念出发，营造出安全卫生、舒适的物质环境，并结合合理的空间规划、丰富的色彩搭配等原则，使婴幼儿在一个科学规划的环境中健康成长。

第六章　早期教育教师

导语

早期教育是对孩子的教育,也是对家长的教育。教师面对牙牙学语、懵懵懂懂的孩子,面临着怎么教、教什么、怎样才能做到让孩子喜欢等问题;面对家长,既要普及早期教育的重要意义,早期教育知识、方法,又要做到让家长信任、放心。要解决这些问题,早期教育教师必须要掌握具备哪些知识、什么样的能力、何种素质?

在一般意义上,知识表明你知道了什么,能力表明你能做什么,素质表明你是什么样的人。知识是能力、素养的基础,知识通过实践转化成能力,知识只有转化为能力,才能具有力量。知识、能力内化为素质;素养是沉淀下来的知识和能力;素质的外显或外化表现出一个人的气质和风度。知识转化成能力、知识和能力沉淀为素质,是一个复杂的过程,在这一复杂的过程中,知识能否转化成能力、知识和能力能否沉淀为素质取决于诸多因素。因此,有了知识不一定就有能力,有了知识和能力,也未必就是一个高素质的人。高素质的人是人类历史和社会进步强大的推进者,是知识和能力的正向体现。

第一节　早期教育教师的知识

对知识的界定,可追溯到古希腊哲学家柏拉图,他在《泰阿泰德篇》中把知识定义为"是证明了的真的信念"。柏拉图认为,知识必须满足三个条件:它一定是被验证过的、正确的,而且是被人们相信的。

顾明远主编的《教育大辞典》(第一卷 1990)对知识的定义是:"对事物的属性与联系的认识。表现为对事物的知觉表象、概念、法则等心理形式。"

董纯才主编的《中国大百科全书 · 教育》(1985)对知识的定义是:"所谓知识,就它反映的内容而言,是客观事物的属性和联系的反映,是客观世界在人脑中的主观映象。就它反映的形式而言,有时表现为主体对事物的感性知觉或表象,属于感性知识,有时表现为关于事物的概念或规律,属于理性知识。"

从专业的角度,知识可以分为基础知识和专业知识,早期教育教师的知识属于专业知识,是教育家长、训练孩子必备的知识。

一、心理学及儿童心理

马斯洛说:“自我实现、成长等是长远目标。健康成长的婴儿和儿童并不为长远目标或遥远未来而生活;他们正进行着快乐的生活,并且自发地为现在而生活。他们正生活着,而不是正在准备去生活。他们怎么能只是自发地存在着,而不努力成长,只是追求享受当前的活动,却又一步一步地向前运动呢?他们怎么能在健康的道路上成长,显示他们真正的自我呢?我们怎么能够使存在的事实与形成的事实一致起来呢?在纯粹的状态中,成长不是一个具体的目标,自我实现也不是这样的目标,自我表现也不是。与其说儿童在探索,不如说他是在发现。缺失性动机和有决心获取的规律并不适用于成长、自发性和创造性。”①

心理学是研究行为和心理活动的学科;儿童心理学是研究儿童心理发生、发展的特点,及其规律的发展心理学分支。儿童心理学在儿童成长和儿童教育中具有积极而重要的意义。

首先,可以根据儿童心理学的知识观察儿童的不健康心理和行为。如多动,主要表现为好动、注意力不集中、情绪波动大、自我控制能力差、学习受到严重影响等几个方面;焦虑,具体表现为缺乏自信、过于敏感、食欲减退、无端哭闹、对陌生环境反应敏感、惶恐不安、哭闹不停,对日常一些微不足道的小事也显得过分焦虑;攻击,这类孩子整日东奔西跑,经常搞恶作剧,喜欢讽刺挖苦别人,对美好的物品毫不爱惜,摔打成为癖好;恶劣的人际关系,不能与人合作,对人漠不关心,缺乏同情心,有猜疑、嫉妒、退缩现象,不能置身于集体,与人格格不入。我们可以通过儿童心理学的理论和观察,发现儿童心理和行为的问题,并根据孩子存在的具体问题,设计出切实可行、有针对性的解决方案。

其次,可以根据心理学及儿童心理学的知识发现儿童优良的心理素质和行为。

心理素质是在遗传基础之上,通过教育与环境影响,经过主体实践训练所形成的性格品质与心理能力(认知能力、心理适应能力与内在动力)的综合体现。心理素质对内体现为心理健康状况的好坏,对外影响行为表现的优劣。性格品质有优劣,认知潜能、内在动力有大小,心理适应能力有强弱之分。

优良的个性品质表现为:自知、自信、自强、自律、乐观、开朗、坚强、冷静、善良、合群、热情、敬业、负责、认真、勤奋等。正常的智力表现为:感觉、知觉、记忆、思维、想象、注意力正常。较强的心理适应能力表现为:自我意识、人际交往、心理应变、竞争协作、承受挫折、调适情绪、控制行为的能力较强。积极而强烈的内在动力表现为:有合理的需要、适度的动机、广泛的兴趣、适当的理想、科学的信念。健康的心态表现为:智力正常、情绪积极、个性良好、人际和谐、行为适当、社会适应良好。适当的行为表现为:符合角色、合群、遵守社会规范、讲道德和遵守法律法规。

掌握必要的心理学及儿童心理学知识,不仅可以观察孩子的心理及行为,而且对教育家长也极为重要。家庭教育的成功与否,很大程度上取决于家长是否有爱心和热情;要在客观评价自身素质、家庭条件和子女实际情况的基础上,树立通过家长和孩子的共同努力孩子会

---

① 马斯洛. 动机与人格[M]. 方士华,译. 北京:北京燕山出版社,2013.

不断进步，会成长为符合社会需要的合格人才的信心；要保持稳定的情绪，不急不躁，客观公正地看待孩子，冷静地处理棘手的问题；要谅解孩子在成长过程中的无知、过失，鼓励处在困境中的孩子，安慰受到伤害的孩子；要有恒心和耐心，教育子女是一件长期而艰苦的事情，要有长期的计划和短期的安排，要注意耐心、具体、细致、周到。

再次，可以根据儿童心理学的知识，矫正儿童不健康的心理和行为，挖掘儿童优良心理和行为的潜质，更好地培养儿童的优良心理和行为，为培养孩子的健全人格打好基础。

1. 用积极心理暗示，让孩子越来越优秀

在心理学上，皮格马利翁效应指人们基于对某种情境的知觉而形成的期望或预言，会使该情境产生适应这一期望或预言的效应。

这是一则古希腊神话故事。塞浦路斯的国王皮格马利翁是一位有名的雕塑家。他精心地用象牙雕塑了一位美丽可爱的少女。他深深爱上了这个“少女”，并给它取名叫盖拉蒂。他还给盖拉蒂穿上美丽的长袍，并且拥抱它、亲吻它，他真诚地期望自己的爱能被“少女”接受。但它依然是一尊雕像。皮格马利翁感到很绝望，他不愿意再受这种单相思的煎熬，于是，他就带着丰盛的祭品来到阿弗洛狄忒的神殿向她求助，他祈求女神能赐给他一位如盖拉蒂一样优雅、美丽的妻子。他的真诚期望感动了阿佛洛狄忒女神，女神决定帮他。

皮格马利翁回到家后，径直走到雕像旁，凝视着它。这时，雕像发生了变化，它的脸颊慢慢地呈现出血色，它的眼睛开始释放光芒，它的嘴唇缓缓张开，露出了甜蜜的微笑。盖拉蒂向皮格马利翁走来，她用充满爱意的眼光看着他，浑身散发出温柔的气息。不久，盖拉蒂开始说话了。皮格马利翁惊呆了，一句话也说不出来。皮格马利翁的雕塑成了他的妻子，皮格马利翁称他的妻子为伽拉忒亚。

人们从皮格马利翁的故事中总结出了“皮格马利翁效应”：期望和赞美能产生奇迹。你期望什么，你就会得到什么。只要充满自信地期待，只要真的相信事情会顺利进行，事情一定会顺利进行，相反，如果你相信事情不断地受到阻力，这些阻力就会产生。成功的人都会培养出充满自信的态度，相信好的事情是会一定会发生的。这就是心理学上所说的皮格马利翁效应。

1960 年，哈佛大学的罗森塔尔博士曾在加州一所学校做过一个著名的实验。新学期，校长对两位教师说：“根据过去三四年来的教学表现，你们是本校最好的教师。为了奖励你们，今年学校特地挑选了一些最聪明的学生给你们教。记住，这些学生的智商比同龄的孩子都要高。”校长再三叮咛：要像平常一样教他们，不要让孩子或家长知道他们是被特意挑选出来的。这两位教师非常高兴，更加努力教学了。

一年之后，这两个班级的学生成绩是全校中最优秀的，知道结果后，校长不好意思地告诉这两位教师真相——这些学生智商并不比别的学生高。这两位教师哪里会料到事情是这样的，只得庆幸是自己教得好了。随后，校长又告诉他们另一个真相——他们两个也是在教师中随机抽出来的。

正是学校对教师的期待，教师对学生的期待，才使教师和学生都产生了一种努力改变自我、完善自我的进步动力。这种企盼将美好的愿望变成现实的心理，在心理学上称为“期待效应”。它表明，每一个人都有可能成功，但是能不能成功，取决于周围的人能不能像对待成功人士那样爱他、期望他、教育他。

“皮格马利翁效应”留给我们这样一个启示：赞美、信任和期待具有一种能量，它能改变人的行为，当一个人获得另一个人的信任、赞美时，他便感觉获得了社会支持，从而增强了自我价值，变得自信、自尊，获得一种积极向上的动力，并尽力达到对方的期待，以避免对方失望，从而维持这种社会支持的连续性。

其实，这只是心理暗示在起作用。暗示作用往往会使别人不自觉地按照一定的方式行动，或者不加批判地接受一定的意见或信念。可见，暗示在本质上，是人的情感和观念会不同程度地受到别人下意识的影响。

心理暗示，是用含蓄、间接的方式，对别人的心理和行为产生影响。暗示作用往往会使别人不自觉地按照一定的方式行动，或者不加批判地接受一定的意见或信念。暗示在本质上，是人的情感和观念会不同程度地受到别人下意识的影响，是人们日常生活中最常见的心理现象。心理学家巴甫洛夫认为，暗示是人类最简单、最典型的条件反射。从心理机制上讲，它是一种被主观意愿肯定的假设，不一定有根据，但由于主观上已肯定了它的存在，心理上便竭力趋向于这项内容，不断地心理暗示，就会形成一定的心理意向。

心理学家马尔兹说：“你把自己想象成什么人，你自己就按那种人行事；而且，即使你做了一切有意识的努力，即使你有意志力，你也根本不能有别的行为。你把自己想象成‘失败型的人’，你就会想尽办法去失败，尽管你有良好的愿望，有意志力，甚至机遇也完全对你有利。把自己想象成不公正的牺牲品，认为‘注定要受苦’的人会不断地寻找各种环境来证实自己的观点。”[①]积极的心理暗示可以使人增加力量、勇气、信心，从而使行为结果更加完善；消极的心理暗示使人失去力量、气馁、抑郁，导致行为结果更加不尽人意！

案例：

（1）简单地吩咐孩子：“快去睡觉！”“闭上眼睛！”往往并不见效，有时反倒使孩子更加兴奋。反之，在被窝里给孩子讲故事：

“有一天，小鸭子要出去玩。妈妈对他说别的小朋友都睡觉了。小鸭子不听，走到河边一看，鱼都睡觉了。走到树林一看，小狗都睡了。走到田野里，小鸡都睡觉了，睡觉了，睡觉了，他们都睡觉了，他们都把眼睛闭上了。小鸭子想，妈妈说得对，我也想睡觉了。于是，他……”在讲故事的时候，注意用一种单调的疲倦的声音，同时不断地重复“睡觉了”“闭眼了”等，声音逐渐减弱，最后若有若无。在这种暗示下，不知不觉孩子便进入了梦乡。

（2）两位妈妈分别带着自己的孩子在公园里玩耍。当看到美丽的蝴蝶在草地上翩翩起舞时，两个孩子奔跑着去追赶，不小心都摔倒了。一位妈妈赶紧跑过去，抱住孩子心疼地说：“乖乖，摔疼了吧？”孩子“哇”的一声大哭起来：“我好疼啊！”另一位妈妈则截然相反，站在一旁，淡淡地说：“没关系，自己爬起来。”这个孩子若无其事地爬起来，又继续奔跑着玩去了。

消极暗示使孩子变得娇气、脆弱；积极暗示使孩子变得勇敢、坚强。让我们掌握儿童心理学的知识，用积极“暗示”去点燃孩子生命和智慧的火。

---

① 马尔兹. 你的潜能[M]. 晏樵，译. 北京：工人出版社，1987.

2. 物极必反,心理学上的超限效应

超限效应是指刺激过多、过强或作用时间过久,从而引起心理极不耐烦或逆反的心理现象。超限效应在早期教育中时常发生,如:当孩子做错了事,有的父母或教师往往会一次、两次、三次,甚至四次、五次重复对一件事做同样的批评,使孩子从内疚不安到不耐烦最后反感讨厌,从而使孩子产生“我偏要这样”的逆反心理和行为。对孩子的批评要适度,不能超过限度,孩子犯一次错,只批评一次,如果必须要再次批评,也不应简单地重复,要换个角度,换种说法。用举一反三的说服教育,其效果要远远胜于简单的重复批评。

3. 以爱心为基础,通过感动培养才能

马斯洛在其著作《动机与人格》中,把需求按高低与先后次序排成阶梯式层次,由较低层次到较高层次排列为:生理、安全、归属与爱、尊重和自我实现等五大类需求。

归属与爱的需要指的是每个人都期待和他人交往,融入到工作或朋友的圈子中,得到关心、照顾,得到爱情、亲情、友情等。即人人渴望与他人建立深厚的、亲密的友谊,成为伙伴或同事。有这种需求的人会开始追求与他人建立友情,即在自己的团体里求得一席之地。他会为达到这个目标不遗余力。他会把这个看得高于一切,他甚至会忘了当初他饥肠辘辘时曾把爱当作不切实际或不重要的东西而对其嗤之以鼻。马斯洛认为缺乏爱,人们就会陷入孤独、举目无亲,有被抛弃与被拒绝的失落感。在爱的关系中,两个人会抛弃恐惧,不再戒备。爱的饥饿是一种缺乏症,就像缺乏盐或缺少维生素一样。我们必须懂得爱,我们必须能教会爱、创造爱、预测爱。否则,整个世界就会陷于敌意和猜忌之中。健康成年人身上的许多优秀品质是童年时期爱的需要得到满足后的积极后果。因此,爱与归属感的满足是人走向健康的必由之路。归属感和爱的需要得不到满足将产生难以忍受的孤独感、异化感和疏离感,产生极其痛苦的体验。相反,如果这种需要得到满足会产生深情、自尊、自信、可靠以及仁慈、慷慨、无私、宽容、沉着、平静、愉快等心理状态和心理素质。

4. 运用儿童心理学知识,掌握儿童的年龄分期及特征

儿童心理发展是一个从低级向高级不断重新组织且由不同发展阶段构成的有机过程。在不同的发展阶段,儿童心理呈现出不同的特征。

关于儿童心理发展及其阶段的理论,其代表人物主要有格塞尔、皮亚杰、弗洛伊德、埃里克森、科尔伯格等。格塞尔强调遗传在儿童行为发展方面的决定作用,认为发展的决定因素是内在的发展倾向,而不是学习和经验。皮亚杰把发展看成是机体和环境之间不断建构性地相互作用的过程,儿童的发展阶段与儿童的认知行为方式表现为四个阶段:感知运动阶段、前运算阶段、具体运算阶段、形式运算阶段。弗洛伊德提出心理性欲发展阶段的理论,以性感区为基础,将儿童发展划分为五个阶段:口唇期、肛门期、性器期、潜伏期、生殖期。新精神分析学家埃里克森提出人格发展的阶段理论,认为人的一生可以分为既连续又不同的八个阶段:信任感对怀疑感、自主性对羞怯或疑虑、主动性对内疚、勤奋对自卑、同一性对同一性的混乱、亲密感对孤独感、繁殖感对停滞感、完善感对失望感。科尔伯格提出道德发展阶段理论,认为道德发展是认知发展的一部分,道德判断与逻辑思维能力有关,人的道德判断力发展大致有六个阶段:服从与惩罚定向、工具性相对主义、好孩子定向、维护社会秩序与权威、民主与承认法律、普遍伦理原则。并非所有心理学家都承认发展的阶段理论,一些人认

为人格和认知发展是不分阶段的。

不同的心理学家对儿童心理发的研究,尽管视角、内容和结论各自不同,但为我们观察、教育儿童提供了很有价值的理论依据。因此,作为从事早期教育的教师,我们应该学习和掌握这些理论。

二、教育学及早期教育

如果说教育学是一门研究人类的教育活动及其规律的科学,那么,早期教育则是研究人的早期教育活动及其规律的科学;如果说教育学侧重教育基础理论,那么,早期教育则更侧重教育学在早期教育中的应用。早期教育更具跨学科性和综合性,随着儿童心理学、脑科学、认知科学的发展和进步,建立于此基础上的早期教育也日趋科学、日臻完善,并开始形成了相对独立特殊的教育体系。

作为一名早期教育教师,对早期教育的研究范畴、早期教育的对象和参与者、早期教育的理论和标准、早期教育中的环境因素、早期教育的课程、早期教育的指导等知识要有系统的学习和掌握。

早期教育的研究范畴包括早期教育的发展、早期教育的内容、早期教育的质量评估;早期教育的对象和参与者,包括儿童、家庭、教师;早期教育的理论和标准包括支持儿童早期教育的理论、责任、标准及评估;早期教育中的环境和实施方式包括硬件环境、课程、早期教育实施方式指导等。

三、文学及儿童文学

儿童文学是专为少年儿童创作的文学作品,其文字通俗易懂,生动活泼。根据不同年龄阶段的读者对象,儿童文学又分为婴儿文学、幼年文学、童年文学、少年文学;体裁有儿歌、儿童诗、童话、寓言、儿童故事、儿童小说、儿童散文和儿童科学文艺等。

四、儿童发育与儿童健康

人的一生中儿童时期是身心发育最快的阶段,也是身心发育的关键期。0 ~6 岁的孩子可分为:

(一)胎儿期

胎儿期是指从受精卵形成到婴儿出生为止,共 40 周。在胎儿期,胎儿在母亲体内迅速成长。在这个时期,器官的进一步分化有待完成,是个体诞生前在母体内发展的阶段,又称胎内期。个体发展从父母生殖细胞结合构成受精卵时开始。受精卵在母体内分裂发展、长成胎儿,而后诞生。胎儿期是儿童发展的第 1 阶段,约长 280 天。在这段时期内,个体从微小的受精卵长成约长 50 厘米、重约 3 500 克的新生儿。

胎儿期又分为不同的发育阶段:

1. 胚种阶段,从受精到两星期

最初,受精卵还是一个游离的细胞,并不附着在母体上。它一方面不断分裂增生,一方面沿输卵管向下漂移。第三四天时到达子宫,形成胚泡。在第 6 ~8 天,开始植入子宫内膜,从此依赖母体生存,直到胎儿出生。

2. 胚胎阶段,2 ~8 星期

在此阶段,胚泡分化出外胚层、中胚层和内胚层,这三个胚层最终分别长成身体的各种器官组织。外胚层逐渐长成皮肤的表皮、毛发、指甲、牙齿、感觉器官和神经系统;中胚层长成皮肤的真皮、肌肉、骨骼、泌尿系统和循环系统;内胚层长成欧氏管、气管、消化系统、呼吸系统,以及甲状腺和胸腺等。

在人类胚胎上还可以发现类似尾巴和鳃的结构,有的研究者据以论证复演学说,认为个体发展过程重演种系发展过程。但一般认为,个体发展是种系发展的缩影,而不是机械地、完全地重演种系发展的过程。在第 2 个月末,胚胎呈现出人的外表。

3. 胎儿阶段,两个月末至出生

在此阶段,胎儿身体各部分渐次发育,肌肉迅速增长,中枢神经发展极快。4 个月末,母亲可以感到胎动。5 个月的胎儿已出现吸吮、吞咽现象,并开始长指甲和毛发。6 个月,眼睛已发展,眼睑能启闭。一般情况下,7 个月的胎儿如早产,已能存活,因此常把第 28 周看作“生存的年龄”,这也表明 7 个月时,神经、呼吸等系统已发展到可以维持个体生命的水平。8 ~9个月中,皮下脂肪积聚,胎体丰满。10 个月顺利出生。

胎儿期中,脑发展很快,胚胎发育到第 4 周即出现神经管,它膨大的头端将发育成脑,细小的尾端则发育为脊髓。第 5 周起,头端开始分化,以后发育为各种功能不同的脑;第 7 周出现纹状体;第 10 周,纹状体分出尾状核和豆状核。到 5 个月时,大脑半球形成,但表面还很光滑;6 个月时,大脑半球表面的主要沟、回均已形成,大脑的额、顶、枕三叶已能分辨。总体来说,胎儿期中,神经系统的低级部位首先发展,大脑半球虽也很快发展,但功能却远未成熟。胎儿期脑的发展为儿童出生后的心理发展准备了生理基础。

在胎儿期,母亲的营养、疾病、情绪以及服用某些药物等能够影响胎儿的发展,甚至导致个体出生后生理和心理方面的异常。中国古代即注意胎儿发展的环境影响,倡导“胎教”,要求孕妈妈慎于喜怒,切忌盛怒、忧郁、惊恐等。而现代科学则重视从孕妈妈的心理卫生上保证胎儿的健康发展,使个体在胎儿期获得良好的成长,达到“优生”的要求。

(二)婴儿期

婴儿期是指个体 0 ~3 岁的时期,这个时期,是生理发育最迅速的时期,婴儿的大脑和身体在形态、结构与功能上迅猛发展。

在生理发育方面,从出生到 1 岁的阶段是个体身心发展的第一个加速时期。在这个阶段,婴儿不仅身体迅速长大,体重迅速增加,而且脑和神经系统也迅速发展起来。到 5 个月大时,婴儿的体重已经是出生时的 2 倍,达到了 6.8 千克左右;到 1 周岁时,婴儿的体重已经是出生时的 3 倍了,达到了 10 千克左右。尽管在第 2 年时,体重的增长速度变慢了,但仍然持续增加。到 2 岁末时,婴儿的平均体重大约是出生时的 4 倍。1 岁到 3 岁间,体格生长发育速度较之前稍减慢,而智能发育迅速,同时活动范围渐广,接触社会事物渐多,行为发育迅速。

在此基础上,婴儿的心理也在外界环境刺激的影响下发生了巨大的变化。他们从吃奶过渡到断奶,学会了人类独特的饮食方式;从躺卧状态、不能自由行动发展到能够随意运用自己的双手去接触、摆弄物体和用两腿站立,并学习独立行走;从完全不懂语言、不会说话过渡到能运用语言进行最简单的交际等等。这一切都标志着婴儿从一个自然的、生物的个体向社会的实体迈出了第一步。他们在遗传的生物性的基础上形成着社会化的人性——社会性,逐渐适应着人类的社会生活。

婴儿期的发展遵循四大原则。第一,头尾原则(Cephalocaudal Principle),指生理发展所遵循的模式是先从头和身体上部开始,然后逐渐扩展到身体的其他部位。刚出生时,婴儿的头偏大,显得有些不协调,这就是支配生理发展的头尾原则的表现。第二,近远原则(Proximodistal Principle),指发展从身体的中央部位扩展到外围部位。近远原则意味着躯干的发展先于四肢的发展,同样,只有在胳膊和腿部发展了之后,手指和脚趾才能发展,与此相关的是,复杂的技能建立于简单的技能之上。第三,等级整合原则(Principle of Hierarchical Integration),指简单的技能通常独立发展,但是,随后这些简单的技能整合成更加复杂的技能,也就是说,像用手握东西这类相对复杂的技能,只有当发展中的婴儿知道如何去控制并整合每个手指的运动之后才能够掌握。第四,系统独立性原则(Principle of the Independence of Systems),指身体不同系统的发展速率不同,也就是说一个系统的成长并不意味着其他系统也在发展,比如身体大小、神经系统和性别特征的发展模式是相互独立的。

(三)幼儿期

幼儿期是指儿童从 3 岁到 6、7 岁这一时期,这是儿童正式进入学校以前的一个时期,所以又叫学前期。这一时期,是在前一时期发展的基础上,在新的生活条件和教育条件的影响下发展起来的。

在幼儿期,个体的生理不断地发展变化,身高、体重在增长,身体各部分的比例逐渐接近于成人,肌肉、骨骼越来越结实有力;更主要的是神经系统特别是大脑皮层的结构和功能不断成熟并发展:大脑重量在继续增加,3 岁时为 1 000 克左右,到 7 岁时能达到 1 280 克。这时皮层细胞的纤维继续增长,分支增多,并不断地髓鞘化;皮层细胞之间的联系增多,分析综合活动日益完善,皮层各叶相继成熟,皮层抑制功能迅速发展。这些,都为幼儿的心理发展提供了条件。

我们知道,儿童出生以后,在一定的社会生活和教育条件下,经过 3 年的时间,身心不断发展,独立性增强,对周围的世界也充满了好奇和探索的欲望。这个时期的儿童,由于身心各方面的发展,初步产生了参加社会生活的愿望。同时,由于考虑到儿童独立生活能力的增长,成人也对他们提出了比以前更高的要求,开始要求儿童独立地承担某些简单的职责,如自己穿衣、吃饭、收拾玩具等,从事一些力所能及的社会生活活动。

但是,另一方面,幼儿期的儿童能力还是非常有限的,他们还不能很好地掌握自己的行动,他们的知识经验还比较缺乏,不能很好地控制自己,使自己的行为服从于比较远大的目的。因此,儿童渴望独立参加社会实践活动这种新的需要,跟从事独立活动的经验及能力水平之间产生了重大的矛盾,这是这个时期儿童心理上的主要矛盾。而游戏活动就是解决这一矛盾的主要活动形式。在游戏活动中,儿童心理的主要矛盾逐步得到解决,从而也就推动儿童心理不断向前发展。这是幼儿期儿童的第一个特点。

幼儿期儿童的第二个特点是:各种心理过程带有明显的具体形象性和不随意性,抽象概括性和随意性只是刚刚开始发展。

幼儿期儿童由于知识经验的贫乏、言语还发展得不够，主要是以直观表象的形式来认识外界事物。当然，他们在不断形成一般表象和低级的概念，能对事物进行分析、综合、抽象、概括，从而进行初步的逻辑思维。但这些概念和逻辑思维都具有很大的直观形象性的特色。他们一般不能给事物下抽象的定义，而只能下功用性的定义。例如，花是好看的，果实是好吃的，椅子是可以坐的东西等等。这个时期，儿童也能掌握数的概念和进行计算，但是同样需要直观形象的不断支持和强化，否则就会有很大的困难。同时，他们还不能经常有意地控制和调节自己的行动，一般心理过程都带有很大的随意性和不稳定性，容易受外界新颖的事物的吸引而改变自己的心理活动，有目的、有系统地独立思考能力很差。当然，在整个幼儿期内，在教育影响下，这种特点正在逐渐发生改变，儿童的各种心理过程的随意性和稳定性都在不断地增长。

幼儿期儿童的第三个特点是：开始形成最初的个性倾向。到了幼儿期，儿童在教育影响下，皮质抑制迅速发展，言语系统初步发展，因而行为的自觉性就逐渐发展起来，能逐渐使自己的行为服从较远的目的，这就为形成儿童最初的个性倾向提供主要条件。这种最初的个性倾向在人的一生中都会保留它的痕迹，因而在人的心理发展上具有一定的作用。幼儿教育工作者和父母们应当从儿童很小的时候起，就培养儿童良好的个性品质、道德行为，使儿童的个性从一开始就能沿着正确的道路向前发展。

儿童在幼儿期的发展，随意性和稳定性的不断增长，形成了最初的个性，为其进入学校学习准备了重要条件。

作为早期教育的教师，了解、掌握儿童不同发展时期的发育特征非常重要，在教学过程中，既可以有针对性地教育孩子，也可以有针对性地指导家长。

第二节　早期教育教师的能力

早期教育教师大多是早期教育专业的毕业生。作为大学生，在大学期间系统地学习了早期教育的知识和理论，并通过教育实习和毕业实习，把学习到的早期教育知识、理论转化成了基本的教学能力。但是，要成为一名优秀的早期教育教师，在大学中所掌握的初步教学能力还远远不够，必须在以下几个方面进行强化。

一、亲和力

亲和力在狭义上，是指一个人或一个组织在所在群体心目中的亲近感，其广义概念则是指一个人或一个组织能够对所在群体施加的影响力。或者说亲和力是人与人之间信息沟通、情感交流的一种能力。

亲和力是自身的一种综合气质，具有亲和力首先必须具有良好的文化素养、优雅的谈吐和大方的举止。亲和力是一种可以通过后天的努力来获得的能力，在日常生活和工作中，要有意识地培养自己的亲和力。要培养亲和力首先就得装扮大方，以显示淡雅清新的气质，给人以舒适感；要学会微笑，努力使笑容真实自然；要有意识地放慢说话速度，以让自己的表达清晰有逻辑;要多培养自己的兴趣爱好,不断培养自己的信心,不断地与人沟通;要多听一些舒缓的音乐,看一些杂志图书,保持一种自然平和的心态;要克服自卑、自傲、自我中心;要不断地进行人际交流实践,并加强自我在实践中的体验和感受;要加强人际包容能力和对他人的理解能力。

早期教育教师的亲和力所表达的是与孩子心灵上的通达与投合,源于对孩子的认同和尊重。这种亲和力,以善良的情怀和博爱的心胸为依托,是一种发自内心的特殊禀赋和素养。具有亲和力,会每天都保持自信、乐观、向上的心情去面对每一个孩子,对每一个孩子都不觉得陌生,会视孩子为亲人和朋友,这也将会使得孩子加深对教师的信任感。

早期教育面对的是懵懂的孩子,作为早期教育的教师首先要做到让孩子愿意跟你学,对孩子的亲和力是早期教育教师的一种最基本能力。

二、表达能力

表达能力又叫作表现能力或显示能力,它是指一个人把自己的思想、情感、想法和意图等,用语言、文字、图形、表情和动作等清晰明确地表达出来,并善于让他人理解、体会和掌握。

首先,表达能力是在语言能力基础上发展的一种语用能力。

语言能力由以下几方面的能力组成:一是根据表达内容选择语言材料并组成话语形式的能力,其中口语表达诉之于语音,书面表达形之于文字,因而在选择与组合能力上又有所区别;二是根据表达目的进行自我调控的能力,一旦察觉偏离目的,就应及时进行自我调控;三是针对交际对象——听者或读者的可接受性选择语言材料和调整话语形式的能力;四是言语表达同言语环境相适应的能力,这同样要通过对语言材料的选择和话语形式的组合与调整来实现。

语用能力是指同语言能力相对的一种使用自己所掌握的语言(一般指母语)来达到交际目的的能力。语用能力是能正确而灵活地把语言材料组织成话语,从而准确地表达某种特定思想内容的能力,故也称之为"表达能力"。

其次,表达能力是一种智能的言语外化。

一个人言语表达能力的产生,不单纯依靠对语言文字的熟练掌握和运用,还与智力的高低密切相关。韩非子说:"所谓智者,微妙之言也。"莱布尼茨说:"语言是人心智的最好的镜子。"语言是思维的载体,言语表达能力的强弱是智力高低的表现形式。言语表达能力的高低与先天素质、通过后天继承社会历史遗产和接受教育的程度分不开,据此我们将一个人的言语表达能力视为他的智力的一种言语的外化。因此,要发展言语表达能力,就必须同发展智力水平结合起来,以获得互相促进的思想效果。

再次,表达能力是文化知识与社会阅历的综合反映。

根据交际目的,看对象、看场合说话以及说什么话、怎样说,单靠熟练掌握语言文字还不够,还需要有语言以外有关的社会文化知识。而这些有关的知识,是靠后天的学习与实践获得的。人类的表达能力是在语言能力这种潜能的基础上,通过后天的培养和自我锻炼,在言语交际中不断发展起来的。它以语言能力为前提,但决不可忽视后天的培养与锻炼,这是人类较之一切动物(包括灵长类)得天独厚的条件;忽视后天的培养和自我锻炼,是不可能发展出满足社会交际需要的语言表达能力的。

表达能力包括口头表达能力、文字表达能力、数字表达能力、图示表达能力等形式,对学前教育教师,这里我们主要强调口头表达能力。口头表达能力就是口才,口才不佳,壶里有饺子倒不出来,便无法组织正常教学。

面对孩子的早期教育教学,关键是要学会说"孩子话",童真童语,童心童趣,天真、简单、生动,并伴以肢体语言。

1. 运用儿化音

儿化音是普通话的重要特征和组成部分,是汉民族语言自身演化和发展的结果,其不仅具有区分语意的作用,还可使发音更加舒缓省力、令音色更加柔和活泼。

利用儿化的语音,增强语言的表现力。例,"女孩"与"女孩儿","男孩"与"男孩儿"表达的对象完全一样,"鸟"与"鸟儿"等,有没有儿化音给孩子的感觉有很大的差别。儿化音会给孩子一种亲近、娓娓道来的感觉。

例如,《舒克和贝塔历险记》:

贝塔忽然听见头顶上有飞机的声音,他把炮塔上的舱盖儿打开一条小缝儿,往上一看,天呀,那架直升机用绳子把他的坦克给吊起来了!

2. 运用象声词

象声词,又叫拟声词、摹声词、状声词。是模仿自然声音构成的词。在教学或与孩子的对话中,准确地使用象声词,将会使语言的生动性、形象性大大增强,能使孩子产生身临其境的感觉。

例如,《十二生肖》:

"对了,你今天还打鸣了。过去我以为你不会打鸣呢。我还想,黑锤也许是一只退化的雄鸡。用我们人类的话说,这叫有女人气的男人。"鲁西西边说边咯咯笑。

监听器里又传出"咕噜咕噜"的声音,大家确信这是狼的肚子里正在消化同胞兔肉的声音。

3. 运用叠词

早期教育教师在课堂上要尽可能使用节奏鲜明、音律优美、朗朗上口、生动形象、富有音韵美的语言,而叠词在创造这种语言特色中起了锦上添花的作用。在情、景、物、状的表达上,叠词具有特殊的语言音韵美,更能引起孩子的注意和兴趣。

例如,《鼠老大和鼠老二》:

夜里,玲玲家的台钟"当当当"地敲过十二下,鼠老大就从窝里慢慢地伸出脑袋来。它的眼珠子,贼溜贼溜地转呀转,看到玲玲睡得正香呢;它的圆耳朵,这边听听,那边听听,没听到一点声音,它就偷偷地跑出洞来。

《手绢上的小白兔》:

瞧,那小白兔摇了摇耳朵,眨了眨眼睛,噗的一声从小手绢里跳了出来……

《小老虎进城》:

城里真漂亮,大马路,大楼房,来来往往的汽车,花花绿绿的商店,小老虎眼睛都看花了。

三、表演能力

从严格意义来说表演能力也是一种表达能力，但又有所区别，表演能力更注重作为角色的表达力，更注重烘托气氛。教师不仅要自己进入角色，同时也要把孩子带入角色，形成教师和孩子之间的互动。

在早期教育中，教师只是一种角色，根据教学的需要，教师往往要扮演更多的角色。在教学中你可能是一只小白兔，也可能是一只大灰狼；你可能是天真可爱的白雪公主，也可能是令人生畏的老妖。那么，作为早期教育教师，仅仅具有教师的表达力则显得捉襟见肘，必须要把一般的表达力上升为能创造氛围、使孩子更易于接受的表演能力。

要使自己具有良好的表演能力，首先要了解、掌握表演的元素。表演元素分为五力和六感。五力：观察力、想象力、感受力、理解力、应变力。元素扩展开来，即丰富的想象力、敏锐的观察力、专注的注意力、机智的反应力、灵活的适应力、牢固的记忆力、准确的理解力、形象的模仿力。六感：分寸感、幽默感、信念感、节奏感、形象感、真实感。（与课堂教学能力融合）

四、审美能力

审美能力是人的最高判断、鉴别能力。要弄清楚人的审美能力，首先要知晓什么是美，什么是审美。

（一）美与审美

在思想史和学术界，对美的探讨有哲学的角度，有文学的角度，也有艺术的角度，甚至还有科学的角度。

从不同的角度出发，对什么是美的问题的回答也各不相同：美是形式的和谐（古典主义）；美是上帝的属性（新柏拉图派）；美是完善（理性主义）；美是愉快（经验主义）；美是关系（启蒙主义）；美是理念的感性显现（德国古典美学）；美是生活（车尔尼雪夫斯基）；等等。

一般而言，美是指能引起人们美感的客观事物的一种共同的本质属性。美有三种基本表现形态，即自然美、生活美和艺术美。

什么是审美？国家社科基金重点项目《“审美”的观念演进与当下形态研究》主持人，上海大学刘旭光教授提出：“审美是通过全部感性能力对对象进行感知、直观，并以生命体验为基础，通过交感反思（一种感知、体验与反思相结合的状态）获得反思愉悦的过程。”①即审美从目的上来说，是一种肯定式的、交流性的、以愉悦为目的的感知世界的方式；审美从机制上来说，是通过全部感性能力对对象进行感知与直观，并以生命体验为基础、通过交感反思获得反思愉悦。审美从来源来说，是一种可习得的社会性的能力。

（二）审美能力

审美能力，亦称艺术鉴赏力，是审美主体凭自己的生活体验、艺术修养和审美趣味有意识地对审美对象进行鉴赏，从中获得美感的能力。审美评价能力指在审美鉴赏基础上，对审

① 刘旭光. 什么是审美——当今时代的回答[J]. 首都师范大学学报（社会科学版），2018（3）：80－90.

美对象的性质、价值、形式和内容等进行分析，并做出评价的能力；审美创造能力指在具备一定的审美感受、鉴赏和评价能力的基础上，运用某种艺术形式和表现技巧，创造美的艺术形象的能力。刘旭光教授认为："审美能力是人类在完成一次审美活动时，所需要的总体的行为能力与认知能力，是由四个层次的认知能力构成的综合能力：在经验层次上，它包括理智、情感、想象、感觉，以及它们在经验中锻炼出的敏感；在先天机制上，审美能力作为鉴赏力，是反思判断与获得自由愉悦的能力；在特殊认知层面上，审美能力是一些特殊的非理性能力，包括理智直观——直觉、静观、想象力等；在生命状态层次上，审美能力被视为一种进入特殊生命状态的能力，这些生命状态包括激情状态、体验状态、感官感知状态等。当代人的审美能力最本源的部分，是人类对精神的自由状态的追寻与感悟能力。"①

（三）审美能力的培养

审美能力在人生中极其重要，当代作家、画家木心说："没有审美力是绝症，知识也救不了。"著名画家吴冠中说："文盲不多，美盲很多。"教育家蔡元培提出："以美育代宗教。"

有没有审美鉴赏能力，往往决定一个人的生活品质。一个人的衣着搭配、办公场所的布置、家居环境设计，无不反映出一个人的审美情趣和生活品位。一束花、一幅画、一幅字，往往衬托出一个人的文化修养，成为一个人内心世界的独白。"生活是美"，但只有一个懂得审美的人才能体验到，否则，再美的生活环境也能只是生存的场所。

有没有审美能力，往往与贫富关系不大。一个不懂审美的人，即便他富甲一方，也很难获得精神富足，体验幸福的人生；豪华奢侈的生活，也许反衬出的是内心的空虚，散发着铜臭的味道。

唯君子才能以物反观自身：通过兰花，体会芬芳满幽谷、君雅品自高的境界；通过梅花，感受傲霜立雪、铮铮铁骨的品格；人烟稀疏的荒漠，在一般人的眼里看到的是无尽的荒凉，但在诗人王维的笔下，却展现出了"大漠孤烟直，长河落日圆"的壮阔！

有审美能力、过着审美生活的人生，往往在现实生活中也是最乐观的，在最艰难的时刻看到的是"冬天到了，春天还会远吗"，在黎明前的黑夜，充满着对曙光的期待。

既然审美对人生至关重要，那么怎样才能培养自己的审美情趣和能力呢?

"当代人的审美能力最本源的部分，是人类对精神的自由状态的追寻与感悟能力"，培养人的审美能力关键在于对精神的自由状态的追寻与对事物的感悟能力。

对精神的自由状态的追寻，既需要自身虚怀若谷不自满的意愿，也需要知识和经验的积累。自由是认识了的必然，一个人精神的自由度，既受制于外在于自身的各种客观条件约束，又取决于自身对事物的认知程度。如孔子所述："三十而立，四十而不惑，五十而知天命，六十而耳顺，七十而从心所欲不逾矩。"这就是说，提高审美能力，首先要善于学习、勇于实践，把未知的东西不断变成已知的东西。

审美是人生的最高境界。要达到人生的最高境界，最基础的是认知、践行"真""善""美"。"真"与"假"对立，"善"与"恶"对立，"美"与"丑"对立。真是对事物认知的真理判断；善是对人的行为的道德判断；美是对人生境界的最高判断，美建立在真与善的基础之上。

① 刘旭光.审美能力的构成[J].文学评论,2019(5):71－79.

对人类精神的自由状态的追求，要落实在对真、善、美的追求上，而对美自身的追求，则是一种无功利性的拷问或反思。

首先，美的事物要“真”。这里的真，既可以是“真实”（实体）、“真诚”（态度），也可以是“纯真”、“天真”（状态）。认识事物的逻辑，必须要与事物存在的逻辑、发展的逻辑一致，对美的追求也必须要“真”。鉴赏美，要保持纯真而无杂念，心无旁骛；要有科学家追求真理的韧劲，用科学的精神探索“真”，用科学的精神践行“真”。“真”是判断和鉴赏美的最低标准。

其次，美的行为、美的心灵、美的道德要“善”。从词义上，善吉也，从誩，从羊；完好，美好，圆满，或“对于任何人有益的东西对他来说就是善”（苏格拉底）。德国古典哲学集大成者黑格尔认为，真善美是一个完整的有机体，做出审美判断，不仅要求真，而且要尽善；美不但要以真为基础，而且必须和善相联系。善以真为基础，不遵循事物发展规律，逆流而动；待人不真诚，虚情假意，其行为肯定不善。从善与美的关系看，培养审美能力，一方面要掌握评价善恶的标准，另一方面要身体力行，践行善。

再次，要把握美与审美的关系。美建立在真、善的基础上，但又超越了真、善，美的判断是一种无功利判断，超越了对功利的追求。审美既体现为审美体验，又表现为审美评价。审美体验侧重于将自身浸入美的意境或氛围，感受美；审美评价侧重于将自身从审美意境或审美氛围剥离，对美的事物或艺术做出较为客观的判断，评价美。基于此，我们既要掌握关于美的标准、美的基础知识，又要不断置身于美的事物之中，感受美、积累审美体验的经验。

五、组织课堂教学的基本能力

面对自控力和注意力较弱的孩子，教师在课堂上的一言一行、一举一动都会对他们的学习兴趣和学习效果产生直接的影响。课堂组织教学是一种艺术，组织好课堂教学是早期教育教师的基本能力。如何让孩子遵守课堂纪律，使教学有序正常开展？如何活跃课堂氛围，引起孩子注意，使孩子能聚精会神地学习？如何激发孩子学习兴趣、培养孩子好奇心，使孩子情趣盎然地学习？这些问题的解决，需要专业的课堂组织教学方法。常用的早期教育组织教学方法有如下几种：

1. 目光注视法

眼睛是心灵的窗口，孩子通过教师的目光引起注意，产生相关的心理效应。教师要学会恰当地用目光注视孩子：认可赞许的目光可以使孩子得到鼓励，激发进一步的学习兴趣，形成向上进取的学习动力；和蔼亲切的目光可以使孩子放松心态，安定情绪，在轻松欢快的氛围中聚精会神地学习；严厉的目光可以使注意力分散、不注意听讲的孩子受到一定的约束，重新把注意力投入到课堂学习中去。

2. 表情控制法

表情是师生沟通情感、交流思想、建立联系的过程，教师的表情是孩子关心的目标。孩子从教师的表情中获取信息以确定自己的反应，这就要求教师上课时表情要表达出对孩子要求的不同意愿：整顿纪律状态的严肃，调节氛围的活泼，做到团结紧张，严肃活泼。丰富的表情变化也可以起到控制学生注意力的作用。教师的表情表达对学生的暗示、警告和提示，也可以表达期待、鼓励、探询、疑惑等情感。教师面部表情、头部动作、手势及身体的移动也传递着丰富的信息，有助于进行师生间的交流，调控学生的注意力。

3. 声音控制法

声音控制法指教师通过语调、音量、节奏和速度的变化，来引起和控制学生的注意。例如，当教师从一种讲话速度变到另一种速度时，已分散的注意力会重新集中起来。在讲解中适当加大音量，也可以起到加强注意和突出重点的作用。我们常做的高低声游戏就是利用了这个原理。

4. 暗示法

在课堂教学中合理恰当地运用暗示可以使师生间产生默契，使学生保持大脑的激活状态。如学生遇到难题时教师语言暗示"你能够做出"激励学生刻苦钻研；若课堂上某些学生注意力分散，教师的眼色或手势可以使学生自觉地调整自己的注意力。暗示给予学生自尊，从而调动学生的学习积极性，增强了课堂效果。总之，课堂的组织艺术方法是多种多样的，教师在教学中要根据学生的心理特点和心理发展的需要以及具体情况，采用不同方法因势利导组织教学。组织教学中要以可以激发学生的学习兴趣和积极性为主，保证课堂教学计划的顺利完成，力求最佳的教学效果。

5. 手势示意法

在课堂上，有的孩子自控能力差，会交头接耳。面对这种情况，教师可以用双手向他们做出一个暂停的动作或用食指按住嘴唇做出安静的表示，以示意这部分学生保持安静或终止违纪行为。

6. 鼓励法

在课堂中教师要不断地挖掘孩子的潜在优点，发现孩子已显现出的优点，并及时给予鼓励。这不仅是对某个学生的鼓励，也是对大家的激励，使其他孩子也有了努力的方向。当孩子回答问题正确、取得成绩时候的鼓励赞扬更能激发孩子向上的欲望；当孩子遇到困难、不能及时回答问题时，教师的鼓励性启发更为重要，一旦在教师的启发鼓励下，孩子克服了困难，敢于回答问题，这时孩子所产生的战胜困难的信心和勇气，对孩子身心的健康成长和成才，其作用不可估量。

7. 疑问法

疑问是激发学习兴趣的基础。巧妙的设疑是组织教学中的一种艺术方法。当某些孩子注意力不集中时，教师设置疑问让孩子回答以促使注意力转移到教学内容上；在孩子学习情绪低落时，利用疑问引发孩子学习兴趣，往往能激发起孩子学习的积极性。兴趣是人的一种带有趋向性的心理特征，是人行为的有力动机。学生不可能在每节课内对某一事物始终保持高度的注意，因此，教师在教学中设计一些能激发学生兴趣的疑问是非常重要的。

8. 停顿吸引法

适当的停顿，能够有效地引起孩子的注意力，可以产生明显的刺激对比效应。喧闹中突然出现的寂静，往往可以以静制动，吸引孩子的注意力。一般来说，停顿的时间以三秒左右为宜。这样的停顿足以引起孩子的注意。停顿时间不可过长，长时间停顿反而会导致学生注意力涣散。

9. 活动变换法

变换课堂活动方法可以有效调动和集中孩子的注意力，提高课堂教学效率。课堂活动方式包括教师主讲、师生交流互动、孩子动手操作等。在课堂教学中，教师应根据教学的需要适时交替变换一下课堂活动方式。这些变化都会给孩子以新鲜的刺激，强化孩子的注意，激发其参与的兴趣，进而达到提高教学质量的目的。

10. 竞赛刺激法

在孩子学习情绪不佳、疲劳或学习积极性不高时，教师可根据教学内容，开展一些小型教学竞赛活动，以调动孩子的积极性。竞赛刺激应与激励表扬相结合，通过竞赛活动，增进孩子的成就感。

组织好早期教育的课堂教学，最重要的是控制好孩子的注意力。著名教育家苏霍姆林斯基如是说："控制注意力的问题，是教师工作中最精细的而且研究得还很不充分的领域之一。要能控制注意力，就必须懂得儿童的心理，了解他的年龄特点。多年的学校工作经验告诉我，要能把握住儿童的注意力，只有一条途径，这就是要形成、确立并且保持儿童的这样一种内心状态——即情绪高涨、智力振奋的状态，使儿童体验到自己在追求真理、进行脑力活动的自豪感。"

第三节　早期教育教师素质

一、早期教育教师素质的界定

素质一词在《辞源》的解释中主要有两种含义：其一，白色的质地；其二，本质。所谓素质即事物本来的颜色，或一事物区别于它事物的内在规定性。那么，由此便可以把人的素质衍生为，本来如此的东西，或使人成为人的规定性的东西。人从来就不是抽象的，人的规定性总是具体的。用马克思关于人的本质的学说解释："人的本质在其现实性上，是一切社会关系的总和。"从这一理论出发，人在社会关系中获得自身的规定性，即在他所从事的社会活动中规定自身是什么人，或进一步说，人是在社会活动的对象关系中规定自身的。如，在阶级社会，人的本质是由财产关系决定的：土地拥有者地主，在占有土地的同时也占有了靠土地为生的劳动者——农民；资本的占有者资本家，在占有资本的同时也占有了靠出卖劳动为生的工人。各行各业的人也是如此，无论在什么社会，人从事不同的行业，便决定对其素质的基本要求。人们在各行各业要求的规定性中，也使其看起来像是那个行业的人：工人、农民、商人、军人、教师、医生……皆如此。

教育者和被教育者，最基本的关系是教与学的关系，在教与学的的主客体关系中，形成了师生。

教师的素质，是指能顺利从事教育活动的基本品质或基础条件，是教师在其职业生活中，调节和处理与他人、与社会、与集体、与职业工作关系所应遵守的基本行为规范或行为准则，以及在这基础上所表现出来的观念意识和行为品质，师德是教师素质的核心。

早期教育教师，教育对象一是懵懵懂懂的孩子，二是孩子的家长。教育对象决定了早期教育教师的特殊素养要求。对孩子要有爱心和耐心，能做到动之以情，让孩子接受；对家长要体现出具有较为扎实的儿童身心发育的心理学知识、认知科学知识、教育学知识，更重要的是通过表达体现出教育教学能力，能晓之以理，体现出早期教育教师的基本素养，让家长认可。

对于早期教育教师而言，其理想应该是工作、职业、事业的统一。工作、职业、事业分属人生需求与追求的不同层级。

二、工作、职业和事业

工作是社会分工中每个劳动者体现社会价值和自我价值的角色定位。所谓工作就是劳动者通过劳动（包括体力劳动和脑力劳动）将生产资料转换为生活资料以满足人们生存和继续社会发展事业的过程。一个人从事什么工作，由其所处社会环境和个人能力（包括认知）共同决定。此外，工作更强调地点和内容，即在什么地方和做什么；从岗位的角度，强调职务和职责；从个人的角度，强调薪酬回报；从企业的角度，则强调任务目标和规章制度约束。

职业是参与社会分工，利用专门的知识和技能，为社会创造物质财富和精神财富，获取合理报酬，作为物质生活来源，并满足精神需求的工作。职业即职场上的专门行业，是对劳动的分类。职业是社会分工的产物，通常指具有一定专长的社会性工作。职业是一个行业，比如教师、工人、技术工程师，可以分布在不同的企业中，但是这些企业或许是类似的或者同行业的企业。这个阶段需要解决的问题是人自身更高层次的需求，比如别人的尊重、一定程度上的社会认可和自我价值的实现。在这过程中，职业人需要考虑的是职业是否符合自己的性格、气质、能力、意识、价值观、爱好和专业等个人资源需求。

而事业则不同，《辞源》把“事业”解释为，“所营谓之事，事成谓之业”；《易经》说，“举而措之天下之民，谓之事业”；《现代汉语词典》中定义为，“人所从事的，具有一定目标、规模和系统而对社会发展有影响的经常活动”。概括起来，事业指人们所从事的，具有一定目标、规模和系统的对社会发展有影响的经常活动；事业可以是特指没有生产收入，由国家经费开支，不进行经济核算的文化、教育、卫生等单位；有时事业一词也可以指个人的成就。

事业并不是所有的人都乐意去努力或者所有的人都能实现的。很多人都常说我们要拥有自己的事业，其实大多还只停留在工作或职业的层面，尚未进入到事业的层次。事业是一个人可以一辈子为之所奋斗的，终其一生为实现自己的目标而坚持不懈地努力。它能解决人类最高层次的需求，是社会认可和自我价值的真正实现。在这个过程中，不顾路途有多遥远，甚至也不管薪水多寡，只要他喜欢，就会去从事。事业是由职业人自己确定的人生目标和理想，并不惜一切个人资源和努力为之奋斗，包括自己的人生。

工作是由行业或企业的岗位决定的，其基本要求是尽职尽责；职业是由社会分工决定的，其基本要求是爱岗敬业；事业是人生的价值追求，其基本要求是鞠躬尽瘁。工作讲纪律，他律为主；职业讲操守，自律为主；事业讲追求，崇高为主。从哲学的角度看，工作、职业基本属形而下，侧重“器”的层面，生存、生活功利色彩重；事业则基本属形而上，侧重“道”的层面，理想追求色彩重。

三、早期教育教师的基本素质

厘清了工作、职业、事业的范畴及层次，我们可以把早期教育教师的基本素质概括为以下几个方面：

1. 早期教育作为一份工作，对教师的最低要求是尽职尽责，一切以孩子为中心，教育家长最终是为了教育好孩子

早期教育教师的“职”，就是孩子的教师，家长教育孩子的导师；要尽的责，就是孩子和家长的师之责。落实到不同的工作岗位，就是要严格遵守岗位责任制度规定，按标准完成工作任务。

早期教育机构的规章制度，是对教师的刚性要求。在早期教育机构中，一般对员工既有一般的管理规章制度，也有不同岗位的管理要求。教学工作是按岗位定薪酬、定职责的，教学岗位一般分为初级教师、中级教师和高级教师；此外，在教学岗位上，一般还设有教学顾问和各中心教学督导、地区教学督导、全国教学督导。各早期教育结构，对不同等级的教师和教学顾问、教学督导均有不同的工作任务目标和责任要求。除此之外，作为教师对岗位规章制度的遵守更要依靠自律自觉。

“学高为师”，胜任教师的工作岗位，必须要做好格物、致知、传道、授业、解惑的功夫。作为早期教育行业操守的遵循者，格物、致知，就是要在早期教育实践中，通过对孩子及家长的教育教学，掌握早期教育的规律；传道、授业、解惑，就是要按着早期教育的规律对孩子进行教育教学，并向家长阐明早期教育的教育规律，使家长能与教师一道教育好自己的孩子。

此外，作为一名早期教育教师要对与自己一起工作的伙伴教师集体负责，对早期教育机构负责，对早期教育行业负责。这种负责体现在两个方面。一方面，要以自己过硬的本领、良好的形象赢得社会的广泛认可。另一方面，在工作中要处理好个人与他人的关系，团结协作，严于律己，宽以待人；要处理好个人与集体的关系，当个人利益与集体利益发生矛盾冲突时，要服从集体大局，舍小家保大家，要明白大河有水小河满、大河无水小河干的道理，集体的实力、形象，体现在个人的一言一行、一举一动上，个人与集体荣辱与共；要处理好个人与行业的关系，个人与行业的关系看似不直接，实则关系密切，早期教育行业是由各个早期教育集团构成的，每个早期教育集团都是由具体的员工支撑起来的，如果每个员工都觉得自己与行业无关，那么这个行业在社会上迟早是要消亡的。个人与集体、行业休戚与共，皮之不存，毛将焉附！

2. 作为一份职业，对教师的较高要求是要遵循早期教育教师的职业操守

在各行各业中，教师是一份特殊的职业。这份职业对其职业道德——师德的要求往往高于社会一般公德和其他职业道德水准。师德既有对教师自身的约束性，也具有对学生的示范性，而且后者对社会的影响更大。教师职业道德水准如何，不仅体现教师自身素养，更关系到学生道德观念的形成以及学校生活的秩序发展。党的教育方针是：“坚持教育为社会主义现代化建设服务、为人民服务，把立德树人作为教育的根本任务，全面实施素质教育，培养德智体美全面发展的社会主义建设者和接班人，努力办好人民满意的教育。”其中，“立德树人”是根本任务；“培养德智体美全面发展的社会主义建设者和接班人”，德育为先。师德

水准是对教师最基本的也是最重要的要求。早期教育是基础教育的基础，培养什么样的人，从娃娃抓起，早期教育教师是孩子的启蒙者，师德水准怎么强调都不过分。

实际上从古至今，我国就一直把德育放在首位。《礼记·大学》开篇道："大学之道，在明明德，在亲民，在止于至善。"这里的"大学"不是指教育机构（The University），而是指"大学问"（Recondite Knowledge）。第一个"明"是动词，是彰明、弘扬的意思；第二个"明"是形容词，意谓"光明的"，即人要弘扬内心的善良光明的德性。朱熹在他所著的《大学章句》中，把《大学》提出的"明明德""亲民""止于至善"三者称为"大学之纲领"，把"格物""致知""诚意""正心""修身""齐家""治国""平天下"八项称为"大学之条目"。后人称之为"三纲领八条目"，简称"三纲八目"。

"身正为范"，在儒家文化中，一定程度上"教师"与"君子"是同义词。"身正"是对师德的起码要求。遵循《大学》的逻辑，在道德层面，正身首先需"诚意"，然后"修身"，而后育人。

作为早期教育教师，所谓诚意，就是要怀一颗敬畏教育的真诚之心，即"真心、真意、真教育"之心，持"捧着一颗心来，不带半根草去"之意。对早期教育教师而言，真诚之心首先是爱心，于细微对孩子处处关心，于胸襟有"幼吾幼及人之幼"之大爱。

所谓修身，即陶冶身心，涵养德性。诸葛亮在《诫子书》中告诫儿子："夫君子之行，静以修身，俭以养德。非淡泊无以明志，非宁静无以致远。夫学须静也，才须学也，非学无以广才，非志无以成学。"即君子的行为操守，从宁静来提高自身的修养，以节俭来培养自己的品德。不恬静寡欲无法明确志向，不排除外来干扰无法达到远大目标。学习必须静心专一，而才干来自学习。不学习就无法增长才干，没有志向就无法使学习有所成就。

早期教育教师，做到诚意、修身是基础，最终目的是育人。如果说诚意、修身练的是内功，使自己成为道德示范者，彰显至善的道德，利在当下，那么，育人则是"光照他人"，功在千秋！

"身正为范"，注重教师的仪容仪表是非常重要的。在早期教育机构工作，尤其是授课教师一般都有统一的工装。早期教育教师的着装与其他教师有很大不同，要符合孩子的审美特点和审美心理学，色彩活泼而不妖艳，款式大方简洁而不烦琐，既能引起孩子的注意，又不能喧宾夺主，在上课时分散孩子的注意力。女教师要化淡妆，绝不能浓妆艳抹，要注意发型，头发长短适中，简洁大方，不能把头发染得过重，最好保持自然；男教师衣着要整洁，不能穿短裤和拖鞋，不能染发、留长发或剃光头，不能留胡须。保持面带微笑，语言文明，课前要说"小朋友好"，下课要说"小朋友再见"；说话语气柔和适中，节奏起伏适度，手势自然而不生硬。

3. 作为一份事业，对早期教育教师的要求，是能毕生为之奋斗，鞠躬尽瘁，达到尽善尽美

做事业绝不仅仅是解决衣食住行的基本需求。

尽善尽美，在美学意义上就是追求"崇高"。教育关乎国家、民族的前途和命运；早期教育是基础教育。早在20世纪初，清华大学国学大师梁启超先生就呼吁："故今日之责任，不在他人，而全在我少年。少年智则国智，少年富则国富；少年强则国强，少年独立则国独立；少年自由则国自由；少年进步则国进步；少年胜于欧洲，则国胜于欧洲；少年雄于地球，则国雄于地球。"但是，使少年"智""富""强""独立""自由"和"进步"，其根基在教育。

幸福人生,即工作是自己喜欢的行业、职业,自己喜欢的行业、职业是自己一生事业奋斗的追求;教育的宗旨在于,激发和发现受教育者的兴趣,培养其好奇心和兴趣,在兴趣和好奇心驱使下,形成其爱好和习惯,再把其爱好和习惯培植、拓展成专长,并能为其将所从事的行业、专业夯实能力基础。给孩子好的教育,教育好孩子,是我们教育工作者光荣而神圣的使命,这样的事业不可不谓“崇高”!

正如马克思在中学毕业论文中所写到的那样:“如果我们选择了最能为人类福利而劳动的职业,那么,重担就不能把我们压倒,因为这是为大家而献身;那时我们所感到的就不是可怜的、有限的、自私的乐趣,我们的幸福将属于千百万人,我们的事业将默默地、但是永恒发挥作用地存在下去,而面对我们的骨灰,高尚的人们将洒下热泪。”

本章小结

0~6岁是婴幼儿发展最为关键的几年,在这个阶段,通过科学的早期教育可以帮助他们加快大脑发育,促进认知发展,协助个体社会化。而早期教育的教师在这一过程中承担着重要角色,作为承担婴幼儿教养任务的主体,其教育理念、专业素质、教学能力将直接影响婴幼儿的身心健康、智力发展、人格塑造及其他方面的发展。

成为一名优秀的早教教师,专业的知识和技能必不可少:需要掌握心理学及儿童心理、教育学及早期教育、文学及儿童文学、儿童发育及儿童健康等知识,需要具备亲和力、表达能力、表演能力、审美能力、组织教学能力等。在掌握了基本的专业知识和技能之后,也应该时时牢记作为早教教师的素质——作为一份工作,要尽职尽责,一切以孩子为中心,教育家长最终是为了教育好孩子;作为一份职业,要遵循早期教育教师的职业操守;作为一份事业,要鞠躬尽瘁,达到尽善尽美。

“学高为师,身正为范”,作为婴幼儿早期的“启蒙者”,早期教育教师应尽早明确自己的角色定位,做好职业规划,确定发展目标,同时要在行动中全方位提升自己的素质。

第七章　家庭与早期教育

导语

“家庭是人生的第一个课堂，父母是孩子的第一任教师”，每个人都是从家庭中学会说话、学会走路、学会守规矩、学会与人交往，更重要的是从父母及家人那里学到了价值观和处世态度。良好的家庭教育，影响一个人一生的发展。

第一节　我国古代传统家庭早教思想

在我国古代，家庭幼儿早期教育长期受到重视。由于家庭教育的首要责任者是家长，因此，在古代教育家大量的论著中，我们会看到很多有关家长教育重要性的论述。如春秋时期的著名思想家管仲就认为：“为人父而不明父子之义以教其子而整齐之，则子不知为人子之道以事其父矣。故曰：父不父则子不子。”①就是说，做父亲的重要职责之一是教育好子女，若不如此，则“父不父”，所导致的结果就是“子不子”。

胎教，是我国古代延续至今的家庭早教传统，早在南北朝时期，著名教育家颜之推就对家庭胎教有生动而具体的论述。他说：“古者圣王，有‘胎教’之法，怀子三月，出居别宫，目不邪视，耳不妄听，音声滋味，以礼节之。书之玉版，藏诸金匮。”②即自古圣王就有“胎教”的习俗，妇女怀孕三个月时，便出宫别住，其间不看邪恶之像，不听杂乱之声，把美的音乐当作日食甘味，按照礼义节制行为，而且把这些规范书于玉版之上，藏进金柜里。

而关于家庭成员对婴幼儿早教的重要性，颜之推更是生动地论述道：“夫同言而信，信其所亲；同命而行，行其所服。禁童子之暴虐，则师友之诫，不如傅婢之指挥，止凡人之斗阋，则尧舜之道，不如寡妻之诲谕。”③意思是说，同样的言论要想让人信服，人们往往会相信最亲近的人说的话；而同样的命令要使人信服并执行，人们则往往愿意执行其最敬佩的人的命令。所以，要禁止小孩的暴虐行为，师友的劝诫，不如侍婢的调遣。要纠正和调解凡人的争斗，施用尧舜的思想和方法，却不如妻子的规劝更有效。由此可见，重视家庭早期教育中家长的作用，是我国古代传统家庭教育的重要特点之一。

我国古代家庭早期教育思想十分丰富，我们只能择其概要，简略介绍以下几种。

---

① 赵守正. 管子注释(上册)[M]. 南宁:广西人民出版社,1982.

② 颜之推. 颜氏家训[M]. 檀作文,译注. 北京:中华书局,2011.

③ 同②。

一、“性相近”与“性本善”早教思想

关于我国古代婴幼儿早期教育的理论，当首推孔子的“性相近”说，即人在出生后其本性是基本相似的。同时，孔子认为，“少若天成，习惯自然”，①即一个人幼时的天性会自然形成习惯，并影响其一生。其后的孟子，在受到孔子的影响下，提出了“性善论”，认为人生来是有善端的，也就是说，初生儿都有向善的本心，因此，他认为人具有“不虑而知，不学而能”的良知良能，即“人之所不学而能者，其良能者；所不虑而知者，其良知也”。② 孟子的良知良能观点，进一步丰富了孔子“性相近”和“少若天成”的早教理论。因为，孔子虽然看到了新生儿在没有受到现实生活影响的前提下，其人性是基本相近的，而且在这种性相近的前提下，所接受的教育将自然形成习惯。但是，孔子并没有对人性做更为深入的具体论述，而至被称之为儒家亚圣的孟子，才使“性相近”早教观点的论述更具体化。即孟子的“善端论”。孟子认为“善端”就是“不虑而知和不学而能”③的天性。其哲学立场就是他的“人之初，性本善”观点。虽说孔子在提出“性相近”的同时，也强调“习相远”，即婴儿虽然先天的人性是基本相近的，但因为后天的教育却产生巨大差距。但是，孔子并没有具体阐述儿童天性基本相近的具体表现，而孟子则不仅认为性相近，同时还认为新生儿具有不虑而知、不学而能的认知本性，因此，教育作用就是要找回人之向善的自然认知本性。从而达到“人人皆可以为尧舜”④的教育目标。

儒家“性善说”的早教思想历经千余年的传承，在继承和发展的同时不断被历代的教育家丰富创新，使其具有了历久弥新的生命力。尤其是当代婴幼儿早期教育家，对儒家早教理论汲取精华、推陈出新，针对现实家庭婴幼儿教育的需要，总结出了具有中华民族文化特色且体现东方文化内涵的教育经验。其中包括亚洲各国的教育家，在借鉴中华民族教育文化传统的同时，也积累总结出具有各自特色的家庭早期教育经验。如发端于20世纪的日本七田真早期教育，在高度肯定儿童“善”的天性，相信每个孩子都是天才的基础上，把父母对孩子的信任置于重要的地位。因此，在七田真先生的《爱与规则》中认为“无论是怎样行为不当的儿童，只要父母以尊重的态度来对待他的话，他的不当行为将会消失无踪。若是能被尊重，无论是哪个人都能正确地成长起来。所以家长要用心去构筑亲子间的信赖关系。若是能建立起亲子间的信赖关系，那么此前一直困扰父母的问题就都会迎刃而解。”⑤他坚信“孩子原本一直就拥有能自我成长的潜能，父母若是向这种本性中倾注爱的光芒，那么必然能够柔化其内心，触动其心灵。”⑥显而易见，这种自我成长的潜能，就是孟子所指的“不虑而知”和“不学而能”的天性。

二、“性恶论”早期教育思想

荀子作为先秦教育思想的集大成者，他继承并发展了孔子的教育思想，对教育的诸多问

① 孔子. 论语[M]. 陈晓芬，译注. 北京：中华书局，2016.

② 孟子. 孟子[M]. 万丽华，蓝旭，译注. 北京：中华书局，2006.

③ 同②。

④ 同②。

⑤ 七田真. 家庭教育中的爱与规则[M]. 吴琼，译. 长沙：湖南少年儿童出版社，2013.

⑥ 同②。

题曾有十分精辟而深刻的论述，其中关于幼儿的早期教育则是以“性恶论”为基础的教育作用说。荀子认为，“性”和“伪”是不同的，“凡性者，天之就也，不可学，不可事。……不可学不可事而在人者，谓之性；可学而能，可事而成之在人者，谓之伪，是性伪之分也。”①“‘性’是天生的，‘伪’是人为的，用人为来矫正天然。性者，资质（潜能）、质朴、质、（工）具（耳、目、眼等）也，实际上是个体与生俱来的素质，是天赋的本能，每个人生下来都是相同的。‘伪’是人为的意思，只要是后天人为的东西都是‘伪’。”②从这一观点出发，荀子认为人的天性本来都是恶的，凡是善的东西都是后天人为的。所以他说：“人之性恶，其善者伪也。今人之性，生而有好利焉，顺是，故争夺生而辞让亡焉；……生而有耳目之欲，有好声色焉，顺是，故淫乱生而礼义文理亡焉。然则从人之性，顺人之情，必处于争夺，合于犯分乱理，而归于暴。故必将有师法之化、礼义之道，然后出于辞让，合于文理，而归于治。”③这里我们不难看出，荀子把好利、嫉妒、声色等恶习均视为人的先天欲望，因此必须加以遏制。

从幼儿早期教育看，荀子的“性”“伪”说，是指先天素质与后天教育的关系，而对于先天的“恶”该如何遏制呢？显然荀子已经看到了其中的矛盾所在，于是，在肯定“性伪之分”的同时，他提出了“性伪合”的观点，并肯定两者之间的联系和统一。“蓬生麻中，不扶则直；白沙在涅，与之俱黑。”④即蓬草生长在麻地里，不用去扶持也能挺立，而白沙混进了黑土里，就会变成和土一样的黑色。因此，他主张“化性起伪”，即对人本性通过后天的积习加以改造。由此可见，荀子一方面反对孟子的“性善论”，同时又把孔子的“习相远”做了更加积极的发挥，使人们更加清楚地看到后天教育的重要作用。直至今日，荀子的“性伪合”教育思想还依然是我们早教面对的重要课题，有关新生儿的社会化，依然是众多教育家探讨争论的话题。尽管现代科学证明早期胎教对于新生儿健康成长具有积极促进作用，但是，出生后婴儿的社会化教养毕竟还需要在真实的社会环境中展开，这也是我们许多早期教育家极力强调家庭亲子教育中，机器人无法替代父母与婴幼儿游戏的重要原因所在。

“性善说”与“性恶说”，就其人性之本而言，是完全对立的，但通过后天教育却可殊途同归。性善说强调，通过教育将人性之善端发扬光大；性恶说则强调，通过教育将人性之恶端彻底改掉和重塑。

三、“染丝说”早期教育思想

墨子是先秦时期具有重大影响的思想家和教育家。他所创立的墨家学派，独树一帜与儒家学派抗衡，拉开了先秦教育思想百家争鸣的序幕。墨子出身微贱，自称“贱人”。然而，他长于手工技艺，被称为风筝制作的鼻祖。《墨子·鲁问篇》中就记有，鲁班曾根据墨子的设计方案，用竹子做出风筝。且在《鸿书》中有“公输班制木鸢以窥宋城”的详细记载。墨子有关婴幼儿早期教育的思想是“素丝论”。他认为，人的本性生下来就像“素丝”，如同一张白纸一般，其后天的发展完全是环境习染和教育的结果。所以，“染于苍则苍，染于黄则黄”⑤，即儿童天生素质无所谓优劣，完全是因为后天教育才使其产生了差异。这种思想在世界教

① 荀子. 荀子[M]. 骆宾，注. 北京：中国文联出版社，2016.
② 张传燧. 解读中国古代教育思想[M]. 广州：广东教育出版社，2009.
③ 同①。
④ 同①。
⑤ 墨翟，方勇. 墨子. 所染[M]. 北京：中华书局，2007.

育史上也不多见。西方直到18世纪,才有英国教育家洛克提出与此相似的“白板说”,比墨子晚了近2 300年。①

墨子在“染丝说”的教育思想基础上,强调“强说强为”的教育主张。认为“不强说人,人莫知也”②。也就是说,对于受教育者来说,教育者要积极主动地去加以影响,要毫无保留地教育他人。即“有道者劝以教人”,③否则“隐匿良道而不教诲”就是不仁不义。与此同时,墨子不仅强调包括家长在内的“强说强为”的教育主导作用,而且还主张根据孩子的不同天性禀赋予以施教。“能谈辩者谈辩,能说书者说书,能从事者从事。”④“深其深,浅其浅,益其益,尊(撙)其尊(撙)。”⑤其意是,对受教育,要发挥其各自的特长,而且基础深的要教得深,基础浅的要教浅些,根据其接受能力增加或删减教育的内容。

在我国古代历史上,不乏有很多在家长“强说强为”的主导下早期成才的实例。如唐代著名文学家韩愈虽出身仕宦之家,但三岁成为孤儿,幼年处境艰苦,他的伯兄韩会收养了他,在兄嫂的精心抚育下,习读诗书,日记数千百言,六经百家之学无不博洽贯通。后来韩愈自述道:“焚膏油以继晷,恒兀兀以穷年。”⑥即太阳下山后,韩愈就燃起油灯,一年四季孜孜不倦。正是兄嫂对幼儿时期的韩愈进行“强说强为”教育,加之其刻苦努力,最终使他成为古代杰出的文学家。

四、“蒙养弗端”的早教思想

朱熹不仅是我国南宋时期著名的思想家、教育家,更是理学的集大成者。他有长期的教育经历和丰富的教育实践经验,其有关幼儿早期教育的思想对于今天的我们依然具有可资借鉴的价值。

“蒙养弗端,长益浮靡。”⑦其意为,如果年幼时期不能打好人生的基础,长大后就会做出违背伦理纲常的事情,到时再去弥补就非常困难了。所以朱熹认为,幼儿家庭的早期教育是“习与智长,化与心成”⑧的过程。这一主张源自汉代贾谊《治安策》中的“习与智长,故切而不媿;化与心成,故中道若性”。经朱熹概括总结,成为其早教的核心主张。所谓习就是习得,所谓化就是教化。就是说学习知识可以使幼儿智慧得到成长,而教化心灵则会使幼儿的内心更加健康,早期教养形成的习惯随着年龄的增长会变成某种稳定的品质。因此,朱熹极力主张对幼儿先入为主,及早施教。因为在他看来:“人之幼也,知思未有所主。”⑨所以很容易受到各种不利于成长的思想的影响,因此必须先入为主,及早施教,“必使其讲而习之于幼稚之时,使其习与智长,化与心成,而无扞格不胜之患也”。⑩

与此同时,他还认为,为了养成幼童基本的道德行为习惯,实行一定的强制性教育是必

---

① 张传燧.中国古代教育思想解读[M].广州:广东教育出版社,2009.5

② 墨翟.墨子[M].方勇,注.北京:中华书局,2007.

③ 墨翟.墨子全书[M].北京:中国长安出版社,2009.

④ 同③。

⑤ 同④。

⑥ 韩愈.鲜于枢韩愈进学解[M].鲜于枢,杏林,注.济南:山东画报出版社,2006.

⑦ 朱熹.言文对照小学集注[M].高愈,沈元起,注.北京:中国华侨出版社,2012.

⑧ 同⑦。

⑨ 朱熹.近思录[M].查洪德,注.郑州:中州古籍出版社,2004.

⑩ 同⑦。

要的，而随着幼童的成长，到了一定时期后，就会“积久成熟，自成方圆”。由此我们不难看出，朱熹主张的先入为主的教育，虽然强调教育者的主观强化作用，但是这种先入为主教育的前提是看到了幼儿的心智发展基础，而非墨子所描述的“素丝”般空白的幼儿天性，这无疑彰显了朱熹“蒙养弗端”思想的科学合理性。

最能体现朱熹“蒙养弗端”的是：“古者，小学已自暗养成了，到长来，已自有圣贤坯模，只就上面加光饰。”[①]在朱熹看来，儿童就如具备了圣贤品质的坯模，只欠剔垢磨光般的教育。因此，朱熹在强调“蒙养弗端”教育的同时，特别重视有的放矢的教育方式。他在对《论语》“不愤不启”一章作注说中就写道：“愤者，心求通而未得之意；悱者，口欲言而未能之貌。”[②]即求知者虽然想弄懂，但又不得法，想求教又不知如何表达。这说明，朱熹确信充分调动儿童的求知积极性和主动性，不会削弱教育者的作用。

在我国古代，这种家长顺应幼儿早期心理发展，适时启发先入为主的教养范例很多，如清代著名的戏曲家、文学家蒋士铨，幼年时家境贫寒，蒋母为生活奔波忙碌，非常辛苦，但依然不忘教育自己的儿子，“士铨四岁时，母亲为了教他识字，就劈了一把细竹丝，按照点、横、撇、捺分别拼摆成不同的字，教士铨认记。开始每天教一两个字，后增加到八至十个，认识后拆开又拼新字，认认拼拼，反反复复，使蒋士铨掌握了大量的汉字”。[③] 这种早期识字教育最终促成蒋士铨后来文学上的高深造诣，使他成为清代著名的文学家和戏曲家。

朱熹的早期教育思想不仅影响了古代无数家庭，与此同时，这种顺应受教育者需求的婴幼儿早期教育思想，对于我们今天的家庭婴幼早期教育仍然具有重要的启示作用。反观当下许多家庭，家长为了达到自己心中的所谓教子理想，不顾及孩子的自身先天禀赋条件和内心成长需求，擅自先入为主地为孩子选择接受不计其数的特长教育，其结果适得其反，既压抑了孩子渴求快乐成长的愿望，也使他们失掉了自身特长发展教育的关键时机。

第二节　家庭教育及家庭成员的早教知识与能力

一、家庭及家庭教育的概念

探讨婴幼儿早期教育离不开对家庭及家庭教育的研究，因为，家庭是孩子出生后的第一所“学校”。《汉语大词典》中关于“家庭”的概念是指“在婚姻关系、血缘关系或收养关系基础上产生的，以情感为纽带，亲属之间所构成的社会生活单位”。可见，家庭的组成是由不同的人构成的，而既然是不同的人，就意味着不同人的文化。所以，从这个意义上说，家庭不仅意味着人与人之间构成婚姻、血缘、收养等关系。同时家庭也是不同文化的集合体，即家庭成员的知识、思想、价值观、态度和行为方式等主观因素的总称。是指家庭价值观念及行为形态的总和。波沙德及博尔曾说：“所谓家庭文化形态，是构成家庭与两性团体生活的思想与行为形态。这是所有社会文化体系的一部分，包括婚姻及恋爱程序、性道德、夫妇关系、两

---

① 黄士毅. 朱子语类汇校[M]. 上海：上海古籍出版社，2014.

② 朱熹. 论语集注[M]. 郭万金，注. 北京：商务印书馆，2015.

③ 毕诚. 中国古代家庭教育[M]. 北京：商务印书馆，1997.

性地位、亲子关系、离婚、儿童谋生意向、家庭团结、对于亲长的责任等。”①

正是基于对家庭文化的认定，所以，顾明远教授把家庭教育概念定义为“家庭成员之间的互相教育，多指父母或其他长者对儿女辈进行的教育”。② 但是，在现实中，身为家庭成员的长者，不仅要承担教育子女的义务，而且还需要承担教育孙辈的义务。因此在《中国大百科全书》教育卷里对家庭教育的解释为：“父母或其他年长者在家庭内自觉地、有意识地对子女进行的教育。”③另外，《辞海》中关于家庭教育词条的定义是：“父母或其他长者在家里对儿童和青少年进行的教育。”④而关于家庭早期教育的概念，赵忠心教授在《家庭教育学》中的阐述更具代表性，他认为：“家庭教育是指在家庭生活中，由家长，即由家庭里的长者（其中主要是父母）对其子女及其他年幼者实施的教育和影响。”⑤这里的“年幼者”显然特指婴幼儿。

随着现代终身教育文化的兴起，家庭教育的内涵也在不断地扩大。按照狭义的家庭教育概念，在家庭中，只能是长者为师，由长者教育下一代人或隔代人。但是，既然家庭文化是由不同文化背景的人组成的，那么就自然形成不同文化形态之间的冲突和融合，而且从终身学习角度看，人既然是需要终身学习的。那么，在家庭环境中就不只存在一种长者为师的教育形态，而是包括家庭成员之间互相学习的多元教育形态。所以，邹强先生认为家庭教育“既包括家庭成员之间自觉或非自觉的、经验的或有意识的、有形的或无形的多重水平上的影响，也包括家庭环境对其成员产生的无主体影响。”⑥这种家庭成员之间相互的有意识或无意识的教育影响，被学界普遍认为是广义的家庭教育概念。

二、家庭成员的教育文化关系

家庭环境对婴幼儿早期成长具有重要影响作用，因此，家庭成员之间的关系问题也就成为婴幼儿早期教育的重要因素。家庭关系也称家庭人际关系，抑或家庭成员之间固有的特定关系。它的具体形态表现是家庭成员之间交往互动的方式。

有关家庭关系的概念，在《人口科学辞典》中是这样界定的：“是联结家庭成员之间的纽带。它的特点是以婚姻和血缘为主体，并由有婚姻和血缘关系的人生活在一起构成，表现为组成家庭的各成员之间特殊的相互行为。以代际关系为层次，以家庭同代人的多少为幅度，构成家庭中几代人或同代人之间的传递和交往。”⑦由于每个家庭的成员结构不同，所以“家庭成员之间的人际关系，包括姻亲、血亲与收养关系。其多样性与家庭规模有关。核心家庭只有夫妻关系、父母子女关系和兄弟姐妹关系；直系家庭要加上婆媳（翁婿）关系、祖孙关系；联合家庭还要加上妯娌、姑（叔）嫂关系等”。⑧

我国自 1982 年计划生育被确定为基本国策并写进宪法，随之家庭成员减少，家庭成员的人际关系也日渐简单化，尤其在城市，开始出现了 4 + 2 + 1 的成员模式，即四位老人加一

① 顾明远. 教育大辞典[M]. 上海：上海教育出版社，1998.
② 同①。
③ 董纯才. 中国大百科全书（教育卷）[M]. 北京：中国大百科全书出版社，1985.
④ 辞海[M]. 上海：上海辞书出版社，1980.
⑤ 赵忠心. 家庭教育学[M]. 北京：人民教育出版社，2001.
⑥ 邹强. 中国当代家庭教育变迁研究[M]. 天津：天津大学出版社，2011.
⑦ 吴忠观. 人口科学辞典[M]. 成都：西南财经大学出版社，1997.
⑧ 林崇德. 心理学大辞典[M]. 上海：上海出版社，2003.

对青年夫妻再加一个宝宝的成员结构，并历时近四十年一直延续至今。尽管这一国策对于特定历史时期国家的发展具有特定的重要意义，但是从家庭教育的视角看，家庭小型化所带来的成员之间人际关系的简单化，往往会限制婴幼儿成长的社会认知视域。

按照当前4+2+1家庭的成员模式，家庭成员的关系包括：父母之间的关系，祖父母、外祖父母各自之间及双方的关系，父母与祖父母及外祖父母之间的关系，年轻父母与子女之间的关系，祖父母、外祖父母与孙子(女)、外孙子(女)的关系。

1. 父母之间双方的互动关系

一对男女，经历恋爱至结婚成为法律上的合法夫妻，双方面对共同组成的家庭，开始了互动互融的家庭生活。从双方各自家庭原生态的文化禀赋来看，夫妻各自承认自己原来家庭文化生态的不足，是夫妻之间良好互动的最重要的认知基础。任何人出生在某一类家庭，自然受到家庭文化的影响。如按家庭所在社区性质划分，有乡村家庭文化、城镇家庭文化；按家庭主要人员的职业属性划分，有工人家庭文化、农民家庭文化、干部家庭文化、知识分子家庭文化；按照家庭中父母话语权划分，有父权家庭文化、母权家庭文化、夫妻平权家庭文化等。任何人都无法选择自己出生的家庭文化，但必须承认任何类别的家庭文化都不是完美无瑕的，而家庭文化的影响和教育自然就形成夫妻各自的文化基因。当两个来自于不同家庭文化影响下的男女结为夫妻后，其文化的碰撞与矛盾也就在所难免。因此，承认这种文化差异，并且直面自己原生态家庭文化的不足，是夫妻关系步入和谐的重要基础。

2. 祖父母、外祖父母各自之间及双方的关系

在一个家庭中，祖父母、外祖父母均不是宝宝的直接教育者，所以在很多家庭教育学理论中，往往将其教育责任置于次要地位。但是，由于快节奏的社会生活特点，在年轻父母生活工作压力较大的情况下，身为祖父母、外祖父母，不得不承担教育隔代孩子的责任。基于此种现实，祖父母、外祖父母各自之间的关系以及相互之间的关系，在家庭孩子早教中也突显出特有的重要性。

同样道理，不论是祖父母还是外祖父母，他们也是从年轻岁月走过，经历了互相之间文化的博弈后才步入老年，而能够相濡以沫共同生活自然有其解决相互之间矛盾的办法。这也恰恰成为他们教育下一代和隔代子女的教育观念。但由于两代人或三代人之间的文化代沟，致使他们很多生活经验失灵，甚至造成家庭成员之间的矛盾。因此，许多专家对祖辈家长给出的秘籍就是远离孩子，远远望着他们成熟成长。当然，这只是对于有“远离”条件的祖父辈而言，对于不得不承担家庭教育责任的祖父辈家长来说，正确认识自己原有的教育价值观念，耐心与子女沟通，不固执，求和谐也许是较好的互动方法。

一般说来，来自两个家庭的祖父母和外祖父母，由于各自家庭生活的习惯不同，相遇在一起时产生某些矛盾在所难免，为此，两家老人如果能做到互相尊重对方的生活习惯、照顾彼此的文化认同、不歧视对方的社会地位、不轻鄙对方的经济水平，则是整个家庭安稳和谐的重要原则。

3. 父母与祖父母及外祖父母之间的关系

缘于都是家长，祖父母、外祖父母与年轻夫妇之间的关系也成为家庭和谐的重要因素。当祖父母、外祖父母聚集到一个屋檐下后，常常与年轻夫妇因为养育孩子发生矛盾，其实这只是矛盾的表象，更深层次的原因则是年轻夫妇和祖父母、外祖父母原本就存在的深层文化价值差异。在一个健康的家庭中居第一位的，不是亲子关系，而是夫妻关系。夫妻关系是家

庭稳定的“基石”，如果夫妻之间缺少文化差异的包容，就会出现糟糕的婆媳或翁婿关系。为此，解决矛盾冲突的有效办法往往是“谁的父母谁来劝”。比如，婆媳之间出现矛盾，身为儿子的丈夫首先劝解自己的母亲，希望对儿媳多多“担待”，而当岳父对丈夫略有微词时，身为女儿的妻子则要首先劝导父亲多加谅解，若是相反，就会发生家庭里“两军对垒”的僵持局面。

一般说来，婆婆与儿媳的矛盾较为常见，特别是来自女性威权家庭的婆婆，往往要突出自己一言九鼎的地位，结果把家庭所有成员卷入到纷争之中。此时，如果年轻夫妻之间的关系不稳定、互相不信任，自然就会激化家庭矛盾。而如果夫妻之间信任度较高，丈夫又能够对自己的母亲动之以情，晓之以理，就会使家庭关系趋于稳定。

4. 年轻父母与子女之间的关系

对于年轻的夫妻初为人父母，自身养儿育女的经验极其有限，面对复杂的家庭事务，夫妻双方一方面要主动担当责任，另一方面还要“分工合作”，这是年轻父母教养孩子中比较理想的互助关系。

孩子出生后，母亲是第一接触者，是第一个建立亲子关系的人，所以在其后的教养日子里，往往更多关注宝宝保健喂养等问题。而一位负责任的年轻父亲，由于没有或缺少这种亲密接触的机会，可能往往会处于辅助地位，即帮助妻子解决喂养中遇到的困难。一旦度过新生儿喂养的关键期后，身为父亲的丈夫，则应将自己的教育责任承担起来。此时，身为母亲的妻子则可以转变自己的角色，担当起辅助丈夫教育子女的责任。当然，由于婴幼儿早期教养与教育往往是密不可分的，所以，在实际生活中还需要夫妻之间紧密合作，共同商定教养及教育策略，才能实现家庭早期教育的最佳目标。

5. 祖父母、外祖父母与孙子（女）、外孙子（女）的关系

祖父母、外祖父母参与的隔代婴幼儿家庭教育，是我国家庭早教中的普遍现象。由于在教养孩子的问题上与年轻父母产生分歧，也成为具有普遍性的问题，特别是一些祖父母、外祖父母因传统观念根深蒂固，在宝宝早教过程中常常固执己见，这无疑会给家庭带来不和谐因素。因此身为祖父母外祖父母在对孙子（女）、外孙子（女）教养的过程中，应该保持“爱”的适度性，既要避免因过分溺爱而事无巨细大包大揽，也不要因推脱责任而不闻不问。用通俗的话说就是“该管的管、该帮的帮、多做实事少抱怨”。

对于多数家庭说来，祖父母、外祖父母的分工表现为祖父、外祖父多承担的是“体力劳动”，如接送孙子（女）、外孙子（女）去早教机构，带其户外活动等，而祖母、外祖母多是操持为孩子提供膳食喂养等事务。这些琐碎家事看似简单，但是对于年龄较大的祖父母、外祖父母来说，也是非常辛苦的差事。对此，有的祖父母、外祖父母抱以坦然面对的态度，而有的则是一边受累一边抱怨，结果为家庭增添了不必要的麻烦，甚至由此引发家庭成员之间的矛盾。

三、家庭成员的早教知识与能力

高度重视幼儿的家庭个性化教育，是当代国际家庭早期教育的重要趋势。尽管从我国的学前教育现实情况看，家长全职化教育尚未成为家庭幼儿教育的主流，但是，这并不意味着家长对孩子早期教育的削弱，相反，现代社会对高素质公民的要求，使家长的教育知识与教育能力面临前所未有的考验。

每一个家庭成员要对孩子进行早期教育，就需要具备有关早教的知识。那么什么是早

教的知识？却又是一个比较难以回答的问题。知识是符合文明方向的，人类对物质世界以及精神世界探索的结果总和。而婴幼儿早期教育中哪些是属于"物质世界"的客观知识，哪些是属于"精神世界"的主观知识呢？

所谓物质世界（或称客观世界），是指不依赖人的意识并能为人的意识所反映的世界，它包括自然界和人类社会，包括客观存在物体的特征、材料的性质与用途、物质的变化、物质的利用及人与人之间的社会关系等。比如牛奶是婴幼儿喂养的主要食品，它的形态是流体状，这就是其物体的特征。牛奶不但含有丰富的矿物质，而且是人体钙的重要来源，这就是其材料的性质与用途。当婴儿在喝牛奶时，牛奶首先经过口腔，借助唾液淀粉酶被消化掉一部分碳水化合物，其后由食道进入胃，随后在胃酸的作用下被蛋白酶消化成肽，这就是指物质的变化。这些物质世界知识不但客观存在，并且被实践证明是正确的。

所谓精神世界是指人的心理状态、思想、意识、价值观和世界观等。我们知道，客观物质世界需要人去认识，而认识离不开人的具体心理活动。如在亲子阅读时，小白兔拔萝卜的故事常常被母亲们读给宝宝听，事实上小白兔并不会拔萝卜，这种隐喻齐心协力的故事，就是反映精神世界的主观知识。所以，教育心理学家把知识的概念表述为："个体通过与环境相互作用后获得的信息。"①

现代认知心理学还把知识分为"陈述性知识"和"程序性知识"。而所谓的陈述性知识，是指描述客观事物的特点及关系的知识，所以也被称为描述性知识。这种陈述性的知识通常针对符号表征、概念定义、命题范围等。其中"符号"是代表一定事物表征的符号。如少年儿童所学习的语文的词性、数学中的数字、物理公式中的符号等等。

除此之外，一些反映事物本质特征的概念定义也属于陈述性知识。如有关幼儿早期教育的概念及多种定义等。

所谓的程序性知识，也被称为"操作性知识"。这类知识主要用来解决"做什么"和"如何做"的操作问题，是人的一种实践性知识。如我们常常与宝宝做亲子游戏，具体做什么游戏和怎样做游戏，虽然专家们可以提出多种多样的指导建议，但是具体的实践还是需要每位家长亲自操作。

总而言之，教育心理学的陈述性知识和程序性知识，反映了知识的客观性与主观性。所以在《中国大百科全书·教育》中对"知识"的表述是："所谓知识，就它反映的内容而言，是客观事物的属性与联系的反映，是客观世界在人脑中的主观映象。就它的反映活动形式而言，有时表现为主体对事物的感性知觉或表象，属于感性知识，有时表现为关于事物的概念或规律，属于理性知识。"②从这一定义中我们可以看出："知识对于人来说，是主客观相互统一的产物。是客观事物的一种主观表征，是在主客体相互作用的基础上，通过人脑的认知活动而形成的。"③

家庭成员需要掌握的婴幼儿早教知识是多方面的，我们也不可能期待每一位家长都如同早教专家那样，具有丰富渊博的婴幼儿教育知识。全国妇女联合会 2019 年与教育部等多部门共同修订了《全国家庭教育指导大纲》，详列出 0 ~ 3 岁和 4 ~ 6 岁年龄段幼儿的家庭教

---

① 张大均. 教育心理学[M]. 北京：人民教育出版社，2004.

② 中国大百科全书总编辑委员会. 中国大百科全书（教育）[M]. 北京：中国大百科全书出版社，1987.

③ 中国大百科全书总编辑委员会. 中国大百科全书（教育）[M]. 北京：中国大百科全书出版社，1987.

育指导内容。

关于 0 ~3 岁婴幼儿的教育指导内容:

(1)提倡母乳喂养,增强婴儿免疫力。

(2)鼓励主动学习,掌握儿童日常养育和照料的科学方法。

(3)设定生活规则,养成儿童良好的生活行为习惯。

(4)加强感知训练,提高儿童感官能力,预防儿童伤害。

(5)关注儿童需求,激发儿童想象力和好奇心。

(6)提供言语示范,促进儿童语言能力发展。

(7)加强亲子沟通,养成儿童良好情绪。

(8)帮助儿童适应幼儿园生活。

关于 4 ~6 岁幼儿教育指导的内容:

(1)加强儿童营养保健和体育锻炼。

(2)培养儿童良好的生活和卫生习惯。

(3)抓好安全教育,减少儿童意外伤害。

(4)培养儿童良好的人际交往能力。

(5)增强儿童社会适应性,培养儿童抗挫折能力。

(6)丰富儿童感性知识,激发儿童早期智能。

综合以上家庭教育指导内容,我们可以把家庭成员应该掌握的早教知识概括为:

(1)产前医学健康体检、孕前检查优生等陈述性知识。

(2)0 ~6 岁儿童身心发展特点的陈述性知识。包括 0 ~3 岁个体神经系统结构发展的关键期知识;由头至脚、由中心至外围、由大动作至小动作的发展及身高和体重增长关键期的生理学知识;语言逐渐发生、探索周围世界的交往倾向、表现亲子依恋关系的心理学知识。以及 4 ~6 岁个体大肌肉的发展及从事各种简单活动的生理学知识;以直觉行动思维和具体形象思维为主要特点,不断增加词汇量、掌握各种语法结构的心理过程及兴趣爱好等个性倾向的心理学知识。

(3)掌握儿童日常养育和照料的程序性知识。包括实施营养保健和体能锻炼;加强感知训练,提高儿童感官能力;激发幼儿早期智能发展想象力、好奇心和敏锐的感知力;提供言语示范,促进儿童语言能力发展;加强亲子沟通,养成幼儿良好情绪和生活卫生习惯;培养良好的人际交往能力和抗挫折能力;预防儿童伤害,使其适应幼儿园生活。

家长的教育能力是具体家庭环境下的产物。不同家庭文化中的家长,其教育能力和水平也不相同,但是,作为具有共性的社会化教育能力,其本身的心理结构也有其共性特征。

家长的早期教育能力可概括为四个方面:一是了解孩子的能力;二是与孩子沟通的能力;三是对孩子的行为评价能力;四是必要的引导技巧和方法。它们之间的关系是:了解是前提,沟通是基础,评价是关键,引导是目的。

(1)了解孩子。

家长和孩子都是家庭中的成员,家长想要对孩子的教育达到预期效果,就必须了解自己的孩子。如果家长对孩子的兴趣爱好、行为习惯等不了解,就不可能与孩子建立正常家庭人际沟通的基础。

(2)与孩子的沟通。

有了对孩子了解的前提,才能与孩子真正有效地沟通。因为沟通是人与人之间分享信息、分享思想和情感的过程。其目的是为了在情感通畅的基础上达成共识。沟通的过程不仅依靠口头语言(语言作为人类特有的一种沟通方式,包括口头语言、书面语言、图片或者图形),也包含形体语言(家长的动作、表情、眼神)。

(3)对孩子的评价及孩子对家长的评价

所谓评价是指对某人或某事的价值判断。比如人们常说这个孩子"懂事",那个孩子"调皮"等等。如果我们把教育比喻成要做的某件事情,那么就可以把教育评价比喻成事前评价、事中评价和事后评价。事前评价如"这件事情该不该做?",事中评价如"这件事情做得怎么样?",事后评价如"这件事情有何得失?"。

家庭教育不同于幼儿园教育,幼儿园教育有比较明确的教育目标和比较严格的计划性,而家长对孩子的教育往往带有很大的随机性。因此,家长对孩子的教育评价也有一定的随机性。另外,家长与孩子是全天候相处的家庭成员,所以对孩子的评价主要是形成性评价,即家长和孩子在活动过程中实施的教育评价。由于形成性评价是在家长和孩子互动过程中进行的,所以评价不单是家长对孩子的评价,也包括孩子对家长的评价。如孩子说:"爸爸,你别老是在我旁边唠叨"等。与此同时,家长与孩子的形成性评价还包括孩子的自我评价。如孩子在绘画中常说"我这次涂得颜色比较乱""我觉得这张画画得比上一次好"等等。

(4)提升自身的引导力。

对于每一位婴幼儿的家长而言,了解孩子并与其沟通,其目的就是为了发挥自身对孩子的教育引导力。这也是每一位初为人母(初为人父)者首先面临的重要任务。所谓引导,是指通过自己的行为帮助他人走出困境,或者是带着他人迈向共同达成的目标。在家庭教育中,我们之所以格外强调家长对孩子的引导能力,就是因为我们了解孩子,与孩子沟通,对孩子的行为评价,都是为了引导他们健康成长,而要想使其健康成长,家长就需要具备引导他们健康成长的能力。

第三节　家庭早教的策略与方法

在教育学中,教与学是紧密相关的行为,因为凡是涉及教育,必然包含教育者与受教育者,因此对于双方来说,教有教的规律,学有学的规律,但是,归根到底,还是受教育者的"学"决定着"教"的行为。家庭的早期教育也是如此,家长纵然掌握了现代教育方法,如果脱离孩子接受教养学习的实际,就无所谓教育方法的合理性。由此可见,尽管婴幼儿"少不更事",但是家长也必需立足于婴幼儿需求的角度审视自己的教育方法,唯有如此,才能选择出正确的教育策略和教育方法。

婴幼儿接受早期教育,实际是反映了他们不同阶段成长过程中个体生理及心理的需求,因此,我们讨论家庭早教的策略与方法,首先要了解婴幼儿的发展规律,然后根据这些规律确定相应的教养、教育策略,选择相应的教养、教育方法。

一、家庭早教的策略

"策略"一词,一般是指"计策"或"谋略"。是对行为方法的预先判断和设计。而"方法”一词则是指解决问题的途径和办法。在教育活动中，无论是策略还是方法，一般均是指教学活动范围的行为，即教师的教学行为的设计、规划和教师为达成预先设计所选择实施的具体办法。

由于0～6岁婴幼儿成长需要经历不同的发展阶段，据此，家长就需要针对孩子成长的实际需要，制定不同的早教策略，与此同时，婴幼儿成长包含生理成长与心理发展两个领域，所以，家长要针对这两个方面考虑教养和教育的策略。另外，即便在同一个领域中，由于教育内容的不同，也需要父母双方共同商定相应的策略。比如，同样是开发孩子语言潜能的教育，有的家庭针对女孩儿语言的先天禀赋采取以妈妈歌唱为主的策略，而有些家庭的妈妈则采取儿歌吟咏为主的策略。

家庭成员之间早教策略的商定对于凝聚教养、教育共识具有重要的现实意义，与此同时，达成共识后的策略有利于具体教养、教育方法的选择，避免家庭成员在对孩子具体教养、教育过程中出现矛盾。关于家庭成员之间早教策略的达成，一方面需要充分讨论形成共识，另一方面则需要家庭中制定一些相应的守则，这样可以提高制订策略的效率，更好地使教育策略落到实处。为了帮助家长有效商定对宝宝教养、教育的策略，我们特提供以下建议，仅供家长们参考。

1. 确立科学优生观、咨询倾听专家建议、及时孕检的生育策略

对于多数年轻夫妇来说，结婚后都要面对优生问题，所以出于对下一代负责的需要，孕前积极咨询，共同倾听专家建议是十分必要的。当怀孕12周时，孕妈妈就需要接受产科初诊，这对于初次怀孕的妻子是一次具有特殊意义的经历，从接受医生详细询问病史、建卡到进行妇科全面检查，从验血验尿到做心电图、超声波检查，孕妈妈的紧张情绪可想而知。而十月怀胎一朝分娩时，更是妻子面对的艰难时刻。因此夫妻之间在此之前，需要共同确立科学的优生观念，及早商定处理相关事宜的策略。

2. 对新生儿观察护理共同参与的行为策略

当宝宝降生后，全面的护理非常重要。由于新生儿刚刚出生，身体各个器官发育不够完善，而且也比较容易出现各种病症。据此，包括年轻父母在内的家庭成员要尽早商定护理策略。其中包括密切观察孩子的情况，注意室内通风且保持温度和湿度的适宜，因为新生儿对于冷热的耐受度相对较弱，容易因忽冷忽热引发疾病。另外还需注意合理的喂养，注意少量多次定时喂奶，同时还需及时更换尿布（或纸尿裤），防止对皮肤的刺激引起感染。这些看上去细枝末节的问题都需要家庭成员达成共识。比如，对于室内温度的感觉，每个人的适应程度是不一样的，有时爸爸感到温度过高而妈妈认为并非如此，所以往往会因这些“小事”产生口角，如果能够提早对宝宝所在房间的温度适宜性有共识，自然就会避免这些小的矛盾。

3. 家庭成员提升自身教育知识水平的学习策略

据2015年全国妇联发布的“第二次全国家庭教育现状调查结果”显示：“95%以上的家长表示对如何教育子女苦无良策，近80%的家长在喂养和教育子女方面没有经过系统科学的培训，只是从周围的亲戚、朋友那里学来的。”同时，有关研究人员对家长获取育儿知识的来源也进行了统计，结果显示：“家长中81.8%的育儿知识来自于网络，57.3%家长的育儿知识来自于请教长辈，65%来自同龄人的交流。”[①]由此可见，家庭成员达成提升和完善早教

① 白洁. 中小城市“独一代”育儿方式现状研究[D]. 哈尔滨：黑龙江省社会科学院，2014.

知识的策略是十分必要的。

有学者在相关研究中揭示了年轻家长存在的一个知识“误区”，即“多数家长懂得对孩子实行民主的教育、赏识的教育，要给孩子一个快乐的童年，但是不少家长却存在教育理念偏差，诸如无原则的奖赏和赏识鼓励，无要求、无原则的快乐等”。① 日本著名教育家七田真教授认为：“没有规则的‘爱’是溺爱，在‘爱’的基础上‘严格’教导，才能建立亲子间的‘信赖’。”②可见，对孩子爱的教育首先需要对“爱”的正确理解。

在关于家长学习早教知识动因方面，相关研究表明：“69%的家长选择在教育过程中遇到问题时，才会去获取知识寻求帮助；17%的年轻家长的知识学习是由于幼儿园等外界的要求；只有14%的年轻家长是因为认识到家庭教育知识的重要性，形成学习习惯驱动学习。”③这一结果证明，我们年轻家长学习家庭教育知识的自主意识还很欠缺，大部分年轻家长属于“问题补救式”学习。与此同时，该研究还发现：“内驱动力低的家长倾向于较低的目标，甚至缺乏家庭知识发展的明确目标，情愿安于现状、得过且过，他们缺少自主发展意识，因此，缺少家庭教育知识学习的自主规划与行动。”④据此，我们建议，家庭成员要正确认识家庭早教知识的重要性，达成共识及早规划提升自身教育知识水平的学习策略。

4. 家庭成员行为习惯规约策略

在同一个家庭空间里，因行为习惯而发生矛盾是家庭大概率事件。因此，家庭成员之间有必要达成一定的限制、约束自身行为习惯的策略。首先，每一个家庭成员都要意识到，自己是这个家的一分子，自己的任何负面行为，都会给家庭教育带来不利的影响。其次，任何时间、任何理由不得对其他成员进行人身攻击，如说一些不当的有辱人格的语言，以免使孩子产生错误的感情价值判断。再次，任何成员不得将工作或邻里之间的矛盾压力转移到家庭中来，同时应该以积极客观的态度开诚布公地告知孩子和其他成员，以免因自己一时情绪失控造成误解。

美国的著名管理学家史蒂芬·柯维(Stephen Richards Covey)在其所著的《幸福家庭的7个习惯》中，对幸福家庭成员维系良好的互动关系做了生动简洁的描述，他认为家庭成员的7个习惯包括：“第一是积极主动，对自己的选择负责的习惯；第二是以终为始，不管事情大小都先确立目标的习惯；第三是要事第一，全家商量并决定家庭事务的优先性的习惯；第四是双赢思维，家庭成员依据共同利益来考虑问题，互相支持、互相尊重的习惯；第五是知己知彼，家庭成员诚心聆听和理解别人的想法和情绪的习惯；第六是协作增效，家庭成员密切合作使综合力量大于简单相加总和的习惯；第七是不断更新，家庭成员通过在日常生活中不断更新自己的身体、情感、智能和精神，达到提高家庭整体效能的习惯。”⑤这7条建议是我们制订家庭教育策略的重要参考内容。

5. 家庭成员对孩子教养、教育分工协作策略

沈阳师范大学学前教育专业硕士陈颖在其毕业论文《“家庭成员”参与婴幼儿教养的现状研究》中，从“互动交流”“情感表达”“教育指导”“生活照看”“成长计划”“自我提升”六个

① 朱峰. 给年轻的家长正确的家庭教育指导[J]. 中小学心理健康教育，2013(24)：54－55.

② 七田真. 爱与规则[M]. 思可教育，译. 北京：化学工业出版社，2017.

③ 黄静. 年轻家长家庭教育知识现状调查与对策研究[D]. 杭州：浙江师范大学. 2018.

④ 同④。

⑤ 柯维. 幸福家庭的7个习惯[M]. 葛雪蕾，译. 北京：中国青年出版社，2007.

维度进行了调查研究。① 其结果表明：

（1）在“互动交流”方面，父亲与母亲具有较大差异，多数父亲表现为被动参与孩子的游戏活动。相较之下，母亲与孩子互动交流参与程度相对较高，但是，不论是父亲还是母亲，均缺少参与亲子游戏的主动性，只是当孩子提出要求时才主动参与。祖父母、外祖父母的表现基本与年轻父母相同。

（2）在“情感表达”方面，年轻父母均表现为不能很好地控制自己的情绪。而祖父母、外祖父母则在此方面优于年轻父母，但是，他们又往往过度纵容孩子。

（3）在“教育指导”方面，年轻父亲对孩子的常规教育参与程度相比母亲要低，虽然年轻母亲对孩子的教育指导程度高于父亲，但是在“教给孩子与人相处”方面的表现程度也不高，而祖父母、外祖父母在注重礼貌等常规教育方面的参与程度最高。

（4）在“生活照看”方面，年轻父亲对“参考食谱营养搭配”“给孩子洗澡”“陪伴孩子入睡”等三项活动参与度较低，而年轻母亲后两项高于年轻父亲，但“参考食谱营养搭配”方面的程度却较低。相较于年轻父母，祖父母、外祖父母除了“参考食谱营养搭配”外，在诸如“孩子安全”“给孩子洗澡”“洗衣服”等方面的参与程度均高于年轻父母。

（5）在“成长计划”方面，年轻父亲在“记录孩子成长”“规划孩子发展”“培养孩子兴趣”“教育费用计划支出”等方面明显高于年轻母亲和祖父母、外祖父母。

（6）在“自我提升”方面，年轻母亲的愿望明显高于年轻父亲和祖父母、外祖父母。

上述家庭成员由于自身性别、文化心理、职业特点、生理年龄等因素的差异，对于家庭早教的参与程度和参与倾向不尽相同，可见，正视这些差异，根据家庭成员各自的特点，制订发挥每位成员特长的早教策略，是十分必要的。

6. 针对家庭早期教育产生意见分歧的应对策略

在家庭早教中，由于家庭成员之间出现意见分歧是经常的事情，因此如果没有相应解决意见分歧的原则、策略，则往往会影响孩子的健康成长。一般说来，应对的原则包括以下三项：

（1）事前达成共识的原则。

当孩子还在襁褓时期，年轻的爸爸与妈妈就应该针对宝宝养育问题加以讨论，其中包括吸取祖父母、外祖父母的合理的喂养经验，接受有关专业人士的建议等，并在此基础上达成共识的策略，这样可以尽量避免日后的分歧。

（2）孩子在场以一人意见为主的原则。

一般说来，当着孩子的面，多数父母一般会选择回避意见分歧。但是，现实中面对孩子现场提出的无理要求或不良表现，父母往往是无法回避的，此时如果双方心平气和地达成共识，就应该由一人出面做主，即便决定是错误的，其后对孩子道歉时，不做主的一方也可以帮助讲明原因或道理。通过践行这一原则，父母的事后检讨或说明行为，给了孩子良好的学习机会，它有利于培养孩子勇于认错敢于担当的良好道德品质。但是，如果在孩子面前父母双方各持相反意见却又不能达成“一人做主”的共识，甚至不惜激烈争吵，势必于事无补。

（3）化解“无关对错”分歧的原则。

对于年轻的父母双方，孩子在接受教育过程中经常发生不可预知的情况，这种情况又并

---

① 陈颖．“家庭成员”参与婴幼儿教养的现状研究[D]．沈阳：沈阳师范大学，2017.

非对错，只是因父母双方的主张有所不同而产生分歧，此时，年轻的父母往往因为自尊心或放不下“面子”而产生纷争。比如，星期天早晨起来，家长要送宝宝去早教班参加操作训练，此前学校安排9点钟上课，而妈妈则准备8点钟到，这样如果前一批宝宝有缺席时，就可以让孩子早一个小时参加训练，以便自己早点回家做一些家务，但爸爸不同意这样做，由此夫妻之间就产生了争论。显而易见，这种分歧无关是非，假设仅限于夫妻交流大可忽略，因为“夫妻没有隔夜的仇”。但是，现在双方面对着孩子，就必然涉及对孩子的心理影响。

这种看似“不起眼”的影响，往往会导致孩子对父母的行为做出错误的判断，并产生心理认知危害。比如，面对爸爸和妈妈的决定，孩子处于本能的自我保护心理，选择认为对自己有利一方的主张（如自己想睡懒觉，于是不同意妈妈的主张）。此等事件的高概率发生，往往会使孩子的判断依据是“谁对自己有利听谁的”，而不是“谁的建议好听谁的”。另外父母间的这种分歧争论，还会导致孩子对权威话语的屈从，即爸爸经常“说了算”所以就听爸爸的，妈妈“说了算”就听妈妈的，这种权威倚仗心理会导致孩子未来形成“欺软怕硬”的心理倾向，以至让孩子是非观念变得模糊不清。基于此，在遇到这类无关是非的分歧时，应该本着“两利相权取其重，两害相权取其轻”的原则，夫妻双方面对分歧平心协商，然后对孩子说明理由。

7. 家庭早期教育消费有效性的经济策略

据《2018年中国早教蓝皮书》[①]发布的数据显示：中国父母对于早期教育的消费水平，正随着孩子年龄的增长，呈现上升趋势。有数据表明：41.3%的家庭对早教支出500～1 000元/月。而高学历且具备一定消费能力的年轻家长，在孩子早期教育上的经济投入更大。从北京、上海、广东三地调查数据看，在有0～6岁孩子的家庭中，选择“只要孩子喜欢，花费多少无所谓”的上海和北京家长分别占比为6%和5%，广东家长为4%；选择花费2 000元以上的上海和北京家长均为11%，而广东家长选这个选项的比例为零；选择花费1 000元以下的，广东家长占14%，而北京和上海两地家长分别为5%和2%。

另据《2016年中国家庭教育消费者图谱》[②]公布，国内近五成家长每年在家庭教育上支出超过6 000元，近三成家长投入超过万元；月收入在5 000元以下的家庭，近五成家庭每月支出教育费用300元以下；收入达15 000元以上的家庭，平均每月教育支出达1 000元以上。月收入达30000元以上的38%的家庭，平均每月教育投入2 000元以上。

上述调查结果，一方面说明国内家长对家庭教育，特别是家庭早教予以高度重视，但是另一方面也表明年轻家长在家庭早教方面的非理性消费。如上述选择“只要孩子喜欢，花费多少无所谓”的家长。我们认为，无论家庭经济条件优渥与否，都应该重视家庭教育消费的有效性。针对孩子自身的身心发展阶段和特长，结合孩子的兴趣爱好，制定家庭早期教育消费有效性的经济策略。

8. 对宝宝技能训练与心智发展的教育策略

中国古代传统的知识观认为学习知识就是读书。荀子在《劝学》中明言：“学恶乎始？恶乎终？曰：其数则始乎诵《经》，终乎读《礼》；其义则始乎为士，终乎为圣人。”[③]即要想成为

① 环球网. 2018年中国早教蓝皮书[EB/OL].[2018-08]. https://www.chyxx.com/industry/201908/773164.html.

② 艾瑞咨询. 2016年中国家庭教育消费者图谱[EB/OL].[2016-03-09]. http://report.iresearch.cn/report_pdf.aspx?id=2544.

③ 郁贤皓，张采民. 中国古代文学作品选（第一卷）[M]. 北京：高等教育出版社，2003.

“知明而行无过”的圣人就必须诵《经》读《礼》。这种知识观对后人产生了深远的影响，以致千年以来家长们把上学等同于“念书”，家长常常嘱咐孩子，好好念书，其意就是好好学习。甚至如宋代大文学家苏轼父子，也宣称要“发愤识遍天下字，立志读尽人间书”。

当下，很多家长仍然把读书识字作为家庭早教的重要学习目标，并且美其名曰：“早学早受益，上了小学不费力。”因为在很多家长看来，“读书识字”是看得见的知识累积，而除此以外的知识形态，往往是“看不见”的，所以家长往往持短视的教育观念，把婴幼儿操作训练误视为一种旨在单纯发展孩子身体机能的训练活动。

对于0～6岁，特别是3岁以下的婴幼儿来说，遵循其生理和心理发展规律的学习，并不只是针对陈述性知识的获得，对可操作的程序性知识的感知更是良好学习途径。对于新生儿及婴儿而言，操作技能和智力技能并没有严格的区分，换言之，面对出生一个月的婴儿，我们很难说他的哪些行为是智力技能表现，哪些是操作技能的表现。也正是基于这两者混沌一体的生理和心理发展阶段特点，教育家们提出了早期教育应走在婴幼儿心理、生理发展前面的教育理念。具体地说就是早期教育不仅应该遵循婴幼儿发展的规律，同时更要促进婴幼儿的发展。如七田真的早期教育策略就是这一理念的杰出代表。

七田真的早期教育，在主张从零岁开始训练的理念下，按照人的大脑生理结构，把包括新生儿在内的婴幼儿感觉统合训练活动作为促进婴幼儿智商和情商的综合教育活动。如在婴儿视觉和听觉发育初期，就开始用美术作品及色彩鲜明的图进行视觉刺激训练，用优美的音乐和诵念唱歌的方式刺激其听觉，使原本简单的视、听觉训练融入了强烈的文化元素。再如，在婴儿初期的运动觉训练时，把原本简单的抓物训练，设计成具有情节化和操作难度的举抓活动，使单纯的大操作技能训练融入了促进婴儿智商发展的要素。除此之外，在与婴儿互动操作训练过程中，强调母亲通过各种抚摸方式表达对宝宝的肌肤之爱，使操作训练融入了情商教育的元素。

七田真的早期教育理念和教育活动，给予我们年轻父母的重要启示是，不要把对宝宝的操作技能训练与智力发展割裂开来，要把对宝宝的看似简单的操作训练，作为体能、智商与情商综合教育的策略来予以重视。

9. 对孩子人际交往的社会化培养策略

关于年轻家长对孩子人际交往培养的研究结果表明：“年轻家长知道培养孩子兴趣特长，以便增强其交往的自信心，但是在给予帮助指导方面则苦于无策，特别是如何通过角色扮演，练习儿童社交技巧，并为其创造交往机会，培养交往习惯更显不足。”①培养婴幼儿早期人际社会交往的能力，首先是从家庭成员的交流开始的，因此，家长应该对幼儿交往中基本的交往方式予以培养，特别是通过家庭亲子游戏的方式，让宝宝体验人际交流中可能遇到的问题以及解决的办法是十分必要的。如爸爸与孩子进行“出门问路”亲子游戏，爸爸扮演交通警察，让孩子扮演迷路的人，进行模仿问路的游戏。

孩子的人际交往能力除了通过游戏，当然更重要的是在真情境下的实践，特别是在家长的同事、朋友以及邻居之间，有意地让宝宝参与互动交流，是培养孩子早期交际能力的重要途径。通过实际交流让幼儿掌握丰富的交往语言，如：礼貌用语，与同伴主动打招呼，交流中必要的协商语言，等等。除此之外，对孩子交往时的态度、表情、动作的指导，也是培养孩子

---

① 黄静. 年轻家长家庭教育知识现状调查与对策研究[D]. 杭州：浙江师范大学，2018.

早期交际能力的必要内容。

10. 孩子良好行为习惯的养成策略

心理学家认为，习惯是一种个性心理倾向的表征，是比较固定地、机械地完成自动化动作的倾向，是“积习稔熟由于环境的长期作用积累而成的稳定行为习惯”，[①]对于婴幼儿也是如此，他们的某些行为日久积习就成了行为习惯。

什么是幼儿良好的行为习惯呢？它一般是指包括“生活习惯”（如自己独立整理衣物、帮助做家务等）、“文明礼貌习惯”（如礼貌用语、文明举止等）、“道德习惯”（如待人诚实守信、尊敬家长等）、“学习习惯”（如专注听讲、提前预习、按时复习、喜欢阅读等）。而与此相悖的就称为不良习惯，心理学上也称为“问题行为”。学者们认为，婴幼儿的行为习惯是“以生理条件为基础的，将外在获得的刺激内化为稳定的、基本的、内隐的，并且具有基础、衍生、发展和自组织功能的，与人的适应—发展—创新行为密切联系的心理品质，主要由认知品质、个性品质、适应品质三个维度构成”。[②] 简单地说，婴幼儿良好的行为习惯就是“幼儿在自身生理条件的基础上，在家庭等环境的作用下，其心理潜能通过外化而衍生成具体的行为，同时这些行为由于经常得到强化而塑造出幼儿的认知品质、个性品质和适应性品质，并通过幼儿积极活动而逐渐内化为心理素质，促使幼儿身心得到和谐发展”。[③]

由于家庭中孩子的行为习惯形成的内隐性，所以，其良好行为习惯是在耳濡目染的家庭环境中养成的。为此，家长想要孩子有良好的行为习惯，首先应该检视自己的行为是否健康良好。家长衣物随意堆放，孩子自然生活习惯不佳；家长谎话连篇，孩子也难有诚信；家长摒弃阅读，孩子就无心学习。

关于婴幼儿良好习惯的培养，在七田真的对 1 ~2 岁幼儿情商开发策略里就明确要求家长：“给别人东西时要教孩子说‘请’，而得到东西的时候要教导孩子说‘谢谢’。”[④]在对 3 岁以上的孩子进行生活习惯养成的训练时，明确要求：“让孩子自己去做时，妈妈和孩子一起做，直到孩子主动独立去做，有耐心地去做。”[⑤]在孩子的道德行为习惯养成方面，强调训育儿童自律的四大原则，即延迟满足、承担责任、忠于真相、求得平衡。这些无疑是家长学习制订培养孩子良好行为习惯策略的宝贵经验。

11. 对孩子偶发不良情绪的管控策略

孩子偶发不良情绪是家长经常遇到的问题，因为是偶然发生，所以往往不被家长重视。但是，如果这种偶然演变成常态化的不良情绪，就会给孩子带来严重的后果，所以，我们主张面对婴幼儿偶发的不良情绪，家长不仅要察觉，而且要及时消解。

通常孩子偶然发生不良情绪的原因有两个。一是分离性焦虑导致的，如宝宝担心父母离开自己、对父母的争执产生恐惧等都会造成不良情绪的反应。二是孩子试图以不良情绪控制父母，或是希望以此父母的注意。如孩子在外面受到别的小朋友的欺负，回到家里往往毫无理由地哭闹，以求父母关注自己的委屈。再如刚入幼儿园的孩子，由于初次接触陌生环

---

① 林崇德. 心理学大辞典[M]. 上海：上海出版社，2003.

② 刘传星，雷燕. 心理素质研究 30 年：回眸与评析[J]. 西南大学学报（社会科学版）. 2015，41(03)：96 - 100.

③ 张大均，冯正直，郭成，陈旭. 关于学生心理素质研究的几个问题[J]. 西南师范大学学报（哲学社会科学版），2000(03)：56 - 62.

④ 七田真. 爱与规则[M]. 思可教育，译. 北京：化学工业出版社，2017.

⑤ 同④。

境容易产生心理不适，所以当回到家后，常常用不良情绪“惩罚”父母，发泄自己的不满。另外，婴儿因身体不适但由于年龄幼小表达不清，或是表达后家长没有获得准确信息而导致判断错误，也会让宝宝产生不良情绪。

在家庭中，并不是所有的孩子都用哭闹来表达自己不好的情绪，很多性格敏感，表面看很乖、很听话的孩子，往往以“闷闷不乐”的方式将自己的不良情绪压抑于心，同样也会造成不良后果。爱哭闹的孩子由于能够让自己的情绪充分外化释放，所以家长能很快判断出其中的缘由，而那些不哭不闹压抑自己不良情绪的孩子，则需要家长格外悉心关注。因为这类孩子如同一个“小大人”，往往会让家长对其情绪变化产生忽视，以至造成心理严重受损后家长却浑然不知。

基于孩子上述不良情绪的不同表现，家长应该有相关不同的消解对策。其中包括不管是内向敏感的孩子还是外向哭闹的孩子，家长都需要进行情绪疏导管理。一般家长管理孩子情绪的策略可分 3 个步骤。

（1）及时面对。既然情绪是人的正常心理反应，就必然存在不良情绪的发生，所以，对于孩子不良情绪的表现家长应该坦然接纳及时面对，尽可能引导孩子说出其原因。如有经验的家长会对孩子说：“你今天看起来有点不高兴，能不能告诉妈妈？”

（2）诚恳分担。不良情绪对孩子造成的压力是不言而喻的，所以当孩子说明原因后，家长首先应帮助孩子分担压力，先处理情绪，再处理事情。如孩子常常在没有表达清楚缘由时就会哽咽抽泣。对此一些家长常常厉色斥之：“别哭！快点说！”这就不是诚恳分担的做法。

（3）肯定引导。当家长了解了孩子不良情绪产生的原因后，首先要肯定这种情绪。如对孩子说：“嗯！我明白了，难怪你这么委屈呢！”这样就会得到孩子的信任。接下来，再帮助孩子分析事情的对错。如孩子因为喜欢同伴的玩具，但对方不借给他玩儿。家长可以对孩子解释：“小彤不把玩具借给你，那是因为他太喜欢这个玩具了，你可以先和他一起玩儿，然后再对他说：‘让我玩一会儿行吗？’”这种充分肯定后的正面引导，不但疏解了孩子的不良情绪，而且还为孩子提供了与同伴交往的经验。

12. 开展家庭亲子游戏与孩子互动的行为策略

游戏是婴幼儿重要的生活形式，也是家庭亲子教育的重要途径。“家庭亲子游戏是父母与孩子之间以亲子感情为基础而进行的一种活动，家庭亲子游戏有助于幼儿形成安全型依恋，密切亲子关系。通过调查发现，父母在对亲子游戏的态度、参与亲子游戏的类型、条件创造和指导策略等方面均存在差异。”①

在有关亲子游戏中家长角色的研究结果表明②，家长在参与家庭亲子游戏中的角色可分为以下几类：

（1）安全督察型：当孩子自由地游戏时，家长在一旁担任“看护”或“随从”角色，若没有孩子的主动要求，家长一般不参与孩子的游戏，只是在一旁观察守候或远距离监控，其主要目的是保护幼儿的安全，给孩子独立的空间，或在孩子遇到特殊状况需要协助时给予回应和照顾。

（2）副手型：家长往往以协助者的角色参与游戏，在整个过程中孩子是主角，家长是配

---

① 戴莉蓉. 不同角色类型的家长在亲子游戏中参与的调查研究[J]. 陕西学前师范学院学报，2018，34(7)：96－100.

② 李阿芳. 亲子游戏中家长角色的个案研究[D]. 重庆：西南大学，2008.

角。一切听从孩子的指挥并给予相应支持和帮助,在参与游戏时能适当地给予孩子鼓励和赞赏,在协助游戏的环节听从孩子的要求。其目的则是希望幼儿能顺利地完成游戏操作,从而获得游戏乐趣和完成工作的成就感。

(3)搭档型:家长和幼儿处于平等地位,共同游戏,互为玩伴。父母就像大小孩一样,是孩子的平等的合作者,在游戏中通过提示、商量、建议、合作、积极评价等行为和孩子一唱一和,共同编制游戏内容,共同完成游戏,并共同分享游戏成果。家长的目的是引导游戏开展,丰富游戏内容。

(4)指挥型:家长掌握着绝对的话语权,往往以指挥者的角色参与游戏,所以在整个游戏过程中家长处于主导地位,孩子处于服从地位。家长通过示范、指令、纠正、评论等方式与孩子互动。其目的是通过游戏让孩子掌握正确的操作方法,并按照自己的预期安排幼儿的角色和游戏内容。

由于家庭亲子游戏是非常复杂的亲子教育活动,从游戏的内容看有智力游戏、健康游戏、语言游戏、角色游戏等;从形式上看有多人组合游戏、宝宝自由游戏、宝宝表演游戏;从宝宝的生长阶段来看有月龄游戏、婴儿游戏、幼儿游戏等。上述的四种类型必须结合不同亲子游戏的内容、形式和年龄,才能确切分析其利弊得失。如"安全督察型"单纯看家长的态度似乎是不积极的,但是如果对于年龄尚小的孩子(如初学走路的孩子),确有其合理之处,因为"保护""随从"往往是孩子起步阶段时家长的重要任务。同样如此,家长的"副手型"角色看似处于比较被动的地位,但对于婴儿自由游戏来说,家长的鼓励和赞赏尤其重要。按照一般的亲子游戏要求,"搭档型"是家长在游戏中理想的角色,因为互动密切,自然容易加深父子或母子之间的感情,但是如果在开展社会角色游戏时,倘若家长不能及时指导孩子对某些职业角色进行必要的认知,仅凭家长的提示、商量、建议、合作,依然达不到使孩子社会化认知发展的教育目的。至于家长的"指挥型"角色,或许不能得到认可,因为权威话语占据主导地位,使孩子失去了很多自主性。但是,对于操作知识性难度较大的游戏,如果没有家长的示范、指令、纠正、评论等环节,游戏就不可能完成。所以,每一位家长,在商讨家庭亲子游戏与孩子互动的行为策略时,一定要针对孩子不同的年龄和游戏的内容来决定自己应该做什么和怎样做。

二、家庭早教的方法

教育策略和方法的不同之处就在于它们的指向范围和具体性,换言之,大方法中也包含小策略,而小策略中也蕴含着大方法。为此,我们在此仅介绍一些家庭早教中常用且便于操作的方法,以供家长借鉴参考。

1. 表情管理法

表情是情绪的窗口,生活中父母的表情无不与孩子相伴。因此,家长管理好自己的表情,不仅是教育策略问题,也是一种常见的教育方法。表情管理原本是管理心理学的问题,但是近些年,随着国内早期家庭教育研究的深入,表情管理也成为很多家长行之有效的教育方法。

表情管理方法在家庭教育中的实施包含两层含义:一是家长对自己表情管理的训练方法;二是家长根据孩子的行为表现所实施的表情管控方法。前者是家长教育方法水平提高的过程,后者是家长教育信息输出的过程。人有七情六欲,喜怒哀乐的表情相伴相随,但是,每一个家长都没有权利把自身不愉快的情绪任意迁移到婴幼儿身上。所以家长应该学会控制自己的情绪及表情,把积极的表情信息传达给孩子,即便是孩子做错了什么,也应该接收到来自父母的积极诚恳的表情信息,这样才有助于孩子健康地成长。

(1)家长的表情训练方法。

最常见的方法是,家长对着镜子中的自己说话。如对着镜子里的自己说:“你今天高兴吗? 为什么这么高兴?”然后回答:“我今天因为……”或者对着镜子说:“你今天为什么不高兴?”然后回答:“因为我今天遇到了……”这种方法旨在使年轻父母形成自己高兴或生气时的记忆表象,这样在面对孩子不同表现时,就会联想到自己有关的表情形象,从而能更好地管理控制自己的表情。

为了增强肌肉对表情的控制功能,还有人用“戳脸操”等方法促进脸部肌肉的灵活性功能。而伴随着人们对康复面部表情肌肉训练的需求,有健身机构研发生产出了“微笑训练器”通过固定嘴部形状,来强行激活相关肌群。

(2)与孩子互动中的表情管理方法。

父母的表情从新生儿降生起就已经对其产生了影响,当宝宝出生 40 天左右时,妈妈手拿一条小毛巾,然后先挡住自己的脸,再轻轻地拿开,顺便说一句“妈妈在这里”,于是就此开始了表情管理的历程;在宝宝 4 ~5 个月时,妈妈用“做鬼脸”的方法引来宝宝的笑声;当宝宝 10 个月左右,妈妈皱眉头的表情已经可以让宝宝暂停某个动作;当宝宝 3 岁左右开始系鞋带和衣扣,妈妈的“加油”的表情更为重要。

2. 亲切呼唤法

“呼唤”,在中文词义里是指“呼喊”“呼叫”“召唤”“差使”等,其词义与温柔还是有差距的。但是随着现代社会中人们语言的丰富应用,“呼唤”一词也被赋予温暖的色彩,如“轻轻的一声呼唤”等,据此,在家庭早教中亲切呼唤也成为久用不弃的一种方法。

所谓亲切的呼唤,就是从宝宝低幼月龄阶段开始,妈妈或爸爸与孩子交流互动的行为。孩子刚刚睡醒,妈妈或爸爸总会轻轻地呼唤:“唔! 宝宝睡醒啦!”当宝宝刚刚蹒跚学步时,妈妈轻轻地呼唤:“宝宝慢着点儿!”所谓亲切的呼唤,不单是“轻声慢语”,基于某些需要,家长的呼唤也是多种多样。比如在室外,为了训练宝宝大声说话,妈妈、爸爸常常有意站在距离宝宝较远的地方,然后高声呼唤宝宝的名字,并引导其大声呼应,这种高声呼唤,同样是亲切的。

除此而外,对婴幼儿的呼唤不仅是语义的区别,而且还包括语气的不同。气徐声柔有温和的感觉,包含爱的感情;气促声硬有挤压的感觉,包含憎的感情;气满声高有升跃的感觉,包含喜的感情;气提声凝有紧缩的感觉,包含惧的感情;气少声平有沉着的感觉,包含稳的感情;气粗声重有震动的感觉,包含怒的感情;等等。基于以上语气特征,家长采用此法时也应因地因时选择不同语气。

3. 适时相助法

当幼儿 9 ~11 个月时,开始有了对自己行为的认识,并表现出他们独立的意识和意愿,婴儿自己去抓勺子是因为他想像大人一样自己吃饭,可是看到孩子衣服上、桌子上、地上洒满了饭菜,很多家长常常板起面孔,一把抢过孩子手里的勺子,一边埋怨一边喂孩子吃饭,此时,孩子那种委屈的表情伴随着眼泪尽显无遗。对此,早期教育家认为:“当你允许和鼓励孩子们在生活中有独立的时刻,你不仅在建立他们的信心,而且在鼓励他们的能力。当你‘授权'给宝宝很多事时，你可以减轻一些育儿压力，最终宝宝将学会参与自己的照顾。"①

《RIE 育儿法》的作者黛博拉·卡莱尔·所罗门在谈及自己教育实践的体会时坦言："其实我学到的方法就是让自己停下来，等一会，想一想，然后再来回应。我的方法就是慢下来。大家知道我的家乡是纽约，作为一个纽约人让我慢下来是多么难的一件事，因此，我有三个原则：第一，慢下来。不管是你抱宝宝还是说你接下来带他去什么地方，你的动作都是非常慢的。第二，在你要为孩子做事之前，请提前告诉他接下来发生在他身上的事。如果要抱他，在没上手之前要跟他说，我要把你抱起来了，我要把你的'尿不湿'脱掉，我现在要去另外一个房间，我一会儿就回来。第三，等待时间。这个有点像我们的播放机，当你准备干这个事之前暂停，暂停，暂停一下。"②

根据这三项原则，我们不难理解"适时帮助"的方法的关键，即幼小的孩子用勺子吃饭并且弄得一片狼藉，这是必然的，对此，我们相助的方法有很多，一是眼看孩子因为能力不及需要帮助，对此，家长可以告诉他："宝宝，让妈妈来帮助你吧。"待到对方默认，家长就可以一边喂孩子，一边讲解用勺子的要领。二是眼看孩子能够做到自己用勺子，只是没有完全掌握要领，那么，作为家长就应该慢慢地等待，或是用指导性的语言帮助他完成这些举动。这就是"适时相助法"。

4. 音乐游戏法

七田真教育高度重视音乐对婴儿的熏陶作用。如对 0 ~ 3 个月婴儿听觉训练时，主张听好听的音乐，每次 5 分钟；对 7 ~ 10 个月的婴儿，主张多听优美的曲子，学习音节等。家庭音乐游戏是亲子教育不可或缺的方法，当宝宝 2 ~ 3 个月时，妈妈就可以在节奏明快的音乐伴奏下，抓住宝宝的小手做律动操了；当宝宝 7 个月左右坐起来后，妈妈在优美的儿童音乐伴随下，可以手舞足蹈地面对宝宝跳起欢快的舞蹈；当宝宝 13 个月自如行走时，妈妈便可以播放节奏感强烈的音乐，鼓励孩子踏着音乐节奏走路；当宝宝 2 岁左右时，在爸爸、妈妈陪同下，就可以在音乐的伴奏下听音做动作，用动作来表示音乐的节奏、高低、情绪等。

家长与孩子开展音乐游戏，首先要在为宝宝创设一个轻松愉快的音乐环境，并根据宝宝"直觉行动思维"的特点来播放音乐或学习歌曲。

下面介绍 4 则常见的家庭音乐游戏的玩法。

(1) 歌曲《小鸡和小鸭》。

1 2 3 | 3 – | 2 3 5 | 5 – | 1 2 3 3 | 3 – | 2 3 5 5 | 5 – | 3 3 3 | 5 5 5 | 1 2 3 | 3 – |

小鸭小鸡，碰到一起 小鸡叽叽叽 小鸭嘎嘎嘎。叽叽叽，嘎嘎嘎 一同唱歌

| 2 3 5 | 1 – ‖

一同游戏。

妈妈可以先与宝宝一起听《小鸡和小鸭》歌曲，当基本熟悉了曲调和歌词后，在播放歌曲的同时，妈妈扮演小鸡(小鸭)，与孩子面对面站在一起，前两句母女合唱，第三句妈妈唱，第四句宝宝唱，第五句妈妈唱，第六句宝宝唱，第七、八句合唱。第二次玩儿时，角色可以互换。

(2)歌曲《亲亲我》。

3 3 3 2 | 1 3 2 | 3 3 3 2 | 1 3 2 | 3 3 3 2 | 1 – | 3 3 3 2 | 1 – ‖

① 所罗门. RIE 育儿法[M]. 邢子凯，译. 北京：北京联合出版公司，2018.

② 同①。

我的小脸像苹果,妈妈快来亲亲我。亲呀亲亲我。亲呀亲亲 我。

妈妈请宝宝拿一个大苹果,同样先教宝宝熟悉曲调和歌词,然后伴随音乐让宝宝歌唱,唱完后,妈妈对宝宝说:"好! 妈妈亲亲你。"

(3)歌曲《小鸟飞》。

5.6 5 4 3 4 5 | 2 3 4 3 4 5 | 5.6 5 4 3 4 5 | 2 5 3 1 1 ‖

飞呀飞呀小鸟飞,小鸟飞到处飞,飞呀飞呀小鸟飞,嘿! 真开心!

这首歌的歌词和曲调都较简单,适合刚会坐的宝宝,家长在熟悉了歌词和曲调后,播放歌曲,家长一边唱并和宝宝一起伸开双臂,上下摆动,呈现小鸟飞的状态。

(4)歌曲《小手拍拍》。

3 6 5 3 6 6 | 3 6 5 3 6 6 | 5 6 5 3 2 – | 5 6 5 3 2 – | 2 3 5 6 5 3 | 2 3 5 6 5 3 |

小手拍拍,　小手拍拍,　手指伸出来, 手指伸出来, 眼睛在哪里? 用手指出来。

6 5 3 2 1 – ‖

眼睛在这里!

《小手拍拍》音乐游戏是结合宝宝"指认"活动的游戏,所以也是家庭亲子游戏中的指认游戏。具体玩法是,在与宝宝共同熟悉了曲调和歌词后,第一、二、三、四句妈妈和宝宝共同唱,并伴随拍手、伸手动作,第五、六句妈妈唱,第七句由宝宝唱,同时用手指着自己的眼睛。

5. 美术游戏法

美术游戏法包括两个含义:一是家长利用美术手段自制游戏所用的玩具,即所谓的DIY;二是家长与孩子开展美术造型形式的游戏,如绘画形式的游戏。

如果说游戏是婴幼儿的生活形态,那么玩具则是婴幼儿的伙伴。一件玩具要引发孩子的持久兴趣,必须要有游戏来支撑,而家庭亲子游戏的丰富内容也离不开玩具,家长利用家中的生活器物材料,经过简单的加工后就成了亲子游戏的玩具。家庭废旧挂历、报纸、宣传画等团成纸球,可以让幼儿玩踢球、抛接球、投篮等游戏;在孩子喝完的饮料瓶上面缠上红、绿色即时贴,粘上号码就是宝宝打保龄球的玩具;把一个包装盒表面挖一个能放进幼儿小脚的洞,让幼儿穿着"大鞋"行走,就是训练其动作协调性的健身游戏玩具。

所谓家庭亲子美术造型形式的游戏,是结合美术造型的特点开展的游戏,如宝宝1岁左右时,家长和宝宝共同玩"大手和小手"绘画游戏,爸爸和宝宝分别把手的五指张开,放在一张纸上,爸爸示范用彩笔沿手指轮廓描画出自己的手,并让宝宝用同样的方法去做,当纸上出现大手和小手的完整轮廓后,爸爸鼓励宝宝在其轮廓内涂上好看的各种各样的颜色。

当孩子3岁左右时,家长还可以和他们进行创造添画游戏,爸爸在纸上画几种水果的轮廓,然后引导孩子根据水果的轮廓想象添加成各种房子的样式,如西瓜房子、黄瓜房子、葫芦房子等等。这对于培养孩子的想象力是很有帮助的。

6. 有意犯错法

按理说,父母在与孩子交流的过程中,犯了错误就应该主动道歉承认错误,但是,有时候家长"明知故错"往往会给孩子带来有意注意的效果,甚至为了强化孩子的已有知识概念,在与孩子对话时故意"颠倒黑白"并能得到孩子及时的纠正,这就是"有意犯错"法的真正含意。为了提高宝宝敏锐的观察力,当宝宝一岁左右,爸爸和宝宝一同躺在床上,妈妈发出指令:"一起把胳膊举起来!"此时,爸爸把腿高高抬起,妈妈不语,宝宝通常会发现爸爸做的不对,于是可能会笑着指出来,这样爸爸的"错误"就会吸引到宝宝的有意注意,也锻炼了其观察力。

再比如，爸爸和宝宝面对若干动物图片，当一起看到“老虎”时，爸爸主动地说：“嗯！我知道，老虎特别爱吃草。”如果宝宝此前知道老虎的习性，一定会纠正：“不对，不对！老虎爱吃肉。”而爸爸接着说：“对！对！老牛也爱吃肉。”宝宝又会纠正道：“不对，不对！老牛爱吃草。”于是爸爸趁机建议宝宝：“我们一起把爱吃草的动物找出来吧！”显然，爸爸的“犯错”引起宝宝对动物分类的兴趣，对孩子的分类认知起到了催化作用。

当宝宝有了较强的自理能力后，父母的“示错”同样也有教育效果，如早晨起来宝宝穿衣服，一般是先穿背心再穿外衣。而此时爸爸可以假装粗心先把外衣递给宝宝，如果宝宝真的粗心，就会在穿上外衣时发现没有按照顺序先穿背心，此时，爸爸故作惊讶，和宝宝一起纠正“粗心”带来的失误，有这样的“失误”，可以暗示宝宝避免下次犯同样“颠倒顺序”的错误。

7. 徒手操作法

徒手即空手的意思。家庭徒手操作法包括：徒手运动操、徒手模仿操、徒手游戏。这些操作活动既是婴幼儿生理健康发展的训练手段，同时也是发展婴幼儿智商和情商的重要媒介活动。

（1）家庭婴幼儿徒手运动操。

这是家长根据孩子不同的发展阶段，自编自创的让其进行简单运动的系列动作操。如头颈动作，包括前屈、后屈、侧屈和向左转、向右转、向左环绕、向右环绕；上肢动作，包括举、振、屈、伸、绕、绕环；躯干动作，包括屈、转、绕环；下肢动作，包括屈、伸、踢、蹲、走、跳、跳转、跑等。

当宝宝头部可以自由转动时，多数家长都会采取一些方法让他们做头颈转动动作，比如爸爸在左侧轻轻呼唤宝宝，吸引他把头转向左侧，一会儿妈妈在右侧呼唤宝宝，又吸引他把头转向右侧，这就是宝宝最初的头颈运动操。家长在自编宝宝运动操时，应该注意宝宝身体运动发展的特点。一是从上到下的特点。婴儿最早的发展的动作是头部动作，其次是躯干动作和四肢动作，最后才是脚和手的动作。所以，家长针对宝宝动作的徒手操难易顺序应该是，抬头—翻身—动上肢—动下肢—坐—爬—站—走。二是由近及远的特点。从身体中部开始，越接近躯干的部位婴儿动作发展越早，而远离躯干的肢端动作发展相对较迟，因此，家长创设的运动操除了从头颈运动开始外，可以先训练宝宝的上臂、大腿，然后是下臂和小腿，其次是手和脚。三是由粗到细（由大到小）的特点。宝宝控制大幅度动作的大肌肉先发展，控制精细动作的小肌肉随后发展，所以家长应该结合这些肌肉发育先后顺序自编适合自家宝宝的徒手运动操。

（2）家庭婴幼儿徒手模仿游戏。

当宝宝成长到一定月龄后，简单枯燥的徒手运动操难免使他们失去热情，所以家长可以陪着他们做一些模仿游戏。如孩子能够坐起来后，家长让他把手臂抬起，伴随音乐上下舞动，模仿小鸟飞的动作；当孩子会走时，家长让他小手放背后，抬头、微弯腰模仿小鸭走路的动作；当孩子行走自如后，家长让他两手张开掌心向前并放在头两侧做耳朵，双脚同跳模仿小白兔的动作。当孩子 3 岁左右时，家长与孩子共同玩的徒手游戏就带有较强的情境性了。如练习蹲起的徒手操作游戏“天气预报”。妈妈说：“下大雨！”孩子站在原地说：“不怕。”妈妈说：“下大雪！”孩子仍然站在原地说：“不怕。”当妈妈说：“下冰雹啦！”孩子立刻蹲下抱住头。

为了增加徒手游戏的趣味性，家长还可以用儿歌伴随宝宝做徒手游戏。如用《我有两只手》：我有两只手（宝宝同时伸出双手），左手和右手（先伸左手然后伸右手），我有十个好朋友（双手同时伸出且五指分开），大拇哥（同时跷起拇指），二拇弟（动动食指），三中两（左右手的中指对碰一下），四小弟（左右手的无名指对碰一下），小妞妞来看戏（左右手的小拇指对碰一下），手心（双手手心向上），手背（双手手背向上），心肝（双手摸心脏部位），宝贝（双手摸脸）！

8. 日志记录法

在家庭早期教育中，日志记录虽然不是家长与孩子互动交流的活动，但却对孩子的发展成长具有重要意义。所谓早期教育“日志记录法”，是指家长根据孩子成长发育状况，通过观察后记录宝宝早期发展的成长日记，这些由影像、文字形式记录的文件，对于总结宝宝的生理发育水平、性格特点、生活习惯、行为个性等都具有重要作用，同时也是家长向有关专家咨询请教时的第一手材料。

按照惯例，当宝宝出生后，产科医生都会为宝宝留下脚印，这便是宝宝的第一页成长日志。其后随着家长和宝宝回到家中，爸爸、妈妈就有了记录宝宝成长的日志续篇，家长分别用照片、录像、录音等手段记下宝宝动人的一刻。但是，所有这些，其实都不是我们日志记录法的真正目的。一般说来，日志记录法包括两种形式：一是日常生活成长记录，二是特定观察记录。

日常记录是指妈妈怀孕阶段日常出现的反应（包括胎儿反应）和孕前检查报告等记录；幼儿出生的时间、地点、重量以及产房医院名称等记录；新生儿出院时间、出院的身体状况记录；婴儿回家后的睡眠时间、饮食品种次数（包括食用的奶粉品牌，学会吃蛋黄、稀饭、面条、米饭的具体日期）、转翻身、爬行、站立、行走的日期、开口说话的日期（发单词音、喊爸爸、妈妈的日期）等状况的记录。

特定观察记录是指家长在专家、早教培训师具体指导下所做的观察记录。如记录孩子第一次独立玩游戏，穿鞋子、袜子、衣服的详细情节等。这类记录不仅翔实，而且有目的、有重点。下面我们选择《家长教育孩子的成长日记二十篇 》①中的一篇为例。

“小孩是不懂得害怕的，我的私心是要教女儿不怕。于是一天看见一只有虫子的桃子，我告诉她：‘有虫子的桃子会更甜，而那里面的虫子是非常可爱的，肥肥白白，还会爬动。’女儿问：‘那虫子不会咬我吗？’我回答：‘这些虫子都是吃素的，而你的肉皮是荤的，对于虫子来说也太老了，咬不动。’女儿相信了，她把虫子抓在手里看它爬来爬去，手心手背来回爬，左手爬到右手然后又爬回来。吃饭时还把那条虫子放到桌子上看着虫子吃饭，爬远了抓回来继续看……”

这位妈妈的观察记录，对于总结孩子成长的心路历程无疑具有重要的参考价值。

9. 动作示范法

在论述有关家长教给孩子某一操作动作时，很多早教专家经常会提及“念动训练”这一概念。念动训练（Intentional Training）也称“意向训练”，是心理训练方法的一种。主要运用头脑中已有的动作表象进行技术动作练习，但不限于脑内动作表象的回忆，还包括视觉化和

---

① 家长教育孩子的成长日记二十篇[EB/OL].[2018-04-09].https://www.51test.net/show/8835328.html.

情绪状态等。[①] 它以意识本身的动作能力为基础，通过想象或回忆某种动作过程来形成相应动作表象，同时引起神经肌肉系统的相应变化，以此起到顺利完成动作训练的作用。

而为了达到念动训练的目的，家长就必须提高动作示范的准确性，从而使孩子能正确运用动作表象掌握动作的关键要领。由于家长给孩子做示范动作时与孩子相对的角度不同，所以就形成了不同的“示范面”，所谓“示范面”是指幼儿观察家长示范时所处的不同角度，其中包括正面、背面、侧面动作示范。

正面示范：家长与孩子面对面相站立时进行的动作示范。正面示范适合于展示正面动作要领，如拍球、系鞋带、小玩具组合等。

背面示范：家长背向孩子站立进行的动作示范。背面示范有利于展示左右动作要领。因为如果家长采取正面示范指导孩子左右操作，效果往往会适得其反。如家长示范右手举哑铃，孩子若举起同一侧的手，恰恰是左手，所以家长需要用背面示范的方法才能准确示范这一动作。

侧面示范：家长侧向孩子站立进行的动作示范。侧面示范常用于展示动作的侧面或前后方向完成的动作，如为孩子示范上肢弯曲角度、腿部抬起的高度、手执球拍的斜度等。

10. 实物指认法

在家庭早教中，家长经常运用“实物指认法”让宝宝了解并说出事物的名称。对于婴儿的思维发展来说，对事物的认识往往是从具体形象思维开始的，因此不论是宝宝在室内还是室外所见的实物，都是家长实施“实物指认法”的对象。

与“实物指认法”相关的“实物”不仅包括客观的物象，也包括各种图片形象。因为婴儿早期的活动范围是有限的，特别是他们在以小床为领地的活动中，所见的实物种类更是不多，所以此时家长采取 “实物指认法”的对象主要是大量的图片形象，如小猫、小狗、小兔、小鸟、飞机、树木、叶子、花朵、汽车等。而为了确保宝宝获得正确的实物概念，家长在选择图片时，应该避免抽象、变形的作品，避免孩子对事物产生错误的认知。

当孩子活动范围扩大后，家长带领孩子指认的实物也逐渐丰富起来。如带宝宝去公园玩，面对花花草草、小桥流水，就可以跟他指认说：这些花是紫色的，那些花是白色的，天空的云也是白色的；带宝宝去超市，拿起一件商品就指认给他说：蔬菜和水果是不同的。还可以用手摸摸，感受一下，再让他看看某些蔬菜和水果的颜色、大小、形状的区别，对于有些气味强烈的物品，还可以调动孩子的嗅觉器官，闻一闻它们的气味，这些都是“实物指认法”不可缺少的重要环节。

本章小结

孔子曰：“其身正，不令而行。其身不正，虽令不从。”对于婴幼儿来说，家庭文化的熏陶对其人格形成有着不可替代的重要作用。自古以来我国就有朴素的家庭早教思想，随着社会的进步，家庭早教观也在不断进化演变。家庭成员及主要教养人除了要意识到早期教育的重要性外，还应该学习科学的早教知识和育儿方法。

家庭早教不仅仅局限于知识的传递，更重要的是在于榜样的师范作用，父母及主要教养

① 林崇德. 心理学大辞典[M]. 上海：上海教育出版社，2003.

人向孩子传递各种社会规范，潜移默化地将伦理亲情、道德观念、风俗习惯等内化为孩子的价值观念和行为习惯，将自身文化素养和文化精神传达给孩子，帮助他们上好“人生第一课”。

第八章　早期教育家

导语

早期教育家是人类早期教育的先行者，他们的早期教育思想和实践是教育史上的宝贵财富。在早期教育家的行列，有侧重于早期教育理论建树的教育思想家，也有侧重于早期教育实践、知行合一的教育家。而知行合一的教育家，毫无例外地与早期教育思想家有着很深的渊源。

约翰·洛克、让-雅克·卢梭侧重于对儿童行为的日常观察，其理论具有经验主义的色彩；让·皮亚杰侧重于从儿童心理学、认识发生的角度，奠基早期教育理论；蒙台梭利、陈鹤琴则长于早期教育实践经验的总结积累，形成早期教育的学说。

第一节　早期教育思想家：约翰·洛克

约翰·洛克于1632年出生于英国，从小受到严格的教育；1646年洛克在威斯敏斯特学校接受了传统的古典文学基础训练；1652年就读于牛津大学，1656年获学士学位，1658年获硕士学位，担任过牛津大学的希腊语和哲学教师，比较喜欢笛卡儿的哲学以及自然科学；36岁时入选英国皇家学会；1690年，发表其最重要的哲学著作《人类理解论》；1704年溘然长逝。

在近现代哲学史上，洛克是不列颠经验主义的开创者，其地位举足轻重，也是罗素在《西方哲学史》中着墨最多的一位哲学家。他开创的经验主义后来被乔治·贝克莱以及大卫·休谟等人继续发展，成为欧洲近代的主流哲学思想。

洛克教育思想的哲学基础，是认识论上的著名"白板说"。与柏拉图的"回忆说"和笛卡儿"天赋观念"的"唯理论"不同，洛克的认识论属于"经验论"。洛克认为人类所有的思想和观念都来自或反映了人类的感官经验。认为人的心灵开始时就像一张白纸，向它提供精神内容的便是经验。他说："人的心灵就像一块白板一样，上面没有任何记号，没有任何观念。通过经验在上面印上痕迹和记号，便形成了后天的知识和观念。"①

洛克认为人的心灵如同白板，观念和知识都来自后天，并且得出结论，天赋的智力人人平等，"人类之所以千差万别，便是由于教育之故"。他反对封建等级教育，主张人人都可以接受教育。

洛克把"白板说"的认识论用于儿童教育，提出："儿童的天性就像没有痕迹的白板或柔

① 洛克. 人类理解论[M]. 北京：商务印书馆，1959.

软的蜡块,教育者可以随心所欲地涂写和塑造。”①

1693 年出版的教育代表作《教育漫话》,是由洛克在流亡荷兰期间(1683—1689)写给友人克拉克讨论其子女的教育问题的几封信整理而成,看似凌乱不成体系。但是,透过这些信札,结合他的经验主义哲学,我们可得出这样的结论:在近代教育史上,洛克以他的经验论哲学为理论基础,以绅士教育为目标,以家庭教育为形式,形成了较为系统化的儿童教育体系。

一、强调儿童早期教育的重要性

洛克认为,儿童早期教育的重要性在于:“教育上错误正和配了药一样,第一次弄错了,绝不能第二次、第三次再去补救,它们的影响是终身洗不掉的。”②“在我们平常所见的人当中,之所以有好有坏,有用或无用,十有八九都是由他们所受的教育决定的。人与人之间所以有千差万别,都是出于教育的不同。在我们幼小的时候得到的印象,哪怕极其微小,小到几乎觉察不到,都会对一生产生长久而深远的影响。就像江河的源头,水性很柔,用一点点人力就能将其引向别处,使河流的方向发生根本的改变。从根源上这么引导一下,河流就有了不同的趋向,最后就流到十分遥远的地方去了。”③

二、重视儿童的身心教育

在洛克看来,健康的体魄和健全的心智,是人生幸福与幸福人生的基础。在身体与心智的关系上,身体更为根本,“健全的心智寓于健康的身体”。对于人生的幸福而言,“身体、精神有一方面不健康的人,即使得到了别的种种也是徒然。人们的幸福或苦难,大部分是自己造成的”。④

健康的身体和健全的心智,要从儿童的早期教育开始。“孩子们的心智很容易引导,就像水性容易引导一样”,我们既要关心孩子健全的心智,也要重视孩子健康的身体,尽管心智是教育的主要部分,但外在的躯壳也是不可忽视的。他说:“我们要能工作,要有幸福,必须先有健康。而要能忍耐劳苦,要能出人头地,也必须要有强健的身体。这些道理都很明显,用不着任何证明。”⑤

良好的生活习惯,对孩子健康的影响极大。孩子应当养成运动的习惯,孩子要有好的饮食习惯,孩子要有良好的睡眠习惯。因此,要“多呼吸新鲜空气,经常运动,保持充足的睡眠,饮食要清淡,不喝酒或烈性饮料,药物要少用或者不用,衣服不可穿得过暖过紧,尤其是头部和脚部要保持凉爽,脚要习惯与冷水接触”。⑥

三、重视儿童德行教育

洛克把教育的目标定位于培养绅士,而德行在绅士所应具备的各种品行中占第一位。健康的身体、健全的心智,仅仅是成为绅上的自然条件,更重要的是要具有绅上的灵魂,良好

---

① 洛克. 教育漫话[M]. 北京:商务印书馆,1957.
② 同①。
③ 同①。
④ 同①。
⑤ 同①。
⑥ 同①。

的道德品质就是绅士的灵魂。而“教育上难于做到而又具有价值的一部分目标是德行,直接的德行,不是鲁莽冒失,也不是任何一点点混世的技能。其余一切的考虑与成就都应该退避,都应该让它一步。唯有德行才是真实的善,导师不只应该进行劝导谈论它,而且应该利用教育的工作与技巧,把它供给心理,把它固定到心田里面,在青年人对它发生真正的爱好,把他的力量、荣誉和快乐放在德行上面以前不要停止”。① 因此,他说:“我认为在一个人或者一个绅士的各种品性中,德行是第一位的,是最不可缺少的;他要被人看重,被人喜爱,要使自己也感到喜悦,或者也还过得去,德行是绝对不可缺少的。如果没有德行,我觉得他在今生来世就得不到幸福。”②

德行应当包括理智、礼仪、智慧、勇敢等美德。为了培养孩子这些美德,洛克主张首先重视以理性为指导的道德教育,即要让儿童服从于理性,要善于控制自己的欲望,从而培养他的理智感。他提出:“一切德行和价值的重要原则和基础就在于,能够不顾自己的爱好而纯粹遵从理性所认为的最好的指导——在我看来,有一件事是显而易见的,那就是一切德行与美善的原则在于:当欲望得不到理智的认同时,我们要具有克制理智所不允许的欲望的能力。这种能力的获得和改进要靠习惯,而要想熟练地发挥这种能力则要靠及早实践。”③让孩子从婴儿时期就开始克制自己的欲望,不要让这种欲望变成渴望。

绅士必须要有绅士的举止风度,培养绅士的举止风度,形成良好的教养,要从孩提开始。洛克认为:“人们的言谈举止和做事能力之所以千差万别,教育所起的作用要远胜过其他任何事物……我们应对孩子精神方面的形成给以重视,而且应当及早开始,因为那会影响他们的一生一世。无论他们做事是好是坏,人们对此是赞扬还是责备,都和他们所受的教育紧密相连。当他们做错了什么事情时,人们便会说,那跟他们的教养有关。”④相对人的内心世界,举止与风度是外在的。因此,内心世界苍白或者邪恶,无论如何也外化不出优雅、文明、善良的绅士风度。所以,洛克告诫人们:“应该要注意的是,要在他们的内心建立起善良慈爱的原则,要尽可能利用名誉、赞扬以及随之而来的种种美好的事物,使这种善良和慈爱的原则变成一种习惯。这种原则一旦经过不断的练习,在他的心里生根发芽、根深蒂固之后,那你就不用再担心了,一切谈吐的文雅和外表的风度,到时候都会在孩子身上自然而然地形成。”⑤

在美德与教养的关系上,洛克认为:“教养是在他所有其他的美德之上加上的一层润泽,使这些美德具有效用,为他获得与之接近的周围人们的尊重和好感。没有良好的教养,其他一切成就都会被人看成是骄傲、自负、无用和愚蠢——美德是精神上的宝藏,能让其焕发出光彩的就是良好的教养。一个人要想受到大家的欢迎,他的行动就不仅要有力量,而且要优美。当然光有力量是不够的,就算有用也无济于事,还必须优雅,这样才能光彩潇洒,惹人喜爱。”⑥从这个意义上看,教养本身也是美德,是美德的表现形式。

那么如何才能获得美德?洛克提出为人师表的教师,其自身首先要具有良好的教养:

---

① 洛克.教育漫话[M].北京:商务印书馆,1957.
② 同①。
③ 同①。
④ 同①。
⑤ 同①。
⑥ 同①。

“一个年轻的绅士从教师那里获得了这种美德，以后就会得到很多益处，他会发现，凭着这个优点，自己的前进道路会更宽广，朋友也会更多，在这个世界上所获得的成就也会更高，这些要远远超过他从文科教育或教师那渊博的百科全书中所学到的困难字句或真正的知识。当然我们并不是说那些字句和知识可以被忽视，而是说不能把它们看得比教养更重要，甚至是因此把教养排挤掉。”①

与形成美德相反，洛克十分重视避免不良德行的形成：一是要避免天生的粗暴，对别人要有礼貌，懂得尊重别人的爱好、性情或身份；二是要避免轻视或缺乏应有的尊重，脸色、言语或行为要得当；三是要避免吹毛求疵，无端在他人身上找错，站在文明礼貌的直接对立面。

四、重视儿童智育

在智育方面，洛克十分重视培养孩子的学习兴趣和好奇心，发掘让孩子爱上学习的秘密。洛克强调：“孩子的好奇心是一种追求知识的欲望，所以应该给予鼓励，这不仅因为它是一种好的现象，还因为这是自然给他们提供的扫除天生无知的很好的工具。如果没有这种强烈的求知欲，无知就会让他们成为呆滞无用的动物。”②

培养孩子的好奇心，一方面无论孩子提出什么问题，都不要进行制止或羞辱，也不能让他们受到嘲笑，而要按照他们的年龄和知识能力，回答他们的一切问题，解释他们所想要知道的事物，尽可能地让他们理解；除了要认真地回答孩子们的提问以及告诉他们需要并想要了解的事情外，还应该加上一些特殊的表扬办法。另一方面，孩子们的问题不应该被忽视，甚至还要特别注意，不能让他们受到欺骗和得到感到迷惑不解的答案；此外，通过把孩子带到陌生的地方，看见新奇的事物，让他们自己提出问题，给他们机会去求得答案，以激发他们的好奇心。

更重要的是，绝不能让孩子应学的东西变成一种负担，作为任务强加给孩子，使其感到厌恶，产生反感；不要把家长或教师自己的兴趣强加给孩子。要善于抓住孩子们兴致高昂的最佳时机，即在有强烈的学习欲望的时候，来传授知识。同时，“如果这种时机没有被小心地把握住或者这种时机根本就不常有，你也不能因此就不想办法让孩子获得进步，放任他使其养成一种懒散的习惯，总是心不在焉，对什么都提不起兴趣；就算孩子心情不好或者心思放在了别的地方，对所学的东西学得不好，但仍然有件十分重要的并值得我们努力去做的事，那就是培养孩子的自控能力，让他对做得正起劲儿的事儿能够拿得起、放得下，毫不为难地甚至是高高兴兴地去做另外的事情”。③

洛克反对神学和古典人文主义教育。基于培养绅士教育目标的需要，在智育内容上，他重视基本的文化知识，既涉及语言、文法、数学、自然哲学，也倡导学习实用的技能技艺，如园艺、木工、车工、记账等。强调教育不仅在于向学生传授知识，更重要的是培养学生热爱知识、尊重知识的态度。在知识与能力教育的重要性上，他认为知识与能力相比，能力更为重要，授人以鱼不如授人以渔。他说：“教学的目的是增进心的活动能力，而不是扩大心的所有

---

① 洛克. 教育漫话[M]. 北京：商务印书馆，1957.

② 同①。

③ 同①。

物。"①培养学生的学习能力,掌握正确的方法,更能使其主动地获取知识和运用知识。

五、重视教育方法

在教育方法上,洛克坚决反对体罚。他认为教育儿童贪便取巧的惩罚方法,就是鞭挞儿童,是教育上最不适用的一种方法;体罚奴隶式的管教,所养成的也是一种奴隶式的脾气;棍棒惩罚自然会使儿童对教师产生逆反心理。所以,"如果我们想要儿童变成聪明、贤良、磊落的人,那么棍棒以及其他种种奴隶性的体罚便是不合适的管教方法"。② 从经验的角度看,对孩子进行过分严厉的惩罚,在教育方面的害处很大,受到最严厉惩罚的孩子长大后很少能成为优秀的人才。

如果戒除对孩子的体罚,那么如何能使孩子不任性呢?洛克认为关键在于:"在子女记事之前,父母如果能通过坚持不懈的努力使子女的意志变得顺从平和,那就可以让这些品质习惯成自然,成为一种天性,而不会引起子女的反抗和怨恨。唯一需要注意的一点是,这样的管教要尽早开始,中间不能有任何通融,要让他们对父母的敬畏之心形成习惯,对父母言听计从而没有一点勉强。这种心理习惯一旦形成之后(这种心理一定要及早培养,否则,就要付出辛苦,还得通过体罚才能恢复,而且耽误的时间越长就越费力),孩子就不会过分任性,等他们长大成人,比较明白事理之后,只要依靠这种心理,不需要鞭打、责骂以及其他种种使人受到屈辱的惩罚就能约束得住了。"③

洛克也反对无原则的奖励。他说:"假如你要让孩子打消某种使其快乐的欲望,却又让他获得另一种快乐的欲望作为补偿,这会让他养成怎样的道德习惯呢?这只会扩大他的欲望,使其误入歧途。因为你在这里只是改变了欲望的对象,但对欲望本身还是鼓励的,而且认为它应该得到满足。"这就是错误的根源,"用这种办法,就等于在他身上培植了一切罪恶的源泉,以后只要有机会,它一定会更加猛烈地爆发出来,在给他带来更强烈欲望的同时,也给你带来更大的麻烦"。④

比起肉体上的惩罚和无原则的奖励,给孩子树立尊重和耻辱的观念才是育儿正道。通过经验观察洛克看到,"孩子们对于表扬和称赞是极为敏感的。当受到别人,尤其是父母与自己所依赖的人的尊重和赞誉时,他们会觉得这是一种快乐"。⑤ 因此作为教育者,当我们看到孩子的行为优秀就给予赞扬,看见行为不好就表现得恼怒和冷淡,让孩子感觉到其中的差异,在内心真正树立起荣辱感尤为重要。"让孩子更深切地感受获得尊重的快乐以及遭到屈辱的羞耻,并使这种感觉得以加强,那么在孩子对这些有所感受的时候,各种令人开心或不开心的事物就应当始终伴随在他们身边,当然这并不是对他们所做出的行为给予的特殊奖励或惩罚,而是由于其言行举止得当与否所带来的必然结果,要么被尊重,要么被羞辱。用这种方法对待孩子,就能让他们明白,凡是因行为良好而受人尊重、获得赞扬的人,一定会得到他人的喜爱,也自然会得到其他种种美好的事物。反之,凡是因行为不端而被人瞧不起、不爱惜自己名誉的人,就不可避免地要遭受别人的冷淡和轻视。如果你能借助这些方法

① 洛克.教育漫话[M].北京:商务印书馆,1957.
② 同①。
③ 同①。
④ 同①。
⑤ 同①。

让孩子们为自己的错误行为感到羞耻(除此之外,我希望不用惩罚),使他们能热爱自己的名誉并为此感到快乐,这样,你就可以随意地支配他们,而他们也会爱上一切美德。”①

教育孩子要因材施教,养成良好的习惯要循序渐进。洛克认为,一个王子、一个贵族,以及一个普通绅士的孩子,教养的方式应该也是不同的。尽管那时孩子还非常小,只把他看作是一张白纸或一块蜡,可以作为一种爱好来进行陶冶和塑造。但是每个人的思想都有一定的特殊性,就像他的面容一样,能够把他和所有其他人区别开来,所以我们也许几乎不能找到两个能用完全相同的方法去指导的孩子。

良好的习惯,需要通过练习来培养,但“不要一下子培养过多的习惯,否则花样太多,把他们弄得昏头涨脑,反而会一无所成。要等到一种习惯通过经常的练习后,变得容易自然,孩子能够不假思索地做出来之后,才可以再去培养另外一种习惯”。②

六、教育的家国情怀

儿童教育,旨在培养合乎社会需要的“绅士”。“绅士”是“有德行、有用、能干的人”。对儿童的教育事关国家的幸福和繁荣:“国家的幸福与繁荣也靠儿童具有良好的教育。”

应该指出, 洛克生活的时代是资本主义初期,他所主张的贵族化教育反映了英国资产阶级和新贵族对新人培养规格的要求,培养的是能满足个人幸福生活需要,又能促进资本主义发展的资产阶级事业家。正如在《教育漫话》的结语中洛克所说的那样:“我所涉及的几乎都是我认为的普遍来说对于年轻绅士的教养所必需的,我现在把我的这些偶然的想法发表出来,并带着某种希望,虽然在教育的话题上本文还远远算不上是一篇完整的论文,也不能让每个人都从中获得正好适合他的孩子的方法,但是它能给那些关心自己可爱的小宝贝的人一些小小的启示,使他们在教育孩子的问题上,格外有勇气,敢于冒险去顾及自己的理智,而不是完全依赖古老的习俗。”③

参考文献:

唐燕. 从培根到卢梭:西方早期现代性筹划中的道德教育[D]. 南京:南京师范大学,2015.

第二节　早期教育思想家:让-雅克·卢梭

让-雅克·卢梭(Jean-Jacques Rousseau,1712 年6 月28 日—1778 年7 月2 日),法国18世纪启蒙思想家、哲学家、教育家、文学家,民主政论家和浪漫主义文学流派的开创者,启蒙运动代表人物之一;主要著作有《论人类不平等的起源和基础》《社会契约论》《爱弥儿》《忏悔录》《新爱洛绮丝》和《植物学通信》等。

卢梭出身于瑞士日内瓦的一个贫苦家庭,“父亲因为贫困,兼干钟表匠和舞蹈教师两种

① 洛克. 教育漫话[M]. 北京:商务印书馆,1957.

② 同①。

③ 同①。

职业，他在婴儿时代就死了母亲，由一个姑母把他抚养长大。他十二岁时辍了学，在各行各业里当学徒”①。卢梭1749年曾以《科学与艺术的进步是否有助敦化风俗》一文而闻名；1762年因发表《社会契约论》《爱弥儿》而遭法国当局的追捕，避居瑞士、普鲁士、英国；1778年在巴黎逝世。卢梭一生历尽艰辛坎坷，颠沛流离，生前备受争议，饱尝攻击与讥讽，死后名垂千古。

在思想史上，思想家分为两类：一类侧重于历史传承，譬如柏拉图、亚里士多德；一类侧重于历史批判，譬如马克思、尼采。卢梭属于后者。为从总体上把握卢梭的早期教育思想，有必要把他的自然哲学思想与教育思想联系起来进行研读。

卢梭的思想生前死后都曾被误读，从不同的角度看卢梭，会得出完全相反的结论，正如史学家彼得·盖伊所说：“卢梭一会儿被称为理性主义者，一会又被称为非理性主义者；他的经济学被说成是社会主义的，又或是奠基于承认私有财产之上的；他的宗教被视为是自然神论的、天主教的或是新教的；他的道德学说被认为是清教徒式的，又或者是过于感情用事、宽松随便的。”

教育部人文社会科学重点研究基地重大项目“叙事的行动研究与教师教育课程改革”课题组研究发现：“在《爱弥儿》里卢梭培养的是‘个人’，而《社会契约论》中的构想则是培养公民，但卢梭却强调《爱弥儿》和《社会契约论》是一体的。”②《爱弥儿》看似一本从幼儿成长到青年的早期教育专著，实则是阐述如何培养“立法者”的大教育观，它与《论人类不平等的起源和基础》和《社会契约论》构成了卢梭完整的启蒙思想体系。卢梭也曾多次强调《爱弥儿》在其思想体系中的核心位置：“我的全部精神智慧分散于前两篇论文和《论教育》（即《爱弥儿》）中，三部著作不可分割，构成一个整体。”《社会契约论》是《爱弥儿》的附录。

由于本教科书为早期教育概论，因此对卢梭的这种大教育观，采取了侧重于微观的早期教育视角进行阐述。

一、自然教育观的哲学基础

（一）自然的内涵

丹麦著名史学家霍甫丁认为，卢梭在神学、自然历史和心理学三种不同意义上交错使用自然这一概念。在神学意义上，自然是上帝的完美作品，“出自造物主之手的东西，都是好的，而一到了人的手里，就全变坏了”。③ 在历史意义上，自然是进入人类文明社会之前的纯自然的本真状态，原始自然的人没有社会属性，作为人的史前状态，过着没有善恶是非、没有知识艺术、很少交往的孤立的生活。在这种生活中，自然人享有着原始素朴的自由，处于一种无知的幸福状态。在心理学意义上，是人的纯真质朴的自然本性和天然情感，是人性中的基本趣味和倾向，如天性纯朴，对邪恶的无知等。同时，自然作为实体，相对于人类社会，也是先于并独立于人类社会的自然界；作为价值概念，它自然而然，本应如此，是自然规律，是社会和人效法的对象，是人类社会回归本性而不是状态的参照物和终极目标，是批判异化的现实社会的一把利剑。正如赫尔岑所说：“当伏尔泰还为了文明跟愚昧无知战斗时，卢梭却

① 罗素. 西方哲学史（下）[M]. 何兆武，李约瑟，译. 北京：商务印书馆，2008.
② 叶薏. 从“个人”到“公民”：卢梭教育目的观研究[D]. 广州：华南师范大学，2008.
③ 卢梭. 爱弥儿[M]. 李平沤，译. 北京：商务印书馆，2011.

已经痛斥这种人为的文明了。”卢梭认为，这种文明发展带来了三个严重后果：道德的堕落、不平等的加剧以及天赋自由的丧失。

与其说卢梭崇尚本真原始社会，倒不如说他是以原始本真的自然为参照，对现实社会进行批判。卢梭在《论人类不平等的起源和基础》中回忆了人的美好的自然状态：“自然让人曾经是多么幸福和良善，而社会却使人那么堕落而悲惨。”他在《论科学与艺术》说：“天文学诞生于迷信；辩论术诞生于野心、仇恨、谄媚和撒谎；几何学诞生于贪婪；物理学诞生于虚荣的好奇心；所有这一切，甚至于道德本身，都诞生于人类的骄傲。因此，科学与艺术都是从我们的罪恶诞生的；如果它们的诞生是出于我们的德行，那么我们对于它们的用处就可以怀疑得少一点了”“我们可以看到，随着科学与艺术的光芒在我们的地平线上升起，德行也就消逝了；而且这一现象是在各个时代和各个地方都可以观察到的。”①

“通世故的人总是戴着假面具的，他们几乎没有以他们本来的面目出现过，甚至弄得自己也不认识自己，当他们不得不露出真面目的时候，他们就会感到万分的局促。在他们看来，要紧的不是他们实际上是什么样的人，而是要在外表上看起来好像是什么样的人。”②

（二）自然状态

卢梭认为，自然状态是人类的黄金时代，那时土地还处在天然的肥沃状态，覆盖着从未遭到斧斫的茂密的森林，到处都能为各种动物提供生活资料和栖息之地。在自然状态下，人吃饱了肚子，就与整个大自然和平相处，与同类友好相处。人的全部欲望仅仅是建立在肉体需要上的，他们的情绪很少激动，又受到十分有益的约束，只注意防备可能受到的伤害，而不蓄意去伤害别人，因此不会动辄就陷入十分危险的纷争。自然状态中的人的欲望不超出他们的需要，人的自我保护行为也不会伤害到别人。所以，这种状态最能促进和平，是最适合人类的。在自然状态中的人是孤立的，由于他们之间没有任何交往，从而也就不知道什么是尊重、敬意和蔑视，绝少有你的、我的之分，没有关于公正的确切观念。人们没有私有财产，也没有任何伦理关系和义务，不知道什么是善，什么是恶。尚无法律的自然状态，阻止作恶的不是人的智力，更谈不上法律的约束，仅仅是“情感的平静和对邪恶的无知”。这便是卢梭眼中的自然状态。③

（三）自然人

卢梭把处在自然状态下的人称为“自然人”或“野蛮人”以此区分“社会人”，并从肉体和精神两个方面研究了自然人的状况。自然赋予“自然人”以“慈爱和怜悯心”。在《论人类不平等的起源和基础》中，通过对“野蛮人”生存状况的分析，卢梭做出这样的结论：“漂泊于森林中的野蛮人，没有农工业、没有语言、没有住所、没有战争、彼此间也没有任何联系，他对于同类既无所需求，也无加害意图，甚至也许从来不能辨认他同类中的任何人。这样的野蛮人不会有多少情欲，只过着无求于人的孤独生活，所以他仅有适合于这种状态的感情和知识。他所感觉到的只限于自己的真正需要，所注意的只限于他认为迫切需要注意的东西，而且他的智慧并不比他的幻想有更多的发展。”④由于“野蛮人”彼此独立，因此，既无财产关系，也

---

① 卢梭. 论科学与艺术[M]. 何兆武，译. 上海：上海人民出版社，2007.

② 同①。

③ 同①。

④ 同①。

无对他人的责任和义务，更无善恶观念；他们既不畏惧任何人对他为恶，也不希求任何人对他为善。

但是，大自然却赐予了人类一颗自然而然的最仁慈和仁爱的心。在卢梭看来，怜悯心是一种自然的情感，由于它调节着每一个人源自爱心的活动，所以对于人类全体的相互保全起着协助作用："正是怜悯，使我们见到有人遭受苦难便毫不犹豫地去救助他；正是怜悯，由于具有能打动任何人的声音，在自然状态下起了法律、道德和习俗的作用；正是怜悯，使得身强体壮的野蛮人，在自己有望从别处得到生活必需品时，就不去抢夺孺子和老人辛苦觅得的衣食。"①

卢梭认为，自然人比社会人更健康。自然人的人体构造就如我们今天这种模样，身体构造是所有动物中最为合理、完善的。自然人很少身患疾病。他们在橡树下用橡实充饥，在小溪旁饮水止渴，在为他提供食物的树下睡觉。由于自然人的生理欲念容易满足，对事物不会挑剔，生活方式保持着大自然规定的简朴、单调、离群索居的生活方式，因此，自然人疾病来源少，他们不需要药，也不需要医生。

卢梭正是通过对自然状态和自然人性的考察，向我们展示了一个安详、平静、和谐、健康、纯朴与善良的原始社会，并以此自然淳朴的社会为参照，展开对文明社会的批判。

从表面上看，卢梭对科学、艺术的批判和对自然状态、原始自然的赞美，是号召人们回到过去，过一种茹毛饮血的原始生活，是反文明纯天然复古风，以致当时启蒙运动的领袖伏尔泰都讥讽卢梭："先生，我收到了您的反人类的新著，谨表感谢……从来没有人用这么多的才智来让我们变得愚蠢，读您的大作让人想趴在地上四足行走。不过，由于我丢掉这个习惯已有六十多年，我遗憾地意识到要重操旧习在我是不可能的了。"②

那么，卢梭真的是号召人们回到过去，过一种茹毛饮血的原始生活吗？回答是否定的。对于启蒙学派的误解，卢梭声明："难道必须毁灭社会，取消'你的'和'我的'这种区别，再返回森林去和熊一起生活吗？这是按照我的论敌的想法得出的结论，我愿意先把它指出，也愿意我的论敌因得出这样的结论而感到羞愧。"③

卢梭曾说："由自然状态进入社会状态，人类便产生了一场最堪注目的变化；在他们的行为中正义代替了本能，而他们的行动也就被赋予前所未有的道德性。唯有当义务的呼声代替了嗜欲的时候，此前只知道关心一己的人类才发现自己不得不按照另外的原则行事，并且在听从自己的欲望之前，先要请教自己的理性……唯有道德的自由才使人类真正成为自己的主人；因为仅只有嗜欲的冲突便是奴隶状态，而唯有服从人们自己所规定的法律，才是自由。"④这样的"回归自然"，与其说是复古，倒不如说是颠覆。卢梭旨在昭示现实社会的不合理性，有违人的自然本性，应重建立一个理想的新社会，在新社会中自由平等的人性得以复归。赞叹自然，不是复古于茹毛饮血，而是道法自然，模仿自然秩序建立社会秩序。这是一条从自然到自由的道路，或者说，这是一条从服从"天意"到服从"法意"的道路。正如卡西尔所看到的那样："卢梭关于自然状态的描述并不是想要作为一个关于过去的历史记

① 卢梭. 论人类不平等的起源和基础[M]. 李常山，译. 北京：商务印书馆，1962.

② 同①。

③ 同①。

④ 同①。

事,它乃是一个用来为人类描画新的未来并使之产生的符号建筑物”。① 卢梭与其他思想家有一个很大的不同,在思想表述上更具有浪漫主义色彩,更需要透过个别篇章一般的文字表述,深入分析文字背后的内在逻辑,才能把握其思想一贯的统一性。

二、回归自然的教育

(一)回归自然教育的理念

“在万物的秩序中,人类有它的地位;在人生的秩序中,童年有它的地位:应当把成人看作成人,把孩子看作孩子。分配每个人的地位,并且使他固定于那个地位,按照人的天性处理人的欲念,为了人的幸福,我们能做的事情就是这些。”②这便是卢梭自然教育理念的核心。

卢梭基于其自然哲学,提出了不同于以往的教育观,即教育要回归自然。卢梭认为,“出自造物主之手的东西,都是好的,而一到了人的手里,就全变坏了”,以往的教育、现实社会、现实的人,把出自“造物主”之手的婴儿完全变坏了,使他们失去了自然天性。这是以往教育的失败。但是,如果将其放任于现实社会,事情可能更糟糕,“一个生来就没有别人教养的人,他也许简直就不成样子”,现实社会的“偏见、权威、需要、先例以及压在我们身上的一切社会制度都将扼杀他的天性,而不会给它添加什么东西。他的天性将像一株偶然生长在大路上的树苗,让行人碰来撞去,东弯西扭,不久就弄死了”。③

卢梭坦言:“很早以来就有人在大声反对这种旧有的教育方法了,可是从来没有人准备提出一套更好的来。我们这个时代的文学和科学,倾向于破坏的成分多,倾向于建设的成分少。人们可以用师长的口吻提出非难;至于说到建议,那就需要采用另外一种口气了,然而这种口气,高傲的哲学家是不太喜欢的。尽管有许多的人著书立说,其目的,据说完全是为了有益人群,然而在所有一切有益人类的事业中,首要的一件,即教育人的事业,却被人忽视了。”④

面对以往的教育,卢梭不是简单地否定教育,恰恰相反,他认为更应该肯定教育,更需要教育。因为“我们生来是软弱的,所以我们需要力量;我们生来是一无所有的,所以需要帮助;我们生来是愚昧的,所以需要判断的能力。我们在出生的时候所没有的东西,我们在长大的时候所需要的东西,全都要由教育赐予我们”。⑤

卢梭要否定的不是教育本身,而是以往违反人的自然天性的教育。正因如此,卢梭要建立一种不同于以往的全新教育,树立新的教育目标,即自然的目标——“趁早给你的孩子的灵魂围筑起一道围墙”,使他按着造物主要求的那样自然地成长。

卢梭认为,人的教育的来源有三种,“我们或是受之于自然,或是受之于人,或是受之于事物。我们的才能和器官的内在的发展,是自然的教育;别人教我们如何利用这种发展,是人的教育;我们对影响我们的事物获得良好的经验,是事物的教育”。⑥ 在这三种教育中,最

---

① 卡西尔. 卢梭,康德,歌德[M]. 刘东,译. 北京:生活. 读书. 新知三联书店,2002.

② 卢梭. 爱弥儿[M]. 李平沤,译. 北京:商务印书馆,2011.

③ 同②。

④ 同②。

⑤ 同②。

⑥ 同②。

根本的是“自然的教育”，三种教育必须互相配合，使其他两种教育配合我们无法控制的那种自然教育，人的教育和事物的教育必须顺应自然，并与自然达成一致，才能完成教育的使命：培养出生活在社会中的自然人，即身心两健、体脑并用、良心畅旺、能力强盛的新人。

（二）回归自然的教育内容

在《爱弥儿》一书中，把20岁之前的教育分为5个阶段：2岁以前的婴儿教育；2至12岁的童年教育；12至15岁的少年教育；15至20岁的青年教育；男女青年自然发展的需要，对女子的教育以及男女青年的爱情教育。

1. 婴儿期的教育（2岁前）

首先，遵循自然法则，侧重进行感官教育，使其自然发展。

卢梭认为，2岁以前的婴儿教育，要顺应婴儿的感觉，使其自然而然地发展，不要束缚婴儿的肢体。卢梭指出：“我们生来是有感觉的，而且我们一出生就通过各种方式受到我们周围的事物的影响。可以说，当我们一意识到我们的感觉，我们便希望去追求或者逃避产生这些感觉的事物，我们首先要看这些事物使我们感到愉快还是不愉快，其次要看它们对我们是不是方便适宜，最后则看它们是不是符合理性赋予我们的幸福和美满的观念。”①卢梭把先于后天习惯而未发生改变的人本真的东西，称为“内在的自然”。

顺应本真的内在自然，就是保持了人的天性。但卢梭看到的现实却是：婴儿刚出娘胎，刚一享受活动和伸展肢体的自由时，人们又重新把他束缚起来。人们用襁褓把他包着，把他放在床上这样睡着：头固定在一定的位置，两腿伸直，两臂放在身子旁边；还用各式各样的衣服和带子把他捆扎起来，连位置也不能挪动。这便是文明给人的内在自然上的第一把枷锁。这样做的后果便是，“人们把孩子的手足束缚起来，以致不能活动，感到十分的拘束，这样只有阻碍血液和体液的流通，妨害孩子增强体力和成长，损伤他的体质。用襁褓包裹孩子致使其驼背、瘸腿、膝盖内弯、患佝偻病、患脊骨炎以及各种各样畸形的人。害怕自由活动会使孩子身体成为畸形，结果却逼着他们长成畸形”。② 更重要的是，孩子降生后收到的第一件礼物便是锁链，受到的第一种待遇是苦刑，会影响孩子的心理健康，使孩子得到的第一个感觉，就是一种痛苦的感觉，感到每一个必要的活动都受到阻碍，比戴着手铐脚镣的犯人还要难过。

相反，我们要遵循自然，通过各种各样的考验来磨砺孩子的性情，使孩子从小就知道什么是烦恼和痛苦。如出牙的时候，身体就发烧；肚腹疼痛的时候，就产生痉挛；咳嗽厉害的时候，就喘不过气来；各种各样的毒素在他们的血液中发酵，就引起危险的斑疹。在婴儿时期，通过了这些考验，孩子便获得了力量；当能够把这些力量运用于自己的生命时，生命的根底就变得更为坚实了。

其次，遵循自然法则，母乳育婴是最好的亲子教育，可以使家庭其乐融融。

关于母乳育婴问题，卢梭从正反两方面进行了阐述。请保姆授乳的坏处是：“她将把母亲的权利分给别人，或者说得更确切一点，让给别人；她将看着她的孩子跟爱她一样地爱另外一个妇女，或者比爱她还要爱得更真诚一些；她将感觉到他对他的生母表现的那种恭顺，

---

① 卢梭. 爱弥儿[M]. 李平沤，译. 北京：商务印书馆，2011.

② 同①。

只是一种礼数,而对养母的恭顺,则是一种责任。"[①]对母子关系而言,"母不母,则子不子。母子之间的义务是相互的,如果一方没有很好地尽她的义务,则对方也将不好好地尽他的义务。孩子知道了应该爱他的母亲,他才会爱她"。[②] 更为严重的是,我们开头的几步就脱离了自然,血亲之情得不到母亲关心照料的加强,它在最初的几年中就会消失,甚至"孩子的心可以说在他还没有出生以前就死了"。[③] 对于家庭,由此便导致父不父,母不母,子不子,兄不兄,妹不妹,大家都几乎不认识了,每个人都只顾他自己。家庭变成了一个凄凄惨惨的地方。

相反,如果"母亲们都能眷顾她们的孩子,亲自授乳哺育,则风气马上可以自行转移,自然的情感将在每一个人的心里振奋起来,国家的人口又将为之兴旺;这是首要的一点,单单这一点就可使一切都融洽起来。家庭生活的乐趣是抵抗坏风气的毒害的最好良剂。孩子们的吵吵闹闹,人们原来是感到很讨厌的,现在也觉得很有趣了;父亲和母亲更加感到他们彼此是很需要的,他们相互间比以往更加亲爱了,他们的夫妇关系也更为紧密了"。[④] 而且,一旦妇女们负起做母亲的责任,则男子立刻就可负起做父亲和做丈夫的责任。

父亲是孩子的第一任同时也是终身教师。卢梭说:"一个做父亲的,当他生养了孩子的时候,还只不过是完成了他的任务的三分之一。他对人类有生育人的义务,他对社会有培养合群的人的义务,他对国家有造就公民的义务。"并深切地教诲我们:"凡是有深情厚爱之心的人,如果他忽视了这些如此神圣的职责,我可以向他预言,他将因为他的错误而流许多辛酸的眼泪,而且永远也不能从哭泣中得到安慰。"[⑤]

再次,遵循自然法则,对孩子既不溺爱也不惩罚。

卢梭认为,溺爱和惩罚,对孩子的影响是同等的。孩子在出生的时候就会啼哭,婴儿时期就是在啼哭中度过的。通常情况下,大人为了哄他,就轻轻地摇他两下,夸他几句;或大人为了不许他吵闹,就吓他,就打他。这样做的后果便是,要么他喜欢怎么做我们就怎么做,要么我们硬要他照我们的意思做。不是大人顺从孩子奇奇怪怪的想法,就是孩子顺从大人奇奇怪怪的想法。这样一来,孩子"首先获得的观念,就是权势和奴役的观念。还不会说话,他就在支配人了;还不会行动,他就在服从人了;有时候人们惩罚他,可是他还认识不到他犯了什么过失,说得更确切点,他还没有犯过失的能力哩。人们就是这样很早地把这些情绪灌入他幼小的心灵,可是以后又推说那是天性,费了许多气力把孩子教坏之后,又抱怨他成了这样的人"。[⑥]

2. 童年教育(2 ~ 12 岁)

卢梭认为:"大自然希望儿童在成人以前就要像儿童的样子。如果我们打乱了这个次序,我们就会造成一些早熟的果实,它们长得既不丰满也不甜美,而且很快就会腐烂:我们将造成一些年纪轻轻的博士和老态龙钟的儿童。"[⑦]因为儿童有他特有的看法、想法和感情,如果我们取而代之,则是最愚蠢的事情。因此,卢梭坚决反对过早对儿童进行理性教育;2 ~ 12

---

① 卢梭. 爱弥儿[M]. 李平沤,译. 北京:商务印书馆,2011.
② 同①。
③ 同①。
④ 同①。
⑤ 同①。
⑥ 同①。
⑦ 同①。

岁阶段的孩子，所接受的教育应该是顺其自然的感官教育。

其理由是："当他柔嫩而灵活的器官还能自行适应它们所接触的物体时，当他的感官尚未受到幻觉的影响而保持纯洁时，正好趁此机会锻炼它们承担它们固有的任务，正好趁此机会学习认识事物同我们之间可以感觉得到的种种关系。由于所有一切都是通过人的感官而进入人的头脑的，所以人的最初的理解是一种感性的理解，正是有了这种感性的理解做基础，理智的理解才得以形成，所以说，我们最初的哲学教师是我们的脚、我们的手和我们的眼睛。用书本来代替这些东西，那就不是在教我们自己推理，而是在教我们利用别人的推理，在教我们老是相信别人的话，而不是自己去学习。"①

基于经验，卢梭的感官教育有一个显著的特点，即他不再把不同的感官看作独立的存在，而是从感官之间的相互联系角度，强调整体的感官教育。在他看来，触觉官能遍布身体表面，触觉在我们所有的感觉中是最重要的。"由于触觉使我们在外界物体接触我们的身体时能获得最正确的印象，因此它使用的时候最多，最能给我们以保存生命所需要的直接知识。"②为此，卢梭制定了独特的感觉"综合训练"的方法。

从触觉与视觉、听觉关系角度，对视觉、听觉、触觉进行综合训练。他认为："我们并不是平均地使用我们的种种官能的。有一种官能，即触觉，在我们醒着的时候其作用就从没中断过，它遍布于我们身体的整个表面，好像一个从不休息的哨兵，一发现可能伤害我们身体的东西就告诉我们。正是有了这种官能，才使我们不论愿意或不愿意都要通过它的不断运用而尽早地获得经验，因此也才使我们无须对它进行特别的训练。"③道理很简单，当你去触摸某种东西，它是热的还是凉的；是硬的还是软的；是光滑的还是粗糙的，直接便可感知，无须专门进行训练。

从经验出发，卢梭看到"我们一生当中有一半的时间是瞎的。盲人面对黑夜是无惧的，他们能够在黑夜中镇定自若；而我们虽有着一双'敏锐'的眼睛，面对黑夜却容易胆战心惊，无法指导自己。漫漫长夜会陪伴我们每个人走过一生，生活同样充满着太多变数。在黑夜中如何前行，绝非易事，需要谨慎且严肃地对待"。④ 他举例说明，怎样由触觉代替视觉的训练：视觉不能及的深夜，在一间小屋子拍手，人们可以根据回声，通过触觉来判断屋子的大小和自己的位置；这种在黑夜的经验，依靠触觉，我们也可获得由视觉得到的一些知识。此外，他主张在夜间做游戏的训练。在一定意义上，黑夜屏蔽了人的视觉，因此也使人产生恐惧的心理，成人如此，儿童更是如此。想象力夸大了恐惧的心理，加剧了我们的恐慌。卢梭认为，在夜间进行游戏，经常活动，不仅可以使我们充分运用触觉，也可以培养儿童的勇敢品质，使儿童的恐惧感变弱。

触觉与听觉的关联也十分密切，以练习小提琴为例，卢梭提出："既然声音在发音体中能引起可以感觉出来的颤动，那么，经过训练的触觉为什么不能像它代替视觉那样在一定程度上代替听觉呢？当我们把一只手放在小提琴上时，我们就可以无须眼睛和耳朵的帮助，单凭音响的颤震就能分辨它发的是低音还是高音，是由高音弦发出的还是由基音弦发出的。只要能练习我们的感官分辨这些差异，我相信，练习的时间一久，我们就能达到仅仅凭指头就

---

① 卢梭. 爱弥儿[M]. 李平沤，译. 北京：商务印书馆，2011.

② 同①。

③ 同①。

④ 同①。

可听出整个曲子的程度。”①

难能可贵的是，卢梭把听觉训练与语言表达和音乐教育进行了有机的结合。他说：“人有三种声音：说话的声音或音节清晰的声音、唱歌的声音或有旋律的声音、感伤的声音或高昂的声音。感伤的声音是感情的语言，它使人的歌唱和说话富有蓬勃的生气。小孩同大人一样，也有这三种声音，然而也同样不知道把这三种声音加以结合。他也像我们一样，能笑、能哭、能感叹、能叫喊、能呻吟；但是他不知道把这些声音的音调变化同其他两种声音配合起来。完美的音乐是把这三种声音结合得非常之好的。孩子们是不会这种音乐的，他们唱的歌没有情感。同样，在说话的声音中，他们的话也没有声调；他们叫喊，但他们不能音节分明地叫喊；正如在讲话中没有抑扬一样，他们的叫声也不洪亮。我们的学生讲起话来声音还更单调，因为他的情感还没有唤起，所以还不能把感情的表达同他的语言结合在一起。”②

培养孩子的乐感，要从优美的音调开始，因为“一个优美的歌调总是朴实易唱的，总是以主弦的音起唱的，而且还那样清楚地表达了低音，所以容易听，也容易和着它唱；因此，为了训练嗓子和耳朵，最好是和着大键琴唱”。③

同样，卢梭把对孩子的视觉训练，也进一步与美术教育相关联。卢梭希望孩子的美术教师是大自然，他的模特儿不是别的，而是他所看到的东西。望摆在孩子眼前的是原件而不是画在纸上的图形；希望他照着房子画房子，照着树木画树木，照着人画人，以便养成习惯，仔细地观察物体和它们的外形，而不至于老是拿那些死板板的临摹的绘画当作真实的东西来画。

在几何空间感的教育上，卢梭主张让孩子“画一些很准确的图形，把它们拼起来，一个一个地重叠起来，研究一下它们的关系；这样，你无须讲什么定义、命题或任何论证的方法，只简简单单地把图重叠起来，反复观察，就可以学会全部初等几何学”。④

味觉、嗅觉与儿童饮食教育相结合，是卢梭感觉教育的又一项措施。卢梭说：“我认为，抚养孩子最合适的办法，就是要通过他们的饮食对他们进行教育。”在各种感觉中，味觉的影响往往最大，在自然状态下，原始的食欲觉得最可口的食物，就一定是最有益于健康的食物；愈是自然的口味，就愈为简单。孩子的口味是最容易改变的，但是如果我们常常拿怪味的东西去刺激它的话，到它形成了一定类型的口味以后，就不再更改了。我们看到，“一个人如果尚未浸染一个地方的饮食习惯，则他对任何地方的习惯都可以毫不困难地适应；但是，一旦他有了一个地方的饮食习惯之后，就再也不能适应另外一个地方的饮食习惯了”。⑤

关于味觉和嗅觉的关系，卢梭提出：“嗅觉对于味觉，就像视觉对于触觉那样，它先于味觉，告诉味觉这样或那样东西将对它发生影响，告诉它按照我们预先得到的印象去寻找或躲避那种东西。我听说，野蛮人的嗅觉的感受跟我们的嗅觉的感受完全不同，他们对好的气味和坏的气味的判断也跟我们完全两样。”⑥为了使孩子们的胃口好，不在于怎样刺激他们的食欲，而在于使他们得到满足；只要没有使他们养成考究味道的习惯，那么，用世界上最普通

① 卢梭. 爱弥儿[M]. 李平沤，译. 北京：商务印书馆，2011.
② 同①。
③ 同①。
④ 同①。
⑤ 同①。
⑥ 同①。

的东西就可以满足他们。重要的是，不要去改变他们这种原始的口味，不要使他们成为嗜肉的人，这样做既无损于他们的健康，也有助于陶冶他们的性情。在卢梭看来，嗜肉是野蛮人的习惯。为了不使孩子成为野蛮人，最好不要让孩子形成野蛮人的习惯。

（三）回归自然教育的准则与方法

回归自然教育，卢梭告诫我们要坚持四项准则：

第一，必须让孩子只能使用大自然赋予他们的一切力量，来应对自然界。因为孩子们不仅没有多余的力量，甚至还没有足够的力量来满足大自然对他们的要求。

第二，由于有些孩子没有足够的力量，因此对于孩子一切身体的需要，不论是在智慧方面还是体力方面，都必须对他们进行帮助，弥补他们的不足。

第三，在给孩子以帮助的时候，应当只限制在他们真正需要，绝不能依从他们胡乱的想法和没有道理的欲望，因为，胡乱的想法不是自然的，所以即使不让它实现，也不会使孩子们感到难过。

第四，仔细研究孩子的语言和动作，准确辨别哪些欲望是直接由自然产生的，哪些是由心里想出来的，着力培植孩子由自然产生的欲望，避免其“心生欲望”的滋长。

关于回归自然的教育方法：

首先，卢梭主张从经验中学习。他直截了当地提出：“不要对你的学生进行任何种类的口头教训，应该使他们从经验中去取得教训；也不要对他们施加任何种类的惩罚，因为他们还不知道他们的错究竟是错在什么地方；也不要叫他们请求你的宽恕，因为他们还不知道他们冒犯了你。由于他们的行为中没有任何善恶的观念，所以他们也就不可能做出从道德上看来是一件很坏的，而且是值得惩罚和斥责的事情。”①

其次，卢梭主张因材施教。在卢梭看来，每一个孩子的心灵都有它自己的形式，因此，必须也要按照特有形式去指导和教育：“你必须好好地了解了你的学生之后，才能对他说第一句话，先让他的性格的种子自由自在地表现出来，不要对它有任何束缚，以便全面地详详细细地观察它。”②

再次，卢梭主张示范身教。他说：“你要记住，在敢于担当培养一个人的任务以前，自己就必须要造就成一个人，自己就必须是一个值得推崇的模范。当孩子还处在无知无识的时候，你尽可从容地进行一切准备，以便让他最初看到的都是适合他看的东西。你必须使自己受到他人的尊敬，你必须从使别人爱你着手做起，才能使每一个人处处都想满足你的心意。如果你不能控制孩子周围的人，你就不能做孩子的教师；这种权威，如果不以别人尊敬你的道德为基础，就永远不能充分地行使。”③

“热情的教师，你要保持纯朴，谨言慎行。只有在防止别人对你的学生施加影响的时候，你才能采取行动，我以后还要不断地重复这一点；如果可能的话，就连有益的教育也加以抛弃，以免把有害的教育授予他们。大自然把这个世界造成了人类的第一天堂，你在这个世界上要当心，不要在教天真无邪的孩子分辨善恶的时候，自己就充当了引诱的魔鬼。你既然不能防止一个孩子在外面学别人的样子，所以就必须集中精力把那些样子按适合于孩子的形

---

① 卢梭. 爱弥儿[M]. 李平沤，译. 北京：商务印书馆，2011.

② 同①。

③ 同①。

象印在他的心中。”[①]

卢梭强调：“我不能不反复地指出，为了做孩子的教师，你自己就要严格地管束你自己。”“诸位教师，你们别那么虚伪了，你们为人要公正和善良，要把你们的榜样刻画在你们的学生的记忆里，使它们深入到他们的心。”[②]

最后，卢梭主张“自然后果法”。卢梭的自然后果法强调，当孩子犯了错误不要人为地采取惩罚措施，而应让孩子在与大自然的接触中体会到自己所犯错误和过失带来的自然后果，即“我们不能为了惩罚孩子而惩罚，应当使他们觉得这些惩罚正是他们不良行为的自然后果”。[③] 例如，当孩子打破了窗户，就不要急于找人修复，而是让孩子在被他打破窗户的房间里接受寒风的吹打，使其自食其果。

三、卢梭早期教育思想的影响

歌德称《爱弥儿》是教育的自然福利；康德因阅读《爱弥儿》而忘记了十几年定时散步的习惯；席勒赞扬卢梭为新的苏格拉底。这三位文学和哲学巨匠对卢梭的态度和赞扬，足以看出卢梭教育思想在人类历史上的地位。

卢梭的教育思想对近代西方教育不仅具有启蒙性，同时也引发了教育观念颠覆性的变革。在卢梭自然主义教育思想的直接影响下，1774 年 12 月，巴泽多在德国的安哈尔特 - 德绍建立了一所新型的、示范性的学校，命名为一视同仁的“泛爱学校”（Philanthropium）。泛爱学校的教学采用夸美纽斯、卢梭的直观原则以及对话、游戏和参观等方式。在教学中注意启发儿童学习的主动性，提倡理解记忆，发展儿童的智力。在训育方面，注意培养儿童温良、谦逊的态度和互助互爱的精神，以奖励代替惩罚，严禁体罚。同时，卢梭的自然主义教育思想还直接影响了裴斯泰洛齐的早期教育实践。裴斯泰洛齐的课程论效法卢梭在《爱弥儿》一书中的计划，强调集体的而非个人的背诵，课程以学生喜欢的活动为主，如绘画、写作、唱歌、体操、模型制作、采集标本、绘制地图和郊游等等。他主张教学要为学生的个别差异留有余地，学生分组要根据能力，而不要根据年龄，还倡导将正规的教师培训作为实现科学教育的一个组成部分。裴斯泰洛齐强调情感教育、爱的教育，提出教育者首先必须具有一颗慈爱之心，以慈爱赢得学生们的爱和信赖。教师要用亲切的话语、情感、面部表情及眼神打动学生，让学生在爱和信赖的氛围中自由自在地学习。裴斯泰洛齐早期教育的经验在欧美产生了广泛的传播和推广，影响了 19 世纪末 20 世纪初的新教育运动。

卢梭的早期教育思想，更是影响了后来的思想家和教育家的教育观。康德、裴斯泰洛齐、福禄培尔、杜威等纷纷从卢梭的《爱弥儿》中汲取营养，形成各具特色的教育理论。尽管学术界对卢梭思想的理解分歧很大，但并没有影响其自然主义教育思想的流传，更没有阻碍自然主义教育思潮的形成与传播。

参考文献：

[1] 卢梭. 爱弥儿[M]. 李平沤，译. 北京：商务印书馆，2011.

① 卢梭. 爱弥儿[M]. 李平沤，译. 北京：商务印书馆，2011.

② 同①。

③ 同①。

[2] 卢梭. 论人类不平等的起源和基础[M]. 李常山,译. 北京:商务印书馆,1962.
[3] 卢梭. 社会契约论[M]. 何兆武,译. 北京:商务印书馆,2003.
[4] 卢梭. 论科学与艺术[M]. 何兆武,译. 上海:上海人民出版社,2007.
[5] 李妍妍. 卢梭美学思想研究[D]. 杭州:浙江大学,2007.
[6] 杨日飞. 教育与儿童的自然发展[D]. 南京:南京师范大学,2011.
[7] 陈华仔. "好人"与"好公民"的冲突与和解[D]. 长沙:湖南师范大学,2012.
[8] 顾彬彬. 教育学视域下的现代童年问题研究[D]. 上海:华东师范大学,2012.
[9] 唐燕. 从培根到卢梭:西方早期现代性筹划中的道德教育[D]. 南京:南京师范大学,2015.
[10] 刘通.《爱弥儿》大义[D]. 济南:山东师范大学,2015.
[11] 欧阳文川. 自然天性、教育与"人道道德"[D]. 北京:中共中央党校,2017.
[12] 戴晓光.《爱弥儿》与卢梭的自然教育[J]. 北京大学教育评论,2013,11(1):147－156.
[13] 刘良华,曾世萍. 卢梭的教育意图[J]. 华东师范大学学报(教育科学版),2015,33(1):11－17.

第三节　早期教育思想家:让·皮亚杰

让·皮亚杰(Jean Piaget)1896 年 8 月 9 日出生于瑞士的纳沙泰尔,是著名的心理学家、哲学家、儿童教育家,儿童心理学、发生认识论的开创者,被誉为心理学史上除了弗洛伊德以外的另一位"巨人",开辟了心理学研究的一个新途径。他的理论,对当代西方心理学的发展和教育改革具有重大影响。

皮亚杰,学识渊博,著述颇丰。1918 年,获得理学博士学位;1924 年,任日内瓦大学教授;先后当选为瑞士心理学会、法语国家心理科学联合会主席;1954 年任第 14 届国际心理学会会长;1955 年在日内瓦创建了"发生认识论国际研究中心",并任主任。此外,皮亚杰还长期担任联合国教科文组织领导下的国际教育局局长和联合国教科文组织总干事之职,同时还是多国著名大学的名誉博士或名誉教授。

皮亚杰一生发表论文 500 多篇,出版专著 50 多部,被誉为 20 世纪最伟大的儿童心理学家。其著作被译成各国文字,产生了巨大的影响。

1923 年出版《儿童的语言与思维》;1928 年出版《儿童的判断与推理》;1929 年出版《儿童的世界概念》;1930 年出版《儿童的因果概念》《儿童的道德判断》。皮亚杰早期的五部著作,通过个案调查和测验,对儿童思维做质的分析,为他后来的研究奠定基础。

从 20 世纪 50 年代前后起,皮亚杰在早期对儿童心理、思维、语言研究的基础上,进一步对儿童思维、智力的发展进行了规模庞大和系统完整的研究,并把研究领域向广度拓展,向深度挖掘。以数理逻辑为工具,1956 年出版的《逻辑学与心理学》,在儿童思维研究的领域中开辟了新的研究途径;1950 年出版的《智力心理学》和 1969 出版的《儿童心理学》是系统阐述儿童心理的著作;1953 年出版的《儿童智力的起源》、1958 年出版的《从儿童到青年逻辑思维的发展》、1964 年出版的《儿童逻辑的早期形成》、1971 年出版的《儿童的心理意象》分别就不同年龄阶段儿童思维发展做了深入的研究。

皮亚杰的晚年代表作是 1968 年出版的《结构主义》和 1970 年出版的《发生认识论》,这两部哲学著作确立了结构主义的哲学立场和发生认识论体系。

皮亚杰早期研究儿童语言和思维等认识的发展，并从此入手，最后创立了发生认识论，给后人留下了许多珍贵的文献。因学识渊博和贡献卓越，他于1968年获得美国心理学会的心理学卓越贡献奖，1977年又获该会桑代克奖，1972年于荷兰获得荣誉地位相当于诺贝尔奖的“伊拉斯姆士”奖金，1976年退休不再担任教学工作，1980年逝世。

一、结构主义与建构主义

尽管皮亚杰的儿童教育理论是建立在对儿童观察实验基础上的，但这丝毫不减其理论的晦涩难懂。为了清晰准确地把握皮亚杰的儿童教育思想，在叙述的逻辑上，我们并未按着皮亚杰思想发展的次序，而是先从其结构主义和建构主义哲学入手，再导入其儿童心理学和发生认识论，然后阐述儿童的早期教育。

(一)结构主义

与其说结构主义是一个哲学流派，倒不如说是一种思潮。“结构主义”发端于20世纪初语言学家索绪尔的学说，发展到20世纪下半叶，逐渐成为分析语言、文化与社会的重要研究方法之一。尽管皮亚杰在其晚年自称是一位结构主义者，但当代哲学并没有把他列为结构主义的代表。不过纵观皮亚杰的思想，他确实受到了结构主义的影响，而且在1968年他还专门发表了《结构主义》的小册子，介绍并阐明了关于结构主义的基本观点。要掌握皮亚杰的儿童心理学和发生认识论，了解结构主义的方法对此不无裨益。

“结构”是结构主义和发生认识论的基本概念，一方面是指个体(主体)的结构，另一方面是作为对象的客体的结构。在皮亚杰的理论中，结构主要指个体(主体)的“认知图式”，也可以说，个体(主体)认知图式就是一种特殊的结构——“动作结构”；结构概念，具有鲜明的主体性和个体性，他把心理学界定为“关于主体和主体行动的科学”，智力发展是主体自我调节下的思维建构过程。

皮亚杰把结构主义关于“结构”概念的特征概括为整体性、转换性和自我调节性。他认为儿童智力发展首先表现为儿童认识的不断重新建构；通过对“结构”主要特征的解析，其关联性可以揭示儿童心智的发展、认识的发生。整体性指事物是由许多相互关联而又相互作用的要素组成，整体结构对于部分元素占有优越地位。从方法论的进度看，整体性也是结构主义方法论的一个基本的核心概念。结构即整体，整体是一个系统、一种特定的集合；作为整体的结构具有转换性和自身调整性。在结构主义看来，任何事物都是一个复杂的统一整体，其中任何一个组成部分的性质都不可能孤立地被理解，而只能把它放在一个整体的关联中，即把它与其他部分联系起来才能被理解，整体对于部分具有逻辑上优先的重要性。在任何情境里，整体中的任何一种独立因素，其意义都是由它和既定情境中的其他因素之间的关系所决定。所以，只有通过存在于整体的部分与部分之间的关系、部分与整体的关系，才能确定整体和部分及其意义。转换性指系统内部的各种现象可以发生可逆的转换，同时又保持整体关系的守恒；自我调节性指结构变化的闭合完整性所表现出来的一种功能，系统转换的原因和结果都存在于系统内部。在儿童心理学和发生认识论中，皮亚杰成功地运用了结构主义整体性的方法论，他认为，结构构成一个整体，有它本身的法则，而这些法则，独立于其组成成分的特征以外，形成一个系统，即整体性；支配整体的法则是转换，整体按照转换过程运行，换言之，结构包括一个运算系统，运算的结合能将一个项目转换成另一个项目，即转换性；整体具有自我调节性，即一系列转换总是在维持其自身的继续生存，保持结构的同一性和连续性。

（二）建构主义

建构主义也称后结构主义，强调对结构进行建构和解构，认为一切知识都是经过中介及被组织后而获得的。建构主义一是源于哲学，主要受到波普尔、图尔敏、拉卡托斯、库恩的科学哲学思想、新进化论、后现代哲学影响；二是源于心理学，最早由皮亚杰提出。在建构主义看来，尽管事物是客观存在的，但对于事物的理解和意义的赋予却是由个体（主体）自己决定的，个体（主体）以自己的经验为基础，在一定的社会环境中建构起对事物的认识。由于个体的经验以及对经验的信念不同，于是每个人对事物的理解和意义的赋予便也迥异；知识的发展与新知识的形成，是以以往积累的社会经验和沉淀的文化方式为中介并在个体（主体）的理解中不断建构的；同时学习者也在认识、解释、理解世界的过程中建构自己的知识。

从给定的事实出发，在认识论上的主客二分，无论是经验论还是先验论，在休谟那里已陷入绝境。因此，皮亚杰既否认了经验主义者的知识外在论，也不认同理性主义者的天赋认识论。皮亚杰主张认识是个体（主体）通过与对象的互动，不断建立新认知结构的过程。这一过程，既要建立对新知识的理解，使新知识与已有的相关知识建立联系，又要将新知识与原有的认知结构相互结合。通过纳入、重组和改造，构成新的认知结构。逻辑、数学、物理的认识等，都是不断建构的产物。

皮亚杰的建构主义是一种新的发展观：人的认识和心理是生成的。儿童最初的认知、心理结构图式在遗传基因的基础上，随着感觉器官的发育，形成最初的运动结构图式，如吸吮、抓握。由儿童自身发出吸吮、抓握最初的动作，所建立起来的是认识主体的个体和对象客体之间的直接关系，这种可感知的主客体之间的直接关系，具有直接的现实性。儿童在获得这种直接现实性的经验知识后，经过不断重复便形成了比较稳定的吸吮、抓握的感觉运动认知结构图式。继而，由直接的主客体认知关系，又会引发出主客体之间间接的认知关系。辩证唯物主义认识论的表述，实际上便是由感觉上升为印象。不过，皮亚杰侧重强调的并不是感觉上升为印象的感性认识，而是心理、认知图式的发生和转换。构成认知结构的图式总是遵循着从低级到高级的发展过程，任何具体结构在所有被整合到更大更复杂的结构中之前总是不完满的、开放的和有待发展的，建构过程永无止境。在认知建构过程中，所谓建构，就是作为认识主体的个体与客体相互作用的思维活动，并在主客体相互作用的活动中逐步建立起思维结构，通过主、客体结构的融通和顺应达到主体对客体的认识。

概言之，皮亚杰对结构的客观性、主体－个体和发展的历史性这三个结构的基本特征进行了有机关联，并在此基础上，解析建构新的结构。新建构的结构，是作为主体的儿童个体，在与客体相互作用活动中，逐渐建立起思维的结构。结构既是一个从低级简单的结构不断向比较高级复杂的结构过渡和不断创新的心理发展过程，也是历史进化的发展过程。

在逻辑上，结构主义和建构主义，既是发生认识论和儿童心理学的认识论基础，又是解析认识发生和儿童心理形成的方法论。

二、儿童心理学与发生认识论

儿童心理学发展和认识的发生是皮亚杰研究的重点，他倾注了毕生精力创立了发生认识论。

(一)儿童语言机能的分类

在《儿童的语言与思维》一书中,皮亚杰运用他所独创的“临床法”进行观察和研究,发现儿童的语言和思维与成人的有着质的区别,由此,他对儿童语言机能进行了独特的分类。

第一类,是以自我为中心的自言自语。所谓的自言自语,即“他并不要知道他是在对谁说话,也不在乎对方是否在听他说话,他或是在对自己说话,或是由于一个人偶然在他身边共同活动感到愉快而说话。这种说话是作为中心的,一部分是因为他只是对自己说话,但主要的是因为他并不要按着他的听者的观点说话”。[①]

继而,皮亚杰进一步把儿童自我中心的语言分为三个范畴:重复、独白和双人的或集体的独白。重复是儿童为了感到说话的愉快而重复这些字词和音,他没有想到要和任何人说话,没有任何社交的性质;独白是儿童对他自己说话,好似在大声思考;双人的或集体的独白,“貌似一种矛盾的现象,在这种现象中,总有一个局外人和当时的行动或思想联系在一起,但既不要他参与谈话,也不要求他懂得这种谈话。他从不注意这个人的观点,这个人的出现仅起一种刺激作用”。[②] 在独白中,字词没有社交机能,“言语并不沟通说话人的思想,它是用来伴随、加强或补充他的行动的”。[③] 此外,儿童的独白表明,在这个阶段上,即“在他学习说话的整个时期内,儿童对他自己的观点和别人的观点经常是混淆不清的”。

第二类,是社会化的语言。这类语言有具体针对的对象,且具有一定意义。皮亚杰把儿童的社会化的语言又具体分为适应性的告知、批评、命令、请求和威胁、提问和答复。

适应性的告知是儿童真正在和别人交流思想:“他或者告诉他的听者一些他感兴趣并影响其行动的事情;或者通过彼此辩论或为了达到某一共同的目的而相互合作,实际上交换思想。”[④]适应性的告知,产生于告知者与被告知者观点的一致性,即告知者从被告知者的角度出发,主动选择了被告知者,而被告知者也契合了告知者;告知者把自己的想法传达给了被告知者,同时被告知者也收到了告知者的想法。“批评是有关别的工作和行为的,和适应性告知具有相同的性质;换言之,这些话和特定的听者关联着。”[⑤]批评的对象是特定的,“是对某一特定人的说话,企图影响他,引起竞争、反驳乃至争吵——不仅是在陈述事实,而且还含有谴责、好斗的因素,有肯定自我优越的欲望”。[⑥] 这一点,与成年人的批评功能有很大的差别,很少具有社会判断价值,甚至截然不同。命令、请求和威胁在儿童语言中,最能表达儿童彼此之间的相互作用。提问即提出问题,由于儿童提出的问题大多数都要求别人答复,所以它归为社会化的语言;答复具有特定的含义,它是对提问或命令的答复,不能与交谈过程中的回答混为一谈,交谈过程中的回答属于告知范畴的谈话。

在对儿童语言的观察中,皮亚杰发现:一方面,儿童自我中心的语言和社会化的语言,在逻辑上并非存在着明显的时间顺序,甚至在社会的语言域中也包含着自我中心语言的要素;另一方面,在七八岁以前,儿童之间还没有真正意义上的社会性生活,儿童的个人生活和社会生活还没有分化出来;此外,在语言能用来使思想社会化以前,它是用来伴随和强化儿童

---

① 皮亚杰. 儿童的语言与思维[M]. 傅统生,译. 北京:文化教育出版社,1980.
② 同①。
③ 同①。
④ 同①。
⑤ 同①。
⑥ 同①。

个人活动的。但是,儿童“在七至八岁之间表现出想要和别人共同生活的欲望,我们认为,正是在这个年龄,自我中心的语言逐渐消失了它的重要性”。①

通过观察,皮亚杰还发现:“如果六岁半左右的儿童的语言还远没有社会化,而且自我中心的语言,和告知与对话比较起来,还发生很大作用的话,这种情况之所以发生的理由就在于这一事实,即儿童的语言包括两个明确不同的种类:一种语言是由姿态、动作、模拟等所构成的,而这种姿态、动作、模拟等是伴随着字词使用的,有时甚至完全代替了字词;另一种语言是口头语言。我们知道,姿态并不能表达一切事物。所以,理智过程还继续是自我中心的,而命令以及与动作、手工,特别是游戏联系在一起的语言便有了社会化的倾向。”②鉴于皮亚杰的观察与分析,我们也可以得出这样的结论:六岁半左右的儿童是儿童自我中心语言向社会化语言过渡的关键期。

(二)儿童自我中心

儿童自我中心,是一种在心理上尚未完成主客体分化的状态;是儿童心理发展不可逾越的阶段;是儿童发展特定阶段的主要心理特征,与教育无关。皮亚杰说:“儿童自我中心状态的特点不是在社会的或道德的领域内发现的,也不是在儿童对他自己的意识中发现的,而是在理智的领域内发现的,儿童的自我中心状态是他的认识活动的一个特点;我们甚至于可以说,是一种认识现象。”③理智的自我中心状态,“是儿童心灵所具有的一切前批判性的,前客观性的认识态度的总和;至于这些态度是有关自然的,有关别人的,或有关他自己的,那都没有关系。因此,从根本上讲,自我中心状态既不是一种自觉的现象(当自我中心状态变成自觉的时候,它就不再呈自我中心了),也不是一种社会行为的现象(行为只是自我中心状态的一种间接的体现而并不构成自我中心),而是一种系统的、不自觉的幻想,一种关于前景的幻想”。④ 皮亚杰的“自我中心”这一术语是指明儿童不能区别一个人自己的观点和别人的观点,不能区别一个人自己的活动和对象的变化,把一切都看作与他自己有关,是他的一部分;儿童在6岁以前是以他自己的身体和动作为中心的,自我中心笼罩着儿童的思维。

儿童的自我中心通常表现为以下几个方面:言语、游戏、道德判断、泛灵论。自我中心言语是一种非社会性言语,它不考虑听者的需要,可以用来指导行动而并不用来进行交流,有时是为了感到说话的愉快而重复这些字词和音节;在儿童的游戏中,自我中心思维的特征,表现在儿童倾向于待在一起各玩各的,每个儿童都按照他自己的那种不协调的方式游戏着;儿童道德认知发展划分为三个有序的阶段,即前道德阶段、他律道德阶段或道德实在论阶段、自律道德或道德主观主义阶段,其中儿童在前道德阶段会表现出道德判断的自我中心,不顾规则,行事易冲动,感情泛化,分不清公正、义务和服从,行为直接受行动的结果所支配,道德认知不守恒,行为既不是道德的,也不是非道德的;在前运算时期,不能区别有生命和无生命的事物,思维经常是泛灵论的,把意识和情感看作无生命物质的属性,认为每一样事物都像他们自己那样活动。

根据皮亚杰的观点,在理解儿童的自我中心状态时要注意,不能认为自我中心是指这一

---

① 皮亚杰.儿童的语言与思维[M].傅统生,译.北京:文化教育出版社,1980.

② 同①。

③ 同①。

④ 同①。

时期的儿童有意识地集中注意他自己；不能把自我中心看作含有自私或自高自大的意思，自我中心，“并不是说，儿童的自我有所扩张”；自我中心不等于“秘而不宣”。实际上儿童的自我中心，表明儿童活动缺乏协调、主客体没有分化。

（三）心理发展与认知的形成

在心理学史和哲学史上，皮亚杰独树一帜的是发展心理学和发生认识论。以往的哲学家和心理学家在论及认识或心智问题时，始终是围绕着认识的发出者主体和不认识的对象客体之间的关系问题展开的。与其不同，皮亚杰所关注的不再是简单的反应和被反应、认识和被认识的关系。他的理论重心在于探索个体的认识发生和心理形成，在个体的认识、心理形成问题上，提出结构图式的理论。

皮亚杰的这一理论极其晦涩难懂，《发生认识论》英译本译者、心理学专家、英国曼彻斯特大学 W. 梅斯对皮亚杰的理论做了如下阐释：

“皮亚杰研究的出发点是假设在心理生活开始时，儿童的世界表现为以自己的活动为中心的一套感性材料。但是，即使是在一些最实际的活动中，诸如，吮吸反射，就可以看出某些守恒过程，这些守恒过程导致活动的重复，从而有一种持续的倾向，这就把某种恒常性引进了儿童早期的世界之中。

“由于感知—运动活动的结果，儿童就能够协调各种看法，而借助于这些看法他就能确定自己在各种客体之中的地位，他的身体也就成为这些客体中的一分子。由于看法有了全面逆转，儿童因而就达到了一个处于空间的永恒客体的世界。可是儿童必须同时使自己能适应外部世界，也能适应别人的思想。所以他必须建立起一个概念思维的图景并且建构诸如质量、重量、运动等的守恒概念，以及逻辑关系和数学关系之类的概念。这样，儿童就能使他自己的看法与别人的看法协调起来。”①

皮亚杰自己对发生认识论的解释是：

“总的说来，我们想说：对认识的心理发生的研究是进行认识论分析的一个不可缺少的部分。这种研究教导我们：认知的结构既不是在客体中预先形成了的，因为这些客体总是被同化到那些超越于客体之上的逻辑数学框架中去；也不是在必须不断地进行重新组织的主体中预先形成了的。因此，认识的获得必须用一个将结构主义和建构主义紧密地联结起来的理论来说明，也就是说，每一个结构都是心理发生的结果，而心理发生就是从一个较初级的结构过渡到一个不那么初级的（或较复杂的）结构。因此，逻辑数学运演最后就跟行动的一般调节（联合、排列顺序、对应等等）联系起来，分析到最后，就跟生物的自我调节系统联系起来；但是生物自我调节系统并不是预先就包含着所有那些建构物，而仅仅是这些建构物的起点。”②

那么，认识到底是如何形成的呢？皮亚杰说：“认识既不是起因于一个有自我意识的主体，也不是起因于业已形成的（从主体的角度来看）、会把自己烙印在主体之上的客体；认识起因于主客体之间的相互作用，这种作用发生在主体和客体之间的中途，因而同时既包含着主体又包含着客体，但这是由于主客体之间的完全没有分化，而不是由于不同种类事物之间的相互作用。另一方面，如果从一开始就既不存在一个认识论意义上的主体，也不存在作

① 皮亚杰. 发生认识论[M]. 范祖珠，译. 北京：商务印书馆，2011.

② 同①。

为客体而存在的客体，又不存在固定不变的中介物，那么，关于认识的头一个问题就将是关于这些中介物的建构问题：这些中介物从作为身体本身和外界事物之间的接触点开始，循着由外部和内部所给予的两个互相补充的方向发展，对主客体的任何妥当的详细说明正是依赖于中介物的这种双重的逐步建构。”①

“认识既不能看作是在主体内部结构中预先决定了的——它们起因于有效的和不断的建构；也不能看作是在客体的预先存在着的特性中预先决定了的，因为客体只是通过这些内部结构的中介作用才被认识的，并且这些结构还通过把它们结合到更大的范围之中（即使仅仅把它们放在一个可能性的系统之内）而使它们丰富起来。换言之，所有认识都包含有新东西的加工制作的一面，而认识论的重要问题就是使这一新材料的创造和下述的双重性事实符合一致，即在形式水平上，新项目一经加工制作出来就立即被必然的关系连接起来；在现实水平上，新项目，而且仅仅是新项目，才使客观性成为可能。”②

要把握皮亚杰的这一理论，必须要了解发生认识论的几个基本概念：认知图式（格局）、同化、顺应（适应）、平衡、运演（运算）。

1. 认知图式

结构决定质，功能以结构为基础，这是事物发展的公理。根据儿童个体的身体发育和心理发展，儿童所以表现出在于不同发展阶段的不同认知能力和水平，其关键在于不同发展时期的认识结构。

那么，什么是认知结构？认知结构是从结构主义的结构概念衍生出来的，即认知图式；认知结构是由认知和结构两个概念合成的。美国心理学家吉尔伯特（G. A. Gilbert）认为："认知是一个人'了解'客观世界时所经历的几个过程的总称。它包括感知、领悟和推理等几个比较独特的过程，这个术语含有意识到的意思。"作为哲学术语的"结构"，是从结构主义思潮中分析出来的。结构是事物及其思维形式的排列组合形式。任何事物或思维方式其本身都是一个有机整体；任何整体都由若干部分构成；任何部分本身也都是一个整体；整体既是包容的又是开放的；整体大于部分；分别只有在整体的关系中才能被界定，才具有明晰的内涵和外延。作为思维方式的认知图式，除了具有"整体性"，还具有"转换性"和"自我调节性"。在发展的意义上，整体本身具有可转换性和自我调节性；整体的可转换性和自我调节性，其过程便是整体化，具有包容、开放的整体性。可转换性和自我调节性的认知图式，不言而喻，一定是可生成、可发展的。

2. 认知图式的建构

认知图式的生成、发展在于认知图式的整体性、转换性和自我调节性，而认知结构的不断建构则是通过同化、顺应、平衡、运演的过程完成的。

（1）同化与顺应。

同化与顺应，原本是生物学的概念范畴。同化指不相似或不相同的事物在其发展变化中，逐渐变得相似或相同，在认识过程中，指认识者对所获得的信息进行转换，以使它符合现有的认知方式；顺应指外部环境发生变化，而原有认知结构无法同化新环境提供的信息时所引起的认知结构发生重组与改造的过程。

① 皮亚杰．发生认识论［M］．范祖珠，译．北京：商务印书馆，2011．

② 同①。

皮亚杰对这个从生物学中移植来的概念做了进一步的发挥和引申："机体是一种物理－化学和动态过程的循环，这种循环同环境保持着稳定的关系，双方相互作用，产生新的循环。设 A、B、C 等为有机体的元素，X、Y、Z 等为对应的周围环境的元素。这样构成的组织图式为：(1) A + X ⟶ B；(2) B + Y ⟶ C；(3) C + Z ⟶ A；……把有机体的元素 A、B、C 等同环境的元素 X、Y、Z 等结合在一起的关系，就是同化关系。如果我们称环境施加压力的结果（B 变成 B′）为顺应，我们就可以因此说适应是同化与顺应之间的平衡。"[①]皮亚杰指出："这个定义也适用于智力本身。实际上，智力是它在把它的全部经验材料纳入自身范围内的同化。……智力适应中蕴含着一种同化因素，即一种通过同化外部现实来把外部现实纳入到由主体活动创造出来的某些形式之中。"[②]

这就是说，在认识发生、形成过程中，认识者首先要接受对象的刺激，要把刺激纳入原有的认知图式中，这一过程犹如消化系统将营养物吸收一样，即同化。由于同化作用，个体于是能对刺激做出反应。同化有三种水平：在物质上，把环境的成分作为养料，同化于体内的形式；感知运动智力，即对自己的行为加以组织；逻辑智力，把经验的内容同化为自己的思想形式。

(2) 平衡。

平衡（Equilibration）是皮亚杰用以阐释认知发生和发展的主要范畴，即不断成熟的内部组织和外部组织的相互作用，构成心理发展中最重要的因素。

皮亚杰从平衡的特征着手来阐释平衡："为了替平衡下定义，我们提出平衡所具有的三个特征。首先，稳定性是平衡所具有的一个特征。但是我们必须注意，稳定性并不是说它是不变的，如你们所熟悉的，在物理学和化学中，有些平衡状态是可以变动的，它的特点是朝着相反的方向转变，而这种转变在一种稳定的方式中得到了补偿。因此，变动性这个概念和稳定性这个概念是并不矛盾的。平衡既能是变动的，又能是稳定的。其次，每一个系统都是受到外界干扰的，而这种干扰往往会改变这个系统。我们认为，当这种外在的干扰通过主体的行动而得到补偿时，便产生平衡状态。我认为，补偿这个概念在心理学的平衡的定义中是具有根本意义的。最后，我们要强调的平衡的第三个特征是，我们的所谓平衡并不是一个被动的过程，而实质上是一个主动的过程。平衡越大，需要的主动性就越大。平衡与活动是同义语。当一个人足够主动、能用外在的补偿去对付一切干扰时，结构便处于平衡状态。"[③]

发展是一个继续前进的平衡过程，从较低的平衡状态走向较高的平衡水平。

生理的成长和心理的发展，实质上就是趋向平衡的活动。身体的进化是趋向比较稳定的水平，其特征是完成成长过程和各种器官的成熟，同样，心理的演进也可以说是向着平衡的最后形式发展，构成人的心理。平衡是主体的活动对外在干扰做出补偿，而这些活动就是对这些干扰的反应。

认识发生和心理发展是一个继续前进的平衡过程，从较低的平衡状态走向较高的平衡水平，是创新、守恒、不断转化的过程。正如皮亚杰所阐释的那样："主体全部的运算结构与物理经验领域所有的因果结构，这两方面需要创新和守恒的结合。任何时候都有某种创

---

① 皮亚杰. 儿童智力的起源[M]. 高如峰，陈丽霞，译. 北京：教育科学出版社，1990.

② 同①。

③ 同①。

新——也就是某种转化过程——发生。同样,也总会有某种守恒,有一些在整个转化过程中的不变的东西。这两种过程是绝对不可分的。守恒必须要有补偿,最终就是需要保持平衡化。如果一些东西变化了,就必须有另一些东西去补偿它,因而产生了守恒。……更明确地讲,如果没有创新也没有守恒,而伴同守恒的创新又导致新的构造的不断的要求。当我说到平衡,一点都不意味着认识机能能达到一种固定的状态。获得平衡是有限的和受约束的,并且有一个超过已获得的平衡去达到更好平衡的倾向。……平衡化总是在追求一种愈来愈佳的平衡。"①

(3)运演。

运演(Operation)是指内化了的、可逆的并有规律可循的动作系统。皮亚杰从逻辑学中引进"运演"的概念作为划分智慧发展阶段的依据,这里的运演不是形式逻辑中的逻辑运演,而是指心理运演,即能在心理上进行的、内化了的动作。也可以说,运演是动作,是内化了的、可逆的、有守恒前提、有逻辑结构的动作。

第一,运演是一种在心理上内化了的动作。举个简单的例子,当我们把热水瓶里的水倒进杯子里去,这一实际操作的过程,是由倒水的动作组成的,动作直接诉诸感官。然而对于经历过倒水的人来说,完全可以在头脑里想象完成这一动作并预见它的结果。这种心理上的倒水过程,就是所谓"内化的动作"。运演首先是一种由外在动作内化而成的思维,但运演不是儿童先天的本能,是在遗传基础上通过重复形成的。皮亚杰把尚不具备运算能力的儿童心理阶段,称为"前运算阶段"。

第二,心理运演是一种可逆的内化动作。如果说,水从热水瓶倒入杯里的动作是正向的,"内化的动作"也是正向的,那么,我们也能够在头脑中让水从杯中回到热水瓶中去。这便是所谓的"可逆性(Reversibility)",一个儿童如果在思维中具有了可逆性,可以认为其智慧动作达到了运算水平。

第三,运演具有守恒性前提。当一个动作已具备思维的意义,这个动作除了是内化的可逆的动作,它同时还必定具有守恒性前提。所谓守恒性(Conservaion)是指认识到数目、长度、面积、体积、重量、质量等尽管以不同的方式或不同的形式呈现,但保持不变。装在大杯中的100毫升水倒进小杯中仍是100毫升,一个完整的苹果切成4小块后其重量并不发生改变。当儿童的智力发展到了能认识到守恒性时,则儿童的智力达到运算水平。在儿童心理发展阶段上,守恒性与可逆性是同一过程的两种表现形式;可逆性和守恒性,基本上是同时形成的。

第四,运演是有逻辑结构的动作。或者说,运演图式就是一种逻辑结构。儿童的智力发展到运算水平,即动作已具备内化、可逆性和守恒性特征时,智力结构形成运演图式。运演图式不是孤立存在的,它存在于一个有组织的运演系统之中。运演图式是一种逻辑结构;心理运演也可以被看作有逻辑结构的动作。

以运演为标志,儿童智力的发展阶段可以分为前运算阶段和运算阶段;继之又可将前者分为感知运动阶段和表象阶段;后者区分为具体运算阶段和形式运算阶段。

(四)儿童思维发展阶段

儿童思维发展阶段的理论是皮亚杰对儿童认知及儿童心理发展的突出贡献。在实验观

① 皮亚杰.儿童智力的起源[M].高如峰,陈丽霞,译.北京:教育科学出版社,1990.

察的基础上皮亚杰认为，儿童心理的发展存在四个大阶段：

1. 感知运动阶段（0～1.5 或 2 岁），是儿童语言和表象产生前的阶段；依靠感知动作适应外部世界；在认知上，主体和客体分化，形成因果联系。

这一时期，儿童依赖感知与动作的协调来区分主客体，建构客观现实，是智慧萌芽期；儿童在 9～12 个月时获得客体“永久性”，即某一客体从儿童视野中消失时，儿童脱离了对物体的感知而仍然相信该物体持续存在的意识。

2. 前运算阶段（1.5 或 2 岁～6 或 7 岁），是儿童依靠表象和语言来认识世界的阶段，这一时期，为运算的出现提供了可能，奠定了基础。

数学上运算是一种行为，通过已知量的可能的组合，获得新的量。“运算”是皮亚杰儿童心理学理论的专门术语，他把运算界定为一种内化了的可逆的动作，即在头脑中进行的可以朝相反方向运转的思维活动或思维方式，或者说运算是指把认识对象的特征，转化成大脑的观念的操作及其过程。

不同形式的运算，是皮亚杰划分儿童发展阶段的标志。前运算阶段划分为两个时期：前概念或象征思维阶段（2～4 岁）和直觉思维阶段（4～7 岁）。这一阶段儿童思维的特点主要体现在以下几个方面：第一，具有早期的信号功能，即具有表象符号——延迟模仿与语言符号；第二，通过“三山实验”，发现了儿童的自我中心，表现为自我中心主义的儿童无视客观性、他人的观点，以自己的身体和动作为中心，以自己的立场和观点去认识事物；第三，儿童思维活动具有相对具体性，即不能进行抽象运算思维；第四，思维具有不可逆性，即儿童不能在心理上反向思考他们见到的行为，不能回想起事物变化前的样子。

3. 具体运算阶段（6 或 7 岁～11 或 12 岁），即儿童能对具体事物进行逻辑分类并认识其逻辑关系，建立了互助协作的人际关系的阶段。在这一阶段，儿童思维具有了可逆性，获得了守恒性。守恒是指个体能认识到物体固有的属性不随其外在形态的变化而发生改变的特性。儿童最先掌握的是数目守恒，年龄一般在 6～7 岁；接着是物质守恒，在 7～8 岁之间出现；几何重量守恒和长度守恒在 9～10 岁；而体积守恒一般要 11～12 岁以后。这一时期，儿童能反向思考他们见到的变化并能对其进行前后比较，思考变化是如何发生的；可逆性的出现是守恒获得的标志，也是具体运算阶段出现的标志。

此外，在这一阶段儿童思维的群体结构形成。群体结构是一种分类系统，主要包括类群集运算和系列化群集运算。具体运算阶段儿童分类和理解概念的能力都有明显的提高。在解决两类范畴相结合的复合群集的分类任务上，具体运算阶段与前运算阶段的儿童不同，他们能够根据物体各种特性结合的复杂规则进行分类。具体运算阶段的儿童虽然已实现了许多运算的群集，但是，儿童这时进行的运算仍需具体事物的支持，对那些不存在的事物或从没发生过的事情还是不能进行思考。

4. 形式运算阶段（11 或 12 岁～14 或 15 岁），即儿童摆脱了具体事物束缚，利用语言文字在头脑中重建事物和过程来解决问题的运算阶段。儿童可以运用符号去把握抽象的理论，预见未来，达到超越个人的新境界。

在具体运算阶段，儿童只能通过具体的事物、物体或过程来进行思维或运算，尚未学会利用语言、文字陈述的事物和过程为基础进行运算。然而，当儿童智力进入形式运算阶段，思维则不必从具体事物和过程开始，便可以利用语言文字，通过头脑中的想象和思维，来重建事物和过程解决问题。除了利用语言文字外，形式运算阶段的儿童甚至能以概念、假设等为前提，进行假设演绎推理，得出结论。所以，形式运算往往也称为假设演绎运算。假设演绎是包括逻辑学、数学、自然科学和社会科学在内的一切形式运算的基础；儿童是否具有假设演绎运算能力，也就成为判断其智力高低重要的尺度。

在划分了儿童思维发展阶段的同时，皮亚杰进一步阐述了儿童心理发展的连续性和阶段性。他认为，儿童心理发展具有几个连续的阶段。不同的儿童心理发展阶段出现的年龄因人而异，但各阶段出现的次序不变；每一阶段有一个整体结构，都是一个统一的整体，有其自己的行为模式作为主要特征；两个相邻阶段间具有一定重叠，前一阶段是后一阶段的准备，后一阶段是前一阶段的发展。

皮亚杰发现，儿童在不同阶段的心理发展，受多种因素影响。第一，机体的成长，特别是神经系统和内分泌系统的成熟，是儿童心理发展的必要条件，为儿童心理发展提供可能，影响儿童心理发展的快慢，成熟作用的发挥依赖于机能的练习和经验的获得；第二，个体作用于物体的动作练习和获得的经验，包括物理经验和逻辑数理的经验，是一个主要而必需的因素；第三，社会中人与人之间的相互作用和社会文化传递的社会经验，也是必需而重要的因素，但不是唯一的因素，它需要儿童主动地发挥同化作用，否则社会传递的作用无效；第四，具有自我调节意义的平衡过程，它调节成熟、个体对物体产生的经验和社会经验三者的作用，儿童心理发展过程的各个结构，是在自我调节的平衡作用下形成的。

三、儿童教育

皮亚杰的儿童教育理论是建立在“发生认识论”和“儿童心理学”基础上的早期教育理论。

皮亚杰的儿童教育思想主要包括：

教育的主要目的是促进儿童智力的发展，培养儿童的思维能力和创造性。培养儿童逻辑思维能力和抽象思维能力是认知发展的理想目标，也是教育的最高目标。皮亚杰认为，教育的最高要求应该使学生具有逻辑推理以及掌握复杂抽象概念的能力。他还认为，培养儿童思想能力的重心是培养创造性和批判能力，他指出，教育的首要目标在于造就能有所创造发明和发现的人，而不是简单重复前人已经做过的事情。第二个目标是形成有批判精神，能够检验真理而不是简单接受所提供的每件事情的头脑。

真正的学习是儿童主动的自发的学习。皮亚杰认为，从儿童认知发展理论和儿童发展阶段理论出发，儿童所获得的这些巨大成就主要不是由教师传授，而是出自儿童本身，是儿童主动发现自主学习的结果。他还强调，在教学活动中教师只是儿童学习的促进者，教师的作用是间接的。

儿童必须通过动作进行学习。皮亚杰强调，在教学过程中，教师应该放手让儿童去动手动脑探索外部世界，不断建构自己的知识经验系统。

教育应该按儿童的年龄特点进行。皮亚杰认为，儿童的认知和成人有着质的不同，有着独自的特点和发展规律。因此，教育必须遵循儿童的发展规律，不要把超越儿童发展阶段的知识教给儿童，不要强迫儿童学习心理发展还没有准备好的材料，否则将出现欲速则不达的情况。

注重儿童的社会交往。皮亚杰所重视的交往是从合作的意义上讲的，即学习中交往的重点应放在儿童之间的合作而不是竞争之上。皮亚杰提倡同伴影响法，积极鼓励儿童的互教和互相影响,以此促进儿童的学习和发展。

皮亚杰的教育理论对教育实践产生了深远的影响,许多教育者已经尝试基于皮亚杰的理论提出具体的策略。皮亚杰理论不仅在理论方面有了新的发展,而且在实践领域,特别是在教育实践领域也获得了日益广泛的应用,在西方许多国家,根据皮亚杰理论框架和最近的有关研究成果,心理学工作者与教育工作者一起,设计出了一些教育程序,将此应用于婴儿学前和中小学教育中。

参考文献:

[1] 皮亚杰. 发生认识论[M]. 范祖珠,译. 北京:商务印书馆,2011.
[2] 皮亚杰,英海尔德. 儿童心理学[M]. 吴福元,译. 北京:商务印书馆,1980.
[3] 皮亚杰. 结构主义[M]. 倪连生,王琳,译. 北京:商务印书馆,2006.
[4] 皮亚杰. 儿童的语言与思维[M]. 傅统先,译. 北京:文化教育出版社,1980.
[5] 皮亚杰. 儿童智力的起源[M]. 高如峰,陈丽霞,译. 北京:教育科学出版社,1990.
[6] 张丽莉. 皮亚杰建构主义理论在我国幼儿园课程中运用的可行性研究[D]. 上海:华东师范大学,2011.

第四节　早期教育家:蒙台梭利

玛利亚·蒙台梭利,1870 年 8 月 31 日出生在意大利安科纳(Ancona)地区基亚拉瓦莱(Chiaravalle)小镇,是 20 世纪享誉全球的幼儿教育家。

玛利亚·蒙台梭利出身贵族。父亲亚雷森德诺·蒙台梭利(Alessandro Montessori)是位杰出的军人贵族后裔,母亲是一位博学多识的著名地质学家、哲学家。

蒙台梭利在安科纳省度过了童年,就读于一般公立学校。童年的蒙台梭利,心态平和,当她看到其他同学因无法转到好班而忧伤时,十分困惑地说:"我真无法了解此事,对我而言,每一班都一样好。"1882 年,她随父迁居至罗马,并在罗马中学完成中等教育。14 岁开始对数学产生兴趣,并决定以工程为职业,为此,她必须进入男子技术学院学习工程。1890 年,进入罗马大学学习数学、物理、生物、化学等课程,并对生物学产生了浓厚兴趣,于是决定学医。于 22 岁进入医学院就读,1896 年,26 岁的蒙台梭利以第一名的优秀成绩,获得罗马大学医学博士学位,成为罗马大学和意大利的第一位女医学博士。

获得医学博士学位后,蒙台梭利随即在罗马大学附属医院任精神病临床助理医生,诊断和治疗身心缺陷儿童。由于工作环境的关系,她开始对低能儿童的问题发生了兴趣与关注。为了增进对智慧不足问题的了解,她开始深入研究伊塔(Jeanitard, 1775—1838)和塞根(Edward Seguln,1812—1880)对低能儿童的教育方法。在此期间,蒙台梭利曾去巴黎和伦敦参观和访问有关低能儿童的教育机构。

1898 年,蒙台梭利应邀参加在意大利杜林(Turin)举行的教育会议并讲演,提出了自己的独特的见解:"儿童心理缺陷的精神病患者主要是教育问题,而不是医学问题,教育训练比医疗更为有效。"她强调:低能儿童不应被排除于社会之外,应与一般正常儿童一样享有受教育的机会。在启智学校期间,蒙台梭利培训了一批善于观察、有志从事智障儿童教育的教师，并亲自走访伦敦与巴黎，以了解当时处理此类问题的方法。蒙台梭利非常专注地投入教育低能儿童的实务工作。后来她说："那两年的实务工作，是我在教育学上得到的第一个，也是真正的学位。"在她的指导下，低能儿童不但学会了读与写，还成功地通过了正常儿童的考试。由于蒙台梭利在对儿童教育上的成就，使得她深信这种方法若使用于正常儿童，必会有更令人惊奇的发展。

1901 年蒙台梭利再次进入罗马大学哲学系深造教育学、实验心理学和人类学，并于 1904 年在罗马大学讲授人类学。在意大利杰出人类学家塞吉（Giuseppe Sergi）的影响下，蒙台梭利开始从事教育人类学的研究，并到各中小学进行调查。第二次进入罗马大学学习和工作，进一步夯实了她的儿童教育的理论基础。

1906 年，蒙台梭利由罗马回到米兰，筹备儿童教育所，次年，"儿童之家"正式成立。"儿童之家"的教育实践孕育了蒙台梭利全新的儿童教育方式。

蒙台梭利毕生致力于人类的教育事业，尤其是儿童早期教育。她著述的《教育人类学》（*Pedagogical Anthropology*）、《蒙台梭利教学法》（*The Montessori Method*）、《蒙台梭利手册》（*Dr. Montessori's Own Handbook*）、《高级蒙台梭利教学法》（*The Advanced Montessori Method*）、《童年的秘密》（*The Secret Of Childhood*）、《新世界的教育》（*Education For A New World*）、《发现儿童》（*The Discovery Of Child*）、《吸收性心智》（*The Absorbent Mind*）、《教育之重建》（*Reconstruction In Education*）、《家庭中的儿童》（*The Child In Family*），名垂青史。

蒙台梭利的儿童早期教育，从智力训练、感觉训练到运动训练，从尊重自由到建立意志，从平民教育到贵族教育，为当代西方工业化社会的进步与发展，奠定了优秀的人才基础。《西方教育史》称她是 20 世纪赢得欧洲和世界承认的最伟大的科学与进步的教育家。她所创立的蒙台梭利幼儿教育法，在 20 世纪风靡全球，至今仍深刻地影响着世界各国的早期教育。

一、早期教育理论

（一）吸收性心智

蒙台梭利的《吸收性心智》作于 1949 年，是蒙台梭利晚年的代表性著作，也是蒙台梭利的最后一部著作。在本书中蒙台梭利对"吸收性心智"理论进行了系统阐述。

"吸收性心智"是儿童特有的无意识的记忆力，是吸收环境并加以适应以形成人格的能力，即婴幼儿独一无二的心智能力，这种能力促使婴幼儿在短短几年内，建构与巩固了人的特质。婴幼儿的吸收性心智接纳一切，不评断，不拒绝，不回应。吸收性心智迎接一切，贫富一视同仁，对一切满怀希望，对环境中的宗教、偏见、习俗，全然吸纳。婴幼儿吸收一切，并在即将成形的人心中内化为自身的一部分；通过这种内化，使之成为人，具备人的特征，并适应与他人共处，结成社会关系。如同胎儿需要一个完美无缺的环境"子宫"一样，环境对婴儿成长尤为重要。蒙台梭利认为，儿童与成人不一样，只有儿童才有这种"吸收性心智"，随着身心发育、年龄增长，"吸收性心智"便逐渐消失。蒙台梭利把出生后至六岁的婴幼儿，称为"精神胚体或精神胎儿"，而且这是只有人类才有的特殊发展阶段。为此，培育孩子，一个良好的环境是不可或缺的。她说："环境对生命的发展可以有所帮助也可以有所妨碍。"蒙台梭利发现，儿童的"成长是由于他潜在生命力的发展，而且是将潜在的生命力变成看得见的形态表现出来"。

蒙台梭利曾用“生态拟态”来形容吸收性心智。“拟态”现象是动物为了保护自己，借助吸收外在环境的特色，形成自己的外表，如北极熊的白毛、蝴蝶叶状的翅膀等等。复制环境特色的过程，是由现状决定的，与该特色的历史无关，也不依靠动物是否意识到这些特色的存在。蒙台梭利认为吸收的心智就像照相机的感光板，能够完整地记录所见的事物风景，如同“饱和溶液所形成的完美结晶体”一样。“然而，无法在低温或安静的暗室里小心冲洗的感光板，会使照片变得模糊而失真；不能保持静止而被移动摇晃的饱和溶液，将使结晶破碎成碎片，或扭曲变形。所以阻碍儿童正常的周期性活动而导致人格或思想上的残缺，与照片失真或结晶体畸形的情况是极为类似的。”①

作为蒙台梭利晚年的收官之作，《吸收性心智》在内容上既具有整体性与综合性，又具有革命性。书中重点阐述了从生命开始至一岁半幼儿的发展，她认为生命头两年所形成的习惯、性格与品质影响其后一生。她以生物学、胚胎学、医学、心理学、性格学、教育学等观点来论述其重要性。

她认为，儿童并不是用头脑去吸取周遭环境的印象，而是以生命本身的参与来认识并在其体内产生一种心智的化学作用使其成长。而我们成人或六岁以后的儿童只是接收者；我们被灌输一些印象，然后存放在心智中。但是我们和这些印象是分离的，正好像一个装满水的花瓶，并不与水混合在一起一般。而儿童则是经历了彻底的变化；这些印象不只进入了儿童心智中，而且构成了他的心智，成为儿童身体的一部分（肉体化，incarnate）。吸收性心智大略分为两个不同的阶段：潜意识的吸收性心智（出生至 2 岁半）及有意识的吸收性心智（2 岁半 ~6 岁），到了 6 岁以后便几乎不存在了。所以蒙台梭利说：“发现儿童具有吸收性的心智确实给教育带来了革命。我们现在可以很容易地了解：为什么人类发展的第一阶段——也就是性格形成的时期，是最重要的。没有其他任何一个时期比此时更需要智慧的帮助，任何一个阻碍他的创造性的障碍都将减少他达到完美境界的机会。因此，不再是因为他是一个幼小、软弱的个体，所以我们必须帮助他；而是因为他拥有伟大的创造能力，性质极为脆弱，所以需要爱与智慧的保护。我们要帮助创造的能力，而不是帮助儿童本身或是帮助他的软弱。当我们了解这些能力是属于潜意识心智，必须经由工作以及在世上的生活经历才能使之变成为意识，我们也明白了婴儿的心智是与我们不同的，所以我们不能以口授的方式来教他，也不能直接干涉他从潜意识进入意识的过程——长大成人的过程。因此，整个教育都改观了；教育乃是帮助儿童生命和帮助人类的心理发展，而不再是强制儿童记忆我们的言语与思想。这就是新的教育之途径；在心智发展的历程中给予帮助，增进其活动力，并且强化其多种能力。”②

（二）精神胚体与肉体化

蒙台梭利认为胎儿和婴儿有两个胚胎期，即“心理胚胎期”和“生理胚胎期”。“生理胚胎期”，即在母腹中的胎儿孕育期至出生以前，与动物无异，开始时一无所有，以后由一个细胞分裂为许多细胞，然后形成各种器官，并生长发育至瓜熟蒂落；“心理胚胎期”则在出生以后，只有人类才有，这是人和生物的重要区别。“心理胚胎期”既区别于胎儿在母腹中的生理胚胎期，又不同于成人的心理活动，是儿童通过无意识地吸收外界刺激而形成各种心理活动

① 蒙台梭利. 了解你的孩子[M]. 喻华慧，译. 北京：中国发展出版社，2015.

② 蒙台梭利. 有吸收力的心灵[M]. 高潮，薛杰，译. 北京：中国发展出版社，2006.

能力的时期。蒙台梭利认为,刚出生时,婴儿的肉体自由活动的能力尚未成熟,而精神能力几乎等于零。心理胚胎期的心理发展经历了和生理胚胎期的生理发展同样的路线,开始也是一无所有,而后经过吸收各种各样的外界刺激,形成许多感受点和心理所需要的器官,然后才产生了心理。

为使心理胚胎期得到健康发展,正如叶平枝教授所研究的那样:"首先,要相信人类的本能。儿童存在着与生俱来的'内在的生命力'或'内在潜力',这种生命力是一种积极的、活动的、发展着的存在,它具有无穷无尽的力量。教育的任务是激发和促进儿童'内在潜力'的觉醒,并按其自身规律使其获得自然的和自由的发展。其次,实体化的过程是儿童自己完成的,不是成人塑造的。在心灵的引导下,儿童的自我意识逐渐觉醒,他通过自己的感官去认识外部世界。'婴儿心中也保持着一种警惕,以维护自己心灵的统治权,以免由于惰性而丧失活力。心灵还会不断地下命令,以使其不受固定的本能支配,并且不至于退化而陷入混乱。为了避免这种情况,需要努力增强心灵的活力,为心灵的实体化这项无止境的工作做出贡献。'①第三,心灵胚胎的发展需要成人创造适宜的条件,即充满温暖的环境,其中有丰富的精神营养,会无条件地悦纳而不是伤害儿童的心灵胚胎。只有认识到这一点,成人才会把婴儿视为正在实体化的精神生命,并由此萌发新的责任,对柔弱的像玩具一样小的生命倾注关爱,致以'崇高的敬意'。"②

如同作为生理胚胎的儿童的发育需要母亲的子宫这一特殊环境一样,作为心理胚胎的儿童的发展也需要一种相适应的特殊环境。这种特殊环境要求要尽可能排除有害生命力呈现的任何不利因素,应尽可能专门设置满足儿童各种内在需要的环境,如适应儿童力量和形体的桌椅、促进儿童感官发展和运动协调的教具以及不断观察并及时给予指导的教师等。

蒙台梭利将婴幼儿心理与生理的成长过程称为"肉体化"或"具体化",即精神(心智)借由肉体而具体化,通过肉体展现其意志。因此,"肉体"也可以被称为"顺从意志的肌肉"。婴幼儿的精神生命,就其潜在性与发展而言,是精神与肉体的统一,故才称之为人。没有肉体,意志将无所依托。

(三)星云与赫尔美理论

星云原本是天文学上通用的名词,泛指任何天文上的扩散天体,亦指稀薄的气体或尘埃构成的天体,是宇宙中由飘浮的微粒子及气体所构成的松散组织,包含了除行星和彗星外的几乎所有延展型天体。星云通常也是恒星形成的区域,在这个区域形成的气体、尘埃和其他材料挤在一起,聚集了巨大的质量,吸引了更多的质量,最后大到足以形成恒星。华东师范大学陈惠虹博士在其博士论文中,把"星云与赫尔美"概括为蒙台梭利儿童观的理论之一。

陈惠虹认为,蒙台梭利以星云概念来比喻儿童吸收其环境特征,以形成特有行为模式的能量。星云的存在虽若有似无,但在整个宇宙中却扮演着重要的角色,因为它是形成星系的主要组成部分。同样,人类的儿童之所以能够适应其生存环境,主要是因为拥有类似于星云般的潜在能量,这种潜能具有"创造的敏感性"(Creative Sensitivities),能够使儿童的心智借着在环境中的活动经验而改变其结构,就如同胚种细胞中的基因,决定了受精卵所要发展形

---

① 蒙台梭利.童年的秘密[M].金晶,孔伟,译.北京:中国发展出版社,2006.

② 叶平枝.从蒙台梭利的儿童观论学前教育的重要价值[J].学前教育研究,2011(6):27-30.

成的身体一样。[①]

蒙台梭利认为，引导着敏感性的星云分化出各种不同种类或阶段的是“赫尔美”。赫尔美在希腊字典中，有“迫切”或“原动力”的意思，也就是人类“生命的冲动”；这种精神力量是肉体化的来源，能够刺激儿童进行各种活动，使个体在成长过程中能够没有偏差或中途停止。蒙台梭利把赫尔美视为“属于全体生命，也许可以称之为天赐的冲动（Divmeurge），是所有进化的原动力。这股使个体成长的生命力，刺激儿童从事各种活动。如果没有任何阻力，儿童得以正常地成长，自然就会产生我们所谓的‘生命的喜悦’”。[②]赫尔美是促使个体进化的动力，它关乎于人类整体的发展，并存于宇宙的计划中。

二、敏感期

“敏感期”是生物学的观点，最早由 19 世纪生物学家德佛里斯（Hugo De Vries，1848—1935）首先发现并创立。在对生物的观察中，德佛里斯发现，生物界的各类生物对特殊的环境刺激有一定的敏感时期，这种敏感期与生物成长密切相关，并和生物生长的一定阶段相适应。例如毛毛虫在以嫩芽果腹的日子里对于光线特别感兴趣，这种敏感性驱使它们朝向光明的地方移动，直到树梢为止，因而得以享用嫩叶佳肴。等到它们长得又大又壮，不再依赖嫩叶维生时，便丧失对光线的特别敏感性，不再往树梢爬行。敏感期出现在特定的时间内，主要目的是协助生物获得某些机能或特性，过了这个时期，特殊的感受性便会消失，并由其他不同的敏感性所取代。即“敏感期是指生物在其初期发育阶段所具有的一种特殊敏感性。它是一种灵光乍现的禀性，并且只有获得某种特性时才闪现出来。一旦获得了这种特性之后，其敏感性就消失了”。[③]

在德佛里斯的影响下，蒙台梭利发现在儿童成长的不同阶段感官与心理存在着不同的敏感期。蒙台梭利指出：“儿童是怎样从一无所知到适应这个复杂世界并学到各种知识，获得各种智力的呢？这与敏感期密切相关。正是这种敏感，使儿童以一种独特、强烈的方式对待事物。但如果孩子在这一时期得不到恰当的发展，就会失去智力发展的最佳时机。”[④]

敏感期是自然赋予孩子的生命魔力，当敏感期泯灭之后，人们心智上的进步，就只能通过思维的加工、主观的努力和不懈的研究才能获得。儿童的成长不能只取决于一种模糊的遗传，它要靠本能的悉心引导。这是一种生机勃勃的本能，它能使儿童做出惊人之举。如果这种本能遭到了破坏，那就意味着儿童将会软弱和缺乏活力。成人对这些不同的状态没有直接的影响。但是，如果儿童在其敏感期没有按他的敏感指令行事，他将永远丧失这种天赋。与之相比，一个成年人却需要不断地帮助才能适应新的环境，以及学会一种他感到沉闷乏味的新语言，并且他永远也不可能像儿童掌握自己的母语那样完美地学会这门新语言。儿童在其敏感期能学会自我调节和掌握某种东西，这就像一束光能把他的内心照亮，像电池一样能提供能量。“正是这种敏感性，使儿童以一种特有的强烈程度接触外部世界。在这时

① 陈惠虹. 论蒙台梭利体系之感觉教育[D]. 上海：华东师范大学，2006.
② 蒙台梭利. 幼儿的心智[M]. 许惠珠，译. 台南：私立光华女子高级中学，1990.
③ 蒙台梭利. 童年的秘密[M]. 金晶，孔伟，译. 北京：中国发展出版社，2006.
④ 蒙台梭利. 蒙台梭利教育法[M]. 李浩然，译. 北京：中国商业出版社，2009.

期,他们轻易地学会每件事情;对一切都充满了活力和激情。”同时,“儿童不同的内在敏感性使他能从复杂的环境中选择对自己生长适宜的和必不可少的东西。内在敏感性使儿童对某些东西敏感,而对其他的东西无动于衷”。①

通过观察与研究,蒙台梭利把儿童的敏感期分为秩序敏感期(0~4岁)、感官敏感期(0~5岁)、语言敏感期(0~6岁)、动作敏感期(0~6岁)、细节敏感期(1.5~4岁)、社会规范敏感期(2.5~6岁)、书写敏感期(3.5~4.5岁)、阅读敏感期(4.5~6岁)和文化敏感期(6~9岁)。② 敏感期是自然赋予孩子的生命魔力,当敏感期泯灭之后,人们心智上的进步,就只能通过思维的加工、主观的努力和不懈的研究才能获得。因此,在敏感期内,如果孩子生理和心理需求受到妨碍而无法得到恰当的发展,就会失去最佳时机,无论是能力还是智力都会受到很大影响。如果希望之后重新获得这些东西,就会付出更大的心力,并且也很难取得本应取得的效果。

三、环境创设

(一)自由与开放的环境

蒙台梭利认为,孩子学习和生活的环境要保证其自由活动不沦为散漫,就必须要有积极的、有深刻教育意义的导向,要为孩子准备一个特别的“儿童之家”。在这里,提供给孩子的东西要满足孩子们在玩耍的过程中激发本能需求、收获知识和技能、丰富感官的能力,拓展心智成长。“儿童之家”要注重营造适合儿童生活、学习的教育环境。室内提供适合幼儿使用的家具,如小桌子,小椅子等;户外有足够的草坪和花圃,让孩子接触大自然,动手种植花卉,享受阳光。

(二)有策划的结构与秩序

在教室中,环境设计要体现出严谨的结构与秩序,使儿童在心理上了解、接受外部世界的秩序性,进而建立自己精神上的秩序。在这种有策划的结构与秩序的环境所营造的氛围中,结构和秩序作为外在部分与儿童相融合,便可逐渐内化为儿童自身的秩序。如桌椅的摆放、依据儿童的兴趣与难易程度对教材的分类等。这样就能保证儿童从事有目的的活动,他们知道如何去寻找与选择自己所需的教材。环境中的秩序设计并非一成不变,敏锐的教师要配合儿童的成长,定期地更改环境中事物的摆放情况。

四、教育方法与内容

(一)完善孩子的心理感觉的感官教育

感官教育是蒙台梭利早期教育最重要的内容。

蒙台梭利认为:“感官是心灵之窗,它对智力发展具有头等重要性。智能的培养首先依靠感觉。感官教育在幼儿心理发展中具有特别重要的意义,它不仅可以使孩子对事物的印

① 蒙台梭利. 童年的秘密[M]. 马荣根,译. 北京:人民教育出版社,1999.

② 蒙台梭利. 蒙台梭利教育法[M]. 李浩然,译. 北京:中国商业出版社,2009.

象清晰、纯正，更能提高孩子的审美能力、创造力、想象力，促进其心智发展，塑造其人格。”①她把感官教育看作是一切教育的基础：感官教育是智力发展的基础；感官教育是艺术教育的第一步；感官教育可以塑造良好的人格；感官教育促进人的心理发育。

蒙台梭利感官教育的十项目标：

（1）让人体的每一个感官都得到均衡和谐的发展。

（2）让每个感官都能最大限度地发挥作用。

（3）提高辨别感官刺激的能力。

（4）让感官对接收到的不同刺激做出不同反应，对相同刺激做出类似的反应。

（5）在任何情况下，均能正确地理解客观事物，也就是说，感官的感知应该和客观事物的特性完全一致。

（6）能通过感觉器官的验证，充分肯定自己对客观事物已经达到的认识能力。

（7）通过各种感官的活动，能掌握自己周围环境的情况，以使自己的行动适应环境并对客观情况做出合理的反应。

（8）能深刻地分析和牢记被感知的事物，保持记忆的纯洁性。

（9）能正确地区分视觉、听觉、触觉、味觉和嗅觉这五种感官感知的事物。

（10）能对见到的、听到的、触摸到的、尝到的和闻到的各种事物的价值做出正确的判断。能认清引起某种感觉的原因。

为达到儿童感官发育敏感期的教育目标，蒙台梭利提出教师或家长对孩子教育需注意8个方面的问题：

（1）感觉隔离，例如训练听觉应在安静而黑暗的环境中进行。

（2）实时引导，减少干预，使孩子对事物从感性认识上升到理性认识。

（3）用小测验的方式，实现预期的教学目标。

（4）区分孩子认识的正误，以不同的方法进行施教。

（5）耐心等待孩子自发观察行为的形成。

（6）感觉训练要遵循一致性识别（将相似物体配对，将物体插入适合它的位置中）、对比性识别（对立物体的区分）、相似物体的区分的原则。

（7）感官训练的顺序要从易到难。

（8）感官训练在不同阶段，各有侧重：第一阶段——感觉训练期，即只通过自主训练就能获得准确的感觉差别的时期；第二阶段——把感觉和名称联系起来；第三阶段——认识相应名称的物品；第四阶段——记忆相应物品的名称。

（二）增强孩子的自主生存能力的日常生活教育

日常生活教育是蒙台梭利儿童早期教育的重要内容和环节，以儿童日常生活练习为主要内容。其重要性在于“它是以满足幼儿内在发展、锻炼运动能力、促进独立性、理解力、注意力、意志力、秩序感、责任感等方面的发展为目的”。同时，实际生活练习也是塑造幼儿性格的活动，它包括激发灵感，重复动作和把注意力集中在一些微小的细节上。这是一种为适

① 蒙台梭利.蒙台梭利教育法［M］.李浩然，译.北京：中国商业出版社，2009.

应环境而进行的有效活动,孩子必须通过自己的活动,发展自我。

在蒙台梭利看来,语言不是上天的赋予,而是人类思想、智慧的产物,儿童学习语言,首先是在无意识状态下开始的,而发展完成之后就成为大脑的一部分。说话、书写及阅读的重要性就在于,它们能完善儿童的个性,提高儿童认识、理解、思考及改造世界的能力。

语言学习重点要在6岁之前进行,6岁之前是儿童学习语言的敏感期。0~1岁,婴儿是潜意识学习,这一阶段,语言印在婴儿潜意识里的,首先是语言的基本部分——单个的音符,即字母,然后是音节,随后才是文字;1~2岁,儿童开始有意识地说话,这一时期的孩子仍然没有完全脱离咿呀学语的状态,但他此时说的东西已经有一定的目的性了。这说明他的智慧已经处于有意识的状态。他开始意识到语言是与他周围的事物有关的。他有意识地掌握语言的愿望也变得越来越强烈;2岁是儿童语言"爆发期",这一阶段儿童学习语言不是慢慢地、一字一句地进行学习,会有"爆发现象";2~6岁,是有意识的语言学习阶段,在这一时期语言发展的方式已经不是那种爆发式的,而是一种鲜活的、自然的方式;6岁之后,完成语言学习。6岁儿童的语言表述已经非常准确,他们了解并且能够使用母语的一些规则,已经独立完成了学习语言的过程。

培养孩子逻辑思维能力的数学教育。蒙台梭利认为:"如果能够在儿童时期把'精确'的观念深深植入到其'具有吸收力'的大脑中,数学课对于孩子们来说不再是一种煎熬,从而也避免了对数学的心理障碍的产生。更重要的是,这种'精确'的数学教育能锻炼孩子的运算能力、逻辑思维能力和注意力,培养孩子对数字的敏感。"①

在一般儿童的生活环境中没有与数学精确有关的东西。儿童的数学倾向可能会缺少发挥的机会,进而影响以后的发展。在儿童思维中建立数量关系的概念,对孩子逻辑思维的发展是不可或缺的。

因此,蒙台梭利把提供给儿童小物件看作"物质抽象"或基本数学,在对孩子的数学教育中,从数棒的摆放组合、数字卡片的排列,到简单加减法运算、单位组合练习,进而为儿童建立抽象的数学概念和数学思维。

(三)在大自然中汲取精神养分的自然文化教育

在蒙台梭利看来,孩子的生命需要大自然的力量,他的精神生命也需要与天地万物接触,以便直接从生动的大自然的造化能力中吸取精神养分。自然世界是培养人类智慧的教师。

自然文化教育,一是让孩子们在户外或公园里成长,或者让他们在海边晒上几小时的太阳,穿着舒适的短袖、短裤、凉鞋,以摆脱文明的枷锁;二是让孩子参与园艺活动,在孩子与自然之间建立一种和谐的感情和关系,培养孩子的品格,引导孩子的心理健康发展,达到自我教育的目的。而且通过自然教育,可以引导孩子观察生命现象,引导孩子们学习具有耐心的美德和有信心的品格,培养孩子们对大自然的感情,培养孩子的环境意识,使儿童沿着人类发展的自然道路前进。

---

① 蒙台梭利. 蒙台梭利教育法[M]. 李浩然,译. 北京:中国商业出版社,2009.

（四）以孩子身心均衡发展为基础的运动健康教育

在观察儿童成长的过程中，蒙台梭利看到："如果一个正在发育中的儿童不运用他的运动器官，他的发展就会受阻。在心理发展过程中，身体的运动是不可或缺的。运动绝不只是机体呼吸、消化和血液循环方面发挥正常作用的辅助物，不仅有益于身体健康，培养孩子的协调性，还能激发勇气和自信，提高人的热情，影响个性的塑造。"①

蒙台梭利在对儿童的体育健康教育上，根据儿童自身发育特点，设计了平衡性、协调性的训练和自由体操、教育体操、呼吸体操三种促进生理发育的体操。只有将体育锻炼与孩子身体的具体发育状况相结合，才能真正实现促进孩子身心成长的目的。

（五）给孩子自由活动空间的独立教育

自由的概念包括大脑的自由发展；独立性就是让孩子根据自己的意向选择活动。每个孩子都有自主的选择倾向，由于儿童在不断成长，他们会对所有有益于自身发展的活动着迷。这是孩子的心智从较低阶段向较高阶段迈进的一种表现。儿童总是以一种很有趣的方式来满足自己的愿望，儿童只有不再依赖成人，才能发展自己的个性，获得"自由"。

那么，如何才能使儿童获得独立发展？蒙台梭利认为，要给孩子自由活动的空间，要尊重孩子自主的选择倾向，不要擅自干涉孩子，要训练孩子的独立能力，要培养孩子的注意力、想象力与创造力，行动造就孩子独立的人格。

（六）让孩子自动自发地工作的纪律教育

与传统的纪律教育不同，蒙台梭利提出："真正的纪律不同于旧式教育里那种绝对的、不容辩驳的高压政策下的'不许动'的原则，甚至不用刻意去表现一种纪律性，当儿童遵从自己内心的某种要求，热衷于某件工作时，他们的激情、高度集中的注意力、细心和耐心、毅力和持续性、自动性和创造精神，便充分体现了纪律的真正内涵。"②

正常的孩子具有自制力，蒙台梭利的纪律教育，在本质上是一种自律教育：纪律必须通过自由来实现；纪律是发自孩子内心的"服从"；奖励和惩罚绝非最佳方式，真正的奖励是孩子的自我奖励；纪律源自"自发的工作"。

（七）培养孩子分辨善恶的道德教育

蒙台梭利的道德教育，可谓独树一帜："满足儿童的精神需求便是对道德做出的一项巨大贡献。实际上，当我们的孩子能够自由地专心于选定的刺激物，在他们能完成抽象的工作以及集中精力潜心思考时，秩序和平静已在他们身上得到发展。在这之后，典雅的举止，对美的欣赏力，对音乐的敏感，以及他们之间友好的关系便像泉水一样涌现。"③

其一，道德感是孩子与生俱来的精神内心需求，当需求得以满足后，"秩序""平静"得以发展；其二，道出了道德与审美的关系，由道德理性升华为审美理性，并由此内化为对美的欣赏、对音乐的敏感，外化为典雅的举止、友好的关系。在教育史上明确阐述的德育与美育的

---

① 蒙台梭利. 蒙台梭利教育法[M]. 李浩然，译. 北京：中国商业出版社，2009.

② 同①。

③ 同①。

关系。

蒙台梭利把“爱”看作是儿童智力发展的核心：“爱的教育，就是发展孩子的爱心这一本能，让孩子懂得爱自己，爱家人，爱朋友，爱整个人类生活，它是孩子心智发展的一个核心内容，一个孩子敏锐的观察力和创造力正是源自对周围世界的好奇和热爱。”①

进而，蒙台梭利看到：儿童是人们温情和怜爱的汇聚之点。一旦儿童的友好团结的关系形成。人们之间的戒心也随之消失了，日常生活中人与人之间以及团体与团体之间的那种隔阂也不见了。与儿童生活在一起，人与人之间的关系就会变得温和、亲切，人们就不会互相猜疑。人的生命恰恰就发源于此。成年人就有一种为了爱而保护他人的冲动。正如我们在儿童身上所感觉到的那样，成年人之间也蕴藏着爱。没有爱就不会产生这种团结的力量。

蒙台梭利说：“爱和对爱的渴望不是人能够学到的东西，它是人类生命延续的一部分。只有生命才能真正地表现出爱。爱的力量是宇宙间最为伟大的力量，更是一种伟大的创造。”②

在这个意义上，蒙台梭利的道德教育，是建立在爱的基石上的。所以，要对儿童进行道德教育，要善待孩子对成人的热爱，要发展孩子爱的天赋。

（八）如何让儿童成长为健康的社会人

根据儿童心智的发展，蒙台梭利把健康的社会人的发展，划分了三个阶段。每一阶段都与其他阶段有很大区别，而且前一阶段为下一阶段打下基础。想在下一阶段发展正常，就必须要求前一阶段发展良好。

0～6岁是人生最重要的部分，对性格的发展非常重要。这些婴儿没有好坏的意识，不受我们道德观念的影响。实际上，我们也不会说某一个儿童坏或不道德，而只用顽皮来形容他们。

在6～12岁这一阶段，孩子开始有了好、坏的观念，他们不但可以评价自己行为的好坏，也可以评价别人行为的好坏。能够区分好、坏是这一年龄段儿童的主要特征。这一年龄段的儿童也有了道德感，这种道德感最终会形成一种社会感。

在12～18岁这一阶段，孩子知道了爱自己的国家，知道了自己属于某一特定的族群，也有了对这一族群的荣辱感。

孩子成长为健康的社会人，其性格的形成，只有通过个人的一系列努力，才能促进其发展，而这种努力主要取决于孩子的创造潜能和他们在日常生活中所遇到的障碍。因此，家长对孩子的独立成长不要人为地进行不必要的干预，应该努力去理解儿童的需要，只需给他们提供一个适宜的生长环境，使他们得到满足。

五、家长与教师

蒙台梭利认为，一个儿童之所以不能正常地成长，一是受到了成年人的压抑，二是被环境所束缚。成年人往往会对此做自我辩护，实际上，问题的解决并不在于成年人应掌握更多

---

① 蒙台梭利．蒙台梭利教育法[M]．李浩然，译．北京：中国商业出版社，2009.

② 同①。

的知识或者提高文化水平,而是必须找到正确的出发点,给予孩子成长的环境,避免以自我为中心,摒弃自我保护,真正做到尊重孩子的需求,倾听孩子的心声,与孩子建立一种良性的互动。

因而,蒙台梭利强调,尊重孩子,是建立和谐家庭的一个基础,成功的家长都不是以孩子的“严父”态度居高临下地干预和安排孩子的生活,而是像好朋友一般倾听孩子的心声,了解孩子的脾性,并潜移默化地施加积极影响,从话语和行动中加以引导和教育。

为孩子选择优秀的幼儿园或好的托儿所;经常了解孩子喜欢什么,让孩子感到在家里很快乐;当别人指出孩子的缺点时,不护短;要求孩子做到的父母首先做到;不在孩子面前争吵;不对孩子说祖父母(外祖父母)的坏话;如果自己有了错误,能向孩子承认;不在别人面前数落孩子;对孩子问的“为什么”,知之为知之,不知就承认,然后再去解决;每天都要和孩子一起谈话;经常带孩子到大自然中去玩;每天都给孩子自由活动的时间和空间;每天要带孩子到户外运动;凡是孩子能够自己做的,就要让他自己做;鼓励孩子主动做事,即使失败了,也认为是值得的;经常和孩子讨论各种问题;经常和孩子一起阅读图书;孩子有话对你说时,不管多忙也能耐心倾听;批评孩子时允许孩子辩解和反驳;不对孩子说“你看人家×××,每次都比你强”;不对孩子说“就你笨,什么都不会做”;一般不命令孩子,经常给他选择的机会;对孩子许诺的事,说到做到;欢迎孩子的小伙伴来家里玩;注意孩子的情绪变化,不恐吓孩子;在家里给孩子一块属于他自己的天地;让孩子学会自己收拾玩具,养成整洁有序的习惯;给孩子买玩具不宜过多、过于高档;给孩子买衣服尽量舒适简洁;与教师保持经常联系;不在孩子面前说教师的坏话;家中的事征求孩子的意见。

儿童之家的教师是“指导员”,应做到:尊重孩子,深入了解孩子的真正需要,在教师和孩子之间建立互相尊重的关心。彼此关心、爱护、如同好朋友;为了要解释孩子的欲望必须科学地研究他们;须善于观察人的内部生命、人的真实生活,看到孩子的精神状态并对观察过程有一种乐趣和贪婪的热情;相信并热爱孩子生命的成长,有爱的感觉,像一个母亲在家里的地位,孩子很自然地求助于他们,也需要从他们那里得到爱;要有耐心,不要急于干涉孩子,不应以自己的智慧代替孩子的智慧,要引导孩子自己进行活动,让孩子凭借自己的兴趣和意志力坚持下去。

蒙台梭利是20世纪以来举世公认的最伟大的教育家之一,也是人类教育史上杰出的幼儿教育思想家和改革家。她的教育理论、教育方法和教育实践是对人类教育的贡献,超越国家和意识形态,影响了这个世界。当代教育家们公认:蒙台梭利是20世纪赢得世界承认的最伟大教育家之一;当代讨论学前教育的问题,如果没有论及蒙台梭利体系便不能算全面;在教育史上像蒙台梭利这般举世皆知的教育家并不多见。在短期内能够超越国家、世界观、宗教上的差异而在全世界普及的教育理论,除了蒙台梭利教育之外,别无他选。

“蒙台梭利不仅仅是一位杰出的教育理论家,同时也是一位杰出的教育实践家,或者确切地说,蒙台梭利是一位杰出的理论和实践的结合家。”① 1929年,“国际蒙台梭利协会”在丹麦成立,蒙台梭利任会长。此后,10多个国家相继成立了“蒙台梭利学会”。从1929年至1951年,蒙台梭利连任9届大会主席。如今“儿童之家”遍及世界各地。她生前曾经获得许

---

① 霍力岩.蒙台梭利教育法与幼儿教育改革——借鉴蒙氏教育法的两个基本思路[J].比较教育研究,1999(05):55-58.

多荣誉和奖励:法国授予她“荣誉社团会员勋章”;她的故乡安科纳和米兰等地授予她“荣誉公民”的称号;荷兰阿姆斯特丹大学授予她“荣誉哲学博士”学位;苏格兰教育研究院授予她“荣誉院士”职位。1949—1951 年连续 3 年获得“诺贝尔和平奖”提名。蒙台梭利为人类的教育事业,尤其为促进儿童智力发展与世界和平奋斗了一生。

参考文献:

[1] 蒙台梭利. 蒙台梭利教育法[M]. 霍力岩,译. 北京:北京师范大学出版社,2017.
[2] 蒙台梭利. 童年的秘密[M]. 马荣根,译. 北京:人民教育出版社,1999.
[3] 蒙台梭利. 家庭中的儿童[M]. 郭景皓,郑艳,译. 北京:中国发展出版社,2012.
[4] 叶平枝. 从蒙台梭利的儿童观论学前教育的重要价值[J]. 学前教育研究,2011(6):27 –30.
[5] 陈惠虹. 论蒙台梭利体系之感觉教育[D]. 上海:华东师范大学,2006.
[6] 杨影. 蒙台梭利课程的本土化研究[D]. 长春:东北师范大学,2015.
[7] 霍力岩. 试论蒙台梭利的儿童观[J]. 比较教育研究,2000(06):51 –56.

第五节　儿童早期教育家:陈鹤琴

陈鹤琴,1892 年 3 月 5 日生于浙江上虞一个没落商人家庭。1911 年春,考入上海圣约翰大学;1911 年秋,考入北京清华学堂高等科;1914 年夏,清华毕业,考取公费(“庚款”)留学美国,就读于约翰斯·霍普金斯大学,获文学学士学位;1917 年秋,入哥伦比亚大学师范学院专攻教育学和心理学;1918 年,获哥伦比亚大学教育硕士学位,转入心理学系,准备博士论文,正值“南京高等师范学校”教务主任郭秉文在美国物色教员,陈鹤琴放弃攻博,应邀回国任教;1919 年 9 月,在南京高等师范学校教育科任心理学、儿童教育学教授,讲授儿童心理学课程。东南大学成立后,任教授和教务主任,后担任中央大学师范学院院长和南京师范学院(现南京师范大学)校长。1923 年秋,在南京鼓楼自己住宅内开办鼓楼幼稚园,试验科学化、中国化的幼稚教育;1925 年秋,鼓楼幼稚园新园舍建成,定名为东南大学教育科实验幼稚园,请助教张宗麟协助工作,全面开展实验;1927 年 2 月,与陶行知、张宗麟一同发起中国最早的儿童教育团体——幼稚教育研究会,创办《幼稚教育》并任主编,发表《我们的主张》,提出适合中国国情的 15 条办园主张。1927 年 3 月,受邀担任晓庄师范第二院(幼稚师范院)院长兼指导员,与张宗麟等一道创办中国最早的乡村幼稚园——燕子矶幼稚园;6 月,任南京市教育局教育课课长,大力推行行政学术化,推广教育实验区;7 月,创建中华儿童教育社,成为当时国内规模最大、人数最多的儿童教育学术团体。1940 年夏,在江西泰和创办中国第一所公立幼稚师范学校——江西省立幼稚师范学校,任校长。1943 年,创办国立幼儿师范专科学校,即南京师范大学学前教育学科前身。1952 年院系调整,任南京师范学院的首任院长,他以南京大学师范学院幼教系为基础,整合全国多个高校的儿童教育和福利专业,建立中国第一个幼儿教育系。1979 年 3 月,在全国教育科学规划会议上,当选为中国教育学会名誉会长。同年,在全国幼儿教育研究会成立大会上被推选为名誉理事长。1982 年 12 月 30 日,与世长辞,享年 91 岁。

在中国早期教育史上，陈鹤琴被誉为“中国的福禄培尔”“中国早期教育之父”。

一、创办中国本土化的现代幼稚园

清政府1903年颁布《奏定蒙养院章程及家庭教育法章程》，而后一批官、私立蒙养院陆续在全国各地诞生，其中有武昌模范小学蒙养院（1903年）、北京京师蒙养院（1904年）、湖南公署蒙养院（1905年）、上海私立爱国女学附设蒙养院（1907年）。这便是我国现代史上最早的幼儿教育机构。蒙养院先是模仿日本，继而模仿欧美，外国化倾向严重。

面对中国幼儿园教育的这种状况，陈鹤琴一方面运用在哥伦比亚大学所学的心理学知识，另一方面，在观察新生儿发育的基础上，开始了“中国化、科学化”幼儿教育的探索。他以西方实用主义教育思想为基础，本着实验精神，结合我国传统文化与民族特色，立足我国当时的社会现实与教育实际，开展实验研究，努力创建“中国化、科学化”的幼儿园教育，奠定了中国现代幼儿园教育的基础。

陈鹤琴是一位极有爱心的儿童早期教育家。“我爱孩子”，是他一生的教育信念；“孩子也爱我”，是这一信念的最好回报。

“这个小孩子是在1920年12月26日凌晨2点09分生的；生后2秒钟就大哭，一直哭到2点19分，共连续哭了10分钟，以后就是间断地哭了；生后45分钟就打呵欠；生后2小时44分钟，又打呵欠，以后再打呵欠6次。”[①]这是陈鹤琴连续808天观察新生长子的首篇部分观察记录。

他创办幼稚园进行教育的初衷源于：“幼稚教育，是一切教育的基础，因为它的对象早于学龄儿童。它的功用，正如培植苗木，实在关乎于儿童终生的事业与幸福，推而广之，关系国家与社会。”[②]

创办幼稚园的直接契机：1923年，在东南大学教育科工作的陈鹤琴，想为3岁的儿子选一所幼儿园，但当年的南京基本都是完全西化的教会幼儿园，没有中国特色的幼儿园，这使他产生办出自己希望的幼儿园的想法。于是他创办了一所幼稚园，自己亲任园长，聘请了2位教师，招收了包括自己的2个孩子在内的12名儿童。幼稚园设在自家住宅不足30平方米的客厅。创办幼稚园只是为了“理想中的教育”，不为盈利，这既是幼稚园，也是陈鹤琴儿童早期教育的“试验田”。

由于是早期教育家创办的幼稚园，一时间东南大学的很多教授都想把自己的孩子送来，但空间狭小的客厅实在容纳不下。于是，陈鹤琴和7位有共同意愿的好友成立了董事会，募集资金购买土地，1925年在住宅隔壁造了房子，开始对外招生，正式成为南京鼓楼幼稚园，同年被定为东南大学教育科实验幼稚园。

幼稚园办起来后，陈鹤琴从事有关幼儿园课程问题的实验研究。在幼稚园的建设中，他提出了以游戏为主、以孩子们的尝试为主、以和自然的亲密接触为主的教育理念。在幼稚园，既有常规的课程，也有丰富多彩的课外活动，鼓楼公园、北极阁、中山陵园、栖霞山、燕子矶，都是孩子们的活动场所；孩子们在幼稚园里搭积木，在草地上吃点心，去池塘里采菱角。在这里不仅有大胆的活动课程，也有他亲自为孩子们设计的玩具，如标有数字和动物的罗

---

① 陈秀云，陈一飞. 陈鹤琴文集（第1卷）[M]. 南京：江苏凤凰教育出版社，2018.

② 陈秀云，陈一飞. 陈鹤琴文集（第2卷）[M]. 南京：江苏凤凰教育出版社，2018.

盘、画面生动的彩色拼图等等。幼稚园组织活动以游戏为基本形式，注重活动的生活性、趣味性和多样性，不得组织有损学龄前儿童身心健康的活动。不仅如此，鼓楼幼稚园还实现了陈鹤琴建筑中国化的幼稚园园舍、改造西洋的玩具使之中国化、创造中国幼稚园的全部活动的教育初衷。

南京鼓楼幼稚园的开办基本实现了陈鹤琴创建一所新型的、中国式的幼稚园作为新教育思想和主张的实验园地的愿望和理想，既是中国本土教育家创办的第一所具有中国特色的幼稚园，也是中国最早的幼稚教育试验中心。在南京鼓楼幼稚园实验成功后，陈鹤琴继而在南京市幼稚园及燕子矶、晓庄等乡村幼稚园进行实验，以后又在上海进行推广。这些教育成就，为他赢得了中国幼稚教育奠基人的美誉。

1927 年，陈鹤琴在终结创办幼稚园经验的基础上，在《幼稚教育》第一卷第一期以《我们的主张》为题，提出了幼稚园建设和发展的 15 条主张。

(1)幼稚园要适应国情："幼稚园的设施，总应当处处适应本国国情为主体，至于那些具有世界性的教材和教法，也可以采用，总以不违反国情为唯一条件。如此幼稚园的教育，可事半功倍，可充分适应社会的需要了。"①

(2)儿童教育是幼稚园和家庭的共同责任："幼稚教育是一件很复杂的事情，不是家庭一方面单独胜任的，也不是幼稚园一方面可以胜任的，必定要两方面共同合作方能得到充分的功效。"②

(3)凡儿童能学、应当学的，都应教，其标准为："凡儿童能够学的东西就有可能作为幼稚园的教材""凡教材需要以儿童的经验为根据""凡能使儿童适应社会的，就可取为教材。"③

(4)课程以自然、社会为中心："儿童的环境不外乎两种：一种是自然的环境；一种是社会的环境。自然的环境就是各种动植物的现象。社会的环境就是个人、家庭、集社、市尘等类的交往。这两种环境都是儿童天天要接触的，所以我们应当利用这两种环境做幼稚园课程的中心。"④

(5)课程可先拟定，但临时可变更："我们总应当把每日所做的功课预先拟定出来。谁去拟定呢？教师呢，还是儿童？但也不必拘泥。有了这种拟定的功课，教师就可以有相当的准备。不然临时仓皇，就容易应付。倘使临时发生一种很有兴趣的事情，那不妨就改变已拟定的功课，以做适时的工作来满足儿童的需要。"⑤

(6)第一注意儿童健康："要知道强国，必先强种，强种必先强身，要强身先要注意幼年的儿童。儿童的身体不强健，到了成年，也不会强健。所以，幼稚园首先应当注重儿童的身体。"⑥

(7)幼稚园使儿童养成良好习惯："人类的动作十分之八九是习惯，而这种习惯又大部分是在幼年养成的，所以幼年时代，应当特别注重习惯的养成。……以期建筑健全人格之巩

---

① 陈秀云，陈一飞. 陈鹤琴文集(第 2 卷)[M]. 南京：江苏凤凰教育出版社，2018.
② 同①。
③ 同①。
④ 同①。
⑤ 同①。
⑥ 同①。

固基础。”[1]

(8)特别注重音乐：“音乐是儿童生来喜欢的。……所以幼稚园为满足儿童的欲望起见，就应当特别注重音乐，以发展他们的欣赏的能力，养成他们歌唱的技能。”[2]

(9)有充分适当的设备：“经验是发展儿童个性的工具。经验也就是学问。无论在家里或在幼稚园里，我们应当给小孩子一种充分的经验。经验的来源有二：与实物相接触和与人相接触。这两种接触的机会，都是要靠着充分的设备为转移的。……幼稚园要求发展扩张儿童的经验，非有充分的设备不可，有了充分的设备，小孩子就可以随意玩弄，不但不至生厌，而且由此可以得到许多知识，比如此刻画图或做衣服，等一刻又去做游戏、骑车、跳绳等种种动作；因此，要发展儿童各方面个性，就应当有充分的设备。”[3]

(10)采用游戏式教学法：“游戏也是儿童生来喜欢的。儿童的生活可以说就是游戏。儿童既然有这种强烈的本性，我们就可以利用这个动机去教导他。……游戏的直接用处，虽只是寻求快乐，然而间接的用处则甚大，因为它可以发展儿童的身心，敏捷儿童的感觉，于儿童的生活有莫大之助益，所以幼稚园应当采用游戏式的教导法去教导儿童。”[4]

(11)户外生活要多：“‘幼稚园’这个名词的意思本是一个花园，让小孩子在里面自由活动，随意游玩，吸收新鲜的空气，享受天然的美景，……新鲜的空气，明亮的日光，都是小孩子强身的要素，到了这种野外的地方，做教师的就可以随意施教，看见什么，就可以教什么；小孩子看见了这些野外的景象就得到了一种深刻的印象。”[5]

(12)采取小团体教学法：“幼稚生的年龄是不齐的，智力又各人不同，兴趣又不能一致，所以幼稚园不能够把他们归在一起，叫他们做一种同样的工作。”[6]

(13)教师是儿童的朋友：“教师如同学生的朋友一样，与学生非常亲近，同同学玩，那么，教师就容易明了各个学生的性情能力，教起来就容易引导，学起来也容易听从了。所以我们主张幼稚园的教师应当做儿童的朋友，同游同乐的去玩去教的。”[7]

(14)教师应当有充分训练：“小孩子是不容易教的，幼稚园的教师是不容易做的，因为幼稚园的教师要善于唱歌，善于弹琴，善于绘画，善于讲话及其他种种技能。并且要熟悉自然界的现象与社会的状况，要有很丰富的常识，要明了儿童的心理；想要满足以上这许多的标准，非要有充分的训练不可。”[8]

(15)应当有种种标准：“幼稚园应当教些什么东西？小孩子究竟应当做些什么东西，做到什么地步？幼稚生的程度究竟是怎样的？要解答这种种问题，非得有种种标准不可。……考察品行，应当有品行标准；甄别习惯，应当有习惯标准；检验技能，应当有技能标准；测验知识，应该有知识标准。”[9]

由此，陈鹤琴形成了规范完整的中国式幼稚园建设蓝图。

---

① 陈秀云，陈一飞. 陈鹤琴文集(第2卷)[M]. 南京：江苏凤凰教育出版社，2018.
② 同①。
③ 同①。
④ 同①。
⑤ 同①。
⑥ 同①。
⑦ 同①。
⑧ 同①。
⑨ 同①。

二、创办国立幼儿师范高等教育

1931年九一八事变，日本占领东北，继而侵占华北；1937年卢沟桥事变，全面抗战爆发。1939年3月，日军进攻南昌，江西省政府被迫撤退至吉安，随后在泰和县县城西郊上田村驻扎下来。1940年2月，陈鹤琴由上海辗转来到抗战大后方——江西省临时省会泰和。时任江西省政府主席熊式辉提出，希望陈鹤琴能留在江西办教育，创办一所公立幼稚师范学校，培养幼教师资。次日，陈鹤琴搭机飞往重庆，参观了挚友陶行知的育才学校，详细考察了育才的种种设施和教学方法、计划等。从当年4月至6月，省府各部门几千人浩浩荡荡开进泰和，在当地占用大户人家宅院、书院作为各机关办公地，一时间，小小的泰和县成为全省政治、文化、教育中心，南迁的浙江大学和中正大学等二十多所院校分布在全县各地。时值抗战之际，陈鹤琴在这里办中国第一所公立幼稚师范学校——江西省立实验幼稚师范学校，并担任校长。1940年10月2日，在已筹建的几栋泥壁草顶的宿舍和教室里，江西幼师正式开学。这是一所没有围墙的新型学校，是全体师生用双手建起来的，陈鹤琴带领师生开荒筑路，盖房种菜。1943年2月，江西省立实验幼稚师范学校改为国立幼稚师范专科学校，即南京师范大学学前教育学科前身，学校设有专科部、师范部、小学部、婴儿院、幼稚园，附设国民教育试验区，形成了完整的幼稚师范教育体系。抗战胜利后，陈鹤琴回沪任教育局督导处主任督学，接管外国人所办中小学，创立上海市立幼稚师范学校，后改名上海市立女子师范学校。1946年兼任国立幼稚师范专科学校校长，确立“培养优良师资，实验及推行活教育”的办学宗旨。

陈鹤琴创办的幼稚专科学校，坚持培养幼稚园的师资与造就幼稚教育人才，开展幼稚教育的理论和教材方面的研究，实施活的教育理论。难能可贵的是，在陈鹤琴那里形成了我国从幼儿园儿童教育到幼师高等教育人才培养的完整体系。

三、创立我国科学系统的儿童教育培养体系

（一）儿童教育理念

自1919年回国后，在杜威、陶行知教育思想的影响下，面对当时中国幼儿教育的弊端，在幼儿教育、教学实践中，陈鹤琴形成一套完备、鲜活的儿童教育理念和教育体系，即“活教育”。1941年，陈鹤琴在《〈活教育〉发刊词》中，根据陶行知批评传统教育“教死书，死教书，教书死；读死书，死读书，读书死”的名言，提出了儿童教育要坚持“教活书，活教书，教书活；读活书，活读书，读书活”①。

陈鹤琴认为：活教育“这个问题，实在很重要，这个使命，实在很重大。我们不愿墨守成规，来贻误子弟。我们要研究所有教材，是否能够引起儿童的兴趣。启发儿童的思想，培养儿童的能力……我们要在做中教，做中学，做中求进步，我们要有活教师、活儿童，以集中力量改进环境，创造活社会，建设新国家”。②

陈鹤琴不仅提出了活教育的理念，而且还列举了“活教育”与“死教育”的“十大区别”，并以此来阐释“活教育”的要义：

---

① 陈秀云，陈一飞. 陈鹤琴文集（第2卷）[M]. 南京：江苏凤凰教育出版社，2018.

② 同①。

（1）一切设施、一切活动以儿童做中心的主体，学校的一切活动差不多都是儿童的活动。

（2）教育的目的在培养做人的态度，养成优良的习惯，发现内在的兴趣，获得掌握知识的方法，训练人生的基本技能。

（3）一切教学，集中在“做”，做中学，做中教，做中求进步。

（4）分组学习，共同研讨。

（5）以爱以德来感化儿童。

（6）儿童自定法则来管理自己。

（7）课程是根据儿童的心理需要和社会需要来编订的，教材也是根据儿童的心理和社会的需要来选定的，所以课程是有伸缩性的，教材是有活动性而可以随时更改的。

（8）儿童天真烂漫，活泼可爱，工作时很静很忙，游戏时很起劲和高兴。

（9）师生共同生活，教学相长。

（10）学校是社会的中心，师生集中力量，改造环境，服务社会。①

陈鹤琴的教育主张，一方面强调“活教”——教活书、活教书、教书活；另一方面强调“活学”——读书活、活读书、读活书；同时，还强调“活用”。既蕴含着儿童教育的方法论、目的论，也体现了儿童学习的方法论、目的论。

（二）儿童教育目标

陈鹤琴不仅提出活教育的主张，而且还提出了“活教育”的目标——“做人，做中国人，做现代中国人，做世界人”。

面对民族的生存危亡和传统教育的弊病，陈鹤琴敏锐地看到：“我们虽生而为人，生而在中国，生而在现代中国，可是有哪几个真正知道做一个‘现代中国人’呢？做人不易做，做‘中国人’不易做，做‘现代中国人’更不易做。”②做人、做中国人、做现代中国人、做世界人，必须要从幼儿教育开始。

“做人”是“活教育”目的的一般要求。人之所以区别于动物，就在于人的社会性，人不能离开社会独立存在。如何建立一种完美的人与人之间的关系，以便参与生活、控制自然、改进社会、追求个人以及人类的幸福，即是“做人”的根本问题。所以“活教育”要讲做人，应当努力学习如何做人，如何求得社会的进步、人类的发展。

陈鹤琴认为，这种旨在求得“社会进步”与“人类发展”的做人道理应从小培养。在这方面，他十分赞同中国先哲倡导的“教儿婴孩”的做法。同时，活教育还提出了做人的三个基本要求：一是他必须不论国籍、种族、阶级和宗教的关系而泛爱人；二是他确实热爱真理，以真理为至高无上；三是他必须有天下一家的观念。教育的目的就在于帮助形成人的上述意识，学会“做人”是个体参与社会生活，促进人类全体进步，同时也是个体幸福的基础。

“做中国人”是“活教育”目的的具体要求。“做中国人”的教育目的，要体现中华民族的个性、注重中华民族独特的精神品质。这就是：“今天我们生在中国，是一个中国人，做一个中国人与做一个别的国家的人不同。”③做一个中国人不仅要了解中国民族的光荣历史和现实，更要有热爱祖国、热爱人民的爱国主义品质和情怀。

---

① 陈秀云，陈一飞. 陈鹤琴文集（第5卷）[M]. 南京：江苏凤凰教育出版社，2018.

② 同①。

③ 同①。

“做现代中国人、做世界人”是“活教育”目的的更高标准。现代社会是科学与民主的社会,科学和民主是时代精神的集中体现。活教育的目标是着力培养具有科学头脑和民主精神的人。20世纪40年代,救国图强的使命必须要由具有科学、民主启蒙意识的“现代中国人”来承担。

针对中华民族所面临的使命与任务,陈鹤琴对“现代中国人”的标准进行了如下要求:

现代中国人必须“要有健全的身体”,这是现代中国人的起码要求;“要有建设的能力”,这是现代中国人的专业要求,学校迫切需要培养学生的建设观念和能力,让学生在各种校内外活动和劳动中亲自动手,学习建设本领,体会建设的艰难,以适应国家建设的需要;“要有创造的能力”,这是建设强大国家的必备要求,儿童教育就是要把儿童本来就有的创造欲,科学地加以诱导和启发;“要能够合作”,具有合作精神,所以“我们对于小朋友从小就要训练他们能合作,能团结,这才能使他们配做一个新中国的主人翁”。①“要服务”,要有奉献精神,我们培养的儿童应该知道为人民大众服务,应以国家的前途、民族的生存为己任。

“做世界人”是抗战胜利后,陈鹤琴的“活教育”目的论的新发展,是现代中国人所必备的“世界的眼光”。他认为做世界人一是“爱国家”,“使我们的国家进步繁荣,日新月异,这种爱国家是与爱国家的人民结合在一起的,是与真理紧握着手的”;二是“爱人类”,为了天下一家,爱全世界站在真理一边的劳苦大众;三是“爱真理”,以达到世界和平幸福,爱真理是做人、做中国人、做世界人的最高准则。

(三)儿童教育课程体系

课程为教育目标服务;教育目标通过课程实现。为实现做人、做中国人、做现代中国人、做世界人的儿童教育目标,陈鹤琴经过长期理论研究和儿童教育实践,形成了完整科学的儿童教育的课程体系。

第一,制定了适合中国国情的幼儿园课程编写的十大原则。

(1)课程的民族性:课程应是民族的,不是欧美的。

(2)课程的科学性:课程应是科学的,不是封建迷信的。

(3)课程的大众性:课程应是大众的,不是资产阶级的。

(4)课程的儿童性:课程应是儿童化的,不是成人化的。

(5)课程的连续发展性:课程应是连续发展的,而不是孤立的。

(6)课程的现实性:课程应符合实际需要,而不能脱离现实。

(7)课程的适合性:课程应适合儿童身心发展,促进儿童健康。

(8)课程的教育性:课程应培养儿童五爱、国民公德和团结、勇敢等优良品质。

(9)课程的陶冶性:课程应陶冶儿童性情,培养儿童情感。

(10)课程的言语性:课程应培养儿童说话技能,以表达自己的情感和思想。

第二,确立编制幼稚园课程的科学方法。

(1)圆周法:幼稚园每个年龄班预定的教育单元内容相同,研究的事物也相同,但所选教材的难度和分量应根据儿童年龄的不同而有所变化,各班要求由浅入深。

(2)直进法:就是将儿童生活中接触的事物,按照事物的性质和内容的深浅而分布在各

---

① 陈秀云,陈一飞.陈鹤琴文集(第6卷)[M].南京:江苏凤凰教育出版社,2018.

个不同的年龄班中,如小班研究猫和狗,中班研究羊和牛,大班研究马和虎。即是说,不同班的课题和要求都不相同。

(3)混合法:就是在编制课程的时候,以上两种方法均可采用,即课题和要求有相同或不同。混合法是编制课程时采用最多的一种方法。

第三,明确了幼稚园课程的结构。

陈鹤琴认为,幼稚园的课程结构应该具有整体性,应促进学前儿童整体的有机发展。为此,他以人的五个连为一体的手指做比喻,形象地提出了课程结构的"五指活动"理论,即健康活动、社会活动、科学活动、艺术活动、语文活动。陈鹤琴将幼稚园的课程全部包括在五指活动中,并采用单元制,各项活动都围绕着单元进行。这五个方面是相互联系的,可以伸缩,就像人的五个手指,共同构成了具有整体功能的手掌。五指活动在儿童生活中结成一个教育的网,有组织、有系统、合理地编织在儿童的生活中,这种课程是整个的、连贯的。

(1)健康活动:目标是发展儿童身体与心理健康,包括身体活动、个人健康、公共卫生、心理健康、安全教育。

(2)社会活动:强调儿童与社会的关系,培养儿童对公共社会服务的兴趣,懂得个人与国家、国家与世界的关系,激励爱国、爱人类之心。

(3)科学活动:增强儿童科学知识,激发对科学实验的兴趣和创造性。活动范畴为生物、数学、物理和化学。

(4)艺术活动:培养儿童对音乐、艺术、喜剧等的热情和鉴赏力与创造力。

(5)文学活动:训练儿童欣赏与写作文学,并有效地运用中文。活动范畴包括儿童寓言、故事、诗歌、谜语、喜剧、讲演、辩论、每日书写与书法等。①

学前教育课程的全部内容,均包括在"五指活动"之中。但是,这五个方面有主次之分,有内在关联的逻辑。这也是后来我国学前教育强调的"五大领域"教育的雏形和蓝本,即健康教育、社会教育、科学教育、艺术教育和语言教育。

(四)教学原则

陈鹤琴根据"心理学具体化,教学法大众化"的指导思想,提出了活教育的 17 条教学原则:

(1)凡儿童自己能够做的,应当让他自己做。

(2)凡儿童自己能够想的,应当让他自己想。

(3)你要儿童怎样做,应当教儿童怎样学。

(4)鼓励儿童去发现他自己的世界。

(5)积极的鼓励,胜于消极的制裁。

(6)大自然、大社会是我们的活教材。

(7)比较教学法。

(8)用比赛的方法来增进学习的效率。

(9)积极的暗示胜于消极的命令。

(10)替代教学法。

---

① 陈秀云,陈一飞.陈鹤琴文集(第6卷)[M].南京:江苏凤凰教育出版社,2018.

(11)注意环境,利用环境。

(12)分组学习,共同研究。

(13)教学游戏化。

(14)教学故事化。

(15)教师教教师。

(16)儿童教儿童。

(17)精密观察。①

(五)训育原则

陈鹤琴认为训育工作在整个教育工作上可说是最繁重、最重要的,他提出了13条训育原则:

(1)教育儿童时期要有良好的开端,从小到大。

(2)教育儿童要树立遵纪守法的精神,从点滴做起。

(3)从心理上理解儿童,找儿童做错事的心理原因。

(4)融洽教师与儿童关系,师生一起学习、工作,视生为弟子,视师为父兄。

(5)使儿童理解对国家和社会的责任,唤起儿童的责任自觉。

(6)发展儿童的主动能力,使他们自己去完成每一件事情。

(7)无私利他,培养儿童崇高理想,在有需要时能做到互相帮助。

(8)知行合一,成果的关键在于行。

(9)废除形式主义,鼓励儿童发自内心真挚的尊师行为。

(10)员工合作,训育措施的制定者与执行者同行并进。

(11)学校与家庭联络,家校合作共育。

(12)防患未然,积极消除事故的原因,避免由儿童顽皮造成的不良后果。

(13)以身作则,教师要以自身的言行为学生做出表率。②

(六)整个教学法

陈鹤琴不主张分科教学,他认为分科教学是四分五裂、杂乱无章的,是违反儿童的生活和心理的。他提倡"整个教学法,就是把儿童所应该学的东西整个地、有系统地去教儿童学"。③因为儿童生活是整个的,材料也必然是整个的、互相连接不能四分五裂的。他主张最好由一位教师去教,以体现整体性,而不致割裂。

(七)幼儿教师基本素养

一是"我的仪容"。我的仪容已尽我所能使人感到可爱吗?换言之,幼儿教师的仪容仪表一定要落落大方,和蔼可亲可爱。

二是"我的康健"。我具有由康健而产生的充沛的体力吗?一个教师的心理和精神都健康吗?换言之,幼儿教师一定要有健康的身心、充沛的体力。

三是"我的谈话"。在公开场合或私人谈话中,我的谈话能予人以良好的印象吗?使之

① 陈秀云,陈一飞.陈鹤琴文集(第6卷)[M].南京:江苏凤凰教育出版社,2018.

② 同①。

③ 同①。

值得作为学生的模范吗？换言之,幼儿教师的谈话一定要有科学的方法,为学生树立典范。

四是“我的待人”。我能常对学生笑,而笑得颇有风度吗？我能对学生讲话委婉而和悦,不过分地率直吗？我遇致怒之事,仍能保持心平气和,以免学生的感情受伤吗？换言之,幼儿教师待人一定要和颜悦色,谈笑风生,平易近人,心平气和。

五是“我的职业”。我已研究过并且能遵守我的职业规律吗？我能体味教师职业的重要性,并且熟知它的历史吗？换言之,幼儿教师一定要爱岗敬业,钻研业务。

六是“我的学生”。我能像对待朋友一样和学生相处,并且建立相互了解、信任和尊敬吗？我对每一个学生有真诚的兴趣,使他们感到公平无私吗？我的教室整齐清洁吗？对于我的学生们是一个可爱的儿童之家吗？

(八)家庭教育

家庭教育是陈鹤琴教育培养体系的重要组成部分。他说:“小孩子生来是无知无识的,不知什么是好,什么是坏。他的一举一动可说一方面受遗传的影响,一方面受环境的约束,受教育的支配。小的时候,环境中最重要的因素是父母,教养中最重要的因素,恐怕也是父母。”孩子“知识之丰富,思想之发展与否,良好习惯之养成与否,家庭教育实应负完全的责任”。

陈鹤琴提出:“要重视幼儿家庭教育的科学实验,对幼儿的家庭教育应作为一门科学来研究和推广,普及儿童心理学和学前教育学的知识,使广大家长都能对自己的子女有个正确的培养目标和教育方法。”

陈鹤琴反对在家庭教育中“娇生惯养”的过分溺爱和专制式的严厉管教两种错误做法。他认为,前者是对孩子无原则的爱,它有损于孩子的身心发展,因而“对子女要爱护,但绝不要溺爱”。

家长的责任是帮助孩子生活、自立和做人,而不是代孩子“吃苦”,因此提出活教育中的两个原则,即“凡是孩子自己能够做的,应当让他自己做”“凡是儿童自己能够想的,应当让他自己想”。陈鹤琴指责家庭教育中的专制式的严厉管教方法,认为这种管教方法的后果只能是摧残儿童的创造力,束缚儿童的思想。

在家庭教育中,“做父母的教养子女第一条原则,就是要尊重‘以身作则’这条原则”。父母是孩子心目中的理想人物,家长的一举一动都直接或间接影响着孩子,因此,做父母的必须时时处处以身作则。

家庭教育要民主化,平等对待孩子,尊重孩子的人格。“做父亲的应当同小孩做伴侣”,父子做伴游戏,既可以沟通父子间的情感,增加家庭中的天伦之乐,又可以利用做伴机会教育孩子,还可以发现孩子不好的行为和思想,及时加以纠正。

“做父母的对于子女的教育应有一致的措施”。父母施教的方法不一致,宽严不同,孩子就无所适从,甚至会产生投机取巧、轻视父母等流弊。

参考文献:

[1] 陈秀云,陈一飞. 陈鹤琴文集(1 ~6 卷)[M]. 南京:江苏凤凰教育出版社,2018.
[2] 贾宏燕. 陈鹤琴教育思想的中国文化渊源与创新[D]. 上海:华东师范大学,2008.

本章小结

早期教育家是早期教育发展史上不可或缺的重要组成部分,他们有些思想活跃,有些行动积极。约翰·洛克以经验论哲学为理论基础,以绅士教育为目标,以家庭教育为形式,形成了较为系统化的儿童教育体系;让-雅克·卢梭基于其自然哲学,提出了教育要回归自然的思想;让·皮亚杰在“发生认识论”和“儿童心理学”基础上建立了儿童教育理论;不同于三位偏重于理论建树的思想家,蒙台梭利和陈鹤琴则是关注理论,并用理论指导实践,属于知行合一的教育家。蒙台梭利在儿童教育的理论基础下,在“儿童之家”的教育实践中,孕育了全新的儿童教育方式。陈鹤琴也身体力行地践行着自己的儿童教育理念。

作为早期教育历史上最具影响力的群体,他们不仅代表了早期教育思想的发展脉络,也为近现代早期教育思想和教育制度的建立做出了重要贡献。

第九章　早期教育品牌

导语

《国家中长期教育改革和发展规划纲要(2010—2020)》中明确了早期教育的重要性,教育学、心理学、脑科学等领域的研究成果也普遍证实:学龄前为一生中极其重要的阶段,在此阶段进行合理的启蒙以及潜能开发能为今后的身心发展打下良好的基础。早在2016年,“脑科学与类脑研究”就被“十三五”规划纲要确定为重大科技创新项目和工程之一。国家“十四五”规划再次将“脑科学”纳入其中,在第四章《强化国家战略科技力量》中提出:“瞄准脑科学等前沿领域,实施一批具有前瞻性、战略性的国家重大科技项目”;第九章《发展壮大战略性新兴产业》中提出:“要在类脑智能等前沿科技和产业变革领域,组织实施未来产业孵化与加速计划,谋划布局一批未来产业。”①科技部对科技创新2030—“脑科学与类脑研究”重大项目2020年度项目申报指南征求意见,项目围绕脑认知原理解析、认知障碍相关重大脑疾病发病机理与干预技术研究、类脑计算与脑机智能技术及应用、儿童青少年脑智发育研究、技术平台建设5个方面部署研究任务。②

教育体制的改革与深化催生办学主体及教育主体的多元化,促进了早期教育在数量上迅速增长及内容上不断丰富,从事早期教育相关的机构也应运而生。在我国,早教机构在1998、1999年开始萌芽,2001年是早教迅猛发展的时期,2003年“非典”使国内的早教企业进行了大洗牌,2005年国内外资本进驻,各类早教机构也“百花齐放、百家争鸣”。

本章节的早期教育机构特指民办机构,即由社会组织或个人所创办的组织机构,为幼儿园和托儿所以外的学龄前儿童提供课程及相关服务。然而我国的早期教育机构发展相对较晚,从运营模式的角度,目前主要有3种模式:(1)国外连锁加盟早教机构;(2)本土自创品牌早教机构;(3)幼儿园附设早期教育中心。经营范围涵盖了学龄前儿童身心发展的许多方面,可以分为综合型早教机构和垂直型早教机构2大类。综合型早教机构,一般规模较大,硬件设施比较完善,课程类型丰富,关注儿童综合能力的培养,在主干课程中不单单只教授内容本身,而且在活动设计上注重穿插儿童社交、思维、语言等多种潜能开发。而垂直型早教机构则以发展某一方面的专项技能为主,如美术、音乐、舞蹈、体育、语言等,教学内容更加专业化。一般情况下,这类早教机构都有较为完善的教学体系,但相对而言,游戏设施可能

---

①　中华人民共和国中央人民政府.中华人民共和国国民经济和社会发展第十四个五年规划和2035年远景目标纲要[EB/OL].[2021-3-13].http://www.gov.cn/xinwen/2021-03/13/content_5592681.htm.

②　中华人民共和国科学技术部.国务院关于改进加强中央财政科研项目和资金管理的若干意见[EB/OL].[2014-3-2].http://www.most.gov.cn/xxgk/xinxifenlei/fdzdgknr/fgzc/gfxwj/gfxwj2014/202107/t20210701_175620.html.

没有综合型机构那么健全。

我国的各类早期教育机构遍地开花，有国际连锁早教品牌，也有本土研发的品牌，各品牌的理念和课程设置都基本满足0～6岁婴幼儿的发展需求，但侧重点有所不同。由于篇幅有限，本章从智力开发、艺术教育、体育运动三个角度，选取一些品牌（排名不分先后），加以阐述，以期帮助大家了解目前早期教育行业现状。

第一节　以脑智开发为主的素质教育品牌

大脑是人体最为复杂的器官，随着脑成像、生物传感、人机交互以及大数据等新技术不断涌现，脑科学正成为多学科交叉的重要前沿科学领域，世界各国相继启动脑科学研究计划。我国也从国家战略的高度，将脑科学的研究进行布局。《国家中长期科学和技术发展规划纲要（2006—2020）》将“脑科学与认知”列入基础研究八个科学前沿问题之一；2018年，国务院发布实施《关于全面加强基础科学研究的若干意见》，明确提出，加强基础前沿科学研究，围绕脑与认知等开展探索，加强对脑科学等重大科学问题的超前部署。[①]

脑科学家普遍认为，大脑是人类的学习中枢，学习就是大脑中两个神经元之间彼此产生联结的过程。神经元的生长是脑细胞之间形成复杂网络的过程，也可解释为脑细胞出现一些差异性的过程，大部分的改变是细胞间的联结，这种联结使一个独立细胞以特殊的途径与其他细胞联系。这种复杂的神经联系依靠活动和经验。哲学家雅斯贝尔斯指出：“人类有着无限发展的可能性，教育的作用在于促进这种可能性的发展。”[②]大脑对学习的重要性不言而喻，很多早期教育机构也侧重于这方面的培养，在教育的初期，帮助婴幼儿开发智力，为以后的发展奠定坚实的智力基础。

以智力开发为主的早期教育品牌，需要有科学严谨的教学理念及专业有效的教学方法，本节选取深耕早期教育64年的七田真，简单阐述其品牌理念及教学方法。七田真开展以婴幼儿脑力开发为主的素质教育，素质教育是国家大力倡导的教育，脑力开发是国家“十四五”规划重点研究的领域。

七田真早期教育，是七田真博士创立的，以全人格和脑力开发为特色的早期教育机构。始于1958年，专注教育64年，始终坚持真心、真情、真教育，如今已经在全球19个国家及地区，拥有600多家教学中心；遍布中国近40个大中型城市，开设110多家教学中心。

一、创始人简介

七田真，1929年出生于日本岛根县，美国纽波特大学日本分校教育部教授，教育学博士，国际著名教育家，脑力开发专家，国际学士院会员，日本数学检定协会顾问，七田儿童学校校长，七田教育研究会会长，日本佛教协会主席。

七田真念大学时，曾担任某中学生的补习教师。他的学生永远记不得5分钟前才教过

---

① 国务院. 国务院关于全面加强基础科学研究的若干意见［EB/OL］.［2018－1－31］. http://www.gov.cn/zhengce/content/2018－01/31/content_5262539.htm.

② 雅斯贝尔斯. 什么是教育［M］. 北京：生活·读书·新知三联书店，1991.

的东西，这使他开始思索：人的才能是天生的，还是由后天教育而定的呢？经过近半个世纪的研究与实践，七田真认为，所有婴儿出生时都是天才，具有大自然所给予的不可思议的能力，只是在成长初期缺乏良好的环境把能力给引发出来，以致资质消失。

自此之后，七田真一直从事幼儿脑力教育工作，于 1958 年在岛根县江津市本町开设教育研究所，1972 年写作出版第一本书《0 岁教育秘密》，1976 年开设第一间七田式幼儿教室。近半个世纪以来，他一直致力于倡导和实践大脑教育的研究、开发和推广，教育理论远播美国、东南亚、韩国及中国等地，在国际上产生了广泛的影响。

七田真认为，每一个儿童都是天才，都具有巨大的潜能。而处于生命发轫之初的早期教育更应充当幼儿巨大潜能"发动机"的角色，这是一项实现光荣与梦想的事业。七田真早期教育，继承了七田真博士多年来的教育经验与方法，运用最新脑科学的理念，坚持以全人格为目标、脑力开发为特色，用科学的方法，通过爱与感动培养儿童才能，为爱心家庭提供先进的教育方式。

二、教育理念

1. 每个儿童都是天才

七田真认为，教育者首先要有对被教育者个体独特性的欣赏，每个儿童都是天才。七田真经典著作《0 ~ 6 岁右脑教育法》一书中提道："婴儿出生时，拥有无限的可能性和无穷的潜力，但是如果我们不采取任何办法加以引导，比如给予帮助或与其对话，婴儿与生俱来的优秀潜质就有可能随时间的流逝而消失。"

这是一种心理暗示。暗示作用往往会使别人不自觉地按照一定的方式行动，或者不加批判地接受一定的意见或信念。可见，暗示在本质上，是人的情感和观念，会不同程度地受到别人下意识的影响。

2. 教育要越早越好

七田真在《开发婴幼儿的智力和才能》一书中提道："刚出生的婴儿，其大脑具有惊人的吸收能力。""在这一时期里输入的信息，会原原本本留存于人的深层意识——潜在意识中。进入这一层次的知识，将具有高度的独立思考能力和判断能力。"

这一理论也得到脑科学及认知神经科学的验证，脑科学研究已揭示了儿童大脑内神经元的发展过程：新生儿的神经元之间没有多少联结，大脑皮层的大多数区域也不活跃，可是当受到外界环境的刺激时，神经元联结的速度却惊人地增长，3 岁儿童的神经联结数是成人的两倍，因此 0 ~ 3 岁儿童的脑活跃程度远远超过成人；到青春期时，联结的步伐放缓，脑活动积极性也呈递减态势；在人生的第二个 10 年快结束时，大量的神经联结会被非随机地消除，其中常用的稳固的联结被永久性地保留；成年后，人会快速失去大脑中的神经联结，留下的是一个经很好地组织并适于应对将来更为复杂与困难事务的神经网络系统。在这一过程中 3 岁到 12 岁期间是神经元联结最为旺盛的时期，这个时期脑神经系统如何形成将关系一生的学习工作与生活。①

① 王成刚. 脑科学视野中的儿童早期教育[D]. 上海：上海师范大学，2005.

3. 以爱心为基础,通过感动培养才能

七田真一直强调对幼儿实施情感教育,让爱浸润幼儿美好心灵的必要性和重要性。在心理学层面,马斯洛在其著作《动机与人格》中,也提到了归属与爱的自我需求,认为缺乏爱,人们就会陷入孤独,有被抛弃与被拒绝的失落感。因此,爱与归属感的满足是人走向健康的必由之路。

七田真认为,相对于传授知识和技能而言,育儿的基础是爱的传递。父母之爱是儿童成长过程中不可或缺的营养素,许多研究均表明,父母对儿童的接纳与关爱是婴幼儿智力、情绪、个性等方面得以健康发展的重要因素。

4. 基础认知能力培养是早期教育的必修课

七田真认为,0 ~6 岁儿童的教育,能力比知识更重要;而 0 ~6 岁各项能力中,基础认知能力又比其他认知能力更重要。七田真专业研究团队,在总结借鉴国内外脑科学研究成果的基础上,把专注力、记忆力、自控力、反应力、思维力概括为人的基础认知能力。这些基础认知能力都与学习及成才息息相关。

专注力指的是人们投入某种事物或活动时的心理状态,是认知活动得以展开的动力。专注力与注意力有所区别:注意力是先天的,而专注力是一个持续的状态,需要后天培养;注意力是大范围的形态,并没有很明确的指向性和社会功能,专注力是有指向性的,包含了意志品质,同时也具备社会功能性;注意力有强弱程度,无好坏之分,专注力有好坏之分,相比注意力来说,更多的是一种社会适应能力。在学习中,专注力的作用举足轻重,影响学习过程中的方方面面。

记忆力是人脑智力的集中体现,个体的生存和发展需要不断掌握新的知识,记忆力能将这些知识经验存储下来并合理运用。人脑包含复杂的记忆系统,其中联系记忆、语义记忆和短时记忆是三个重要的方面。学习和记忆如影随形,二者紧密相连。学习是对新消息的掌握习得,记忆则允许该信息存储并在一段时间后对其唤醒提取。

自控力是人们能够根据目标和环境的要求,控制和改变自己的思想和行为,克服冲动并抵制诱惑,让自己的行为符合社会期许和长期目标的能力。自控力主要体现为控制冲动、抵制诱惑以及信息更新三方面的能力。自控力是一个人成熟度的体现;没有自控力,就没有好的习惯;没有好的习惯,就没有好的人生。

反应力是对各种信息、要求和指令等做出快速反应的能力。速度是衡量反应力最重要的指标,它体现了大脑各个系统的协调、整合发展的水平,与整个神经网络的效率有密切关系。反应力可以从反应速度、言语速度和思维速度三个方面来测量。

思维力是人们接收到信息后,对信息进行归纳、概括及推理的过程。主要体现为思维的灵活性、深刻性和独创性。思维力包括理解力、分析力、整合力、比较力、概括力、抽象力、推理力、论证力、判断力、心算力等;它是整个智慧的核心,参与、支配着一切智力活动。每个人的学习、工作和生活都离不开思维力。培养思维力是每个人从小必须做的练习和成才途径。

在七田真,五大基础认知能力之间的关系,不仅是逻辑层次的关联,更是相互依存、转化的统一。

三、品牌特色

1. 全人格教育

全人格教育是对教育的一种认识和理解，也是一种指导教育行为的系统理念。全人格教育，顾名思义是完全的人格教育，它以“人格”培养为核心，以“完全”或“健全”的人格为培养目标，实现人的全面发展。

早在100年前，蔡元培就倡导健全人格教育，他指出：“教育者，养成人格之事业也。”中国近现代著名教育家林砺儒不仅对“全人格教育”的名称予以确认，而且发展了全人格教育理论。在1922年9月，他在就职国立北京高等师范学校（后改名北京师范大学）附属中学的演说中指出：“中学教育是全人格教育。”在《我的中等教育见解》中林砺儒也提道：“春机发动后，少年身心之发育甚盛，人格活动之范围日加扩张，几乎对于人类所有之经验都要发生趣味，所以中等教育的任务就是引导少年人格之放射线到各方面去。”“譬如一株树要它十分发育，就要让它的根四面八方蔓延。若堵住几向，单让一向给它伸张，就不能完全发育。所以我认定理想的中等教育，是全人格的教育，决非何种职业之准备。要全人格的陶冶受得圆满，那么将来个性的分化才算是自然的。”①

在七田真看来，全人格教育应该回到原点。七田真不止一次在著作中提道：“教育儿童的关键并不是从婴儿时期就向儿童灌输知识，而在于培养儿童心性。”七田真早期教育的目标是培育全人格人才，即为儿童成就最好自我、度过幸福人生，在幼儿时期打下全人格基础。七田真倡导的全人格教育包括身体、人格和智力，和父母一起，努力培养儿童健康的身体、健全的人格和卓越的智力。

身体：影响身体健康的有不可控因素和可控因素。七田真在提供营养建议和相关产品的同时，强调行为习惯养成。规律饮食、作息及运动是决定儿童身体健康的重要因素。

人格：性格无好坏，道德有善恶，人格分高低。七田真培养儿童均衡具备主动性、共情力、抗挫力、自控力、平等意识、守约精神等六大人格基石，在当下社会，具有健全人格的儿童更容易被社会所接受，更容易成就自我、人生更幸福。主动性、共情力和抗挫力儿童先天具备，重要是保护；自控力、平等意识和守约精神则在后天形成，必须要培养。保护源于尊重，培养重在身教，而均衡打造人格基石的秘诀就是弥补短板。

智力：在七田真看来，培养0～6岁儿童的智力，能力比知识更重要；而0～6岁儿童的各项能力中，注意力、记忆力、反应力、自控力、思维力等基础认知能力又比其他认知能力更重要。七田真根据儿童大脑发育特点，通过450周教案、1 000多种特色教具，用科学的方法、专业的课程，全面锻炼、提高儿童的五大基础认知能力：专注力、记忆力、自控力、反应力、思维力。

在七田真的全人格教育方程式中，身体、人格、智力之间不是相加而是相乘关系；身体健康和人格追求有上限，而智力发展无止境。

---

① 林砺儒. 林砺儒文集[M]. 广州：广东教育出版社，1994.

2. 脑力开发

脑力开发是七田真的特色。七田真认为，教育的根本应该是："发掘儿童所具备的素质，增强其能力。"七田真用建立在脑科学基础上的理念、专业培养大脑基础认知能力的课程、参照大脑发育敏感期的产品以及应用各类脑科学成果的方法，培养儿童的五大基础认知能力。

四、教学方法

经过64年的教育经验积累，七田真早期教育在培养儿童上，总结了一套独特的行之有效的方法。

1. 3种"神器"——爱、严格、信赖

用爱唤醒儿童的才能，严格培养儿童的习惯，建立互相信赖的亲子关系，这是七田真的3种"神器"。七田真经典著作《爱与规则》，提到培养儿童的秘诀："就是把握好爱与规则，以'认可、赞赏、爱护'的态度去培养他们就可以了。"[①]爱是亲子关系中最基本的要素，在培养儿童的过程中，最重要的是将爱传递给儿童。爱应与纪律相结合，父母在传达爱的同时，也必须对儿童有必要的合理的限制，并且会严格执行规定，将"不可以做的事情就是不能做"的观念传达给儿童。将爱和严格传达给儿童，然后父母再表达对他的信赖和支持，儿童将会回应父母的信赖。在教育的过程中要坚信"肯定能带来肯定，否定则会带来否定"。

2. 5分钟暗示法

5分钟暗示法可以将儿童的心导向正确的方向，巧妙发掘儿童大脑的潜能，这也是七田式育儿的基本方法之一。它可以消除日常生活中对儿童的负面暗示，传达出积极的情绪。在儿童睡觉时，一边抚摸儿童的身体使他睡眠变浅，一边对儿童用语言暗示，持续5分钟左右。暗示语主要由关键语暗示、爱的暗示、一体感暗示、具体的暗示四部分组成。"5分钟暗示法"不仅能够很好地向儿童传达父母的爱，同时还能有效地向潜意识输入正面暗示，能让人们消除"不可能做到"的疑虑，巧妙地开发儿童的潜力。

3. 看儿童的6个要点

七田真以其多年的教学实践及经验，总结出了一套看待儿童的方式，具体分为如下6个要点：

(1)不看缺点，只看优点。

(2)把现在的样子看成了成长过程中的一个阶段。

(3)不以完美主义要求儿童。

(4)不和其他儿童比较。

(5)不以学习成绩为主。

(6)现在就是100分。

父母总是以长幼有序的上下级关系来看待儿童，所以往往会忘记了尊重。在育儿过程中，七田真建议要将儿童看成一个独立的人，要相信儿童的本性，认可、赞赏儿童的成长，要以无条件的爱来爱护、尊重儿童，对儿童所做的事情要表示感谢、感动和感同身受的心情。

---

① 七田真. 爱与规则[M]. 思可教育，译. 北京：化学工业出版社，2007.

如此一来,儿童就能正确成长起来。

4.8 秒钟拥抱法

育儿的关键是向儿童传达爱。“8 秒钟拥抱法”就是传达爱的有效方法之一。所谓“8 秒钟拥抱法”,就是紧紧拥抱儿童,在儿童耳边耳语:“妈妈(爸爸)很爱你,你真的很棒。”这种方法对于建立亲子之间的信赖关系有很大帮助。

作为综合型的早期教育机构,七田真早期教育,通过建立在脑科学基础上的理念,开发适应大脑发育敏感期的产品,设置专业培养大脑基础认知能力的课程,应用各类脑科学成果的方法,形成了一套独特的开发脑力潜质的教学体系,致力于让每一寸土地都成为儿童才能觉醒的地方。

第二节　以体能锻炼为主的素质教育品牌

动作是人类赖以生存和发展的基本技能,婴幼儿动作发展是否充分对今后运动能力发展至关重要。婴幼儿的运动能力不仅跟身体发育有关,还会影响感知觉、认知、神经系统和社会性发育。

对于小年龄段的婴幼儿,适度的运动早教能带来丰富的刺激与大量的探索机会。对小月龄的婴幼儿,尤其是 1 岁内阶段,运动早教是必不可少的。仰卧、俯卧、坐立、爬行、学步等训练,都属于运动早教的一环,不仅能促进体格发展,还能锻炼四肢肌肉。在运动中,婴幼儿能够通过五感,看、听、闻、尝和触摸各类事物,从而建立正确的认知体系,促进智力发育。对于大年龄段的婴幼儿,运动早教还能培养个性。不同类型的运动,一方面能激发成就感,巩固安全感的同时培养挑战与探索的热情;另一方面,体验丰富的运动项目还能帮助婴幼儿挖掘喜好、塑造自我个性。

目前国内有许多专注运动早教的品牌,本节选取几个规模较大的品牌,帮助大家了解运动早教的概况。金宝贝、美吉姆等美式早教品牌,以培养综合素质为主,以运动为特色。

一、金宝贝

金宝贝来自美国,于 1976 年在旧金山创立第一家早期教育中心,至今遍布全球 40 多个国家和地区,门店数量达到 700 多家,于 2003 年进入中国市场,已开设 400 多家早期教育中心,范围遍及东西部地区及大中小城市。Gymboree 这个名字由创始人 Joan Barnes 女士自主创办,灵感来自于“Jamboree”与“Gym”,Jamboree 是美国南方一种嘉年华的名称,代表无穷欢乐;Gym 表示运动,同时也是 Growing Young Mind(帮助儿童身心健康成长)的缩写,从名字上来看,整个品牌希望创造一个专属于亲子的欢乐园地。

(一)育儿理念

秉承“每一个儿童快乐成长,每一个家庭自信育儿”的使命,金宝贝秉承“3S 发展理念”,主张“培育儿童多元发展”。

金宝贝一直认为,婴幼儿的性格比学习力和体格更为重要,本着提升父母“育儿商”、带给家庭“快乐力”的初衷,将原先的六项潜能理念升级为形成“Sweet 自信乐观—Strong 健康灵活—Smart 好奇好学"3S 育儿发展理念。

Sweet 代表"自信乐观",赋予儿童快乐力,希望在社交中促进儿童快乐自信地成长,包括社交发展、情绪与情感及人格发展;Strong 意为"健康灵活",给予儿童健康生活习惯,提升体质和体能,包括感官发展、体能发展及良好的生活习惯;Smart 意为"好奇好学",培养学习力,让儿童在认知思维、语言表达等方面获得发展,帮助他们提升智商和情商,包括认知与思维能力的发展、语言及表达能力的发展及"学习力"的发展。

金宝贝秉持"Roots & Wings"教学理念,将 3S 育儿发展理念融入课程设计,通过满足 0~6岁6 个不同成长阶段宝宝的成长特点与需求,设置"Play - Music - Art"核心课程,及学校技能、生活技能、环球宝贝特色课程,通过诱导的教育方式让幼儿主动学习、模仿和用有效的互动引发儿童的疑问,激发了孩子们的学习潜能。

金宝贝有一套 D. I. S. H 的教学方法,Discover 代表孩子的兴趣,Invite 代表家长参与到课程活动中,Simplify - Scaffold - Share 代表由浅入深地教学并分享乐趣给父母,Have Fun 代表让孩子快乐地成长,激发孩子无限内在潜能。这套方法是金宝贝早期教育中心的教学理论与实践水平的提高,也是其硬核实力的体现。

(二)特色教具

作为以运动为主的早教品牌,金宝贝的教具一直是其特色之一。20 世纪 80 年代初期,金宝贝的教具由最初邻里们自发集结的玩具,变成后来爸爸们自己动手设计制作适合儿童感官动作挑战和体验的教具。随着时代的推进,金宝贝的教具越来越丰富,对安全系数要求也越来越高。到如今,金宝贝的教具已经发展到第五代了。

据悉,第五代教具的每一件设备都能两两相连,设备组装后就会变得更大型。同时,每一件设备又能被独立探索。这样,儿童们在游戏时,就能选择一件设备反复、专注地游戏,从而掌握某一项技能;也可以选择为自己设计一条探索道路,解决前行路上的各种问题,增强运动计划技能。

值得一提的是,除了一些功能性教具之外,金宝贝还有一个特别的"教具"——金宝(Gymbo)。金宝,是个像娃娃般的小丑玩偶,总是戴着一顶小帽子,他有着自己的性格、爱好和梦想,不仅是金宝贝的形象代言人,更是儿童的亲密好玩伴。

金宝贝秉承一切从儿童出发的价值观,致力于为 0~6 岁儿童家庭提供科学早教课程、家庭端早教赋能和线上线下融合的会员服务,致力于实现让"每一个儿童快乐成长,每一个家庭自信育儿"的教育愿景。

二、美吉姆

美吉姆是一家美国知名早教品牌,1983 年由威廉·凯普林(William Caplin)和雅可夫、苏西·谢尔曼夫妇(Yakov & Susi Sherman)合作创立,2009 年,美吉姆进入中国市场,旨在通过符合早期教育理论及运动技能学的结构性课程,帮助孩子构建强健的体魄,培养良好的社交能力,同时树立自尊心和自信心。由于其广泛的影响力更是被美国权威杂志《企业家》评选为全美加盟儿童早期教育第一品牌。

1. 教育理念

美吉姆认为，健康和积极向上的生活态度，形成于一个人的早年；孩子出生后前七年的经历和体验对其一生有着深远的影响；对运动、音乐和艺术的热爱源于孩子早期的体验，孩子在早期阶段树立自信和自尊是很重要的。因此美吉姆提倡在"非竞争性"的环境下，用"纪律哲学"的方法，开发出快乐、丰富多样和令孩子们兴奋的课程，帮助孩子们真正激发学习的动力。

（1）"非竞争性"环境。

美吉姆追求的"非竞争性"，意指不随便评价孩子智商与能力的优劣，让孩子在"非竞争性"环境，也就是一个宽松、充满肯定和鼓励的环境中长大，给予他们专注于自己的进步和技能方面的学习，而不是专注于输赢或是否比其他孩子更优秀，帮助孩子在早期建立起充分的自尊和自信，树立健康的心智，形成健全的人格，从而获得将来应对竞争性环境的能力。它不再将童年工具化，而将其恢复为让孩子自由发展的本真模样。这恰恰符合卢梭在育儿经典《爱弥儿》中的观点："在万物的秩序中，人类有它的地位；在人生的秩序中，童年有它的地位。大自然希望儿童在成人以前，就要像儿童的样子。"

"非竞争性"的教育环境，着眼于孩子自我能力的提升，强调孩子纵向的比较，而非孩子之间的竞争性对比。美吉姆中国 CEO 刘俊君认为，这也是美吉姆最富有人文关怀的一点，即没有所谓的固定的评价体系，对 0 ~ 13 岁的不同领域的学员，只有引导和鼓励，支持孩子们的身体、社交能力、情感在没有压力的环境中成长。美吉姆不仅仅是在运动方面，而是在各个方面给孩子提供健康、长远的方式，让他们逐渐适应，慢慢接受生活中的竞争，以积极健康的心态迎接未来的挑战。

（2）"正强化"理念。

"正强化"理念，指的是正面强化，帮助孩子催生好习惯。"正强化"教育理念的价值在于：它通过一种积极的、让小朋友愉悦的方式，帮助他们拥有正确的认知和判断能力，形成基本的规则意识和良好的行为习惯。在美吉姆，通过结构性的课程内容，分阶段通过带孩子做各种有趣的探索活动的方式，逐渐帮助孩子知道什么时间该做什么事。若孩子年纪太小，还无法清楚地理解语言上的引导，教师会通过"不厌其烦地把孩子抱回来"的方式，让他们了解课堂的规则，帮助他养成良好的习惯，培养他的自律性。

（3）纪律哲学。

美吉姆强调"纪律哲学"，用"纪律"来规范约束孩子的行为。所谓的纪律约束并不是惩罚，是建立在尊重的基础上，给孩子自主选择的权利，并让孩子为自己的选择和行为负责，这便是美吉姆独创的"纪律哲学"。纪律哲学强调的是孩子的行为而非本人，潜台词是："我们喜欢你，尽管你的行为不讨人喜欢。"在引导、教育的过程中，把孩子的美好天性和他所做事情的好坏分开，将更有利于他心理的健康发展，同时也能丰富他的认知。美吉姆认为用一种健康的方式，让孩子在一个充满爱心、关爱的氛围中，一步步引导孩子遵守规则并自律，教会孩子如何处理问题、克服困难。在孩子成长的过程中，让孩子意识到并不是所有事情都可以按照自己的意愿去做，这个社会有共同的规则要去遵守，我们需要对自己的行为负责，这些在孩子的早期教育中是十分必要的。

2. 成长金字塔

美吉姆成长金字塔是为0～6岁婴幼儿家庭量身打造的成长解决方案，是一套针对0～6岁婴幼儿的互动技能及发育追踪识别体系。通过成长金字塔，家长可以对婴幼儿不同年龄段能力的成长进行直观的观察和追踪，并及时给予鼓励和帮助。

美吉姆成长金字塔是将0～6岁婴幼儿的成长发育历程以7个阶段、27项技能以及每一项技能所包含的若干个支持技能的形式呈现。例如，对于7～13个月的宝宝而言，爬行及学步是需要获得的一项重要技能，而获得这项技能，需要4大支持技能：肢体力量、核心稳定及平衡、全身协调性、空间认知。通过适龄的课程，每掌握一种成长技能，即获得了一块技能积木，即可在自己专属的"成长日志"上留下印记；原则上，所有早教课程完成之后，宝宝所获得的技能积木会堆叠成类似金字塔的形状，形象而直观地展现了一名全面发展儿童应该具备的所有素质。

美吉姆成长金字塔全体系，将孩子综合素质的发育和培养过程以更直观、更科学、更全面的方式呈现，真正做到了让宝宝的每一个成长里程碑都可追踪，不仅能帮助家长最大化早教课程收益、更明白地上课、更有效地辅助和追踪宝宝的成长，还为授课教师更细致地了解儿童个体发育的规律提供了科学的依据。最为重要的是，通过这一套以激励为主的体系，每一名宝宝都能对自己的成长有更清晰的认知，对完成技能挑战、获得成功，最终实现人生目标充满着憧憬与自信。

在美吉姆，不管是核心特色的欢动课、艺术课和音乐课，还是精彩趣味的游戏、运动、体操、音乐、舞蹈、接力比赛、骑乘游戏等，都鼓励婴幼儿自由体验、获得玩耍感受和解放创造，孩子们在获得无限欢乐的同时收获力量、平衡、协调、敏捷和灵活性的发展，进而发展社交能力，并树立良好的自信心和自尊心。

除了金宝贝、美吉姆等知名美式早教品牌外，市面上也不乏其他品牌，如1976年在美国成立的小小运动馆，教学器材大多来自奥运会与世锦赛供应商，让儿童能够更安全快乐地体验运动课程的快乐；2008年成立于北京的运动宝贝，秉承着"中西合璧"的教育理念，通过适龄一致、双向互动式的欢乐课堂，帮助宝宝建立健康、自信、快乐、想象力丰富、善于表达的人生！

第三节　以艺术美育为主的素质教育品牌

婴幼儿时期是社会个体成长的关键阶段，也是人的审美智慧开始发展的阶段。从审美心理学的角度看，婴幼儿时期是审美心理发展的快速期，这时期所受的审美教育和引导会对婴幼儿审美心理发展具有重要的影响。所以在婴幼儿早期进行艺术教育十分有必要。通过艺术教育，使其保持积极愉快的心情和活泼开朗的性格，具有初步的集体意识，能用适当的语言、表情、动作表达自己的思想、情感和要求，对自己的情绪有一定的调节、控制和缓解的能力。从理解与感受力方面，也能促使婴幼儿初步学会识别和理解他人的思想、情感和需要，对身边的人的情感变化有一定的敏感性。从审美态度方面，则能强化婴幼儿的欢乐情绪，使其能够更加适应所处的环境，对其心理健康发展具有重要的现实意义。

目前国内很多以艺术教育为主的早教品牌侧重点略有不同，有音乐、美术、舞蹈等多种门类，都是根据婴幼儿各年龄段的特点来制定不同的教学内容，以其特有的感性方式、综合的体验过程，达到对婴幼儿的艺术教育与熏陶，为培养婴幼儿综合性审美能力奠定基础。本节筛选在艺术教育方面比较典型的杨梅红早期教育简单介绍。

杨梅红艺术教育集团创立于 2005 年，是专业的早期艺术教育全球连锁机构。它的诞生缘起于一个爱和梦想的故事。一位年轻的爸爸想为小女儿寻找一个学画画的地方，但当时大多机构不在意儿童的个性与创意思维培养，于是，这位爸爸萌发了创建一所多元文化的、全球视野的、高标准的早期艺术教育机构的愿望。就这样，“杨梅红”诞生了。

“杨梅红”寓意未来热爱艺术的儿童们就像茂盛的杨梅树果实一样，点点红遍山野大地。“给儿童一个智慧而有品位的人生”被确定为杨梅红的教育目标。

经过多年的发展和沉淀，杨梅红已逐渐成长为专业化的早期艺术教育品牌，课程研发中心分别设于华盛顿和深圳，校区分布在华盛顿、洛杉矶、多伦多、巴黎、北京、上海、深圳等地区。目前，全球有数万名儿童在杨梅红的各个校区学习，学生年龄涵盖 2 ~ 18 岁。每个儿童在成长期都应该接受系统的美学教育，无论儿童未来是否将艺术作为自己的职业。用艺术的力量推动人类的文明与进步，是杨梅红的使命。

一、教育理念

1. 被子理论

大自然中，植物有各种各样的传播方式。比较低级的是“孢子植物”；稍高级一点的是“裸子植物”，就是坚果类植物，用坚硬的壳来保护自己，如松子；更高级的就是“被子植物”，它的种子被包裹在一层果肉里，如桃子、杏子等。一个猴子吃完桃子，就丢弃了果核，这样种子就保存下来了。猴子还会把果实带到别的地方去吃，这样，就在地域上广泛地传播了种子。植物发展成“被子植物”，是植物的最高阶段，通过满足对方的需求来达到传播自己的目的。

在大自然的启示下，杨梅红艺术教育提出美学教育的“被子理论”。杨梅红认为，每个人的大脑和身体的微妙结构都有源头。它们来自于人类祖先的遗传基因，可以称之为天性。天性是很难改变的，我们把它比作果核，教育就像后天给果核加上的果肉，这些美味的果肉就是一个人的品位、能力、修养和自信。人是生活在社会群体中，因此，人格的品质及丰富性将大大提高一个人存在的价值与快乐。

品位体现为格调与情趣，通过美学教育来获得。能力体现为机智与创新，通过创意训练来获得。修养体现为包容与平和，通过对多元文化的体验来获得。自信体现为充实与果敢，通过对以上三点的实现来获得。

一个具备美学修养、创意能力、包容心态，同时又天性自然、果敢自信的人，是最有能力获得快乐人生的人。而在培养这些生活在现代的未来人的过程中，杨梅红艺术教育所给予他们的教育方式的理论核心，便是被子理论。

二、教学特色

杨梅红艺术教育通过使用四种营养元素——儿童心理成长规律、美学规律、创意技巧、多元文化,为儿童设计出一套完美的方案:一个具备美学修养、创意能力、包容心态,同时又天性自然的头脑。

通过美学课程,培养高品位的人生情趣与审美习惯。杨梅红将美学拆分成不同的知识面,让学生通过艺术欣赏、绘画实践等方式,掌握美学规律,养成审美习惯。通过设计、手工、动漫脚本创作、参与大型集体创作等创意课程,让孩子体验从构思设计到最终实现的过程,提高创新与解决问题的能力,构建创意思维的习惯。通过多元文化,帮助孩子开阔文化视野,构建平和与包容的内心素养。

杨梅红"用艺术启迪智慧"的教育理念和理论体系,拓宽了教师们对艺术教育的理解。杨梅红也一直用自己的专业,帮助孩子提升对美的感知和创造能力,"给孩子一个智慧而有品位的人生"。

除了像杨梅红这样培养综合艺术的品牌,还有很多早期教育品牌深耕某专项艺术领域的培养,如音乐、舞蹈、书法等。不管是何种类型的品牌,专注于综合型还是垂直型,早期教育目的,是更好地帮助儿童开发身体和心理各方面的能力,包括语言、逻辑思维、观察力、创造力、人际关系、独立生活能力、情绪与适应能力的发展。

本章小结

现如今,我国早教事业发展蒸蒸日上,各类早期教育品牌遍布全国。除了前文中提到的以智力、运动、艺术教育为主的品牌之外,还不乏其他优秀的早期教育品牌,如 1998 年创立于北京,专业从事 0 ~6 岁儿童关键期成长教育的品牌——东方爱婴;2003 年成立于上海,开创中国蒙台梭利先河的本土早教品牌——新爱婴;秉持精英教育原则,发展婴幼儿探索和自主学习能力的新加坡早教品牌——小马快跑……由于篇幅有限,就不一一赘述。

"人生百年,立于幼学",0 ~6 岁是人生的关键期,早期教育机构通过各种教育活动有意识地培养婴幼儿的知识、能力和素质,这不仅关乎到一个家庭,更关乎整个社会的发展与未来。作为婴幼儿迈向社会的第一步,不管是连锁品牌还是本土品牌,综合型还是垂直型早教机构,早期教育的目的都是帮助婴幼儿和家长,锻炼体格、开发智力、培养性格、陶冶情操。各类品牌都应该充分借鉴和吸收国内外先进的教育理念和科学的育儿方法,优化课程体系,完善服务质量,让更多婴幼儿在大脑发育黄金期得到优质的早期教育。